普通高等院校教育学创新规划教材

丛书主编 肖 昊

教育经济学

肖 昊 著

武汉大学出版社

图书在版编目(CIP)数据

教育经济学/肖昊著.—武汉：武汉大学出版社,2010.11
普通高等院校教育学创新规划教材/肖昊主编
　ISBN 978-7-307-08249-6

Ⅰ.教⋯　Ⅱ.肖⋯　Ⅲ.教育经济学—高等学校—教材　Ⅳ.G40-054

中国版本图书馆 CIP 数据核字(2010)第 198999 号

责任编辑：易　瑛　　责任校对：刘　欣　　版式设计：马　佳

出版发行：武汉大学出版社　　(430072　武昌　珞珈山)
　　　　　（电子邮件：cbs22@whu.edu.cn　网址：www.wdp.com.cn)
印刷：湖北鄂东印务有限公司
开本：720×1000　　1/16　　印张：23.5　　字数：469 千字　　插页：1
版次：2010 年 11 月第 1 版　　2010 年 11 月第 1 次印刷
ISBN 978-7-307-08249-6/G·1824　　　　定价：32.00 元

版权所有，不得翻印；凡购我社的图书，如有质量问题，请与当地图书销售部门联系调换。

教育学发展与创新
——普通高等院校教育学创新规划教材代序

任何事物都是不断发展、变化的。人们通过对事物发展、变化的认识来解释自然和社会，于是，就有了自然科学和社会科学。教育是一种社会现象，随社会的出现而出现，随社会的发展而发展，并以自己独特的面貌展现在学术舞台上。教育学是人们认识教育发展、变化的结果，它的出现为社会科学增添了新学科。教育学发展的过程就是人们对教育发展、变化的认识不断加深的过程。在这个认识过程中，从现象到本质，由量变到质变，经继承到创新，永无止境地走向未来。教育学发展孕育着教育学创新，教育学创新推动着教育学发展。这套普通高等院校教育学创新规划教材，是我国教育学发展与创新的时代面貌的展现，是教育学时代征程的新起航。

一

据史料记载，教育学这个概念是"英国唯物主义和整个现代实验科学的真正始祖"弗兰西斯·培根最先提出的。1623年，培根在《论科学的价值和发展》一书中对"各种科学作了百科全书那样广博的观测"，并且按照科学的内在特点，对不同科学的研究对象和知识范围进行了认真考察。在该书中，教育学首次被当做一门关于"指导阅读"的独立科学列出来。但是，教育学作为一门独立科学被列出来，并不意味着教育学事实上成为一门独立学科。教育学产生之初是以一个整体的形式存在的，后来逐步得以系统化、理论化。它的发展经历了漫长的过程。

教育学的西方起源可上溯到古希腊三大哲人——苏格拉底、柏拉图和亚里士多德的教育思想。苏格拉底用他那著名的"产婆术"从"美德即知识"推理出"美德来自教育"的结论，以此说明教育在造就一个有美德的人的过程中的作用和重要性。柏拉图继承和发展了其老师苏格拉底的这一教育思想，认为美德既是理智，又是欲望和意志。作为理智的美德是可教的，作为欲望和意志的美德要通过练习来养成。造就一个有美德的人的教育不仅要传授知识，而且要在练习中养成好的行为习惯。他把美德理解为灵魂中天赋的理念，美德可教在于它可回忆。教育使人具有美德，就是使人醒悟，唤起灵魂中天赋的有关美德的理念。因此，他强调因材施教，主张按年龄分段进行教学，重视在教学中运用点悟、诱导、启发等教学方法，注重采用活动教学形式,倡导通过数学、游戏、故事、音乐、体操等练习来培养儿童正直、善良、正义等美德。亚里士多德继承和发展了其老师柏拉图的教育思想,认为本性、习惯、理智是制约美德形成的三个因素,本性是美德形成的先天条件,习惯和理智是美德形成的后天条件,教育可以使人具有良好习惯和高级理智。他认为"人天生是一种政治动物",即人是社会和国家的一员,国家必须承担把每个新生成员教育成为具有美德的公民的义务。他基于对人的植物、动物、理性三种灵魂的认识,提出通过与此相对应的体育、智育、德育来促进人的德、智、体和谐发展。亚里士多德关于教学内容、教学方法和教育形式的主张跟柏拉图基本相同。苏格拉底用知识把美德与教育联系起来,这为构建教育学的伦理基础提供了依据。柏拉图用理智、欲望、意志和练习把美德与教育联系起来,这为构建教育学的伦理基础和实践基础提供了依据。亚里士多德用本性、习惯、理智、练习和人的植物、动物、理性三种灵魂把美德、社会公民与教育联系起来,这为构建教育学的伦理基础、实践基础、心理基础和社会基础提供了依据。问题在于,苏格拉底和柏拉图的先验美德哲学,使他们的教育思想具有推理性伦理学基础。亚里士多德从植物、动物、人类推出人的三种灵魂,机械地把教育与心理联系起来;他承认人的社会性是先天的,无视人的自然性和遗传性,这使他建立的教育与心理的联系同教育与社会的联系处于对抗状态,因此,他的教育思想不足以构成教育学牢固的心理学基础。重要的在于,古希腊三大哲人的治学态度开创了古希腊对科学长久不衰的好奇心和热烈而不带偏见探索的传统。这一传统并没有因为中世纪的"黑暗"而完全泯灭。文艺复兴使这一传统重新焕发生机,从而为教育学发展成为一门独立学科创造了良好的学术环境。

1632年夸美纽斯《大教学论》的问世,标志着教育学真正成为一门独立的学科。夸美纽斯在《大教学论》中不像古希腊三大哲人那样把教育作用局限于使人获得美德,而是把教育当做为人的生存做准备的必要条件,教育不仅是打开知识宝库的钥匙,而且是发展智力、弃恶扬善、学会生存的途径,因为任何人都是可教育的,从而使他的教育思想具有牢固的哲学、伦理学基础。他不像亚里士多德那样用三类生命体类所推出的三种灵魂来解释教育的心理因素,而是用心理功能来解释教育的心理因素,从而使他的这种解释近似客观地揭示了教育与心理之间的内在联系。他不像其先辈那样把教育效果的视野局限于教学内容、方法、组织形式,而是尝试着把教育效果当做心理器官反映外部世界的结果,把教学内容、方法、组织形式当做教育艺术的综合体,使得教育艺术成为一种理论。他提出了普及初等教育的倡议,论述了如何适应学生年龄特征来构建学校教育制度,创立了至今仍在广为应用的班级授课制度,规定了具有学科意义的教学内容,提出了教学的便利性、彻底性与迅捷性等原则,评价了教师的职业地位和作用。这本书使教育学的哲学基础和心理学基础变得牢固,使教育学的知识框架变得规范,使教育学的研究对象变得清晰。一旦某门学科有了牢固的基础、规范的知识框架、清晰的研究对象，它会在发展中变得独立。这样说来，夸美纽斯的《大教学论》作为教育学走向独立的标志就是无可厚非的了。

教育学作为一门学科在大学里讲授，最早始于德国哲学家康德，他于1776年在德国哥尼斯堡大学的哲学讲座中讲授了教育学。赫尔巴特是继康德之后在大学系统讲授教育学的学者，1806年他出版的《普通教育学》是对传统教育思想的继承和发展，是历史上第一本最具经典性、系统性、理论性的教育学专著。他在该书中认为"全部哲学必须与对经验主义概念的反省和发挥产生联系"，存在物是一个个独立的"实在"，在对已获得的实在概念的反省中，"当人们体验了这些实在并把它们互相联系起来时，就决定了自己的精神、意志、愿望、决断和道德品质"①。人之所以是可教育的，就在于"实在"概念的获得和体验来自"智力空间"，而这种智力空间又是自我的"精神实在"，其表象是精神实在对其他实在的反应，相似的表象组成"统觉群"，人的精神、意志、愿望、决断和道德品质是其统觉群内部各表象相互作用的结果。他把人的心理理解为具有统觉群的整体，并尝试着用"静力学和机械学"的观念解释心理现象，因此，他是历史上推动心理学科学化的第一人。这就使得他的哲学思想和心理学思想有机结合成一个整体，从而巩固了他的教育学的哲学基础和心理学基础。赫尔巴特将其前辈来自于直观体验的教学论述和思辨加以系统化，首创了"五段教学法"，提出了学校课堂教学的基本模式，建立了学校教育与管理的伦理学、心理学规范。他对教育学的科学基础的进一步夯实，使他在西方学术界赢得了"教育学之父"的尊称。赫尔巴特是历史上用哲学演绎和心理学推理的方法研究教育的集大成者。西方学术界把这种演绎性、推理性教育学称为传统教育学，赫尔巴特也因此被视为"传统教育学派"的代表。

19世纪以前的几个世纪是传统教育学派占统治地位的世纪，然而，传统教育学为神秘主义、超自然主义和唯心主义所束缚，它掀不开精神实在的神秘面纱。19世纪原子分子论、元素周期律、热力学三定律、生物进化论、电磁理论、唯物辩证法等科学的问世，把人们的思想从传统教育学的神秘主义、超自然主义和唯心主义的束缚下解放出来。其间，实验心理学与实验教育学蓬勃兴起，这使得心理的客观制约性、可预见性和稳定性以及教育与社会、心理和生活的内在联系等都可以用实验结论加以说明。随着实验心理学与实验教育学研究的不断深入、扩展，那种建立在哲学演绎与心理学推理基础上的传统教育学的理论基础在实验得出的事实和结论面前变得软弱无力，传统教育学的理论体系开始走向终结，并为实用主义的现代教

---

① ［美］S.E.佛罗斯特.西方教育的历史和哲学基础［M］.北京：华夏出版社，1987：454.

育学理论体系所取代。

20世纪，杜威的实用主义教育学的诞生，标志着实用主义的现代教育学理论体系的形成。这个理论体系以教育的价值取向为中心，以揭示教育的真实性为目的，以实证为手段。杜威认为，真实的教育是对受教育者有用的教育，唯有真实的教育才是可以实证的教育；教育即生活，教育即生长，教育即经验的持续改造，教育即社会进步及社会改革的基本手段；学校即社会，学校只有从学生的本性、表象、兴趣、情绪出发并引导他们在做中学，才能使他们对一个不断变化的社会的适应能力得到发展。他反对外在固定的、终极的教育目的，强调教育的社会性目的，主张在社会性的情景中实施道德教育，提倡为人的目的而服务的教学。杜威的实用主义教育理论对20世纪的东西方教育产生了深远的影响。由于杜威的实用主义教育学不是像传统教育学那样通过哲学演绎和心理学推理来得出教育观点，而是通过实证来得出教育的价值及其实现的途径与手段，因此，它在西方被称为与传统教育学相对应的"现代教育学"，杜威也因此被视为"现代教育学派"的代表。

第二次世界大战以后，西方出现了要素主义、改造主义和存在主义等教育学派。要素主义教育学派把民主与自由的理想、福利与进步所必需的对儿童的指导、具有文化共同性的人类遗产等作为教育内容的要素，教学计划必须体现这些要素并通过教师的系统讲授和学生的正式学习来得到严格执行。该学派并不否定现代教育学派以教育的价值取向为中心、以教育的真实性为目的、以实证为手段等的基本理念。改造主义教育学派把要素主义教育学派称为"新保守派"，主张教育的重点是关注让学生获得科学、经验、向往文明与进步的智慧的实践方法，而不是关注拟定这些方法所必需的一些目的，教育的目的是为实现文明与进步而进行的社会改造。改造主义教育学派是对现代教育学派关于"教育即社会进步及社会改革的基本手段"这一思想的继承与发展。存在主义教育学派把学生的"自我设计"、"自我发展"、"自我完成"作为教育的重点，从而把现代教育学派关于"实施对受教育者有用的教育"这一思想推向了极端。

二

在人类历史的进程中，以赫尔巴特为代表的传统教育学和以杜威为代表的现代教育学为何会出现？其间是否有可以查明的原因？教育学历史变革留下了什么遗产？教育学发展的历史表明，以赫尔巴特为代表的传统教育学和以杜威为代表的现代教育学都是以"为谁教"、"教什么"、"如何教"为三大主题的教育学，不同的是，前者以追求教育的"艺术"为目标，后者以追求教育的"实用价值"为目标。

教育是传承知识的途径，而人类在长期实践中积累的知识浩如烟海，如何将有用的知识传授给下一代，这是人们在教育过程中不得不思考的问题。知识的掌握是一种心理活动，需要智力和非智力因素的共同参与，人在其中变得聪明、智慧。更为重要的是，聪明、智慧使人懂得做人的道理，人的行为可能变得更理性、更善良。如果听任人我行我素地实现自我发展却没有精选的知识、周详的安排和智慧的前辈加以引导，那么，人的成长就具有某种不可预测性和迟滞性。于是，应对人的不可预测性和迟滞性成长的教育就被当做一种艺术来加以研究，传统教育学者就是围绕这种艺术来展开研究的。

夸美纽斯把他创立的理论称为一种"把一切事物教给一切人类的全部艺术"。在他看来，教育的任务是教人学会认识世界、约束自我和向往上帝，而人是自然的一部分，教育理所当然要遵循自然，要符合直观性、系统性、渐进性、连贯性、量力性、巩固性等教学原则，要授予一切人，并要分年龄阶段分班级来进行，要使用具有系统性、简明性、渐进性的教材，要用观察、谈话、实践等方法，要为人的生存和来世做好准备。显而易见，夸美纽斯的教育学是追求"为谁教"、"教什么"、"如何教"的艺术。

后来的传统教育学者开展的研究工作都是对这种艺术的完善或创新。关于追求"为谁教"的艺术，在洛克那里回答的是如何为造就"绅士"而教，在卢梭那里回答的是如何为造就"自由人"而教，在爱尔维修那里回答的是如何为造就具有民族精神、爱国精神和社会责任感的"公民"而教，在裴斯泰洛齐那里回答的是如何为培养有道德和全面、和谐发展的人而教，在赫尔巴特那里回答的是如何为培养有美德的人而教，在福禄培尔那里回答的是如何为回归人那"神的本源"而教，在第斯多惠那里回答的是如何为培养有博爱精神和自觉性的"公民"而教，在乌申斯基那里回答的是如何为培养德、智、体和谐发展的人而教。

关于追求"教什么"的艺术，是以"为谁教"为依据的。对教育目的的看法不同，在教育内容的取舍上就略显不同。洛克关于造就"绅士"的教育内容把地理、历史、法律、骑术、舞蹈作为基本知识。卢梭关于造就"自由人"的教育内容把与劳动、生活中事物、情景、范例作为基本知识。爱尔维修关于造就具有民族精神、爱国精神和社会责任感的"公民"的教育内容把发生在受教育者周围的一切事物作为基本知识。裴斯泰洛齐关于培养有道德和全面、和谐发展的人的教育内容把日常生活中的行为举止、道德行为、基本技能、自然知识作为基本要素。赫尔巴特培养有美德的人的教育内容把人文知识放在突出地位。福禄培尔关于回归人那"神的本源"的教育内容把宗教、自然常识、数学和语言作为基本知识并要求体现自然与精神统一的法则。第斯多惠关于培养有博爱精神和自觉性的"公民"的教育内容把真、善、美行为、本族语、文学、祖国历史和地理自然知识放在突出地位。乌申斯基关于培养德、智、体和谐发展的人的教育内容把自然和人的知识放在突出地位。

关于追求"如何教"的艺术，后来的传统教育学者秉承了夸美纽斯的研究思路。洛克视感觉为观念的源泉，强调在教学中要注重直观性地培养儿童的学习兴趣和渐进性地培养儿童好的行为习惯,这是对夸美纽斯直观性、渐进性教学原则的完善。卢梭提出要发展儿童的独立性和观察力就必须在自然界中进行教学,这是对实施夸美纽斯直观性教学原则的具体化。裴斯泰洛齐强调在教学中遵循自然的原则和通过循序渐进的练习来发展儿童的各种素质,这仍然是对夸美纽斯直观性、渐进性教学原则的继承。赫尔巴特强调教学要以儿童的兴趣为基础,提出明了、联想、系统、方法四段教学和叙述、分析、综合三类教学的理论以及教学的教育性原则,这是对夸美纽斯教学论的系统化。福禄培尔提出构建教学论的自然与精神统一的法则、人性与神性对立与调和的法则、遵循自然的法则,这是对赫尔巴特教学论作了唯心主义辩证法的阐释。乌申斯基认为教育学是一门艺术而不是一门科学,可以说这是对传统教育学思想的很好概括和总结。

除爱尔维修、乌申斯基等少数人以外,大多数传统教育学者都坚持唯心主义哲学观与唯理方法论。一方面,他们视上帝为造物主,用神性来解释人性的归宿,所以,他们所追求的教育艺术充满神秘主义色彩;另一方面,他们又把人当做自然的一部分,运用唯理的方法来探索自然过程背后的教育"实在",所以,他们所追求的教育艺术又具有一定的合理性。

然而,达尔文的生物进化论动摇了传统教育学的唯心主义哲学基础与唯理方法论基础。达尔文在《物种起源》一书中全面论述了物种变异和遗传、适者生存的普遍规律,从而打破了上帝造万物的神话。他的结论是用调查所获得的证据来加以说明的,从而赢得了实证方法论对传统唯理方法论的胜利。这就彻底动摇了传统教育学的唯心主义哲学基础与唯理方法论基础。正如佛罗斯特所说的那样:"由于这个理论使人类掌握了一种通向儿童本性及其发展的新方法,所以,它深深地影响了教育,向很多早期教学方法提出了挑战。"[①]

首先向传统教育学正式发起挑战的是斯宾塞的教育学,斯宾塞用生物界的变异和遗传、"适者生存"等进化论原理进行他的教育学研究,认为教育的根本任务是向人们传授有用的知识,教他们怎样适应社会和过"完美"生活。他抨击教育中的形式主义、经院主义和教条主义,用实科教育来对抗传统教育学者所倡导的形式教育,把学生学习的主动性作为教学论的基础,把学习行为规定为适应过"完美"生活的活动或活动对过"完美"生活的适应。斯宾塞从知识的比较价值出发并以确定的事实与知识为依据来构建他的功利主义和实证论教育学,其目的是追求教育如何让学生适应社会与生活。这种追求教育对社会与生活的适应在于规定"为谁教"、"教什么"、"如何教"的实用价值,教育艺术只有符合实用价值才有意义。

---

① [美] S. E. 佛罗斯特. 西方教育的历史和哲学基础 [M]. 北京. 华夏出版社,1987:498.

斯宾塞是这种追求"实用价值"的现代教育学的开拓者。

杜威对这种追求"实用价值"的现代教育学进行了全面、系统的论述。杜威认为，万事万物都是变化、发展的，知识唯一可以实证的对象是产生这种对象的一套变化和这种变化的结果。教育所传授的知识应该有用处，即能消除冲突，满足需要，适应生活和生长。他把教育看成是协调和适应的工具。协调就是消除现实与愿望之间的冲突，以便实现学生的愿望。适应就是满足学生的需要，以便使那意味着幸福的生活和生长的事物得到安排。得到协调和适应的教育就是真实的教育。一个教育之所以能产生有效的、成功的作用，就在于它那可以实证的真实性。杜威不像传统教育学那样把教育与人的发展的关系理想化或唯理化，而是把教育学当做是为学生的愿望、需要、选择、奋斗与现实之间的冲突作出诊断与预测并作出适应性教育安排的方法。

第二次世界大战以后出现的要素主义教育学派、改造主义教育学派和存在主义教育学派，徘徊于传统教育学派与现代教育学派之间，走不出"为谁教"、"教什么"、"如何教"的"艺术"和"实用价值"的历史围栏，他们充其量也不过是对追求"艺术"的传统教育学和追求"实用价值"的现代教育学的修修补补，在总体上并没有实现教育学发展与创新的历史突围。20世纪末21世纪初，教育学似乎还没有摆脱那种追求"艺术"与"实用价值"的历史"魔咒"，围绕"为谁教"、"教什么"、"如何教"的课程论和教学模式的研究仍然不遗余力地进行着，并试图通过实验找到那种能产生普遍性效果的课程论和教学模式，然而，所有实验的结果都无一例外地令人沮丧。1996年11月芝加哥大学教育学院的停办表明，那种追求"艺术"与"实用价值"的教育学不仅存在着把教育的功能抽象化、理想化，把人的发展简单化、同一化等研究范式问题，而且存在着把"为谁教"、"教什么"、"如何教"的艺术与实用价值中心化、神圣化的主题问题和目标问题。

三

教育学的东方起源可上溯到古代中国的《大学》和《学记》，前者以论述教育内容见长，后者以阐述课程安排、教学原则与方法为要。遗憾的是，这些古代经典并没有使得教育学在这个文明古国独立崛起，因为"百家争鸣"的先秦优良学风在那为巩固封建统治而展开喋喋不休的儒、法之争的过程中丧失殆尽。殊不知，唯有"百家争鸣"学风的坚持得以制度化，才能激发和保护人们对科学的好奇心和不带偏见的探索，这正是科学发展不可或缺的学术环境。

中国是一个两千多年文明不曾中断的国家，历史上出现了像孔子、王充、韩愈、朱熹、张载、王守仁、顾炎武、陶行知、康有为、张之洞、蔡元培等著名教育思想家，但是，他们没有将自已的教育思想系统化、理论化，因此，中国古代没有出现具有学科意义的教育学。教育学在中国的发展是从国外引进开始的，1901年王国维从日本引进教育学，1917年陶行知在南京高等师范学校系统传授西方新教育理论并提出了"生活教育理论"，这被教育界视为中国教育学进入了学科发展的历史。中华人民共和国成立以后，苏联的凯洛夫主编的《教育学》教材被译成中文并一度成为教育学在中国"苏化"的范本。"文化大革命"期间，许多师范院校的教育学专业停办，教育学受到冷落。改革开放以后，各师范院校全面恢复了教育学专业，各普通高等学校普遍创办了高等教育研究所，高等院校掀起了研究教育学的热潮。30多年以来，随着这种热潮的持续高涨，教育学在分化或综合中逐步发展成为一个由近百门二、三级学科组成的学科门类。科学的不断分化与综合在教育学的发展上得以体现，教育学体系中除教育基本理论、教育哲学、教育伦理学、教育生理学、教育心理学、教学论、德育论和分科教学论等传统学科以外，还出现了教育经济学、教育管理学、教育技术学、教育评价学、教育测量学等新型学科和交叉学科，教育学体系日趋完善。教育学研究领域也从微观教育教学过程扩展到宏观教育运行，从教育内部关系扩大到教育外部关系，从基础教育扩展到高等教育，从正规教育扩展到非正规教育。教育学研究方法也日益追求历史与逻辑的统一、理论与实践的统一、定性分析与定量分析的统一、实证研究与规范研究的统一。

但是，教育学在我国的发展现状并不尽如人意，人们普遍认为，我国的教育学仍然存在学科基础不牢固、学科特色不明显、学科专业化不充分、学科应用方向不明确、学科实用价值不大高的弊病。在笔者看来，当今我国的教育学总体上仍然没有突破那种追求"艺术"和"适应"的教育学的研究范式和研究对象，仍然把"为谁教"、"教什么"、"如何教"的"艺术"和"实用价值"的研究置于学科的中心地位，仍然面临着在其主题与目标上实现重大突破的创新难题。

尽管如此，我国的教育学研究也呈现出令人喜悦的发展态势，那就是教育学的科研选题越来越多地转向教育发展问题和教育管理问题，教育学开始逐步从"为谁教"、"教什么"、"如何教"的主题向"为谁发展教育"、"发展什么教育"、"如何发展教育"的主题转移；从追求教育的"艺术"和"实用价值"的目标向追求教育的"科学发展"的目标转移，从而预示着教育学在中国有可能实现其主题和目标的重大突破。

四

未来的教育学将是以"为谁发展教育"、"发展什么教育"、"如何发展教育"为主题的教育学，将是以追求教育的科学发展为目标的教育学。

为谁发展教育的问题之所以能成为教育学的主题，是因为它所回答的是关于教育发展的依据、意义和价值问题。能否正确回答为谁发展教育的问题，关系到能否把握教育发展与办学的规律，关系到能否正确确立教育发展与办学的指导思想。只有明确教育发展与办学的依据、意义和价值，才能充分认识和摆正"优先发展教育"的战略地位，才能正确认识和处理教育发展与经济建设、政治建设、文化建设和其他社会建设的关系。例如，我国为什么要优先发展教育，这只能从教育发展与办学的依据、意义和目的上加以说明。改革开放以前，我们曾经片面地强调教育的意识形态功能，而忽视了教育的经济功能，在"教育革命"与"意识形态领域革命"之间画等号，长期用建设意识形态的态度来对待教育发展，把教育发展放在次要地位，教育事业成为"十年动乱"的重灾区。因此，教育发展处于相对落后状态，从而极大地制约了经济和社会发展。改革开放以来，特别是在邓小平关于"社会主义现代化建设必须依靠教育，教育必须为社会主义现代化建设服务"的讲话以来，教育发展与办学的依据、意义和价值随着讨论为谁发展教育问题的不断深入而更加明确，教育发展与办学的指导思想也随之发生了重大转变，优先发展教育的战略方针也随之得以确立，教育也随之走上了持续、快速、健康发展的道路，从而为社会主义现代化建设奠定了日益牢固的智力基础，为经济、政治、文化、社会发展提供了日益强盛的后劲。

发展什么教育的问题之所以能成为教育学的主题，是因为它所回答的是关于教育发展的方向、内容、速度、规模、结构、质量、效率问题。能否正确回答发展什么教育的问题，直接关系到教育发展的方向、内容、速度、规模、结构、质量、效率能否体现教育发展的意义和价值，直接关系到教育发展能否与人民群众日益增长的教育需求相适应，直接关系到教育发展能否与经济建设、政治建设、文化建设和其他社会建设相协调。例如，我国要办好人民满意的教育，首先要弄清楚什么样的教育才是人民满意的教育。显而易见，只有那种发展的方向明确、内容丰富、速度适当、规模合理、结构优化、质量高、效率好的教育，才是人民满意的教育。这样的教育才能体现教育发展的意义和价值，才能满足人民群众日益增长的教育需求，才能与经济建设、政治建设、文化建设和其他社会建设相协调。

如何发展教育的问题之所以能成为教育学的现代主题，是因为它所回答的是关于教育发展的体制、机制、方式、手段、途径、措施、技术等问题。能否正确回答如何发展教育的问题，直接关系到教育发展的内容、速度、规模、结构、质量、效率能否实现预期目标，直接关系到教育发展能否实现其意义与价值。例如，过去一个较长时期内我们单一依靠财政力量兴办教育，按刚性计划发展教育，人为排斥市场机制在推动教育发展中的作用，教育发展长期滞后于经济发展。近十年来我国出台了一系列鼓励社会力量兴办教育的法规和政策，一大批民办高等学校建立起来了，有力地推动了高等教育发展，极大地缓解了高考升学压力，与此同时也加快了其他教育的发展。例如，政府的新增教育经费能更多地用于义务教育，就可以向适龄儿童免费提供九年制义务教育了。

追求教育的科学发展的教育学将主要确立教育发展与办学的效率观与公平观，前者以实证研究为主，后者以规范研究为主。这意味着，以"为谁发展教育"、

"发展什么教育"、"如何发展教育"为三大主题并以追求教育的科学发展为目标的教育学将实现实证研究与规范研究的统一。科学的教育学既不应该理解为规律的证实也不应该理解为意义的解释,而应该理解为规律的揭示与事实、价值的判断的统一,微观视野与宏观视野的统一。同样,追求教育的科学发展的教育学将通过对以"为谁发展教育"、"发展什么教育"、"如何发展教育"为三大主题的研究来实现这两个统一。值得期待的是,教育学的创新生长点和基本理论突破点将集中出现在对"为谁发展教育"、"发展什么教育"、"如何发展教育"的三大主题做出科学回答的实证研究与规范研究的领域内和范式上,或者说将集中出现在宏观教育学领域。

教育的科学发展问题涉及影响教育发展的方向、内容、速度、规模、结构、质量、效率的因素是什么的问题,因此,对理解教育的全部实践来说,重要的是认识到在一定时期占主导地位的社会形态。这些形态与其说是教育内容,倒不如说是教育前提。教育作为一个整体由此得到发展和辐射。那么,在不同类型的教育中有不同表现的社会形态有什么特征?这些特征为何各不相同?宏观教育学应该回答且必须回答这些问题。当然,宏观教育学所关注的是每一个社会的教育总的特征。现在的问题在于,教育理论如何摆脱狭隘的追求"艺术"的"心理适应论"与追求"适应"的"社会改造论"的观点,该观点假定了一个对教育具有决定与普适意义的心理结构与社会结构、心理发展模式与社会发展模式,而这样的结构与模式在现实生活中是找不到的。对此可以证实的是,在几个世纪以前,教育制度几乎还提不出任何自主要求社会支持的理由,尽管当时哲学家、教育学家和经济学家同样也证明教育是改变一般的人的本性的手段并把知识转化为文化上合法、经济上有效的工具,然而,随着读书人所获成就无穷无尽地涌现,手段变成了目标,工具变成了目的。这样,读书的人们坚定了通过自己的努力可以改变自己人生命运的学习意志,并把接受更多教育当做自己追求的一种目标。这说明,读书人的心理结构在不断变化,不存在对教育制度有决定与普适意义的心理结构。问题还在于,教育理论如何解释存在于特定社会之中的那些与主流趋势不一致的教育方式的作用与社会因素的作用之间的关系;教育理论如何解释教育系统中各个子系统不同程度的相对独立性特征,如何说明这种相对独立性不仅在事实上是可证明的而且在理论上是可解释的。

教育学不应成为远离系统化资料的抽象理论,然而遗憾的是,教育史的研究几乎还没有开始挖掘包含在综合性传记资料和其他历史文献中的有用的丰富宝藏。尽管对这些资料的统计分析不能取代对历史证据的深入的定性分析,但它们可以为新发现提供系统的基础资料。如果说科学是积累性发展的,那么,以科学知识为主要内容的教育就是继承性发展的。以"为谁发展教育"、"发展什么教育"、"如何发展教育"为三大主题的教育学研究将产生大量科学知识,教育学的继承性发展将因为有这些科学知识而成为教育的继承性发展不可或缺的一部分，教育学的基础、特色、专业化、应用方向、实用价值也将因为有这些科学知识而不再备受质疑，教育理论与教育实践也将因为有这些科学知识而不再相抵牾。

应该说，人类自从有了教育，探讨"为谁发展教育"、"发展什么教育"、"如何发展教育"的问题的步伐就没有停止过，特别是在社会转型期，人们往往会就这些问题展开激烈的争论。例如，在古中国奴隶社会向封建社会转型的春秋时期，没落的贵族阶级主张"学校不修"，宣扬"可以无学，无学不害"，企图阻止代表新兴地主阶级利益的"私学"的发展。① 又例如，在欧洲封建社会向资本主义社会转型的时期，代表新兴资产阶级利益的人文主义教育思想家，要求摆脱教会对教育的控制，主张发展新学校和建立新教育制度。但是，长期以来，由于历史条件的限制，"为谁发展教育"、"发展什么教育"、"如何发展教育"的问题并没有引起教育思想家们的高度重视，他们的教育著述大都是以"为谁教"、"教什么"、"如何教"为三大主题和以追求教育的"艺术"和"实用价值"为目标而展开的，很少涉及"为谁发展教育"、"发展什么教育"、"如何发展教育"的问题和教育的科学发展问题。当今世界与中国正处在社会大变革的时期，教育学迎来了难得的主题与目标转换的历史机遇，探讨"为谁发展教育"、"发展什么教育"、"如何发展教育"的三大主题不应该再次成为教育学术界的过眼云烟，而应该成为教育学通过主题的转换而走向科学化的历史机遇；追求教育的艺术和实用价值将作为追求教育的科学发展的一部分而融入教育学的宏观目标之中。我国教育学研究者不应该坐视而应该抓住这一历史机遇，我国教育学将可能率先通过其主题与目标的转换而走向世界。

肖昊

2010年12月于珞珈山

---

① 毛礼锐、瞿菊农、邵鹤亭. 中国古代教育史[M]. 北京：人民教育出版社. 1981: 35.

目 录

导论 教育经济学的主题 ……………………………………………………… 1

第一章 马克思主义教育经济思想 ……………………………………………… 7
第一节 马克思教育经济思想 ……………………………………………… 7
一、教育的经济学含义 …………………………………………………… 7
二、教育的经济价值 ……………………………………………………… 8
三、劳动力所受教育和训练的费用 ……………………………………… 9
四、教育与生产劳动相结合 ……………………………………………… 10
五、马克思教育经济思想的现实意义 …………………………………… 18
第二节 邓小平教育经济思想 ……………………………………………… 22
一、教育的经济功能在于为生产力形成与发展奠定基础 ……………… 23
二、充分发挥教育的经济功能必须坚持优先发展教育的战略地位 …… 25
三、充分发挥教育的经济功能必须坚持教育面向现代化,面向世界,
面向未来的战略指导方针 …………………………………………… 31

第二章 西方教育经济理论 ……………………………………………………… 38
第一节 人力资本理论 ……………………………………………………… 38
一、人力资本理论的形成与发展 ………………………………………… 38
二、人力资本及其投资构成 ……………………………………………… 41
三、人力资本理论的教育投资与收益模型 ……………………………… 43
第二节 劳动力市场信号理论 ……………………………………………… 54
一、简要的历史回顾 ……………………………………………………… 54
二、劳动力市场信号传递均衡 …………………………………………… 57
第三节 劳动力市场分割理论 ……………………………………………… 60
一、简要的历史回顾 ……………………………………………………… 61
二、二元劳动力市场与教育投资激励 …………………………………… 62
三、内部劳动力市场与教育投资激励 …………………………………… 62

第三章 教育的产品属性 ... 65
第一节 教育在消费上的排他性与竞争性 ... 65
一、四类产品的区分标准 ... 66
二、个别教育的产品属性 ... 67
三、学校教育的产品属性 ... 68
四、学费和学校教育在消费上的排他性 ... 70
五、择校成本和学校教育在消费上的竞争性 ... 70
六、教育在消费上的排他性、竞争性与受教育者所获知识的产权 ... 70
七、小学教育调控的政府失灵的案例研究：小学"就近划片"
入学是解决"择校问题"的有效途径吗？ ... 71
第二节 教育在法规上的排他性和竞争性、非排他性和非竞争性 ... 73
一、教育在法规上的排他性和竞争性 ... 73
二、教育在法规上的非排他性和非竞争性 ... 74
三、学校入学标龄和教育在政策上的排他性 ... 78
四、学校入学标绩和教育在政策上的排他性 ... 78
第三节 教育的外部性 ... 78
一、教育的外部性 ... 79
二、教育的外部性与教育的外部边际收益 ... 80
三、教育的外部性与资源配置的市场失灵 ... 80
四、教育的外部性与科斯定理 ... 83
五、政府对教育的补贴和企业对教育的资助 ... 84

第四章 教育供求 ... 87
第一节 教育市场 ... 87
一、教育市场的含义 ... 88
二、入学标龄人口与毛入学率 ... 89
三、教育的市场价格与教育的社会资助价格 ... 89
四、教育市场的竞争 ... 90
五、教育市场的运行 ... 90
第二节 教育需求 ... 91
一、教育的个人需求 ... 91
二、教育的市场需求 ... 96
三、教育的政府需求 ... 98
四、教育的企事业单位需求 ... 100
五、教育的社会需求 ... 100

  六、教育市场需求价格弹性……………………………………………… 103
 第三节 教育供给……………………………………………………………… 107
  一、学校供给的决定因素……………………………………………… 108
  二、学校供给曲线……………………………………………………… 108
  三、教育的市场供给…………………………………………………… 109
  四、教育的社会供给…………………………………………………… 113
 第四节 教育供求调节………………………………………………………… 117
  一、教育供求的基本矛盾运动………………………………………… 117
  二、教育供求的调节机制……………………………………………… 117

第五章 教育均衡分析……………………………………………………… 123
 第一节 非义务教育的局部均衡……………………………………………… 123
  一、个别教育的均衡…………………………………………………… 123
  二、学校教育的均衡…………………………………………………… 126
 第二节 义务教育的局部均衡………………………………………………… 131
  一、公共产品的均衡…………………………………………………… 131
  二、义务教育的均衡…………………………………………………… 133
 第三节 义务教育与非义务教育的一般均衡………………………………… 136
  一、教育生产可能性边界……………………………………………… 137
  二、非义务教育与义务教育的最优组合……………………………… 137
  三、非义务教育的定价规则…………………………………………… 140
 第四节 教育运行的总量均衡模型…………………………………………… 141
  一、简化教育运行的循环流…………………………………………… 142
  二、简单再招生条件下教育总量供求价值均衡的实现条件………… 142
  三、扩大再招生条件下教育总量供求价值均衡的实现条件………… 143
  四、简化的宏观教育中教育总量供求价值均衡的决定……………… 143
  五、历史的考察………………………………………………………… 147
 第五节 教育总量供求价值均衡的接近现实模型…………………………… 149
  一、封闭条件下教育总量供求的价值均衡决定……………………… 149
  二、开放条件下教育总量供求的价值均衡决定……………………… 152

第六章 教育资源配置……………………………………………………… 155
 第一节 教育资源配置的内涵………………………………………………… 155
  一、教育资源配置的含义……………………………………………… 155
  二、教育资源配置的特征……………………………………………… 156

三、教育资源配置体制的基本类型……………………………………… 158
　第二节　教育资源的市场配置……………………………………………… 163
　　一、教育资源的市场配置功能……………………………………… 164
　　二、教育资源的市场配置效率……………………………………… 166
　　三、教育资源的市场配置"帕累托改进"的实现条件…………… 177
　第三节　教育资源的政府配置……………………………………………… 178
　　一、教育资源的政府配置功能……………………………………… 179
　　二、教育资源政府配置的两个基本问题：公平与效率…………… 180
　　三、教育资源的政府有效配置……………………………………… 187
　　四、教育资源政府配置的公平与效率……………………………… 188
　第四节　教育资源配置效率的数据包络分析评价………………………… 190
　　一、DEA方法的优点及限制………………………………………… 190
　　二、数据包络分析模型……………………………………………… 191
　　三、数据包络分析评价指标选取…………………………………… 195
　　四、数据包络分析的使用方法……………………………………… 195
　　五、我国高校资源配置效率DEA评价举例………………………… 196

第七章　教育成本与收益……………………………………………………… 201
　第一节　教育成本的含义…………………………………………………… 202
　　一、教育的机会成本与货币成本…………………………………… 202
　　二、教育的固定成本、可变成本和总成本………………………… 203
　　三、教育的生产成本和接受成本…………………………………… 203
　　四、教育的边际成本和平均成本…………………………………… 203
　　五、教育的社会成本和个人成本…………………………………… 204
　第二节　教育的生产与成本………………………………………………… 204
　　一、教育生产函数的含义…………………………………………… 205
　　二、教育产量的衡量………………………………………………… 205
　　三、最小适度办学规模……………………………………………… 207
　　四、教育质量系数与适度学班规模………………………………… 209
　　五、教育质量系数与教师学历……………………………………… 210
　　六、教育质量系数与物力资源投入的达标率……………………… 211
　　七、教育生产函数的表达式………………………………………… 212
　第三节　教育成本函数……………………………………………………… 213
　　一、学班与教育的总成本、平均成本和边际成本………………… 213
　　二、教育成本函数…………………………………………………… 214

三、同级同类学校生均教育生产成本的差异 218
　第四节　教育投资的经济效益 221
　　一、教育投资的机会成本 221
　　二、教育投资项目的评估标准 222
　　三、教育投资的收益率 223
　　四、教育收益的测量 225
　　五、能力和其他因素对收入潜能的影响 228
　　六、教育投资社会收益率的测量 229
　　七、提高教育投资经济效益的途径 230
　　八、成本与效益法在教育机构资源配置决策中的应用 231

第八章　教育与经济增长 238
　第一节　经济增长对教育发展的制约 238
　　一、衡量教育发展的指标 238
　　二、经济增长对教育发展的效应 241
　第二节　经济增长理论 243
　　一、经济增长模型 244
　　二、平衡增长理论 249
　　三、非平衡增长理论 250
　第三节　经济增长理论对教育发展的启示 250
　　一、必须认识和正确处理教育发展与技术进步的关系 251
　　二、必须认识和正确处理人力资本积累与物力资本积累的关系 257
　第四节　教育在经济增长中的作用 260
　　一、教育通过提高劳动生产率和推动技术进步来促进经济增长 261
　　二、教育通过提高储蓄率来促进经济增长 262
　　三、教育通过抑制过快的人口增长来促进经济增长 263

第九章　教育与劳动力市场 268
　第一节　劳动力市场的教育资源配置功能 268
　　一、影响家庭做出投资子女教育决定的劳动力市场因素 269
　　二、劳动力市场在教育资源有效配置中的作用 270
　　三、作为劳动力信号投资机制的教育 272
　第二节　劳动力需求视角下的教育 274
　　一、劳动力需求曲线在教育分析中的运用 274
　　二、劳动力边际产品递减规律在教育分析中的运用 275

三、劳动力需求弹性在教育分析中的运用……………………279
　　四、政策应用………………………………………………279
　第三节　教育与就业………………………………………………280
　　一、教育补偿性工资和效率工资…………………………281
　　二、工作搜寻和劳动力匹配………………………………282
　　三、劳动力市场中的职业结构和地区结构………………284
　　四、拉动投资和消费总需求的教育规模扩张……………285

第十章　教育发展战略………………………………………………288
　第一节　教育发展战略概述………………………………………288
　　一、教育发展战略的含义…………………………………289
　　二、教育发展战略的特性…………………………………290
　　三、教育发展战略的类型…………………………………292
　第二节　教育发展战略的制定……………………………………295
　　一、战略分析阶段…………………………………………295
　　二、战略决定阶段…………………………………………297
　第三节　教育发展战略的实施……………………………………302
　　一、战略观念的树立………………………………………302
　　二、组织调整………………………………………………302
　　三、资源配置………………………………………………304
　　四、运行调控………………………………………………304
　　五、实施策略——由点到面………………………………305
　第四节　教育发展战略与学校……………………………………306
　　一、学校办学的特点………………………………………307
　　二、学校在落实教育发展战略过程中所具有的优势……307
　　三、学校在落实教育发展战略过程中所具有的劣势……308
　第五节　教育发展目标……………………………………………308
　　一、制定教育发展目标的依据……………………………309
　　二、教育发展战略目标的基本规定………………………310
　　三、教育发展目标的规模分析……………………………312
　第六节　教育预测与发展规划……………………………………313
　　一、教育预测………………………………………………313
　　二、教育发展规划…………………………………………320

第十一章　教育财政…………………………………………………324

第一节 教育财政的本质 …… 324
一、教育财政的第一级本质：教育财政分配所产生的人与物的关系 …… 324
二、教育财政的第二级本质：教育财政分配所产生的人与人的关系 …… 328
三、教育财政的第三级本质：教育财政分配所产生的教育财政能力
与教育财政方式的关系 …… 330

第二节 教育财政的目标与手段 …… 333
一、教育财政的价值取向 …… 334
二、教育财政的高、低层次目标 …… 336
三、教育财政手段 …… 338
四、教育财政目标与教育财政手段之间的关系 …… 339

第三节 教育财政管理 …… 340
一、教育经费的筹集管理 …… 340
二、教育经费的分配管理 …… 342
三、教育资产管理 …… 344

后记 …… 354

导论　教育经济学的主题

教育经济学是一门交叉学科，这几乎毋庸置疑。但是，教育经济学在学科门类从属上一直是颇有争议的研究领域。1990年国务院学位委员会和国家教育委员会联合下发的《授予博士、硕士学位和培养研究生的学科、专业目录》中的教育经济学从属于教育学门类。1997年国务院学位委员会颁布的《授予博士、硕士学位和培养研究生的学科、专业目录》，把教育经济学与教育管理学合并为教育经济与管理学（可授管理学、教育学学位，学科代码120403），作为管理学门类下一级学科——公共管理学属下的二级学科。事实上，1997年以来，我国教育经济与管理专业多数设在教育学院和教育研究机构，公共管理学专业多数设在管理学院或行政管理学院，教育经济与管理二级学科与公共管理学一级学科之间的联系成为不太方便的跨学院联系。这充分反映出学术界在教育经济学研究领域上的分歧。

虽然教育收益与教育支出在古典经济学著作中就有过论述，现代西方经济学的许多重要见解也都产生于18世纪以来关于教育经济价值的论战，但是，教育经济学研究从来没有像今天这样受到重视，从未有过像今天这般重要的地位。美国经济学家舒尔茨（T. W. Schults）因在教育经济价值和人力资本等方面的开创性研究而于1979年获得诺贝尔经济学奖。美国经济学家贝克尔（G. S. Becker）因在经济社会学、家庭经济学和人力资本理论等方面的开创性研究而于1992年获得诺贝尔经济学奖。美国经济学家斯潘思（M. Spence）因在教育信号理论等方面的开创性研究而于2001年获得诺贝尔经济学奖。

1924年，苏联经济学家斯特鲁米林的《国民教育的经济意义》一书出版，拉开了教育经济学研究的序幕。20世纪60年代以来，受人力资本理论的影响，教育经济学关于教育经济价值分析最初倾向于用人力资本投资与收益来说明；随着劳动力市场划分理论的诞生，教育经济学关于教育经济价值分析开始结合二元劳动力市场来进行；而教育信号理论和教育筛选理论的提出，使教育经济学关于教育经济功能分析开始用劳动力市场信号和结构来说明。随着各国教育发展的加快，人均受教育年限的延长，教育投资增长的加速，教育支出在财政和家庭支出中的比重的增大，教育与经济之间的联系也变得越来越紧密。与此同时，特别是21世纪以来，随着制约经济发展不确定性因素的增多，教育收益和教育支出变得更加不稳定，如何适应不断变化的形势就成为政府和家庭制定教育支出决策的中心问题，围绕这一问题展开研究,就是教育经济学的主要任务。

一个人愿意接受教育,甚至自愿支付一定的学费,享受教育机构如学校、培训中心等为他提供的服务,就在于教育能使他胜任未来的工作,并获得比不接受教育要多得多的收入。政府向学校提供教育经费,就在于教育能促进人的社会化和专业化,这对经济与社会发展乃至于社会稳定都是有益的。学校有了政府为它提供的教育经费,就可以少收或免收学费。这意味着,政府向学校提供教育经费实际上是政府在为受教育者提供一种社会福利,是政府为防止贫困家庭子女辍学而为他们提供经济援助,是使国民教育达到政府所期望的水平而提供经济保障。正规教育通常由学校提供。西安翻译学院英语专业开设的课程与北京第二外国语大学英语专业开设的课程,也许没有什么不同,但是,西安翻译学院是民办高校,其教育经费来源于学费和社会各界捐赠,而北京第二外国语大学是公立高校,其教育经费一部分来源于政府拨款,一部分来源于学费和社会各界捐赠,前者学费较高,后者录取分数线较高,但西安翻译学院毕业生在劳动力市场上的就业竞争力总体上就不如北京第二外国语大学毕业生那样强,而对于达到两校录取分数线又因家庭困难而交不起学费的学生,则可以申请教育贷款来上学。

由此可见,学生、学生家庭、学校、政府、社会各界、劳动力市场之间的经济关系,构成了教育经济学研究的对象。换句话说,教育经济学是研究学生、学生家庭、学校、政府、社会各界、劳动力市场之间经济关系的一门交叉学科。这种经济关系发展变化过程中产生的基本问题,如教育收益、教育消费、教育生产、教育投资、教育资源配置、劳动力市场等,构成了教育经济学的主题。

一、教育收益

学生及其家庭、学校、政府、社会各界、劳动力市场和金融市场从教育中获得好处是显而易见的。一个大学本科毕业生参加工作的起点工资比一个高中毕业生的高100元,这100元就是高等教育给个人及其家庭带来的好处。某个高校举行百年校庆,从校友那里获得了一亿多元的捐赠,这是学校从教育中获得的一种好处。政府各部门不断吸收高学历人才,平均学历水平不断提高,致使执政能力和办事效率不断增强,这是政府从教育中获得的一种好处。一个企业引进一批高学历人才,开展技术攻关,不断推出新产品并获取技术专利,由此创造的利润是技术攻关投入的数倍,这是企业从教育中获得的一种好处,社会各界也会因这种新产品的推出而获利。一个企业在劳动力市场招聘计算机人才,从应聘者学历上获取符合它招聘要求的信息,用很少的时间和费用就完成了招聘任务,这是教育给劳动力市场带来的好处。中国工商银行给一名大学生提供贷款,从中获得贷款利息,这是教育给金融市场带来的好处。当然,教育给学生及其家庭、学校、政府、社会各界、劳动力市场和金融市场带来的好处比上述所列举的好处要大得多、复杂得多。例如,知识分子家庭做邻居，邻里之间相处很和谐，互相关照，又从知识分子家庭为人处世中受益匪浅，这就是教育的正外部性给邻里居民所带来的好处。教育的外部性说明，一个人受教育不仅仅是个人的事，它与其他人乃至社会有着密切的联系。犯罪者中受教育越少的人所占的比例越多，说明教育对社会安定具有正外部性。受教育不仅给个人带来货币收益，而且给个人带来非货币收益。文艺作品欣赏水平的提高是教育水平提高的必然结果。随着知识的丰富，鉴别产品真伪的能力必然增强，购买商品上当受骗的可能性就会减少。当然，受教育给个人带来的非货币收益远不止这些。总之，社会从教育中获益。但是，教育不是无限供给的，特别是高等教育，不是谁想上哪所高等学校就可以上那所高等学校的，优秀学习成绩通常是获得更多教育机会的"选票"。教育机会的分配使社会中的某些人从教育中获得的好处比其他人要多得多，这就需要政府的调控和市场的调节，既要提高教育的社会收益，又要防止教育不公的扩大。

二、教育消费

社会从教育中获益是受教育者消费教育的结果。学生上学接受教育的过程，是学生消费所在学校为他提供的服务。学校为学生提供的教育，就像国防为国民提供的安全一样，是一种产品，服务是它们共同的形态。不同的是，前者在消费上具有排他性和竞争性，属于私人产品；后者在消费上具有非排他性和非竞争性，属于公共产品。理解这一点对于政府和学校组织教育供给是至关重要的，因为在公共产品理论看来，公共产品一般由政府来组织供给是有效的，而私人产品一般由市场来组织供给是有效的，人为将教育供给完全纳入政府的管制之下，势必影响教育供给的有效性。但是，义务教育由于具有强制性和普及性，它的供给如何组织，就不仅要考虑到义务教育在消费上的排他性和竞争性，而且要考虑到义务教育在法规上的非排他性和非竞争性。这样，义务教育在消费上的排他性和竞争性与它在法规上的非排他性和非竞争性之间就是一对矛盾，这对矛盾意味着，由政府来组织义务教育供给有利于实现它的强制和普及，但不利于实现它的效率，而由市场来组织义务教育供给有利于实现它的效率，但不利于实现它的强制和普及。过去，我国义务教育实行少量收费和学生自愿择校，义务教育存在由市场来组织供给的机制，教育质量和教师的积极性得以维持，但是许多学生辍学，义务教育难以普及。现在，我国义务教育实行免费，普及不成问题，但是教师的待遇没有及时做相应的调整，义务教育质量不平衡的状况也没有及时做相应的改变，学生择校和学校变相收费的现象依然存在，义务教育在消费上的排他性和竞争性仍然在发挥着作用，"看不见的手"仍然在调节着义务教育的质量和效率。如果说，看一场电影所获得的精神愉悦是一种享受，那么，学生在学校上一节课所获得的心理历练，如知识的掌握、能力的提高、思想的形成等等，就是一种心智上的"苦战"。这就是说，义务教育乃至其他教育在消费上具有劳神性。古人说，一个人要成就大业，"必先苦其心智"。受教育者消费教育的过程就是古人所说的"苦其心智"的过程，是教育消费者支付心智成本的过程。教育在消费上还具有外部性和公益性，这构成公共教育发展的深层原因。

三、教育生产

教育，从教育经济学意义上应该理解为教育机构提供给受教育者的服务的总和。在现代社会，学校是生产教育的专门机构。学校教职工是教育的生产者。教育作为一种服务的总和，既包括教师备课、讲课、课外辅导、批改学生作业、组织课外活动、做学生思想工作、家访等为学生提供的各种学习服务，也包括学校行政部门、图书馆、体育馆、宿舍、食堂等为学生提供的各种生活服务，还包括这些服务的配套设施建设。服务的生产与物质产品的生产不尽相同，物质产品的生产与物质产品的消费是两个完全分离的过程，也就是说，物质产品的生产不需要物质产品消费者的参与就能完成；而服务生产的一部分是与服务的消费结合在一起的，服务的生产的最终完成必须有服务消费者的参与，也就是说，服务生产的一部分过程是服务生产者与服务消费者互动的过程，而这种互动的过程既是服务的生产过程，又是服务的消费过程。教育生产也是如此。学校在教职工与学生互动过程之外所进行的办学过程是教育的生产过程，这一过程是与教育的消费过程相分离的。教职工与学生在课堂、行政部门、图书馆、体育馆、宿舍、食堂里面所进行的互动过程也是教育的生产过程，这一过程是与教育的消费过程相结合的，它既是教育的生产过程，又是教育的消费过程。显而易见，没有教育生产，就不会有教育消费，教育生产又是为了教育消费，学校只有从教育消费出发，提供适需对路的教育，才能实现教育生产的经济价值和社会价值。在市场经济条件下，学校要有效组织教育生产，不能不考虑教育供求的力量，不能不考虑自身教育生产量对教育供求力量变化的影响，而政府要有效调控教育的生产和消费，也不能不考虑教育供求双方的力量，不能不考虑政策对教育供求力量变化的影响。

四、教育投资

既然社会能从教育中获益，那么，教育支出就是一项有益的投资。尽管教育支出不能在教育过程中产生货币收益，但是，如果把教育过程当做社会生产过程的一个环节，把教育支出当做生产要素投资，把生产要素投资的经济效果当做教育支出的必然结果，教育支出便能得到投资概念上的支持。正是在这个意义上，人力资本理论和劳动力市场信号理论得到了广泛认同。人力资本理论的最大理论贡献之一，就是确立了教育投资的价值，这种投资价值表现在教育的个人收益和社会收益的均值都高于其他物力资本投资的均值。劳动力市场信号理论的最大理论贡献之一，也在于确立了劳动力市场信号投资的价值,这种投资价值体现在学历、学位、学生在校表现等教育特征所具有的劳动力市场信号的经济价值上,体现在这种信号对劳动力配置的经济价值上。当然,教育投资的宏观问题是一国教育支出的水平问题和市场均衡效率问题。从理论上看,一国教育支出与教育收益的市场均衡效率问题在于,一定时期家庭可支配收入总是有限的,家庭可支配收入水平总体上决定了家庭可用于子女教育的支出水平。同样,一定时期政府财政收入总是有限的,政府财政收入水平总体上决定了政府可用于教育的支出水平。另外,一定时期社会各界可支配收入总是有限的,社会各界可支配收入水平总体上决定了社会各界可资助教育的支出水平。问题在于,如何衡量一定时期一国教育支出水平,也就是如何评价一定时期一国教育支出占国民生产总值的比例是否合理,如何有效调节政府、家庭和社会各界的教育支出水平。这需要教育经济学作出回答。

五、教育资源配置

社会资源具有稀缺性,所有的社会资源都是经济资源。西方经济学以社会如何利用稀缺资源以便最大限度地生产出有价值的产品为研究对象。从这个意义上讲,经济资源配置问题是经济学的核心问题。教育资源是教育部门所使用的一切经济资源,也具有稀缺性。经济要发展,资源必须得到有效利用。教育是经济发展的智力基础,经济发展离不开教育发展。要在经济发展的同时实现教育发展,教育资源也必须得到有效利用。因此,在一定技术和经济条件下,社会如何配置教育资源,如何实现教育资源的合理增长、使用和流动,就成为教育经济学研究的重大问题。依据政府和市场在教育资源配置中的地位和作用,教育资源配置体制可分为市场主导型、政府主导型、政府与市场互动型。无论采用哪种教育资源配置体制,都必须有利于发挥教育资源的市场配置功能和政府配置功能,有利于提高教育资源配置效率。在市场经济条件下,教育资源市场配置的理性行为目标指向效率。教育资源配置的帕累托最优是判断教育资源市场配置效率的标准。一定技术和经济条件下提高教育资源市场配置效率,就是实现教育资源配置的帕累托改进。但是,帕累托最优很少涉及价值判断,也就是说,一个有效的教育资源配置是有利于教育资源向贫困阶层倾斜还是向富裕阶层倾斜,帕累托最优对此并不作出判断。事实上,教育资源配置的合理性需要对此作出判断,即需要对教育资源配置是否公平的问题作出判断。教育资源市场配置的公平是追求竞争公平,也就是有效率的公平,而教育资源政府配置的公平不仅追求竞争公平,而且追求社会公平。因此,教育资源政府配置的理性行为目标既指向社会公平又指向效率。一定技术和经济条件下增进教育资源政府配置的公平和效率,就是实现教育资源配置的社会福利改进。

六、劳动力市场

在现代社会，教育是劳动力再生产的必要手段之一，因此，教育与劳动力市场有着必然联系。基础教育与劳动力市场之间的内在联系，主要表现在劳动力进入市场所必需的基本劳动技能（如读、写、算）、劳动习惯、劳动纪律、劳动意识和市场意识的培养都是在基础教育阶段完成的。中等职业技术教育和高等教育与劳动力市场之间的内在联系，主要表现在为毕业生顺利就业做准备。这种内在联系涉及的问题很多，其中需要重点讨论的问题，主要是劳动力市场如何在教育资源配置中发挥作用，如何运用劳动力需要理论来分析个人的教育投资，如何促进教育与就业相适应等问题。

第一章　马克思主义教育经济思想

马克思主义教育经济思想是教育经济理论的重要组成部分，它对教育经济学研究具有普遍指导意义，特别是对中国来说，它是我们开展教育经济研究的重要指导思想。在中国研究马克思主义教育经济思想，对教育工作者和即将从事教育工作的人来说是十分必要的。马克思主义教育经济思想包括马克思主义经典作家们的教育经济思想和中国特色社会主义教育经济思想。这里主要研究的是马克思和邓小平的教育经济思想。

第一节　马克思教育经济思想

改革开放初期，我国学术界曾在马克思主义范畴内，就教育的本质是生产力还是生产关系或是上层建筑的问题，展开过大辩论。教育本质大辩论活跃了学术氛围，促进了思想解放。但是，它也给人这样的印象，即马克思主义教育经济思想似乎就是关于教育与生产力之间、教育与生产关系之间、教育与上层建筑之间的关系的思想。实际上，马克思主义教育经济思想包括马克思关于教育的经济学含义、教育的经济价值和劳动力所受教育和训练的费用等方面的观点。

一、教育的经济学含义

教育的经济学含义所回答的是教育是什么的问题。马克思在《资本论》中指出："有一些服务是训练、保持劳动能力，使劳动能力改变状态等等的，总之，是使劳动能力具有专门性，或者仅仅使劳动能力保持下去的，例如学校教师的服务（只要他是'产业上必要的'或有用的）、医生的服务（只要他能保护健康，保持一切价值的源泉即劳动能力本身）——购买这些服务，也就是购买提供'可以出卖的商品等等'，即提供劳动能力本身来代替自己的服务，这些服务应加入劳动能力的生产费用或再生产费用。"① 这清楚地表明，教育是教师有用的服务，这就是马克思关于教育的经济学含义。教师有用的服务就是"使劳动能力具有专门性"

---

① 马克思恩格斯全集 [M]．第26卷（第一分册）．北京：人民出版社，1972：159.

的服务，或者就是"使劳动能力改变状态"的服务，或者就是"产业上必要的"服务。

人的劳动能力一方面由先天条件所决定，一方面由后天条件所决定。由先天条件所决定的劳动能力不具有专门性，也就是说，这种劳动能力只能从事简单的体力劳动。由后天条件或者由教育所决定的劳动能力则具有专门性，也就是说，这种劳动能力能从事复杂的脑力劳动。教师的服务之所以有用，就在于这种服务"使劳动能力具有专门性"。

马克思依据劳动能力的状态把劳动力分为普通劳动力和专门劳动力。在马克思的眼里，劳动能力与劳动力是同一概念。马克思说："我们把劳动力或劳动能力，理解为人的身体即活的人体中存在的、每当人生产某种使用价值时就运用的体力和智力的总和。"① 普通劳动力只能从事较低级较简单的劳动，专门劳动力则能从事较高级较复杂的劳动。他指出："比社会平均劳动较高级较复杂的劳动，是这样一种劳动力的表现，这种劳动力比普通劳动力需要较高的教育费用，它的生产要花费较多的劳动时间，因此它具有较高的价值。"② 这意味着，"使劳动能力具有专门性"就是"使劳动能力改变状态"，也就是使普通劳动力变成专门劳动力。教师的服务之所以有用，就在于这种服务"使劳动能力改变状态"。

产业是从事生产的行业或部门。任何生产都是劳动生产力的表现。产业的兴衰最终是由劳动生产力所决定的。对于产业而言，劳动生产力是至关重要的。那么，劳动生产力又是由哪些因素决定的呢？马克思指出："劳动生产力是由多种情况决定的，其中包括：工人的平均熟练程度，科学的发展水平和它在工艺上应用的程度，生产过程的社会结合，生产资料的规模和效能，以及自然条件。"③ 产业要发展劳动生产力，就需要不断提高工人的平均熟练程度、科学的发展水平和它在工艺上应用的程度，而教师的服务在"使劳动能力具有专门性"和"使劳动能力改变状态"的同时，也满足了这种需要。因此，教师的服务就是"产业上必要的"服务。

二、教育的经济价值

马克思从改变一般的人的本性出发来认识教育的经济价值，认为教育的经济价值在于教育通过"生产劳动能力"或"使劳动能力具有专门性"或"使劳动能力改变状态"，从而使"一般的人的本性"得以改变，使劳动生产力得以发展。

---

① 马克思恩格斯全集 [M]. 第 23 卷. 北京：人民出版社，1972：190.
② 马克思恩格斯全集 [M]. 第 23 卷. 北京：人民出版社，1972：223.
③ 马克思恩格斯全集 [M]. 第 23 卷. 北京：人民出版社，1972：53.

马克思说："要改变一般的人的本性，使它获得一定劳动部门的技能和技巧，成为发达的和专门的劳动力，就要有一定的教育或训练，而这就得花费或多或少的商品等价物。"① 改变一般的人的本性就是在人的自然本性的基础上形成人的社会本性，使自然人变成社会人，使普通劳动力变成专门劳动力，使劳动者胜任脑力劳动和复杂劳动。

人的自然本性就是人的自然本能。它"是一种并非由他创造的自然前提"②。这种前提提供了人获得一定劳动部门的技能和技巧的可能性。教育把这种可能性变成了现实。劳动技能和技巧源于劳动，具有社会性。于是，掌握劳动技能和技巧就改变了一般人的本性，使人成为社会人。劳动技能和技巧必须通过一定的教育或训练才能获得，因此，掌握劳动技能和技巧就改变了劳动能力的状态，使一个普通劳动力成为一个专门劳动力。所以，马克思说："教育会生产劳动能力。"③ 由教育生产出来的专门劳动力具有专门性，可以从事脑力劳动和复杂劳动，而脑力劳动和复杂劳动所创造的价值总是高于生产专门劳动力的价值。就像马克思所说的那样，"对脑力劳动的产物——科学的估价，总是比它的价值低得多，因为再生产科学所必要的劳动时间，同最初生产科学所需要的劳动时间是无法相比的，例如学生在一小时内就能学会二项式定理"④。马克思还指出："比较复杂的劳动只是自乘的或不如说多倍的简单劳动，因此，少量的复杂劳动等于多量的简单劳动。"⑤ 这意味着，脑力劳动和复杂劳动的产物体现了教育的经济价值。劳动者通过教育提高了自身的平均熟练程度、科研水平、应用科学技术的水平和生产管理水平，使生产资料更具规模和效能，从而提高了劳动生产力。这表明，教育可以提高劳动生产力。

从改变一般的人的本性出发，认识教育的经济功能，并把改变一般的人的本性与"生产劳动能力"或与"使劳动能力具有专门性"或与"使劳动能力改变状态"联系在一起，来认识教育的经济功能。这实现了马克思教育经济思想与马克思主义哲学的统一。

三、劳动力所受教育和训练的费用

马克思认为，在资本主义条件下，劳动力价值包括劳动力本人所必需的生活资料费用、劳动力子女所必需的生活资料费用、劳动力所受教育和训练的费用等。这就是说，劳动交换本身要求劳动力工资和福利应该体现劳动力价值，只有在这一前

---

① 马克思恩格斯全集 [M]. 第23卷. 北京：人民出版社，1972：195.
② 马克思恩格斯全集 [M]. 第46卷（上）. 北京：人民出版社，1979：488.
③ 马克思恩格斯全集 [M]. 第26卷（第一分册）. 北京：人民出版社，1972：210.
④ 马克思恩格斯全集 [M]. 第26卷（第一分册）. 北京：人民出版社，1972：377.
⑤ 马克思恩格斯全集 [M]. 第23卷. 北京：人民出版社，1972：58.

提下,受教育者及其家庭才有支付自己及其子女劳动力再生产所必需的教育费用的能力。然而,劳动与资本是对立统一的经济范畴,劳动只有与资本联系起来才能发生交换,正如资本只有与劳动联系起来才能发生交换一样。"资本只有同非资本,同资本的否定相联系,才发生交换……实际的非资本就是劳动。"① 劳动力卖者从劳动力买者那里得到的工资等于劳动力的价值,而他的劳动补偿给劳动力买者的是劳动力的价值和剩余价值。由于资本增值是用劳动力买者独占剩余价值来说明的,因此,劳动力价值就不能用资本增值来说明,劳动力所受教育和训练的费用也就不能作为资本投资来对待,劳动力的生产性质也就不能用生息资本来说明。原因在于:"第一,工人必须劳动,才能获得这种利息;第二,他不能通过转让的办法把他的劳动力的资本价值转化为货币。其实,他的劳动力的年价值只等于他的年平均工资,而他必须通过劳动补偿给劳动力的买者的,却是这个价值本身加上剩余价值,也就是加上这个价值的增殖额。"② 这表明,在资本主义社会,即使公共教育支出承担着劳动力所受教育和训练的部分费用,它也只能看做是对劳动力的价值的补偿,而不能看做是劳动者对剩余价值的分享。

四、教育与生产劳动相结合

马克思提出教育与生产劳动相结合具有特定的时代背景。那就是机器大工业的兴起,资本积累的疯狂,童工片面和畸形发展的惨状。改变社会条件和教育制度成为追求"人类的幸福和我们自身的完美"的马克思不得不认真思考的突出社会问题。

(一) 教育与生产劳动相结合的含义

马克思关于教育与生产劳动相结合的含义,有以下三个规定。

第一个规定:其中的教育是指学校教育,主要是指社会主义教育。

在《共产党宣言》中,马克思恩格斯这样反击资产阶级对无产阶级发出的责难:"难道你们的教育不也是由社会决定的吗?不是由你们借以进行教育那种社会关系决定的吗?不是由社会通过学校等等进行的直接的或间接的干涉决定的吗?共产党人并没有臆造什么社会对教育的影响,他们仅仅是要改变教育的性质;要使教育摆脱统治阶级的影响。"③ 马克思恩格斯这里所说的"摆脱统治阶级的影响"的教育,一定是社会主义教育,同时明确提到了学校。当然,由社会决定的教育也包括工厂训练和家庭教育等。正如马克思恩格斯所指出的那样:"资产者惟恐失去的

---

① 马克思恩格斯全集 [M]. 第46卷(上). 北京:人民出版社,1979:231.
② 马克思恩格斯全集 [M]. 第25卷. 北京:人民出版社,1974:528.
③ 马克思恩格斯选集 [M]. 第4卷. 北京:人民出版社,1965:486.

那种教育，对绝大多数人来说是把人训练成机器。"这种教育在很大程度上就是把人固定在某一生产环节的劳动纪律和技能教育。它是为资产者服务的教育，它也正是马克思恩格斯要加以扬弃的教育，当然不是马克思所说的教育与生产劳动相结合意义上的教育。再说，这种"把人训练成机器"的教育通常是在生产过程中进行的，本身就与生产劳动结合在一起。这种教育是"整代整代的人都毁灭了"① 的教育，当然不是马克思恩格斯所说的教育与生产劳动相结合意义上的教育。那么，教育与生产劳动相结合意义上的教育是不是指家庭教育呢？显然不是。恩格斯考察了当时雇用童工的工厂，发现："这里的教育水平实在低得令人难以置信：有一半儿童甚至连主日学都不上，其余的虽然去上了，但也很不经常；和别的地区比起来，只有极少数的儿童识字，会写字的就更少了。这是毫不足怪的，因为在七岁和十岁之间，即恰恰是适于上学的时候，他们已经开始做工了。"② 也许当时少数的儿童识字和写字，与家庭教育相联系，但家庭教育既不是当时教育的主导形式，也不是马克思恩格斯所设想的未来教育的主导形式。在他们看来，儿童七岁和十岁之间是适于上学的时候，也就是适于接受学校教育的时候。这表明，马克思恩格斯所说的教育与生产劳动相结合意义上的教育不家庭教育，而是学校教育。

第二个规定：其中的生产劳动是指物质生产劳动，主要是指社会主义物质生产劳动。

马克思恩格斯对资本主义制度下引起人的本质异化的异化劳动进行了深刻、猛烈的批判。资本主义制度下的工人的劳动是一种异化劳动，他把自己的劳动外化在产品中，而在资本主义制度下，他产品中的外化"不仅意味着他的劳动成为对象，成为外部的存在，而且意味着他的劳动作为一种异己的东西不依赖于他而在他之外存在，并成为同他对立的独立力量；意味着他给予对象的生命作为敌对的和异己的东西同他相对抗"③。社会主义制度的建立为消灭劳动异化奠定了制度基础，虽然劳动异化消灭不可能随着社会主义制度的建立而立即变为现实，它是一个渐进的过程，但是，社会主义劳动在一定程度上是体现人的自由的自觉的活动，它与资本主义异化劳动有着本质上的不同。既然马克思恩格斯所说的教育与生产劳动相结合意义上的教育是社会主义教育，那么，该意义上的生产劳动当然是社会主义生产劳动。

这种劳动主要是指物质生产劳动，其依据是《共产党宣言》中的这样一段论述："对所有儿童实行公共的和免费的教育。取消现在这种形式的儿童的工厂劳

---

① 马克思恩格斯全集 [M]. 第 2 卷. 北京：人民出版社，1957：453.
② 马克思恩格斯全集 [M]. 第 2 卷. 北京：人民出版社，1957：489.
③ 马克思恩格斯全集 [M]. 第 42 卷. 北京：人民出版社，1979：91～92.

动。把教育同物质生产结合起来，等等。"① 在这里，马克思恩格斯把劳动力的生产（"教育会生产劳动能力"）与物质产品的生产区别开来。马克思恩格斯把生产分为物质生产和消费生产即非物质生产，并把物质生产称作第一种生产，把消费生产称作第二种生产。他说，在第一种生产中，生产者物化，在第二种生产中，生产者所创造的物人化。这里所说的不同于"现在这种形式的儿童的工厂劳动"，显然是未来社会主义社会和共产主义社会的劳动，这里的物质生产是与未来教育相对应的，是与未来社会主义教育和共产主义教育相对应的。

在《资本论》中还有这样一段论述："尽管工厂法的教育条款整个说来是不足道的，但还是把初等教育宣布为劳动的强制性条件。这一条款的成就第一次证明了智育和体育同体力劳动相结合的可能性，从而也证明了体力劳动同智育和体育相结合的可能性。"② 马克思在这里为什么用"体力劳动同智育和体育相结合"，而不用"智育和体育同生产劳动相结合"呢？显然，这里的智育和体育，仍然是资本主义制度下的教育，与此相对应的生产劳动，仍然是没有克服资本积累观点在生产劳动概念上的狭隘性的生产劳动。这种生产劳动，没有实现生产劳动概念的历史回归，它包括能带来资本增值的非物质生产劳动，同时又把不能带来资本增值的物质生产劳动排斥在外。而体力劳动一定是工人的物质生产劳动，因为工人较低的受教育水平使他们很难进入非物质生产领域；它也一定是能带来资本增值的生产劳动，因为工人的体力劳动是创造剩余价值的劳动。所以，这里用"体力劳动同智育和体育相结合"，而不用"智育和体育同生产劳动相结合"，就避免了由资本积累观点在生产劳动概念上的狭隘性所导致的对生产劳动概念的误解。

在《资本论》写作完成之前，马克思也曾提到过资本主义制度下劳动或生产劳动与教育的结合问题："如果不把儿童和少年的劳动和教育结合起来，那无论如何也不能允许父母和企业主使用这种劳动。……把有报酬的生产劳动、智育、体育和综合技术教育结合起来，就会把工人阶级提高到比贵族和资产阶级高得多的水平。"③ 这里的劳动或生产劳动都是体力劳动，因为当时儿童和少年在工厂从事的劳动只能是生产物质产品的体力劳动。对这样在特定条件下的提法，不能从一般意义上理解，否则就会产生误解。

马克思在《资本论》中接着这样说："正如我们在罗伯特·欧文那里可以详细看到的那样，从工厂制度中萌发出了未来教育的幼芽，未来教育对所有已满一定年龄的儿童来说，就是生产劳动同智育和体育相结合，它不仅是提高社会生产的一种

---

① 马克思恩格斯选集[M]．第 1 卷．北京：人民出版社，1995：294．
② 马克思恩格斯全集[M]．第 23 卷．北京：人民出版社，1972：529．
③ 马克思恩格斯全集[M]．第 16 卷．北京：人民出版社，1965：218．

方法，而且是造就全面发展的人的唯一方法。"① 这里所说的生产劳动是与未来教育直接相对应的，它克服了资本积累观点在生产劳动概念上的狭隘性。狭隘的资本积累观点，使历史上物质生产劳动的概念缩小了，而使历史上非物质生产劳动的概念扩大了，它给生产劳动这样一种规定："生产劳动与非生产劳动之间的区别仅仅在于：劳动是与作为货币的货币相交换，还是与作为资本的货币相交换。"② 能够带来资本增值的劳动是生产劳动，反之，是非生产劳动。这意味着，不能带来资本增值的物质生产劳动，是非生产劳动，物质生产劳动的概念在这里缩小了；而能带来资本增值的非物质生产劳动，也是非生产劳动，非物质生产劳动的概念在这里扩大了。克服了资本积累观点在生产劳动概念上的狭隘性的、与未来教育相对应的生产劳动，也就是实现了生产劳动概念的历史回归，它使生产劳动的概念，历史地回归到与消费生产劳动概念或非物质生产劳动概念相对应，也就是回归到生产劳动概念等同于物质生产劳动概念的历史。所以，这里所说的生产劳动就是指物质生产劳动。

在《哥达纲领批判》中有这样一段论述："在按照各种年龄严格调节劳动时间并且采取其他保护儿童的预防措施的条件下，生产劳动和教育的早期结合，是改造现代社会的最强有力的手段之一。"③ 这里的生产劳动和教育，显然也是指未来社会主义和共产主义的生产劳动和教育，其中的生产劳动，是实现了生产劳动概念历史回归的生产劳动，即历史回归到与消费生产劳动或非物质生产劳动相对应的概念，也就是物质生产劳动。

所以，马克思恩格斯所说的教育与生产劳动相结合，在社会主义制度下是指教育与物质生产劳动相结合。这样就避免由于可把教育理解为生产劳动（消费生产劳动或非物质生产劳动）而导致的逻辑混乱和误解。

第三个规定：教育和生产劳动都是社会实践，各自具有相对独立的地位，概念上互不包含。

全部社会生活在本质上是实践的。实践具有社会性，所以全部实践都是社会实践。物质生产劳动是最基本的社会实践，是人和自然之间物质变换的过程。马克思说："劳动首先是人和自然之间的过程，是人以自身的活动来引起、调整和控制人和自然之间的物质变换的过程。人自身作为一种自然力与自然物质相对立。为了在对自身生活有用的形式上占有自然物质，人就使他身上的自然力——臂和腿、头和手运动起来。当他通过这种运动作用于他身外的自然并改变自然时，也就同时改变他自身的自然。他使自身的自然中沉睡着的潜力发挥出来，并且使这种力的活动受

---

① 马克思恩格斯全集［M］.第23卷.北京：人民出版社，1972：530.
② 马克思恩格斯全集［M］.第49卷.北京：人民出版社，1982：109.
③ 马克思恩格斯选集［M］.第19卷.北京：人民出版社，1963：35.

他自己控制。"① 这种人和自然之间物质变换的过程，当然是物质生产过程。教育不在这个过程之中，因为教育是消费生产过程，是教育者与受教育者之间、教育者和受教育者与自然和社会之间心理变换或精神变换的过程，是教育者和受教育者将物质生产者所创造的物品心理化或精神化的过程，即人化的过程。

原始社会没有明确的社会分工，每个劳动者既是物质生产者，又是教育者，极端低下的生产力水平使得每个劳动者每天把自己的自然力用在为自己和后代谋生上，很少有闲暇时间来对新生一代进行教育，新生一代的教育主要是在物质生产过程中完成的，教育与物质生产过程是结合在一起的。随着生产力的发展，剩余产品出现了，社会分工出现了，教育也随之慢慢从物质生产中分离出来，有人成了专门的教育者，有些地方有了专门的教育场所，学校就在生产力进一步发展的这一演变过程中出现了。学校教育出现本身就实现了它与物质生产的分离。这种分离随着学校规模不断扩大和学校垄断逐渐升级而成为社会常态，教育作为第二种生产，就以社会常态的身份获得了相对独立的地位，教育和物质生产劳动也就不再是相互包含的概念了。到了资本主义社会，教育与物质生产相分离仍然是一种社会常态。没有二者相分离的社会常态，就不会有马克思就二者相结合的思考和研究。在马克思看来，尽管教育与物质生产劳动都是现代社会不可缺少的社会实践，但二者在社会实践中仍然处于相对独立的地位。为了改善资本主义社会中工人子女受教育水平低下的状况，就需要把教育与生产劳动结合起来，以便"把工人阶级提高到比贵族和资产阶级高得多的水平"，进而把代表工人阶级的社会意识转化为社会力量。而在未来理想的社会制度下，即在社会主义制度和共产主义制度下，提高社会生产和造就全面发展的人，也需要把教育与生产劳动结合起来。教育与生产劳动相结合，实际上是指两种不同社会实践之间的结合。

（二）教育与生产劳动相结合的实践意义

马克思从生产力发展、社会变革和工人阶级解放的必然趋势上，阐述教育与生产劳动相结合的实践意义。

第一，教育与生产劳动相结合是改造现代社会的有力手段。教育与生产劳动相结合，对资产阶级子女来说不再是脱离生产劳动的教育，对工人阶级子女来说不再是脱离教育的生产劳动，从而在现实意义上避免了新生一代人重蹈人的片面发展的覆辙。更为重要的是，工人阶级要改变社会条件，首先必须要改变社会条件的意识，要有唤醒这种意识的教育。这意味着，"共产党一分钟也不忽略教育工人尽可能明确地意识到资产阶级和无产阶级的敌对的对立"，共产党任何时候都必须牢牢记住，"工人完全了解，他们阶级的未来，从而也是人类的未来，完全取决于正在

---

① 马克思恩格斯全集 [M]．第23卷．北京：人民出版社，1972：201~202.

成长的工人一代的教育"。① 因此，对整个资本主义社会来说，教育与生产劳动相结合是改造现代社会的有力手段；而对工人阶级来说，教育与生产劳动相结合将唤醒他们不再充当资本积累工具的意识，这样，教育与生产劳动相结合就是工人阶级抵制资本主义制度的"一种最必要的抗毒素"。这就是说，教育与生产劳动相结合就是要工人阶级争取人类解放的社会意识形态与教育和生产结合起来。

问题是，在童工盛行、工人阶级子女接受教育的权利和机会完全得不到保障的教育制度下，教育与生产劳动相结合也只是工人阶级的一厢情愿，它不可能变成现实。这就需要建立正确的教育制度，改变教育作用的性质，为工人阶级争取更多的教育权利和教育机会。马克思说："共产党人并没有发明社会对教育的作用；他们仅仅是要改变这种作用的性质，要使教育摆脱统治阶级的影响。"② 在他看来，建立正确的教育制度与改变社会条件是相辅相成的："为了建立正确的教育制度，需要改变社会条件"；然而，"为了改变社会条件，又需要相应的教育制度"③。这种正确的教育制度就是教育与生产劳动相结合的教育制度。这样的教育制度，不再是少数资产者坚守的把人训练成机器的那种教育制度，不再是把工人阶级子女排斥在学校大门之外的教育制度。在这样的教育制度下，对工人阶级来说教育与生产劳动相结合才能变成现实，工人阶级子女通过这种结合就可以较早地唤醒他们改变社会条件的意识。所以，马克思说："在按照各种年龄严格调节劳动时间并且采取其他保护儿童的预防措施的条件下，生产劳动和教育的早期结合是改造现代社会最强有力的手段之一。"④ 这里的条件，就是建立正确的教育制度，就是建立那种改变教育作用性质的教育制度，也就是建立教育与生产劳动相结合的教育制度。

必须指出，我国一些学者在研究马克思教育与生产劳动相结合的作用或功能时，往往忽视和抛开实现这一结合的制度性条件，这不符合马克思的原意。教育与生产劳动相结合一旦失去制度基础就难以实现，它改造现代社会的作用就无从发挥。因此，教育与生产劳动相结合的政治基础就是结合的制度，没有制度上的结合就很难实现内容上、方式上、途径上的结合，它的其他功能也将无从发挥。

第二，教育与生产劳动相结合是提高社会生产的一种方法。如果说，改造现代社会意义上的教育与生产劳动相结合，在很大程度上取决于它的制度性基础的构建，而这种制度性基础的构建又在相当大程度上取决于统治阶级的意志，并受制于占主导地位的社会意识形态，使得教育与生产劳动相结合在改造现代社会方面的政治功能服从于统治阶级的需要，服务于统治阶级和占主导地位的社会意识形态，那

---

① 马克思恩格斯全集 [M]. 第16卷. 北京：人民出版社，1965：217.
② 马克思恩格斯选集 [M]. 第1卷. 北京：人民出版社，1995：290.
③ 马克思恩格斯全集 [M]. 第16卷. 北京：人民出版社，1965：654.
④ 马克思恩格斯全集 [M]. 第19卷. 北京：人民出版社，1963：35.

么，提高社会生产意义上的教育与生产劳动相结合，就完全取决于生产力发展的客观需要，并受制于生产资料与现代科学技术的结合，而这种需要和结合是不以某些人的意志为转移的，这就使得教育与生产劳动相结合在提高社会生产方面的经济功能必然要发挥出来，从而把构建教育与生产劳动相结合的教育制度客观地提了出来，统治阶级也就不得不对教育制度做些调整以适应这种需要和结合。

生产力发展必然导致社会分工和生产内部分工，分工深化反过来又促进了生产力发展。社会分工直接导致了教育与生产劳动相分离。然而，现代科学技术的出现和进步，改变了现代生产的技术基础，促进了生产资料与现代科学技术的结合。这种结合直接导致了现代科学技术与劳动力的结合，其原因在于生产力发展是以生产资料与劳动力的结合为基本条件的。没有现代科学技术与劳动力的结合，就不会真正有生产资料与现代科学技术的结合。这些结合不仅推动了教育大众化和普及化的进程和教育普及制度的建立，而且在一定程度上实现了教育与生产劳动相结合，因为传授现代科学技术知识的教育本身就实现了现代科学技术与劳动力的结合。随着这些结合的深化，脑力劳动与体力劳动的界限日益变得模糊起来，教育与生产劳动相分离的社会基础也开始日益弱化。虽然生产资料与现代科学技术的结合会推动生产内部分工的深化，但是，这一深化的历史进程给教育与生产劳动相结合带来的不是阻力而是动力。

更为重要的是，生产资料与现代科学技术的结合会带来生产工具和生产流程的变革，这种变革会不断给生产带来新工具和新流程，要求生产者不断在生产过程中掌握新工具和新流程。因此，现代科学技术与劳动力的结合不仅要在教育过程中进行，而且要在生产过程中进行。这样，教育与生产劳动相结合就不仅能实现现代科学技术知识与劳动力的结合，而且能实现生产新工具和新流程与劳动力的结合，从而提高社会生产力。正是在这个意义上，马克思才明确把教育与生产劳动相结合当作"提高社会生产的一种方法"来加以阐述。

必须指出，我国一些学者从经济意义上把教育与生产劳动相结合理解为教育与现代科学技术相结合，这有失偏颇。教育作为传授现代科学技术知识的过程，本身就是与现代科学技术相结合的过程。现代科学技术本身也能与生产劳动画等号。现代科学技术与劳动力相结合的至少有理论知识形态和生产实践形态，教育充其量也只是现代科学技术与劳动力在理论知识形态上的结合，而不是现代科学技术与劳动力在生产实践形态上的结合。教育也许可以理解为一种脑力劳动或非物质生产劳动，但不可以理解为一种体力劳动或物质生产劳动，所以不能把教育与生产劳动等同起来。正是在这个意义上，马克思说过"把教育同物质生产劳动结合起来"，说过"生产劳动同智育和体育相结合"，说过"智育和体育同体力劳动相结合"，说过"体力劳动同智育和体育相结合"，说过"生产劳动和教育的早期结合"，但他从未说过"教育与科学技术相结合"之类的话。在现代科学技术与劳动力相结合意义上，也只能把教育与生产劳动相结合理解为教育与现代科学技术在生产实践形态上相结合。另外一个值得指出的问题是：把教育与生产劳动相结合理解为教育与社会实践相结合，这同样会面临社会实践本身包含教育的问题，因为教育在某种意义上就是一种社会实践。

第三，教育与生产劳动相结合是造就全面发展的人的唯一方法。人的全面发展是社会发展到一定历史阶段的产物，它预示着人类社会进入了一个崭新的历史阶段。造就全面发展的人，就是开创一个新的历史，这表明，作为造就全面发展的人的唯一方法，教育与生产劳动相结合所体现的是它的社会历史功能。

人的发展，在马克思看来，是一种社会历史过程。人的发展是怎样的，取决于人所从事的实践，其原因在于人的发展最终离不开实践。实践的内容和结果不同，人的发展的面貌也就有所不同。生产活动是人类最基本的实践活动，对人的发展有决定性的影响。在社会分工尚未出现的史前社会，人的发展呈现一种原始的全面。在以手工生产为主的私有制社会，因为手工业的熟练仍旧是生产过程的基础，所以，每一个工人都只适合于从事一种局部职能，他的劳动力变成了终身从事这种局部职能的器官。手工业分工特别是工场手工业内部分工，把人"肢解"了，人的发展显得片面和畸形。对具体的个人发展的原始全面性和人的潜能的全面开发来说，这无疑是一种"异化"，但对人类社会而言，这是一种进步，因为不同的人分别从不同方面去充分发展他自己的潜能和智慧，从而极大地推动了社会生产力的发展，使更多的人有条件接受更多的教育，使更多的人趋向全面发展。也正是因为人类以个体的片面发展为代价，才换来了科学技术的更快发展，才迎来了工业社会。

现代工业的技术基础本质上是革命的，而所有以往的生产方式的技术基础本质上是保守的。现代生产技术基础的革命性，使工人的职能和劳动过程的社会结合不断地随着生产的技术基础发生变革，进而使社会内部的分工发生革命，不断地把大量资本和大批工人从一个生产部门投入到另一个生产部门。因此，大工业的本性决定了劳动的变换、职能的变动和工人的全面流动性，从而要求"使每一个社会成员都能够完全自由地发展和发挥他的全部力量和才能"，即实现人的全面发展。也就是说，承认劳动的变换，从而承认工人尽可能多方面的发展是社会生产的普遍规律，并且使各种关系适应这个规律的正常实现，就成为现代工业生死攸关的问题。

生产力发展到相当高的水平，以至于废除私有制和社会分工，这是实现人的全面发展的社会必要条件。这一条件也为体力劳动与脑力劳动相结合奠定了制度性基础。在这个基础上，教育与生产劳动相结合才能真正变成现实，才能真正发挥它在造就全面发展的人方面的社会历史功能。

教育与生产劳动相结合之所以是造就全面发展的人的唯一方法，就在于这种结合将最终消除历史上长期存在的对体力劳动的偏见，最终填平历史上形成的脑力劳动与体力劳动之间的鸿沟，最终为人的全面发展创造手段。教育的主要功能之一是传授科学技术知识，它天然地表现为脑力劳动，它的结果也天然地表现为脑力劳动者。而生产力低下所决定的社会生产则天然地表现为体力劳动，这种社会生产的主体也天然地表现为体力劳动者。由生产力发展水平不高而造成的历史上脑力劳动对体力劳动的管理和统治，以及少数人对学校的垄断，使人们产生了对体力劳动的偏见，而教育与生产劳动相脱离终于使教育成了横亘在脑力劳动与体力劳动之间的一条历史鸿沟。随着生产力的发展和制度的变革，教育普及的程度会越来越高，社会生产中体力劳动也越来越多地由机器来替代，脑力劳动也渐渐失去了它在历史上对体力劳动的统治地位。在这种条件下，教育与生产劳动相结合就天然地使脑力劳动与体力劳动、脑力劳动者与体力劳动者结合在一起。这种结合意味着每个人都受过教育，他既能从事脑力劳动又能从事体力劳动，既是脑力劳动者又是体力劳动者。这样，历史上长期存在的对体力劳动的偏见将因这种结合而最终得以消除，历史上形成的脑力劳动与体力劳动之间的鸿沟将因这种结合最终得以填平。

生产力的高度发达，使每个人可自由支配的时间大为延长，并为每个人创造了教育与生产劳动相结合这一可自由支配自己时间的手段。通过这一手段，每个人都有条件按他的意愿从事各种活动，使他得到全面发展。由于高度发达的生产力"给所有的人腾出了时间和创造了手段，个人会在艺术、科学等等方面得到发展"。① 尽管节约劳动时间就等于增加自由时间，就等于个人得到充分发展的时间，但是，如果没有创造出自由支配自己时间的手段，即没有通过教育与生产劳动相结合而具备的按他的意愿从事各种活动的能力，他就不会在各方面得到发展。

综上所述，教育与生产劳动相结合是马克思教育经济思想的重要组成部分，是人类历史发展到一定阶段的必然选择。它包含着这样的内容：普及教育的制度安排，争取人类解放的社会意识形态与教育和生产劳动相结合，现代科学技术与劳动力在理论知识形态和生产实践形态上相结合，把教育过程和生产劳动过程同时变成脑力劳动与体力劳动相结合的过程。它具有这样的意义：它是改造现代社会的有力手段，是提高社会生产的一种方法，是造就全面发展的人的唯一方法。

五、马克思教育经济思想的现实意义

马克思把教育当作一种产品来对待，其重要意义在于承认教育的生产性和产业性。教育作为服务性产品，是指学校或其他专门从事教育的机构向学生或其他受教育者提供的与人才培养有关的物品和劳务的总称。在人类文明出现的初期，学校是智者传授知识、文人墨客切磋诗文的场所，它向听众提供讲稿和讲演，这种讲稿和讲演就是早期形态的人才培养性物品和劳务。后来，学校里面出现了专门从事知识

---

① 马克思恩格斯全集［M］. 第46卷（下）. 北京：人民出版社，1980：219.

传授的教师和专门从事知识学习的学生，还出现了教师之间的分工，并逐步形成具有学班、年级和有一定在校学生规模的有组织的教育机构。这时，学校向学生提供的物品和劳务的品种多了起来，不仅有教材和教学服务，还有课桌、课椅、课外辅导和补习，等等。再往后，学校分化为幼儿园、小学、中学、大学，其职能也有所扩大，学校不仅是传授知识、开发智能、培养人才的教育机构，而且是向消费者和企事业单位提供各种资讯服务的自负盈亏的法人，还是教师从事科学研究的组织机构。所以，教育是学校为社会提供的一种产品。学校除了提供教育以外，还提供资讯服务和科技成果。

必须指出，当我们把教育作为社会实践活动时，不能把教育与学习混为一谈。教育是教师和学校生产和提供的，教育的生产过程的最终完成必须有受教育者的参与，而受教育者参与教育生产的过程则表现为学习过程，不同的是，这是教师指导下的学习，除此以外，教育生产过程之外还有不在教师指导下的自学过程，这也是自然人成为熟练劳动力的手段，所以教育生产过程不能理解为自学过程。作为教育对象的学生是接受教育的主体，即在教师指导下进行学习的主体，他们是教育的消费者，他们参与教育的生产过程只是因为教育的消费过程总是处在教育的生产过程之中。

教育这种服务按学校内部分工，可分为学校教师提供的执教服务（简称校教服务），学校行政人员提供的管理服务（简称校政服务），学校图书馆、资料室、教室、实验室、运动场馆器材等提供的基本建设服务（简称校建服务），学校后勤和医务人员提供的生活保障服务（简称校保服务）。

教育这种服务按学校等级可分为学前学校服务、初等学校服务、中等学校服务和高等学校服务；按学校类别可分为普通学校服务、职业学校服务、成人学校服务、网络电视学校服务等。

教育这种服务按形态可分为实物性服务和劳务性服务。教室、图书馆、学校运动场、教材、图书资源、课桌、课椅等物品，属于实物形态的人才培养性服务；上课、课外辅导和补习等等劳务性服务，属于劳务形态的人才培养性服务。

教育这种服务按服务对象可分为直接性服务与间接性服务。所谓直接性服务，是指学校直接为学生提供的服务。所谓间接性服务，是指学校为其教职工提供的服务。如学校图书馆为教师提供的服务，教师的集体备课，学校为教职工提供的住房、办公用房，教师使用学校的教学仪器设备，等等，都属于间接性服务。间接性服务是直接性服务的必要条件。直接性服务又是间接性服务的必然归宿。

教育这种服务按因果关系可分为阶段性服务和终结性服务。前者与中间学历相联系，后者与最终学历相联系。所谓中间学历是指在校生已获得的各种学历。与此相对应的最终学历则是指最终离开学校不再持有学籍的毕业生所获得的最高学历。因此，按中间学历计算的服务就是阶段性服务，按最终学历计算的服务就是终结性服务。

　　学校办学包含教育的生产、分配、交换和消费。学校拥有教育的产权，它首先把教育这种服务的必要条件生产出来，然后通过市场交换而把教育提供给学生或社会。从"纯交换经济"意义上看，服务的提供就是服务的分配和交换。没有这种交换，任何服务都无法维持生产和再生产。教育这种服务也不例外。这种交换在很大程度上是通过市场来进行的。没有市场交换，教育就难以在市场经济条件下运行，教育生产所需的人力、物力、财力就无法得到补偿，教育的生产也就无法继续进行下去。教育的市场交换，主要表现为政府通过出资办学来实现对学校的资助，并最终通过市场转化为对受教育者的资助。政府也由此获得了教育的计划权、管理权和限价权。学生通过缴纳学费来获得上学权或受教育权，并最终通过市场转化为对教育成本的支付。学生接受教育的过程，就是消费教育的过程，即消费人才培养性服务的过程。学生在消费这种服务的过程中获得自身德智体等方面发展的当前满足。这种满足就是教育的效用，它与其他服务的效用一样，具有相同的经济意义。与此同时，学生在消费这种服务的过程中获得可给他未来带来收益的知识和能力，即形成"人力资本"。为了论述的方便，我们把学生在消费教育过程中所获得自身德智体等方面发展的当前满足和人力资本积累，统称"消费教育的效用和人力资本的产出"。

　　教育这种服务的生产和消费，不像农产品和工业品那样，有时间上的先后和空间上的距离。我们说，教育的生产必须先于它的消费，是指生产教育所需的人力、物力、财力必须在生产和消费之前准备好，但它们只是生产教育的条件，而不是教育本身，或者说，它们不是教育生产的最终产品。一座教学大楼的建成，不是教育生产的终结，而是它的真正开始。只有当它用于教学时，它才能成为教育生产和消费的构成要素。这意味着教育的生产与消费出现了时空上的重叠，也就是说，教育过程即受教育过程，教育成果即受教育成果，教育的生产与消费出现了过程上的重叠，教育的生产成果与消费成果出现了时空上的重叠。

　　与农产品和工业品生产不同的是，作为教育生产的最终产品，即受教育者的身心发展，它在产权上不属于教育者和教育机构，而属于受教育者。所以，学生对自己在消费教育过程中所实现的劳动力的产出，拥有自己的产权。学校办学过程是形成教育这种服务产权和受教育者劳动力产权的过程。这两种产权的相对分离是教育的基本特征。

　　受教育者把自己有限的时间和家庭有限的收入用于购买和消费教育，是因为这种服务能满足他们的某些需要。这些需要主要有以下几类：

　　（1）受教育者知识化的需要。人是文化动物，是通过文化来获得人生意义的。不同文化赋予人生意义以不同的解释。文化素质越高的人，对人生意义的理解就越深刻。文化以知识为载体，传承和理解文化，需要知识。书面知识是现代文化的主要载体。通过接受教育来掌握书面知识，文化才得以完整全面的传承和理解，人生的意义才得以完整全面的认识和彰显，人类个体才能享受丰富多彩的文化生活。受教育者在消费教育的过程中获得的正是自身知识化需要的某些满足。

（2）受教育者社会化的需要。亚里士多德早就指出，人是政治动物，不能孤立存活，而要生活在一定的社会之中。对每一个新生儿而言，社会是他生存的环境，他必须先了解它，适应它，最终才有可能去改造它。人出生以后，需要通过与他人的交往，与社会的互动，特别是需要通过教育来逐步掌握文化和社会行为方式，从而实现由生物人向社会人的转变。受教育者社会化的需要就是在消费教育的过程中得到满足的。

（3）受教育者专业化的需要。人是劳动的产物。劳动把人与动物区别开来。劳动是人生存和发展的基本需要。随着劳动熟练程度的提高和劳动经验的积累，劳动出现了分工，科学技术也在劳动中发展起来。专业是劳动分工不断分化、整合和科学技术不断分化、综合的结果。以科学技术为基础的劳动分工几乎都是专业化分工。在现代社会，年轻人只有掌握某一专业领域的科学技术知识才能谋得一个体面的工作岗位。以传授科学技术知识为主要内容的教育，可使受教育者获得自身专业化的满足。

（4）受教育者信息化的需要。信息是决策的重要依据。决策的正确与否在很大程度上取决于决策者掌握的信息是否充分可靠。在市场经济条件下，构建完善的生产要素信息市场，促进生产要素的信息化，促进生产要素信息的市场化，是实现资源有效配置的必要条件。假定学校不给毕业生提供文凭，劳动力的配置必将花费高额的"就业搜寻成本"和"劳动力试用成本"。文凭的经济意义在于为劳动力市场提供劳动者信息，降低雇员择业和雇主择人的"搜寻成本"有利于节约资源。受教育者对文凭的渴望和重视是受教育者信息化需要的必然反映。每一门课程考试的通过，都将意味着在通向文凭之路上向前迈进了一步，也必将给受教育者带来自身信息化需要的满足。

从马克思教育经济学意义上看，学校办学就是生产教育，进而为社会培养人才。受教育者接受教育就是消费学校提供的服务。办学者生产教育必须花费人力、物力、财力，所以教育这种服务是一种经济产品和"稀缺"资源。求学者消费教育，必须支付一定的成本，而在这种支付的背后，存在着求学者对消费教育的收益预期。学校办学和学生求学，都是一种资源配置，都存在着如何有效配置资源的问题。

马克思关于教育与生产劳动相结合的思想告诉我们，教育与生产劳动相结合是中国特色社会主义建设的必然要求，是中国教育必须长期坚持的工作方针。要坚持这一方针，就必须坚持不断提高教育普及的水平，坚持用中国特色社会主义理论统领教育和生产劳动，坚持用现代科学技术武装学生和一切劳动者的头脑，坚持学生参加必要生产劳动的制度,坚持劳动者边劳动边学习的制度,不断缩小脑力劳动与体力劳动之间的差距,促进人的全面发展。

第二节 邓小平教育经济思想

改革开放以来,我国学界研究邓小平教育经济思想的文论并不多,这说明对其研究的重视程度还很不够。这里对可查阅到的些许研究做简要的述评也许是必要的。1994年有学者把这一思想归纳为:"经济要发展,教育是基础";"增加教育投资";"全党抓教育"。① 1995年有学者把这一思想概括为:"教育与经济发展的环境";"教育与生产力发展";"教育与经济体制改革";"教育与经济发展状况"。② 1997年有学者把这一思想归纳为:"确立教育在我国经济和社会发展中的战略地位";"以经济建设为中心,是我国教育改革和发展的出发点";"坚持'两个必须'、'三个面向'和培养'四有新人',是我国教育主动适应社会主义市场经济的根本宗旨"。2001年有学者把这一思想理解为两个方面:一是"教育的经济战略地位",其中包括"社会主义经济建设中教育的经济功能",以及"人力资源开发是现代化经济建设的发展动力";二是"发展教育事业,促进经济快速稳步发展",其中包括"教育与经济建设密切结合,实现经济增长、教育进步的良性循环",以及"保障教育投入,促进教育自身健康持续发展"。③ 同年,有学者把这一思想理解为三个方面,即"教育在我国社会主义现代化建设中的战略地位";"教育和科学与经济的关系";"教育的经济条件"。④ 2005年有学者把这一思想理解为:"教育是一个民族最根本的事业,教育在国民经济中占据重要的战略地位";"科学技术是第一生产力,科技和教育应协同发展";"坚定不移地走科教兴国之路"。⑤

这些研究从某种意义上涉及邓小平教育经济思想,也具有一定的启发作用。但是,要深入理解这一思想,既不能把它泛化为邓小平教育思想,以至于失去了邓小平教育经济思想的独特性,又不能教条式地对它作"关系"论处理,因为它无意于去揭示所谓教育与经济的"关系",更不能把它当作是用只言片语任意堆砌的上层建筑。实际上,邓小平教育经济思想是以教育的经济功能为核心的,回答的基本问题是:教育的经济功能是什么?教育经济功能得以充分发挥的条件是什么?后一问题可理解为如何充分发挥教育的经济功能的问题。

---

① 陈晴、杨冉. 邓小平教育经济思想探析[J]. 教育与经济,1994(3).
② 蒋南平. 论邓小平教育经济思想[J]. 理论建设,1995(01).
③ 楚红丽. 邓小平教育经济思想探微[J]. 社会科学研究,2001(02).
④ 刘毓. 邓小平教育经济思想浅探[J]. 教育探索,2001(12).
⑤ 汪松明. 邓小平教育经济思想探析[J]. 教育探索,2005(11).

一、教育的经济功能在于为生产力形成与发展奠定基础

对教育经济功能的认识,邓小平的思维逻辑是十分清晰的。他以生产力的基本因素即生产资料和劳动力为基点,把生产资料同科学技术的结合作为生产力形成的第一必要条件,由此做出"科学技术是第一生产力"的科学论断。同时,他把生产资料同劳动力的结合作为生产力形成的第二必要条件。在生产力形成的第一必要条件上,他看到,教育具有传承科学技术的功能,这种功能为生产力形成奠定了科学技术基础,使生产资料同科学技术的结合成为可能,使第一生产力的发展成为可能。在生产力形成的第二必要条件上,他看到,教育具有培养人才或生产劳动力的功能,从而为生产力形成奠定了人才或劳动力基础,使生产资料同人才或劳动力的结合成为可能,使科学技术同人才或劳动力的结合成为可能。生产力的发展以生产力的形成为前提,但又不同于生产力的形成。因为生产资料同落后的科学技术的结合也能形成生产力,但不能发展生产力。同样,生产资料同简单劳动力的结合也能形成生产力,但不能发展生产力。因此,他把生产资料同先进科学技术的结合作为生产力发展的第一必要条件,把生产资料同复杂劳动力,即"四有人才"所具有的劳动能力的结合作为生产力发展的第二必要条件。在生产力发展的第一必要条件上,他看到,教育具有及时传授先进科学技术的功能,这种功能为生产力发展奠定了先进科学技术基础,使生产资料同先进科学技术的结合成为可能,使第一生产力的发展成为可能。在生产力发展的第二必要条件上,他看到,教育具有培养"四有人才"的功能,从而为生产力发展奠定了优秀人才或复杂劳动力基础,使生产资料同优秀人才或复杂劳动力的结合成为可能,使先进科学技术同优秀人才或复杂劳动力的结合成为可能。这就是邓小平对教育经济功能认识的思维逻辑。

就为生产力形成奠定科学技术和人才基础的教育经济功能而言,邓小平是以生产力基本因素为基点的。邓小平指出:"生产力的基本因素是生产资料和劳动力。"[①] 当然,这一对马克思主义政治经济学基本观点的继承性表述只是他说明教育经济功能并用以指导实践的一个基础。在此基础上,他对马克思主义这一基本观点的发展就体现在这样的论断上,那就是:"历史上的生产资料,都是同一定的科学技术相结合的;同样,历史上的劳动力,也都是掌握了一定的科学技术知识的劳动力。我们常说,人是生产力中最活跃的因素。这里讲的人,是指具有一定的科学知识、生产经验和劳动技能来使用生产工具、实现物质资料生产的人。"[②] 他在这

---

① 邓小平文选 [M]. 第 2 卷. 北京:人民出版社,1994:88.
② 邓小平文选 [M]. 第 2 卷. 北京:人民出版社,1994:88.

之前就说过:"教育方面有好多问题,归根到底是要出人才、出成果。"① 把邓小平关于教育的这一观点与他关于生产力基本要素的上述观点联系起来,我们不难发现,邓小平这里所说的"人才"当然是掌握了一定科学技术知识的劳动力,"成果"当然是科学技术。这表明,这时他已经发现了生产力形成的两个必要条件。要满足这两个条件,教育就是不可或缺的。也就是说,教育具有满足生产力形成的两个必要条件的经济功能。教育的这种经济功能对于生产力的形成而言是基础性、战略性和关键性的。他指出:"科学技术人才的培养,基础在教育。"② 这就是说,教育的经济功能在于通过科学技术的传授和人才培养来为生产力奠定科学技术和人才基础。这一基础对于社会主义现代化建设而言具有战略性和关键性。他不仅把教育和科学作为社会主义现代化建设的战略重点之一,而且把教育和科学视为社会主义现代化建设战略重点中的关键。他在解释如何实现党的"十二大"提出经济增长20年翻两番奋斗目标时这样说:"战略重点,一是农业,二是能源和交通,三是教育和科学。搞好教育和科学工作,我看这是关键。"③ 后来,他又从科学技术是第一生产力的意义上进一步阐述教育这一经济功能的战略性和关键性。他说:"从长远看,要注意教育和科学技术。……马克思讲过科学技术是生产力,这是非常正确的。现在看来这样说可能不够,恐怕是第一生产力。"④ 这就是说,教育对第一生产力的形成具有长远的战略意义和关键性作用。

就为生产力发展奠定先进科学技术和优秀人才基础的教育经济功能而言,邓小平是以社会主义现代化为基点的。实现社会主义现代化就要大力发展生产力,而要大力发展生产力,就要大力发展科学和科学事业,以便掌握先进科学技术并培养和造就优秀人才。他说:"四个现代化,关键是科学技术的现代化。"⑤ 这就是说,生产力的发展取决于掌握先进科学技术,而掌握了先进科学技术的人才是优秀人才。他说:"大大发展我们的生产力,当然就不能不大力发展科学研究事业和科学教育事业,大力发扬科学技术工作者和教育工作者的革命积极性。"⑥ 到这时,他已经发现了生产力发展的两个必要条件。教育通过传授先进的科学技术和培养优秀人才来满足生产力发展的两个必要条件,这种满足就是教育的经济功能。与为生产力形成奠定科学技术和人才基础的教育经济功能一样,为生产力发展奠定先进科学技术和优秀人才基础的教育经济功能,对于社会主义现代化建设同样具有基础性、

---

① 邓小平文选 [M]. 第2卷. 北京:人民出版社,1994:70.
② 邓小平文选 [M]. 第2卷. 北京:人民出版社,1994:95.
③ 邓小平文选 [M]. 第3卷. 北京:人民出版社,1993:9.
④ 邓小平文选 [M]. 第3卷. 北京:人民出版社,1993:274~275.
⑤ 邓小平文选 [M]. 第2卷. 北京:人民出版社,1994:86.
⑥ 邓小平文选 [M]. 第2卷. 北京:人民出版社,1994:89~90.

战略性和关键性作用。为生产力发展奠定基础的教育不是止步于传授传统科学技术知识和培养一般劳动者的教育，而是致力于传授先进科学技术知识和培养优秀劳动者的教育。他说："劳动者只有具备较高的科学文化水平，丰富的生产经验，先进的劳动技能，才能在现代化的生产中发挥更大的作用。"① 他强调，实行开放政策，就是为了学习世界先进科学技术。这就是说，教育对生产力发展的经济功能就是通过传授先进科学技术知识和培养优秀劳动者来实现的。

二、充分发挥教育的经济功能必须坚持优先发展教育的战略地位

要充分发挥教育在生产力形成和发展中的基础性、战略性和关键性经济功能，必须坚持优先发展教育的战略地位。这就是邓小平优先教育发展的思想。它是邓小平教育经济思想的一个重要特点，是马克思主义划时代的教育经济思想，是具有中国特色的教育经济思想。

（一）优先发展教育思想的主要内容

邓小平优先教育发展思想的基本内容主要有以下几点：①优先提高教育发展水平。教育发展水平是反映国民素质、教育水准和智力开发程度的重要指标，通常用人均受教育年限来表示。所谓优先提高教育发展水平，是指各级政府在制定扩大内需、刺激消费、提高消费水平、促进经济和社会较快发展的计划时，必须把提高教育发展水平放在优先地位。②优先增加教育投资。所谓优先增加投资，是指各级政府在制定财政预算时，必须把增加教育投资放在优先地位。以牺牲一点当前的经济增长速度为代价，争取实现教育投资的优先增长和教育的优先发展，以换取未来经济的持续、快速发展，这就是邓小平优先教育发展思想的精神实质。教育投资本来是生产性投资，但由于它的经济效益具有见效慢、周期长的特点，很容易遭到急功近利者的冷落。在我国，教育发展也由此被一些人视为软任务而不加重视。抓教育，不能讲空话，要解决实际问题；其中最关键的是增加教育经费，保证教育投资优先增长。③优先提高教育质量。所谓优先提高教育质量，是指各级政府在安排教育发展规划和教育工作时，必须把培养合格的人才放在优先地位。任何以牺牲质量为代价的教育发展都不符合邓小平优先教育发展的思想。在优先教育发展的问题上，只注重数量，不注重质量，忽视对学生进行爱国主义、集体主义、社会主义思想的教育的思想和行为，都是错误的；我国社会主义教育培养出来的必须是社会主义现代化事业的建设者，而决不能是社会主义现代化事业的败家子；必须是社会主义事业的接班人，而决不能是社会主义事业的掘墓人。

（二）优先发展教育思想的时代特征和中国特色

邓小平优先教育发展的思想，是对马克思主义教育经济思想的重大发展，是中

---

① 邓小平文选［M］．第2卷．北京：人民出版社，1994：88．

国社会主义现代化建设的重要指导思想,它具有鲜明的时代特征和中国特色。

首先,优先教育发展是邓小平根据中国国情,实事求是地提出的加快社会主义现代化建设的战略决策。举什么旗,走什么路,关系到祖国的前途和民族的命运。这是为中国近现代史反复证明了的真理。如果说中国社会主义革命的胜利是由于以毛泽东为核心的党中央找到了一条适合近代中国国情的农村包围城市的革命道路,那么中国社会主义建设新时期经济和社会的快速、持续、健康发展,则是由于以邓小平为核心的党中央找到了一条适合现代中国国情的以科学、教育的优先发展来推动经济、社会发展的建设道路。今日的中国之所以能长期保持经济快速发展、社会安定团结、民族和睦共处、人民安居乐业的政治局面,从根本上讲,就在于党中央承前启后,继往开来,坚定不移地走以"一个中心,两个基本点"为基本路线、以科教兴国为战略重点的中国特色的社会主义发展道路。实践证明,优先教育发展是邓小平为我们找到的实现社会主义现代化的正确道路,是马列主义、毛泽东思想同中国实践相结合的产物。中国社会主义现代化建设新时期所具有的"底子薄"、"人口多"的"两个重要特点",是邓小平提出优先教育发展理论的出发点。底子薄,表明中国在当今世界上仍然处于贫穷落后的地步。贫穷不是社会主义。中国只有消灭贫穷,摆脱落后,实现现代化,才不至于辱没社会主义的历史使命。然而,现代文明是以现代科学技术为动力基础的。中国的现代化只能是现代科学技术基础上的现代化。优先发展科学技术,是中国现代化的关键。发展科学技术要有人才。只有优先培养出大批专业人才,才能促进科学技术的发展,加快现代化建设的进程。我国"要赶上世界先进水平","要从科学和教育着手"。① 因此,走科学、优先教育发展的现代化之路,是适应中国底子薄的基本国情的必然选择。中国是一个人口大国,现有13亿人口。今天,尽管我们已经认识到人口增长过快、人口规模过大会给国民经济带来沉重的负担和巨大的压力,也不利于经济的较快发展,因而有必要对我国过去人口政策出现的历史性失误进行深刻的反思和纠正,有必要把计划生育作为基本国策确定下来,但是,我们仍然要正视中国人口多这个事实,以积极的态度对待之。这就要求我们努力把人口压力转变为人力资源优势。只有大力发展教育,全面提高民族素质和全国人民的教育水准,造就数以千万计的各类专业人才,才能形成人力资源优势,才能为经济和社会发展增添活力和后劲,才能有力地把现代化建设向前推进。"一个十亿人口的大国,教育搞上去了,人才资源的巨大优势是任何国家比不了的。"② 这说明,走优先教育发展的现代化之路,是适应中国人口多的基本国情的必然选择。

---

① 邓小平文选[M].第2卷.北京:人民出版社,1994:48.
② 邓小平文选[M].第3卷.北京:人民出版社,1993:120.

其次，优先教育发展是邓小平在正确总结国内外社会主义实践经验和教训的基础上所作出的巩固和发展社会主义制度的科学抉择。中国社会主义革命和建设，仍然属于继列宁领导的"十月革命"之后，按马克思"晚年设想"而进行的实现社会形态历史性跨越的伟大实践和科学探索。马克思的"晚年设想"指的是：像俄国这样一个具有"半亚细亚生产方式"或"半东方"特点的国家，存在着农村公社，其未来发展既可能是沿着西欧的道路走向资本主义，也可能"不通过资本主义制度的卡夫丁峡谷"，"不通过资本主义生产的一切可怕的波折"，①"不经受资本主义制度的一切苦难"，② 一跃而成为"现代社会所趋向的那种经济体系的出发点"，③ 进而跨越式向高一级社会形态过渡。社会主义革命的胜利标志着马克思"晚年设想"已开始变成现实。然而，社会主义建设是个崭新的事业，需要在实践中探索如何巩固和发展社会主义制度，如何构建向高一级社会形态过渡的具体实现形式。这无疑是摆在新中国领导人面前的重大课题。社会主义实践的经验教训表明，社会主义制度作为实现历史性跨越的高一级社会形态，不可能一蹴而就，不可能不通过资本主义生产的一切有效的经营方式。因为，生产力的发展是渐进的过程，不能像社会形态那样实现历史性跨越；另外，人的发展也是渐进的过程，不会自发地随社会形态的变革而变化；社会主义制度优越性的发挥也不是自发的，必须通过人的自觉的活动来实现，它在很大程度上取决于人们的认识水平和人们对客观规律的把握，最终取决于人们的素质。邓小平及时总结了国内外社会主义建设的经验教训，逐步创立了以解放思想、实事求是为哲学基础，以"解放生产力、发展生产力、消灭剥削、消除两极分化，最终达到共同富裕"为社会主义本质，以"一个中心，两个基本点"为社会主义初级阶段的基本路线，以科技、优先教育发展为战略重点的有中国特色的社会主义理论。它是当代的马列主义、毛泽东思想，具有划时代意义。由此可见，加快生产力的发展和人的发展是巩固和发展社会主义的根本措施。教育无论是在生产力发展方面还是在人的发展方面都起着基础性、关键性的作用。"巩固和发展社会主义制度，还需要一个很长的历史阶段，需要我们几代人、十几代人，甚至几十代人坚持不懈地努力奋斗，决不能掉以轻心。"④"中国的事情能不能办好，社会主义和改革开放能不能坚持，经济能不能快一点发展起来，国家能不能长治久安，从一定意义上说，关键在人。"⑤ 从实践中认识到生产力和人的发展的渐进性及其在巩固和发展社会主义制度中的重要性，进而抽象

---

① 马克思恩格斯全集 [M]．第 19 卷，北京：人民出版社，1963：431～436．
② 马克思恩格斯全集 [M]．第 19 卷．北京：人民出版社，1963：129．
③ 马克思恩格斯全集 [M]．第 19 卷．北京：人民出版社，1963：451．
④ 邓小平文选 [M]．第 3 卷．北京：人民出版社，1993：379～380．
⑤ 邓小平文选 [M]．第 3 卷．北京：人民出版社，1993：380．

出优先教育发展的历史必然性，这就是科学，就是逻辑，就是邓小平理论的精髓。

再次，优先教育发展是抢占21世纪综合国力竞争的制高点，是迎接知识经济挑战的客观要求。综合国力是指一国一定时期所拥有的政治、经济、科技、军事、文化、教育、外交、资源等实力的有机构成的总和，是每个国家发展自己、保护自己、享有国际地位、扩大国际影响、发挥国际作用的基础。人类已进入21世纪，世界各国都致力于抢占21世纪综合国力竞争的制高点。那么，21世纪综合国力竞争的制高点在哪里？

综合国力竞争的制高点，有其自身的形成规律。历史唯物主义告诉我们，社会的发展首先是生产力的发展。生产力的三大要素派生出的经济、科技、教育三大活动领域，构成生产力发展和综合国力竞争的三大支柱。综合国力竞争制高点的形成规律，表现为经济、科技、教育三者间内在的必然联系。换句话说，综合国力竞争的制高点存在于经济、科技、教育的有机结合部，表现为经济、科技、教育三者的良性互动状态。时代不同，综合国力竞争的制高点的内涵会因经济、科技、教育的发展水平不同而有所不同。如果说，农业经济同传统科技和传统教育、工业经济同现代科技和现代教育的有机结合和良性互动，分别是古代社会和现代社会综合国力竞争的制高点，那么，知识经济同高新科技和高素质教育的有机结合和良性互动，将是21世纪乃至未来信息社会综合国力竞争的制高点。无论是知识经济的发展、高新科学技术的进步，还是高素质教育的全面推进，都要求把教育摆在优先发展的战略重点地位。只有优先发展教育，才能全面推进高素质教育，为知识创新、技术创新以及高科技的发展和产业化，提供数以千万计的拥有创新才能的专业人才，为知识经济的发展提供数以亿计的德、智、体、美全面发展的建设者和接班人，才能为抢占21世纪综合国力竞争的制高点提供丰富的知识和强大的智力支持。

最后，优先发展教育，是建设人力资源强国的充分必要条件，是全面建设小康社会、构建和谐社会、实现国家现代化的长期战略选择。改革开放以来，以邓小平同志为核心的第二代党中央领导集体始终把发展教育作为现代化建设的一个战略方针。邓小平同志曾深刻指出："一个十亿人口的大国，教育搞上去了，人才资源的巨大优势是任何国家比不了的。"他高瞻远瞩地确立了"教育要面向现代化，面向世界，面向未来"的重要指导方针。以江泽民同志为核心的第三代党中央领导集体继续高度重视教育，从党的十四大起就反复强调："我们必须把教育摆在优先发展的战略地位，努力提高全民族的思想道德和科学文化水平，这是实现我国现代化的根本大计。"党的十六大报告又把教育纳入全面建设小康社会的奋斗目标之中。

党的十六大以来，以胡锦涛同志为总书记的党中央确立了科学发展观等重大战略思想，多次中央全会的文件都明确提出优先发展教育的要求。特别是胡锦涛总书记在2006年8月29日中共中央政治局第三十四次集体学习和2007年8月31日全国优秀教师代表座谈会上指出："必须坚定不移地实施科教兴国战略和人才强国战略，切实把教育摆在优先发展的战略地位，推动我国教育事业全面协调可持续发展，努力把我国建设成为人力资源强国，为全面建设小康社会、实现中华民族的伟大复兴提供强有力的人才和人力资源保证。"要求各级党委政府"以更大的决心、更多的财力支持教育事业，经济社会发展规划要优先安排教育发展，财政资金要优先保障教育投入，公共资源要优先满足教育和人力资源开发需要"。这一系列重要论述，充分体现了以胡锦涛同志为总书记的党中央立足社会主义初级阶段基本国情和新的历史起点谋划教育发展的战略思路，表明了中国共产党全心全意为人民服务的根本宗旨和深入贯彻落实科学发展观的基本要求，对教育事业更好地适应全面建设小康社会、构建社会主义和谐社会的需要，具有极为重要的指导意义。

（三）落实优先发展教育思想的基本要求

当今世界已进入社会信息化的新时代，当今中国已进入全面建设小康社会的新时期。无论是从迎接当今世界新时代的挑战而言，还是从迎接当今中国新时期的挑战而言，都必须优先发展教育。落实优先发展教育思想，就是要做到以下几点：

首先，要优先加强教育的战略地位。在经济社会发展中，有些产业或事业，如农业、教育等，事关社会主义现代化建设的基础和全局，必须加强它们在经济社会发展中的战略地位。在经济发展的不同阶段，农业与教育的战略地位之间会发生重要程度上的变化。一般说来，在经济起步阶段，农业的战略地位会高于教育的战略地位，因为解决温饱问题是实现经济起步的首要问题；在经济起飞阶段，教育的战略地位反而会高于农业的战略地位，因为解决智力资源问题是实现经济起飞的关键问题。党的十七大报告提出促进经济发展方式的三个"转变"，即促进经济增长由主要依靠投资、出口拉动向依靠消费、投资、出口协调拉动转变，由主要依靠第二产业带动向依靠第一、第二、第三产业协同带动转变，由主要依靠增加物质资源消耗向主要依靠科技进步、劳动者素质提高、管理创新转变。加快这三个"转变"都跟优先加强教育的战略地位有关。优先发展教育可以作为"扩大内需"来协调拉动经济增长，又可以作为"加快第三产业发展"来协同带动经济增长，还可以作为"巩固科技进步、劳动者素质提高、管理创新的基础地位"来协力促进经济增长。我国已进入经济起飞阶段，优先加强教育的战略地位是实现我国经济起飞的必然要求。

要坚持优先发展教育的战略地位，必须采取以下举措：第一，增加教育投入。教育要优先发展，教育经费就必须有保障。目前，我国财政性教育经费占国内生产总值的比例还没有达到国际平均水平，甚至没有达到与我国经济发展水平相近国家的投入水平。从1991年到2001年，我国教育投资比例显著低于国际平均水平，但是与美国、英国、法国等世界教育强国相比，我国教育投入水平明显偏低。第二，完善教育立法。随着科教兴国战略的实施和依法治国方略的确立，依法治教已经成为党和政府管理教育的基本方针，是依法治国的重要组成部分。实行依法治教，把教育管理和办学活动纳入法制轨道,是深化教育改革,推动教育发展的重要内容,也是将优先发展教育落到实处的重要保障。逐步实现教育管理的制度化、法制化,使这种制度和法规不因领导人的改变而改变,不因领导人的看法和注意力的改变而改变。依法治教的实质就是民主的法制化和法制的民主化,充分调动社会力量办学的主动性和积极性,充分调动广大教职工的积极性,真正实现教职工当家做主,它是建设我国社会主义民主政治的重要内容,更是优先发展教育的重要保障。依法治教的依据,不仅包括专门的教育法律、法规和规章,如《中华人民共和国教育法》、《中华人民共和国教师法》、《中华人民共和国义务教育法》、《中华人民共和国高等教育法》、《幼儿园管理条例》、《高等学校自学考试暂行条例》等,还包括其他有关教育的法律、法规和规章,如《中华人民共和国行政处罚法》、《中华人民共和国行政诉讼法》、《中华人民共和国未成年人保护法》、《中华人民共和国妇女权益保障法》、《中华人民共和国残疾人权益保障法》、《中华人民共和国行政复议法》、《中华人民共和国国家赔偿法》等重要的法律,使我国的学校教育初步实现了有法可依、依法治教的基本局面,极大地促进了我国教育事业向前发展。从总体上看,我国教育在很大程度上还存在着无法可依、执法不严的状况。例如政府不按规定投入教育经费的法律责任由谁来承担,监护人不按规定送其子女就学的法律责任由谁来承担,如何正确认定对未成年人的监护权问题,如何正确判定学校有无过错责任,等等。对以上问题没有一个正确的认识和很好的解决,在很大程度上制约着教育的发展,影响着人们对法律的运用,也使法律失去了其应有的地位和作用效力。因此,国家有关部门和法律工作者应努力尽快制定和完善相应的教育法律法规,真正使依法治教有法可依,有法必依,违法必究,以确保优先发展教育落到实处。

其次,要优先推进教育改革、开放和创新。这是优先加强教育的战略地位所必然提出的要求。教育战略地位的优先加强必须体现在教育改革、开放和创新优先推进上。改革开放以来,我国教育改革、开放和创新的深度和广度远不如经济,这在很大程度上制约着教育战略地位的优先加强。有人说,"我国教育是计划经济体制留下的最后一个堡垒",这也许说明了人们对我国教育改革、开放和创新相对落后的一种不满。要改变我国教育改革、开放和创新相对落后的现状,也必须优先推进教育改革、开放和创新。

再次,要优先保障教育经费支出。保障教育经费支出,就是各级政府在制定财政预算时,必须把增加教育投资放在优先地位。以牺牲当前的一点经济增长速度为代价,争取实现教育投资的优先增长和教育的优先发展,以换取未来经济的持续、快速发展,这就是教育优先发展思想的精神实质。教育投资未来是生产性投资,但由于它的经济效益具有见效慢、周期长的特点,很容易遭到急功近利者的冷落。抓教育,不能讲空话,要解决实际问题,其中最关键的是增加教育经费,保证教育投资优先增长。

同时，要优先提高教育发展水平。教育发展水平是反映国民素质、教育水准和智力开发程度的重要指标，通常用人均受教育年限来表示。所谓优先提高教育发展水平，是指各级政府在制订扩大内需、刺激消费、提高消费水平、促进经济和社会较快发展的计划时，必须把提高教育发展水平放在优先地位。

最后，要优先保障教育质量。优先保障教育质量，就是各级政府在安排教育发展规划和教育工作时，必须把培养合格的人才放在优先地位。任何以牺牲教育质量为代价的教育发展，都不符合邓小平提出的教育优先发展的思想。

三、充分发挥教育的经济功能必须坚持教育面向现代化，面向世界，面向未来的战略指导方针

要充分发挥教育在生产力形成和发展中的基础性、战略性和关键性经济功能，必须坚持教育面向现代化，面向世界，面向未来的战略指导方针。这就是邓小平教育"三面向"思想。它是邓小平教育经济思想的重要内容，在马克思主义教育经济思想的历史进程中同样具有划时代意义，同样是具有中国特色的教育经济思想。

（一）教育要"三个面向"的战略规定

教育要"三个面向"的战略规定，蕴含于教育与现代化、教育与世界、教育与未来的相互联系之中。教育要面向现代化的含义是：一方面，教育受现代化建设所制约，教育发展必须从中国社会主义现代化建设的实际出发；另一方面，现代化建设受教育所制约。教育必须与中国社会主义现代化建设的要求相适应，以便更好地为现代化建设服务。

现代化建设包括物质文明建设和精神文明建设。物质文明建设的高度制约着教育发展水平、教育结构、有关文化科学技术方面的教育内容、教育方法、教育手段和教育组织形式等，其中对教育发展水平的制约最为明显。教育发展水平的提高，通常意味着各年龄阶段的儿童入学率的提高，意味着教育普及程度的提高，从而意味着教育规模的扩大和教育经费的增加。在资源禀赋一定条件下，教育经费的增加总是有限的，不能超越给定的物质文明可承受的能力，因为物质文明是教育发展的物质基础。从根本上讲，教育要通过促进物质文明建设来实现自身发展。但在资源禀赋一定条件下，教育发展的速度是具有弹性的，问题在于要快一点发展教育，就不得不暂时牺牲一点物质文明建设的速度，这就涉及一国发展战略的选择问题：教育要面向现代化意在选择一国物质文明所能承受的限度内尽量快一点发展教育这一发展战略。这就是说，"我们要千方百计，在别的方面忍耐一些，甚至于牺牲一点速度，把教育问题解决好"。① 为什么要选择这一战略？这是因为从长远观点看，

---

① 邓小平文选［M］．第3卷．北京：人民出版社，1993：275．

教育和科学技术制约着现代化建设的发展。所以，在教育发展与物质文明建设发展的相互制约关系中选择快一点发展教育的战略，是"教育要面向现代化"的战略规定。

精神文明建设对教育指导思想、教育制度、有关政治思想和伦理道德方面的教育内容、教育管理体制等方面有制约作用。教育不能超越给定的精神文明建设的范围而自行其是，教育是构建人类灵魂的活动。教师是人类灵魂的工程师，在社会主义精神文明建设中负有重大责任，"应当高举马克思主义的、社会主义的旗帜"，"教育和引导人民正确地对待历史，认识现实，坚信社会主义和党的领导，鼓舞人民奋发努力，积极向上，真正做到有理想、有道德、有文化、守纪律，为伟大壮丽的社会主义现代化建设事业而英勇奋斗"。① 可见，在教育与精神文明建设的相互制约关系中选择发展社会主义教育的战略，是"教育要面向现代化"的又一战略规定。

就现代化建设受教育所制约的一般意义而言，是说任何国家的现代化建设都是以科学技术的现代化为关键的，而科学技术人才的培养在教育。就中国社会主义现代化建设受教育的制约进而对教育的依赖和要求而言，有特定的内涵，这主要体现在：在很大程度上，作为现代化建设的"根本前提"的四项基本原则，依赖并要求教育使其在学生和新生一代的头脑中深深扎根；作为现代化建设社会前提的稳定，依赖并要求教育把学生的注意力和精力引导到刻苦学习现代科学技术知识上来；作为现代化建设的动力的改革，依赖并要求广大教育工作者和学生的参与、支持和理解；作为现代化建设的关键的科学技术，依赖并要求教育为其研究和应用提供科学技术人才；作为现代化建设的中心的经济建设，依赖并要求教育为其培养具有现代科学技术知识的建设者；作为现代化建设的重要途径的开放，依赖并要求教育为其输送精通外语，善于开展国际交往、交流和合作的人才；作为现代化建设的立足点的独立自主、自力更生，依赖并要求教育去引导新生一代继承和发扬勤劳、勇敢、智慧、有强烈的民族自尊心和民族自豪感等中华民族的优良传统；作为现代化建设的目的的国家兴旺发达、人民共同富裕，依赖并要求教育实现自身的现代化，以便实现民族素质普遍而不断的提高和人们文化生活水平的不断提高。中国社会主义现代化对教育的这种依赖性和要求就是"教育要面向现代化"给教育工作和教育事业所规定的战略任务和战略方向。

教育要面向世界的含义是：一方面，世界给一国教育以巨大影响；另一方面，教育是一国走向世界、影响世界和赶超世界先进水平的基本手段。

世界对一个国家的教育的影响，是随国际交往、国际分工和协作的发展而不断

---

① 邓小平文选［M］. 第3卷. 北京：人民出版社，1993：40.

增强的。在古代社会，各国之间的交往由于交通工具和通讯工具的落后而非常不便，从而显得稀疏和浅薄，世界对一个国家教育的影响也是微弱肤浅的。在现代社会，由于现代交通工具和通讯工具有远程性、快速性、连接性和适应性等特点，使各国之间的交往变得异常方便。随着国际交往的日益便利和市场经济的发展，国际分工和协作也日益向广度和深度发展，各国之间的相互关系也日益变得紧密而具有依赖性。于是"一切国家的生产和消费都成为世界性的了。……物质的生产如此，精神的生产也是如此。各个民族的精神活动的成果已经成为共同享受的东西。民族的片面性和狭隘性已日益不可能存在，于是许多民族的地方的文学形成了一个世界文学"。[1] 为精神生产的文学尚且如此，作为精神生产的教育也不例外。现在几乎没有哪个国家的教育体制、教育内容、教育方法、教育手段和教育组织形式完全是土生土长的。教育的世界性意味着世界科学技术的变革会引起教育内容的部分变革，因为"科学技术是人类共同创造的财富"。[2] 教育的世界性意味着国际关系、世界格局和国际形势的变动会对一国教育产生一定的影响。世界市场的形成也必然导致国际间经济的竞争，而经济的竞争最终将归结为科学技术和教育的竞争。这说明，注重世界对一国教育的影响，承认教育的世界性是教育要面向世界的一个战略规定。

世界是由各国组成的。人民是世界的主体，是世界文明的创造者。教育通过实现人的社会化和促进社会人的发展而影响一个国家，使一个国家走向世界，进而影响世界。当今世界面临着和平和发展两大主题。和平要靠世界人民的共同努力才能维持。当今世界和平力量之所以在增长，就因为热爱和平的人民在增加。"日本人民不希望有战争，欧洲人民也不希望有战争"，第三世界国家希望发展自己，也不希望有战争，中国人口最多，"是世界和平力量发展的重要因素"。[3] 要让和平力量不断发展，就要在各国坚持不懈地进行世界和平教育，反法西斯侵略战争的教育，使和平深入世界人民的心中。教育不仅是维护和平的手段，而且是第三世界实现发展的重要手段。第三世界要在世界事务中有所作为，就要加快发展自己，赶上世界先进水平。中国要自立于世界民族之林，要对人类有较大的贡献，就必须加快发展自己，赶上世界先进水平。"我们国家要赶上世界先进水平，从何着手呢？我想，要从科学和教育着手。"[4] 要通过参与国际学术交流、人才交流、教育交流，来学习和掌握世界先进的科学、技术、经营管理方法以及其他一切对我们有益的知

---

[1] 马克思恩格斯全集 [M]. 第4卷. 北京：人民出版社，1958：46~47.
[2] 邓小平文选 [M]. 第2卷. 北京：人民出版社，1983：91.
[3] 邓小平文选 [M]. 第3卷. 北京：人民出版社，1993：105.
[4] 邓小平文选 [M]. 第2卷. 北京：人民出版社，1983：48.

识和文化,"学习先进、才有可能赶超先进"。① 由此说明,把教育作为一国走向世界、影响世界和赶超世界先进水平的基本手段来加以重视和发展是教育要面向世界的又一战略规定。

教育要面向未来的含义是:一方面,人类的未来制约一国教育发展的计划和目标;另一方面,教育是实现人类美好未来的根本手段。

未来是指人类社会发展的必然趋势和前景。人类社会最终要进入生产力和科学技术高度发展、人们的思想境界高度升华、各尽所能各取所需、人类全面发展的共产主义社会,"我们采取的各方面的政策,都是为了发展社会主义,为了将来实现共产主义"。② 我国的未来与世界的未来或人类的未来具有一致性。我国未来对教育的制约主要表现为经济和社会发展的计划和目标是制定教育发展计划和目标的基础。虽然共产主义的美好未来和理想已经展现在我们眼前,但要实现这一美好的未来和理想,则有很长的路程要走。我们既不能超越现实条件去做我们将来要做而现在还不能做的事,也不能放弃共产主义理想去做有害于将来实现共产主义的事。可以说,只要我们是用邓小平理论来指导我们的行动和现代化建设,我们所做的一切就是在为共产主义大厦增砖添瓦。这就是说,依据邓小平理论制定的一定时期经济和社会发展的计划和目标,是我国阶段性未来的体现。我国教育只有以此为依据来制定体现未来的发展计划和目标,才能促进经济和社会发展计划与目标的实现。可见,按照面向未来、体现我国阶段性未来的经济和社会发展的计划与目标来制定教育发展计划和目标,是教育面向未来的一个战略规定。

社会主义现代化、共产主义的实现,寄希望于"有理想、有道德、有文化、有纪律"的社会主义事业的接班人为之坚持不懈地奋斗,而这种接班人要靠教育来培养。邓小平还特别强调"革命的理想,共产主义的品德,要从小开始培养";③"要特别教育我们的下一代下两代,一定要树立共产主义的远大理想";④要"充分估计到现代科学技术的发展趋势";⑤ 着眼高科技发展的下一个世纪来培养接班人;等等。教育通过促进人的社会化,通过培养社会主义事业的建设者和接班人来为社会主义现代化奠基,为共产主义奠基。所以,把教育作为实现人类美好未来的根本手段来加以重视和发展,是教育面向未来的又一个战略规定。

(二)教育要"三个面向"的内在联系

教育要"三个面向"是互为目的和手段的统一体。教育要面向现代化作为教

---

① 邓小平文选 [M]. 第2卷. 北京: 人民出版社, 1983: 91.
② 邓小平文选 [M]. 第3卷. 北京: 人民出版社, 1993: 112.
③ 邓小平文选 [M]. 第2卷. 北京: 人民出版社, 1983: 105.
④ 邓小平文选 [M]. 第3卷. 北京: 人民出版社, 1993: 111.
⑤ 邓小平文选 [M]. 第2卷. 北京: 人民出版社, 1983: 108.

育发展的目的,是说教育面向现代化是为了实现社会主义现代化。而社会主义现代化的实现要求劳动者掌握世界先进的现代科学技术和其他一切先进的对我国有益的知识,并随着世界科学技术的发展和人类精神文明的提高而不断更新知识和观念,这就提出了教育要面向世界、面向未来的要求。所以,从为社会主义现代化建设培养人才这个意义上讲,教育要面向世界、面向未来是实现教育要面向现代化的手段。

教育要面向世界作为教育发展的目的,是说教育要面向世界是为了中国自立于世界民族之林,为了中国对人类有较大的贡献。而只有通过培养现代化建设人才,通过培养社会主义事业的建设者和接班人,使中国兴旺发达,才能实现中国自立于世界民族之林和对人类有较大贡献的目的。从这个意义上讲,教育要面向现代化、面向未来又是实现教育要面向世界的手段。

教育要面向未来作为教育发展的目的,是说教育要面向未来是为了将来实现共产主义。而教育只有面向现代化、面向世界,使中国早日富强起来,使中国早日进入世界发达国家的行列,以显示出社会主义制度的优越性,从而影响世界,推动世界变革,才能最终实现共产主义。从这个意义上讲,教育要面向现代化、面向世界又是实现教育要面向未来的手段。

教育要"三个面向"统一于培养社会主义事业的建设者和接班人。我国要建设的现代化,是有中国特色的社会主义现代化。因而,我国现代化建设,要求广大劳动者、工作者及其接班人不仅要掌握现代科学技术知识,而且要有坚持四项基本原则和党的"十一届三中全会"以来制定的各项方针、政策的政治觉悟,有共产主义理想和道德,有社会主义法制观念等。这就是说,培养社会主义事业的建设者和接班人是教育面向现代化的基本要求。应该看到,共产主义事业是世界性的事业。从这个意义上讲,培养社会主义事业的建设者和接班人还是教育面向世界的基本要求。还应该看到,社会主义是共产主义事业的初级阶段,因而中国无论是走向 21 世纪的未来,还是走向更遥远的未来,都希望我国的子孙后代能把社会主义事业和共产主义事业进行到底。这说明,培养社会主义事业的建设者和接班人也是教育面向未来的基本要求。

(三) 教育要"三个面向"的划时代战略贡献

教育要"三个面向",阐明了教育在联系现代化、世界与未来中的桥梁和纽带作用,是对教育发展战略做出的划时代贡献。

当今世界,一个国家可以在闭关锁国的状态下生存以至于获得某些发展,但不可以在闭关锁国的状态下实现现代化。就发展中国家的现代化而言,是要以科学技术的现代化来带动工业、农业、国防等其他方面的现代化。因为科学技术是第一生产力。它所要解决的重点问题是如何把世界上业已形成生产能力的先进科学技术学到手,并尽快转化为生产力,同时注重了解和掌握世界上尚未形成生产能力的高新科学技术，以便作好迎接新技术革命挑战的准备；就发达国家的现代化而言，按西方学者的理解：现代化是"各社会在科学技术革命的冲击下业已经历或正在进行的转变过程"，或是"各种体制适应科技革命化的过程"。① 那么，适应科技革命的要求也无疑是发达国家继续进行现代化的基本特征，它所要解决的主要问题是如何尽快把高新科学技术转化为生产力。尽管一国科学技术发展的总体水平是与经济发展的总体水平相联系的，但这并不意味着高新科学技术只能在经济最发达的国家产生。科学技术的相对独立性使现代化程度相差不大的国家都有可能成为高新科学技术的发源地。事实上，每个国家都有自己的长处。"任何一个民族，一个国家，都需要学习别的民族，别的国家的长处，学习人家的先进科学技术。"② 这说明，无论是发展中国家还是发达国家，要加快现代化步伐，都不能闭关锁国。

既然现代科学技术向现实生产力的转化是现代化的关键，那么，教育就是实现这一转化的主要手段，因为掌握科学技术的人是实现这一转化的决定性因素。既然学习别国的长处和先进科学技术是各国加快现代化进程的重要条件，那么，教育就是满足这一条件，并使其转化为自己的优势的手段。没有教育，国际上现代科学技术的交流与合作是难以想象的。由此可见，教育通过科学技术的交流及其知识的传授，把一国的现代化与他国的现代化，与世界联系起来。教育成了沟通一国现代化与世界之间的桥梁：加快教育的发展，对于加强一国现代化与世界先进科学技术的联系，以便加快一国现代化建设步伐，具有十分明显的战略意义。如果说教育面向现代化、面向世界是在空间上通过教育为一国现代化与世界之间架起的一座桥梁，那么，教育面向未来，则是在时间上通过教育为一国现代化、世界与未来之间编织的一条纽带。共产主义这一美好的前景，将通过生产力和科学技术的巨大发展和改造自然、改造社会和改造人类自己的巨大威力而日益清晰地展现出来。而人是生产力和科学技术的主体因素。马克思主义认为，社会个人的发展表现为生产力和科学技术的基石，在机器的手工操作向机器的自动化操作的转变中，"表现为生产和财富的宏大基石的，既不是人本身完成的直接劳动，也不是人从事劳动的时间，而是对人本身的一般生产力的占有，是人对自然界的了解和通过人作为社会体的存在来对自然界的统治，总之，是社会个人的发展"。③ 尽管社会个人的发展不完全是由教育来推动的，然而任何社会个人的发展都是以个体的社会化为前提的。教育不仅通过促进个体的社会化来推动社会个人的发展，而且通过教育与生产劳动相结合，通过劳动者的再培训等方式来直接推动社会个人的发展。教育在促进社会个人发展

---

① ［美］布莱克．现代化的动力［M］．南京：江苏人民出版社，转引自《中国社会科学》杂志，1988（1）：55．
② 邓小平文选［M］．第2卷．北京：人民出版社，1983：91．
③ 马克思恩格斯全集［M］．第46卷（下）．北京：人民出版社，1979：218．

的同时，也在构建着一国或人类未来生产和财富的宏大基石。今天的教育不仅是在为现代化和世界的发展构建宏大基石，而且是在为一国和人类的未来构建物质文明和精神文明的宏大基石。它就像一条纽带把现代化、世界和未来无形地联系起来。

邓小平提出教育要"三个面向"，是对马克思关于人的全面发展学说的继承发展。邓小平提出教育要"三个面向"，是立足于发展生产力和巩固社会主义公有制。如果说培养有理想、有道德、有文化、有纪律的社会主义事业的建设者和接班人是教育要"三个面向"的核心，那么实施和发展"三个面向"的教育，就能促进我国生产力的发展，就有利于坚持和巩固社会主义公有制，从而也就是在为将来实现人的全面发展不断构建物质基础和社会基础。

第二章 西方教育经济理论

西方教育经济理论，是教育经济学的主要理论来源之一，它主要包括人力资本理论、劳动力市场信号理论和劳动力市场分割理论。人力资本理论把教育视为人力资本投资。劳动力市场信号理论既承认教育是人力资本投资，又承认教育是劳动力市场信号投资，教育的筛选功能是教育的劳动力市场信号功能的组成部分，从这个意义上讲，所谓教育筛选理论只是劳动力市场信号理论的一个分支，因此这里不单独提出来加以论述。劳动力市场分割理论在于说明，人力资本理论和劳动力市场信号理论所提出的基本理论假设，只能在主要劳动力市场和内部劳动力市场上得到证实，而不能在次要劳动力市场和外部劳动力市场上得到证实。

第一节 人力资本理论

在西方教育经济学领域，人力资本理论代表主流教育经济思想，它与新古典经济学一脉相承，在促进教育经济学的形成与发展等理论上具有奠基性意义，在推动教育发展和促进教育决策科学化等实践上具有划时代的贡献。年青一代接受教育的基本动因有三个：一是身心素质的提高可以为将来就业和创业的成功做好准备；二是考上大学，从农村户口变成城市户口，以便在头等劳动力市场就业；三是获取文凭，为参与劳动力市场竞争增加砝码。这三个动因归结为一点，那就是从教育中获益。第一种动因诱发的教育投资称之为人力资本投资，第二种动因诱发的教育投资称之为劳动力市场身份投资，第三种动因诱发的教育投资称之为劳动力市场信号投资。这一章将把教育投资当作人力资本投资，用人力资本投资模型来说明个人教育收益何以决定个人教育投资的模式。

一、人力资本理论的形成与发展

人力资本理论的渊源可追溯到古典经济学。古典经济学以亚当·斯密（Adam Smith）劳动价值理论、杰里米·边沁（Jeremy Bentham）功利主义效用理论、托马斯·罗伯特·马尔萨斯（Thomas Robert Malthus）人口理论和大卫·李嘉图（David Ricardo）农业中的收益递减理论作为基石，但这些理论没有专题论及人力资本问题。不过，亚当·斯密有关于把接受教育所需花费当作资本的理念，可遗憾的是，他没有提出人力资本这一概念，也没有把这种理念贯穿始终。一方面，他把接受教育所费资本看作是个人财产的一部分和社会上的固定资本，这奠定了后来人力资本理论发展的基础；另一方面，他又把教育视为非生产性活动，这就割裂了教育与经济增长之间的联系，从而构成了人力资本问题长期遭到冷落的一个重要的理论根源。亚当·斯密在《国民财富的性质和原因的研究》这本古典经济学的开山之作中指出："学习一种才能，须接受教育，须进学校，须做学徒，所费不少。这样费去的资本，好像已经实现并且固定在学习者的身上。这些才能，对于他个人自然是财产的一部分，对于他所属的社会，也是财产的一部分。工人增进的熟练程度，可和便利劳动、节省劳动的机器和工具同样看作是社会上的固定资本。学习的时候，固然要花一笔费用，但这种费用，可以得到偿还，赚取利润。"① 从亚当·斯密的这一精辟论述中，我们看到了人力资本理论的端倪，然而，从他关于生产性劳动和非生产性劳动的观点中，我们又理解了人力资本问题为什么在一个较长的时期内没有引起经济学家们的足够重视的一些根源。亚当·斯密说："有一种劳动，加在物上，能增加物的价值；另一种劳动，却不能够。前者因可生产价值，可称为生产性劳动，后者可称为非生产性劳动。"② 他对生产性劳动的过窄界定，进而把教师劳动视为非生产性劳动的观点，同他把接受教育所费看作资本的观点，是有矛盾的。亚当·斯密理论体系中的这种矛盾至少会使人们产生一种错觉：教育不是促进经济增长的手段。

在杰里米·边沁（Jeremy Bentham）的功利主义效用理论中，我们就看到了这种错觉。19世纪的经济学家因受牛顿的影响而充满测量激情。边沁的福利测量理论达到了这一激情的最高峰。边沁认为，集体利益和社会一般利益是按照个人利益加总来测量的，而每个人得到的利益是按照快乐和痛苦的尺度来测量的。他把探求快乐和避免痛苦视为人的本性。在他看来，没有关于探求快乐和避免痛苦的"坏的"动机，只有关于探求快乐和避免痛苦的"愚蠢的"计算，不过这种"愚蠢的"计算可以通过教育得到纠正，因而，教育是社会变革的手段而不是经济增长的手段。这一观点也反映在托马斯·罗伯特·马尔萨斯人口理论和大卫·李嘉图农业中的收益递减理论之中。

马尔萨斯断言，人口在不加限制时会以几何级数增长，而生存资料则不可能以快于算术级数的速度增长。他把由战争、饥荒和瘟疫引起的增加死亡的限制叫做积

---

① [英]亚当·斯密.国民财富的性质和原因的研究[M].上卷.北京：商务印书馆，2003：259.
② [英]亚当·斯密.国民财富的性质和原因的研[M].上卷.北京：商务印书馆，2003：304.

极限制,把由道德、避孕和堕胎引起的减少出生的限制叫做预防性限制。在他看来,教育在限制人口增长中的作用是有限的。

李嘉图接受了亚当·斯密关于劳动创造价值的观点,但并没有接受亚当·斯密关于把接受教育所需花费当作资本的理念。他说:"有些国家肥沃土地很多,但由于居民愚昧、懒惰和不开化而遭受着贫困与饥饿的一切灾害。……灾害来自政治不良、财产不安全和各阶层人民缺乏教育。只要刷新政治、改良教育,便可以增进他们的幸福。"① 在李嘉图看来,教育跟政治一样,是社会变革的手段而不是经济增长的手段。

这说明,亚当·斯密虽然有了"人力资本"理念,但这种理念在一个较长的时期并没有在古典经济学的体系中得到发扬光大,从亚当·斯密到舒尔茨的近200年时间里,经济学家们的目光总是难以聚焦在人力资本问题上。

人力资本理论的形成和发展与第二次世界大战以后各国教育支出规模的迅速增大有着密切的联系。20世纪60年代,美国政府每年花费在教育上的支出高达数千亿美元,每个家庭花费在子女教育上的费用也是一个不小的数字。于是,有人质疑:这是否值得?随着教育支出总量的不断增加,关于教育支出的经济价值和社会价值何在的问题就日益迫切需要经济理论作出回答。第二次世界大战中战败的日本和西德,凭借雄厚的人才储备而迅速发展起来。一些发展中国家则因人才储备不足而难以将引进的先进技术设备持续地转化为生产力。这引起了经济学家们对人才、教育与经济增长之间关系的高度重视。经济增长理论的进一步发展,也迫切需要对"索洛余值"作出教育经济价值上的解释。这就为人力资本理论的形成和发展创造了有利条件。

舒尔茨的《人力资本投资》一书于1961年问世。这标志着人力资本理论的诞生。1963年,他的《教育的经济价值》一书面世。1980年,他的《人口质量经济学:对人的投资》一书出版。他还发表了一系列学术论文。舒尔茨在他的著作和论文中,批判了经济增长模型构建中长期忽视人力资本和坚持资本同质性、劳动同质性的传统观点,阐述了人力资本的一般属性,对人力资本和物力资本做了不同质的论证,阐发了人力资本在现代经济增长中的作用。他把教育视为人力资本投资,对教育成本与收益进行了实证分析。在他的努力下,人力资本理论有了基本框架。他对人力资本所作的开创性研究,使他获得了人力资本理论之父的尊称。1979年,他获得了诺贝尔经济学奖。

为人力资本理论的发展作出了重要贡献的另一位经济学家是贝克尔。1960年,

---

① [英]大卫·李嘉图. 政治经济学及赋税原理[M]. 北京:商务印书馆,1962:82.

他的《生育率的经济分析》一书问世。1964年,他的《人力资本》一书出版。他的两本专著《人力资本和个人收入分配》和《家庭经济分析》又分别于1967年和1981年出版。在《人力资本》一书中,他把在职培训分为一般培训和特殊培训,认为一般培训费用应该由受训者个人支付,特殊培训费用应该由企业支付,从而成为在职培训的重要经济学依据;他对人力资本投资进行了理论和经验分析,提出了人力资本投资与收益的均衡条件,用某种工作的纯收入流量的现值和市场贴现率来计算人力资本投资的收益率,把人力资本投资收益率的计算纳入了经济学和统计学的轨道,从而为人力资本理论和教育经济学奠定了微观经济学基础。该书由此也成为人力资本理论和教育经济学的经典文献。1992年,他获得了诺贝尔经济学奖。

二、人力资本及其投资构成

人力资本理论在其构建过程中对人力资本的定义煞费苦心,因为它不像物力资本那样是存在于人身之外的东西,而是存在于人身上但又看不见摸不着的东西。更为重要的是如何把它的存在形式与它的量化形式联系起来。解决这些问题关系到人力资本能否实现概念化和理论化。

(一)人力资本的含义

舒尔茨为了使他创立的人力资本理论建立在科学的概念体系之上,特别注重对人力资本这一概念的界定。1960年他在密苏里圣路易斯市举行的美国经济协会第73届年会上发表的主席致词中指出,人们"获得"的"技能和知识是一种资本形态,这种资本在很大程度上是慎重投资的结果"。他在《教育的经济价值》一书中把人力资本定义为"体现于人身体上的知识、能力和健康"。他在《人口质量经济学》一书中又强调"获得性能力是人力资本的存在形式"。

从舒尔茨的这些论述中可见,人力资本是指个人后天获得的知识、技能、能力和健康的总称。人的能力和健康可能跟遗传有关。如歌唱家的嗓子是父母给的,患有艾滋病的父母会遗传出有艾滋病的子女,但这种先天获得的能力和健康不是人力资本的存在形式。他所以用"在很大程度上是慎重投资的结果"这一谨慎的表述,说明他在将人力资本归结为教育、工作培训、健康和迁移等投资的积累这一问题上持一种较谨慎的态度。事实上,人获得的知识也可能是消费支出的结果,例如,人们为消遣而看电视和电影,但在看电视和电影时也可以获得一些知识。也就是说,人力资本在一定程度上可视为消费支出的结果。把人力资本完全看成对人进行投资的结果,是不准确的。

有些学者为了某种特定研究目的的需要,可以给人力资本一个范围较小的严格界定,例如,小罗伯特·E.卢卡斯在他的《经济发展讲座》一书中说,"就本节的目的而言，人力资本是指个体的一般技术水平"。① 但是，这样的定义不能看成是意义完整的人力资本定义。

（二）人力资本的特点

舒尔茨对人力资本的分析是以资本是"具有提供某种价值的未来服务的经济属性的实体"这一概念为基础的。他认为，重要的问题在于把人力资本和非人力资本区别开来。这需要找出区别两类不同性质的资本的标志。人力资本的显著标志是"它属于人的一部分"，所有权归个人。人的生物性、社会性、能动性等特征会体现在人力资本之中。人力资本不能离开人体而存在，它不像物质资本那样可以通过市场交换来改变其原先的所有权。它必须通过对自身投资来形成，而不能通过一次性市场购买来获得。对自身投资包含对投资机会支付租金。例如，为获得学籍所进行的支付可以被当作对学习机会支付的租金。然而，在这种支付或购买过程中，学习者获得的是使自身人力资本得以增加的机会而不是他自身的人力资本，学习者在对自身投资的过程中必须通过自身学业的完成来实现人力资本的积累，他要耗费精力，即支付心理成本。在基本经济属性上，人力资本与物质资本一样都是"未来满足或未来收入的源泉"。

概括地说，人力资本具有以下几个特征：①人力资本存在于人身上，其价值存续的时间不能超过人的一生一世；②人力资本具有提供某种未来服务的价值的经济属性；③人力资本只有在人的行动中才能得到利用；④人力资本是"通过增加人的资源来影响未来货币和心理收入的活动"来实现的；② ⑤人力资本在青少年时期比在壮年期更富有投资效率；⑥人力资本会随时间的推移而发生贬值；⑦人力资本在形成过程中必须支付心理成本。

（三）人力资本投资的构成

在经济学中，投资是指能在未来获得收益的资财支出。舒尔茨认为人力资本投资主要包括五个方面：①卫生保健投资；②在职培训投资；③正规教育投资；④企业外成人教育和校外学习的投资；⑤适应就业变化的迁移投资。贝克尔认为，人力资本投资包括"正规学校教育、在职培训、医疗保健、迁移以及收集价格与收入的信息等多种形式"。③ 个人花费于自身的教育，这既是一种投资，又是一种消费。舒尔茨注意到教育对消费和收入的影响，认为教育既能满足人的当前消费，又能满足人的未来消费，还能改善人的生产能力，从而提高他的未来收入。从这个意义上看，教育投资一部分是为了当前和未来消费，一部分是为了未来收入。不过，这两

---

① ［美］小罗伯特·E. 卢卡斯. 经济发展讲座［M］. 罗汉，应洪基，译. 南京：江苏人民出版社，2003：37.

② ［美］贝克尔. 人力资本［M］. 北京：北京大学出版社，1987：4.

③ ［美］贝克尔. 人力资本［M］. 北京：北京大学出版社，1987：4.

部分投资的区别只是理论上的而非事实上的。有学者企图从事实上区分消费性教育投资和生产性教育投资，进而要求教育经济学对"教育开支何时用于消费，何时用于生产"，以及"如何在消费能力和生产能力之间分配资源"等问题给予回答。这显然是对教育投资的误解。在消费与生产上，教育投资事实上是不能一分为二的。应该看到，教育不仅对消费和生产有影响，而且对交换和分配有影响。教育能改善人的交换能力和分配能力，从而改进未来效率和公平。然而，我们不可能在事实上把一个人的教育投资分成消费、生产、交换和分配四部分。在教育过程中，当学生因消费教育而得到了某种享受和愉悦时，教育的消费功能就得以实现；当学生因消费教育而获得了知识和能力时，教育的生产功能就得以实现。教育的消费功能和教育的生产功能事实上是在同一个教育过程中完成的，不能把教育消费与教育生产对立起来。

由于人力资本投资增加某人的人力资本价值，所以，它是产生个人财富的重要途径。如果说，社会总财富是人力资本和非人力资本的组合体，那么，一定时期人力资本投资积累的增长就是社会总财富的增长。美国著名劳动经济学家伊兰伯格和史密斯指出："美国在1990年时的人均社会总财富大约为42.1万美元，其中59%的财富（相当人均24.8万美元）表现为人力资本的形式。据估计，加拿大、德国和日本的人均人力资本分别为15.5万美元、31.5万美元和45.8万美元。由此可见，人力资本投资在任何一个国家的总财富中都已经成为一个至关重要的组成部分，从世界范围来看，人力资本已经占到人均财富总量的64%。"① 中国未来一个时期，随着经济增长由主要依靠投资、出口拉动向依靠消费、投资、出口协调拉动转变，由主要依靠第二产业带动向依靠第一、第二、第三产业协同带动转变，由主要依靠增加物质资源消耗向主要依靠科技进步、劳动者素质提高、管理创新转变，人力资本投资的增长将逐步加快，人力资本占社会总财富的比例将不断提高。中国正在致力于建设人力资源强国。这种努力将大大加快中国人均人力资本的增长速度，中国必将成为人力资本大国。

三、人力资本理论的教育投资与收益模型

如图2-1所示，人力资本理论对教育经济功能的解释，是遵循这样一条思路来进行的：教育具有传授知识、培养能力等生产功能，可以形成人力资本，而在合理的劳动力市场配置和市场激励条件下，教育所形成的人力资本必然提高劳动生产率，从而增加国内总产出规模，在市场机制和分配机制作用下，国内总产出规模的

---

① ［美］伊兰伯格，史密斯. 现代劳动经济学［M］. 北京：中国人民大学出版社，1999：257.

增加使社会和个人的收益增加，以补偿教育成本，从而实现教育投资—收益的均衡。这意味着教育与劳动生产率、工资和国内总产出之间存在着递进关系。在这里，我们用图形来简要描述人力资本理论对教育经济功能的这种解释，并把这种描述图形叫做人力资本理论的教育投资—收益的均衡模型。

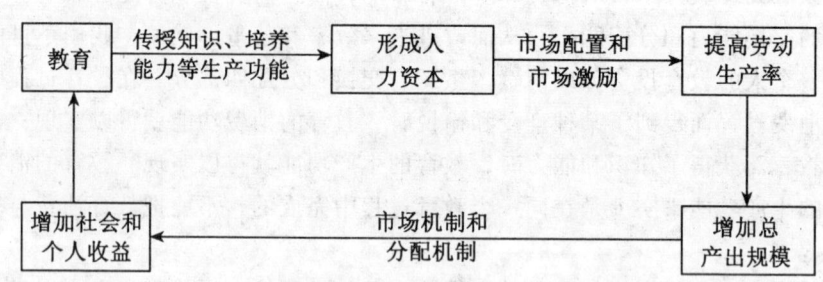

图 2-1 人力资本理论的教育投资—收益模型

这个模型主要反映了舒尔茨和贝克尔研究人力资本的基本态度和基本方法，因此结合人力资本的含义和特点，对舒尔茨和贝克尔提出的教育投资与收益方法加以考察，也许是必要的。

（一）舒尔茨的教育投资与收益方法

舒尔茨主张从个人和社会两个方面来考察教育投资的收益率。他用下列方法来计算年级教育投资的个人收益率：

$$\frac{某级教育}{投资收益率} = \frac{某年级毕业生平均收入 - 前一级毕业生平均收入}{某级教育人均费用}$$

舒尔茨用以下方法来计算由教育形成的人力资本量：

第一种方法：按当年学生实际出勤天数来计算的人口完成的总学年数和劳动力完成的总学年数。

其计算公式是：

①某年人口完成的总学年数 = 该年人口数 × 该年每人平均完成的实际学年数

②某年劳动力完成的总学年数 = 该年劳动力数 × 该年每个劳动力平均完成的实际学年数

第二种方法：按某年学生出勤天数来计算的人口完成的固定总学年数和劳动力完成的固定总学年数。例如，美国 1900 年 5～15 岁在校生平均出勤天数为 99 天，1940 年为 152 天，1957 年为 157 天，如果按 1940 年的 152 天来计算，那么，1900年每人平均完成的固定学年数就小于其实际学年数，而 1957 年每人平均固定完成的学年数就大于其实际完成的学年数。

其计算公式是：

①某年人口完成的固定总学年数=该年人口数×按某年学生固定出勤天数计算的该年每人平均完成的固定学年数

②某年劳动力完成的固定总学年数=该年劳动力数×按某年学生固定出勤天数计算的该年每个劳动力平均完成的固定学年数

第三种方法：作为一个计量单位的教育支出。其计算公式是：

$$某年每学年平均教育支出 = \frac{某年每个劳动力的教育总支出}{该年每人平均完成的固定学年数}$$

第四种方法：人口和劳动力由教育形成的人力资本量。

其计算公式是：①人口由教育形成的人力资本量=每学年平均教育支出×人口完成的总学年数

②劳动力由教育形成的人力资本量=每学年平均教育支出×劳动力完成的总学年数

如果我们用 P_{14+} 代表 14 岁和 14 岁以上人口，用 L 代表劳动力人数，用 SY_{PC} 代表每人平均完成的固定学年数，用 E_{PCL} 代表某年每个劳动力的教育总支出，用 E_{PCS} 代表每学年平均教育支出，用 GSY_P 代表人口完成的总学年数，用 GSY_L 代表劳动力完成的总学年数，用 HC_{14+} 代表 14 岁和 14 岁以上人口由教育形成的人力资本量，用 HC_L 代表劳动力由教育形成的人力资本量，那么，根据舒尔茨的计算，美国 1900 年和 1957 年 14 岁和 14 岁以上人口和劳动力由教育形成的人力资本量可用表 2-1 列出。

表 2-1 美国 1900 年和 1957 年 14 岁和 14 岁以上人口和劳动力由教育形成的人力资本量

年份	P_{14+}^* (百万人)	L (百万人)	SY_P^* (年)	E_{PCL} (美元)	E_{PCS} (美元) $E_{PCL} \div SY_P^*$	GSY_P (百万年) $P_{14+}^* \times SY_P^*$	GSY_L (百万年) $L \times SY_P^*$	HC_{14+} (亿美元) $E_{PCS} \times GSY_P$	HC_L (亿美元) $E_{PCS} \times GSY_L$
1900	51.2	28.1	4.14	2237	540	212	116	1140	630
1930	89.0	48.7	6.01	3690	614	535	293	3280	1800
1957	117.1	70.8	10.6	7663	723	1241	750	8970	5420

说明：表中的数据是根据西奥多·W. 舒尔茨《人力资本投资》（蒋斌，张薇译，商务印书馆 1990 年版）一书提供的有关数据经计算而得出的，其中 P_{14+}^* 为该书表 8.2 中的数据，SY_P^* 为该书表 8.3 和表 8.4 中的数据。

舒尔茨是这样计算人力资本量对国民收入的贡献率的。他先用 GNP 代表国民收入，用 GNP_L 代表 75% 的国民收入归于劳动所作的贡献，用 L 代表劳动力总人数，用 B_{PCL} 代表以 1929 年为基准的劳动力人均收入，用 GB_L 代表以 1929 年劳动力人均收入为基准的劳动力总收入，用 AGB_L 代表 1957 年与 1929 年以 1929 年劳动力人均收入为基准的劳动力总收入之余额,用 HC_{PCL} 代表以 1929 年为基准的劳动力由教育形成的人均人力资本量,用 HC_{GL} 代表以 1929 年为基准的劳动力由教育形成的人力资本总量,用 AHC_L 代表劳动力由教育形成的人力资本余额,那么,根据舒尔茨的计算,美国 1929 年至 1957 年劳动力由教育形成的人力资本增量对国民收入的贡献可用表 2-2 列出。

表 2-2　美国 1929—1957 年劳动力由教育形成的人力资本增量对国民收入的贡献

年份	GNP（亿美元）	GNP_L（亿美元）$GNP×75\%$	L（万人）	B_{PCL}（美元）$GNP_L÷L$	GB_L（亿美元）$L×PB_{PCL}$	AGB_L（亿美元）$GNP_L-GB_L^*$	HC_{PCL}（美元）$HC_L÷L$	HC_{GL}（亿美元）$HC_{PCL}×L^*$	AHC_L（亿美元）HC_L-HC_{GL}
1929	1500	1125	4920	2287	1125	0	3659	1800	0
1957	3020	2265	6800	(2287)	1555	710	(3695)	2490	2860
1957 与 1929 的余额	1520	1140	1880	0	430	710	0	690	2860

说明:表中的数据是根据表 1-1 和科恩的《教育经济学》(王玉昆等译,华东师范大学出版社 1989 年版)一书提供的有关数据经计算而得出的,*为 1930 年的数据。

在表 2-2 中,710 亿元的余额主要是由 2860 亿人力资本增量所引起的。如果这种推论是正确的,那么,美国 1929 年至 1957 年劳动力由教育形成的人力资本增量对国民收入的贡献率,就可以用如下公式表示:

$$R_{HCL} = (AGB_L/AHC_L) \times 100$$

在这里,R_{HCL} 代表劳动力由教育形成的人力资本增量对国民收入的贡献率。于是,美国 1929 年至 1957 年劳动力由教育形成的人力资本增量对国民收入的贡献率就是:

$$R_{HCL} = (710 \div 2860) \times 100 = 24.8\%$$

所以,舒尔茨说:"这些估计是非常粗略的,但与丹尼森的结果基本相符,即那段时期美国国民收入的增长至少有 1/5 可能是由教育引起的。"①

(二) 贝克尔的教育投资与收益方法

贝克尔把人力资本投资理解为"通过增加人的资源影响未来货币与心理收入的活动"。这些活动包括"正规学校教育、在职培训、医疗保健、迁移,以及收集价格

---

① [美] 西奥多·W. 舒尔茨. 人力资本投资 [M]. 蒋斌,张蘅,译. 北京:商务印书馆,1990:108.

与收入的信息等多种形式"。① 他研究人力资本既有理论分析又有经验验证。理论分析在于说明人力资本投资的重要性，经验验证在于说明人力资本投资的经济影响。

贝克尔对人力资本的理论分析包括人力资本投资的收入效应分析和人力资本投资的收益率分析，其中收入效应分析以在职培训为起点，理由是阐明了在职培训的收入效应就等于打开了通往简明扼要解释其他人力资本投资收入效应的道路。他把在职培训分为一般培训和特殊培训，这种划分有利于说明在职培训长期竞争均衡的条件。一般培训是指能提高处在提供培训企业之外的其他企业生产率的培训。在竞争状态下，完全的一般培训可定义为那些对于任何企业都能带来完全相同工资率和边际产品增量的培训。提供这种培训的企业得不到任何特别收益，因此，"承担一般培训的费用并从收益中得到好处的是受培训者，而不是企业"。② 如果一个企业既支付一般培训费用又向受培训者支付低于他们当前生产率的工资，那么该企业只会引来受培训者而不会引来受过培训的人，只会给其他企业以外在经济而不会在市场竞争中给自己以有利地位。因此一般培训费用应该由受培训者承担。特殊培训是指能提高企业生产率而不能提高其他企业生产率的培训。完全的特殊培训可定义为"把受培训者用于其他企业时对生产率没有影响的培训"。③ 在竞争状态下，一个接受特殊培训的人从其他企业所能得到的工资并不取决于这种特殊培训，提供特殊培训的企业给接受特殊培训者支付的工资也就不取决于这种培训。因此，一个理性的雇员不会支付不能给自己带来收益的特殊培训费用。如果一个企业支付全部特殊培训费用，那么，根据长期竞争均衡要求一种投资收益的现值完全等于其成本的原则，该企业必须在以后以支付低于受特殊培训者实际生产率的工资的方式来获取该培训的全部收益。这意味着企业会因受过特殊培训的雇员的离职和解雇而蒙受损失。"因此，工人或企业支付特殊培训费用的意愿主要取决于劳动者流动的可能性。"④ 考虑到雇员的流动问题，企业既不再支付全部培训费用，也不再获得全部收益，而是企业与雇员分摊特殊培训费用并分享其收益。这给提供特殊培训的雇主和受过特殊培训的雇员带来了外在不经济，因为离职和解雇对双方都不利。把其他人力资本投资与在职培训进行比较就不难得出这样的结论：正规学校教育与一般培训有同样的含义和收入效应；迁移、获取就业机会信息或"搜寻"工作与特殊培

---

① ［美］加里·S. 贝克尔. 人力资本——特别是关于教育的理论与经验分析［M］. 梁小民，译. 北京：北京大学出版社，1987：1.
② ［美］加里·S. 贝克尔. 人力资本——特别是关于教育的理论与经验分析［M］. 梁小民，译. 北京：北京大学出版社，1987：11.
③ ［美］加里·S. 贝克尔. 人力资本——特别是关于教育的理论与经验分析［M］. 梁小民，译. 北京：北京大学出版社，1987：19.
④ ［美］加里·S. 贝克尔. 人力资本——特别是关于教育的理论与经验分析［M］. 梁小民，译. 北京：北京大学出版社，1987：22.

训有同样的含义和收入效应；同样，当保健能提高许多企业生产率时，它具有与一般培训一样的含义和收入效应；当保健只能提高从事培训企业生产率时，它具有与特殊培训一样的含义和收入效应。

贝克尔对人力资本投资收益率的理论分析，在于说明人力资本投资量的决定因素。人力资本投资量可理解为人力资本投资的成本。如果 Y 工作要求初期人力资本投资，X 工作不要求任何人力资本投资，那么，"选择 Y 工作而不选择 X 工作，简单来看就是 Y 工作与 X 工作初期纯收入之间的差额，而总收益就是以后各时期纯收入之间差额的现值"。① 其中纯收入是指总收入减去全部投资成本的差。

Y 工作纯收入流量的现值是：

$$V_Y = \sum_{t=0}^{n} Y_t/(1+r)^{t+1}$$

X 工作纯收入流量的现值是：

$$V_X = \sum_{t=0}^{n} X_t/(1+r)^{t+1}$$

选择 Y 工作的总收益即各个时期 Y 工作与 X 工作的纯收入之间差额的现值是：

$$R = V_Y - V_X = \sum_{t=0}^{n} (Y_t - X_t)/(1+r)^{t+1}$$

这里的 V_Y 代表 Y 工作纯收入流量的现值，V_X 代表 X 工作纯收入流量的现值，Y_t 代表 t 时期 Y 工作的纯收入流量，X_t 代表 t 时期 X 工作的纯收入流量，r 为利率，$1/(1+r)$ 是利率为 r 的折现率，R 代表选择 Y 工作的总收益，$t=0,1,2,\cdots,n$。

贝克尔把人力资本投资的内部收益率定义为使"收益现值等于成本现值的贴现率"，② 因此，下式暗含着 t 时期人力资本投资的内部收益率 $1/(1+r)^t$。

$$C = \sum_{t=0}^{n} (Y_t - X_t)/(1+r)^t$$

这里的 C 代表人力资本投资的年成本现值。

如果每年的收益相同，那么收益率可写成

$$r = K/C$$

这里的 r 代表人力资本投资的收益率，K 代表任何一年的收益。

由于长期竞争均衡要求人力资本投资收益的现值完全等于其成本，因此各个时期的人力资本投资成本就定义为 Y 工作与 X 工作的纯收入之间的差额，总投资成

---

① [美] 加里·S. 贝克尔. 人力资本——特别是关于教育的理论与经验分析 [M]. 梁小民, 译. 北京: 北京大学出版社, 1987: 44.
② [美] 加里·S. 贝克尔. 人力资本——特别是关于教育的理论与经验分析 [M]. 梁小民, 译. 北京: 北京大学出版社, 1987: 44.

本就定义为 Y 工作与 X 工作的纯收入之间差额的现值。

有足够的证据表明,人力资本投资有持续、长期增长的趋势。这一趋势是人们对人力资本收益率的理性反应。科技进步所导致的死亡率和疾病率的大幅度长期下降,延长了人的工作时期。而工作时期的延长在其他条件不变的情况下增加了人力资本的收益率,从而鼓励了人力资本投资。科技进步所导致的技术人员需求的增加、工资率的缩小和工资差额的增大,也是鼓励人力资本投资的因素。人力资本是一种既不能流动又不能作为信贷担保的资产,因此,寿命长短、能力高低、机遇大小的不确定性决定了人力资本收益的不确定性;控制贷款风险的必要性决定了运用资本市场进行人力资本投资的困难性。尽管贝克尔不认为资本市场"对机会成本(放弃的收入)比对直接成本更易于提供资金",因为"在不完全的资本市场和完全的资本市场上,间接和直接投资成本都是相等的"。① 但他还是认为资本市场对高等教育的延续投资比对迁移的短暂投资更困难,对一般技能的投资比对特殊技能的投资更困难,由此推论出人力资本的收益率应该高于非人力资本。这些认识尽管深刻但还是不够全面,因为我们不能无视人力资本还款信誉和保障机制在人力资本投资中的积极作用。还款信誉是影响资本市场为人力资本提供资金的一个因素。还款信誉越高,资本市场为人力资本提供资金的意愿就越强;反之,还款信誉越低,资本市场为人力资本提供资金的意愿就越弱。人力资本的收益是可以预期的,在人力资本还款信誉纪录良好和人力资本还款保障机制健全的条件下,银行因贷款风险降低,也就愿意为人力资本提供资金了。

贝克尔用人力资本来解释为什么受教育更多者的年龄—收入曲线更倾斜,为什么劳动力相对稀缺而资本相对丰富的美国出口劳动密集型商品而进口资本密集型商品,为什么不同国家、地区或不同时期的工资率会有所不同,为什么平均收入会长期增加,为什么在经济领域有能力(经济领域获得成功所需的特殊的个性、耐力与智慧)的人比其他人更多地投资人力资本。简而言之,正是由于年轻时的人力资本投资减少了所观察到的收入而在年老时又提高了收入,才使年龄—收入曲线变得更加倾斜;正是由于美国相对丰富的供给是人力资本而不是物质资本,才使美国出口劳动密集型商品而进口资本密集型商品;正是由于工资和物质资本投入较多的国家、地区、时期有更多的人力资本,才使这些国家、地区、时期有更高的工资率;正是由于每个劳动者技术知识水平的提高和物质资本的增加,才使平均收入长期增加;正是由于能力与人力资本投资之间呈同方向变动关系,才使有能力的人比其他人更多地投资人力资本,而这一观点丰富了舒尔茨用不同年级毕业生收入差别

---

① [美]加里·S. 贝克尔. 人力资本——特别是关于教育的理论与经验分析 [M]. 梁小民,译. 北京:北京大学出版社,1987:66~67.

来衡量教育投资收益的思想。贝克尔是这样说的:"大学毕业生与中学毕业生之间的收入差别并不是衡量大学教育的影响的唯一标准,因为大学毕业生有能力,而且即使他不受更多教育,赚的钱也会多。"①

贝克尔计算美国1939年白人男性大学毕业生的内部收益率或个人收益率采取了以下步骤:

第一步,确定美国1939年以前毕业的白人男性各年龄——教育层次的标准化个人货币收入。其方法是对美国1940年人口普查所给出的白人男性按年龄和教育程度划分的平均工薪收入进行如下标准化处理:①依据对人口普查资料对工薪收入(存在少报的工薪收入)低估率的估计上调收入。②依据对人口普查资料不能反映经济危机所导致的大量失业对"正常情况"偏离率的估计上调收入。③依据对人口普查资料漏掉自由失业者收入的估计上调收入。④依据各年龄——教育层次的个人所得税税率计算税后收入。⑤依据各年龄——教育层次人员的城乡分布率对收入做出调整。⑥依据各年龄——教育层次人员工作时数差别对收入做出调整。这样的调整是对人口普查资料偏离各年龄——教育层次正常货币收入的校正。

第二步,确定美国1939年白人男性各年龄——教育层次的标准化个人教育成本。其方法是:①把非全日制大学生折算成全日制大学生。例如1940年美国非全日制大学生人数占全日制大学生总人数的24%左右,人均完成课程占全日制学生人均课程的50%左右,那么用于计算个人教育成本的标准化大学生数为88%的全部大学生注册人数;②用于计算个人教育成本的学费总额等于实际学费总额减去全部奖学金。例如1952—1953年美国抽样调查大学奖学金平均为学费的20.7%,那么用于计算个人教育成本的标准化学费总额为79.3%的全部学费。③用美国1939年标准化学费总额与应该计入个人教育成本的其他直接和间接费用除以标准化大学生数,得到的就是大学标准化个人教育成本。

第三步,确定美国1939年白人男性毕业生各教育层次之间在未来各年所获标准化个人货币收入的差额。人均实际收入的长期增长,使美国1939年各教育层次毕业生在未来获得的收入,在任何一年都高于1939年以前各教育层次毕业生在1939年观察到的收入。假定g(0.0125左右)是收入差别的年增长率,d_t是t年前的各教育层次毕业生在1939年观察到的收入差额,那么1939年各教育层次毕业生在未来各年所获标准化个人货币收入的差额就是$d_t(1+g)^t$。

第四步,确定美国1939年白人男性各级教育在未来各年所获一组标准化绝对货币收入差额的总和,其方法是一组毕业生集团之间在未来各年所获标准化个人货

---

① [美]加里·S.贝克尔.人力资本——特别是关于教育的理论与经验分析[M].梁小民,译.北京:北京大学出版社,1987:74.

币收入的差额的贴现总和减去贴现标准化成本的差额。

第五步，确定美国1939年白人男性高等教育投资的内部收益率，其方法是把使美国1939年白人男性大学毕业生与中学毕业生之间在未来各年所获一组标准化绝对货币收入差额的总和等于零的贴现率，作为大学教育的内部收益率。

第六步，依据能力、其他人力资本、种族、性别和人口来源等因素与教育的关系对美国1939年白人男性高等教育投资的内部收益率进行再调整。能力和其他人力资本与教育之间的同方向变动关系表明，各教育层次毕业生集团之间在未来各年所获标准化个人货币收入的差额中，有一部分是能力和其他人力资本引起的。影响教育的能力主要涉及分数等级、智商、父亲的教育程度、职业、个性、交际能力和流动性以及家庭教养等方面，其中影响较大的有分数等级和智商。贝尔电话公司对所雇用的大学毕业生的一项研究表明，15年以后在大学时处于分数等级较高的3/5的雇员比在大学时处于分数等级较低的2/5的雇员多赚20%的薪水，这种差距在以后还会扩大。据此，贝克尔把按标准化绝对货币收入差额计算的1939年毕业的上大学的白人男性个人收益率从14.5%下调到12.5%左右。他还根据贝尔电话公司的研究推出，在中学时处于分数等级较高的中学毕业生雇员比在中学时处于分数等级较低的中学毕业生雇员应多赚7%的薪水，因而按标准化绝对货币收入差额计算的上中学的个人收益率要下调1.5%左右。根据沃夫利和斯密关于智商与教育的研究，他把按标准化绝对货币收入差额计算的1939年毕业的上大学的白人男性个人收益率再下调0.5%，即把1939年毕业的上大学的白人男性个人收益率从12.5%下调到12%左右。其他人力资本与教育的关系对各级教育之间收入差别的影响呈现出三种状况：一是其他人力资本的收益率等于教育的收益率，因此根据收入总差额计算的收益率就等于教育的实际收益率；二是其他人力资本的收益率大于教育的收益率，因此根据收入总差额计算的收益率就大于教育的实际收益率，这样就必须下调根据收入总差额计算的教育的收益率；三是其他人力资本的收益率小于教育的收益率，因此根据收入总差额计算的收益率就小于教育的实际收益率，这样就必须上调根据收入总差额计算的教育的收益率。在考虑根据能力和其他人力资本与教育的关系来调整教育的收益率之外，还要考虑根据大学肄业生以及非白人、妇女和农村人大学毕业生与白人男性大学毕业生之间的收入差别来调整教育的收益率。经过收入差别和成本差别的对比分析，贝克尔认为，"大学肄业生、非白种人大学生、女大学生和农民大学生集团的收益率虽然小一些，但也远不是微不足道的"。[①] 例如，1939年城市本地白人男性大学肄业生集团的个人收益率在8.2%到

---

① ［美］加里·S.贝克尔. 人力资本——特别是关于教育的理论与经验分析［M］. 梁小民，译. 北京：北京大学出版社，1987：123.

11.6%之间,明显低于白人男性大学毕业生的收益率,城市非白种人男性大学毕业生的收益率比城市白人男性大学毕业生的收益率低2%到4%。相对这种巨大的差别而言,女性大学生和农民大学生集团与白人男性大学毕业生集团之间的收益率差别要小得多,在调整教育的收益率时也要一并加以考虑。

第七步,验证高等教育收益率的变动。贝克尔根据美国《1940年关于人口与教育的人口普查》、《1950年关于人口与教育的人口普查》、《1939—1941年美国寿命表》和《1949—1951年美国寿命表》,计算出美国大、中学毕业生集团各年龄组的收入变动系数和死亡率变动系数,分析了后者对前者的影响,认为1939年和1949年美国大学毕业生所获收益的平均变动系数在2.0以上,所花成本的平均系数比所获收益的平均变动系数小不了多少,收益率的变动系数在1.0以上。这意味着"一个白人男大学毕业生集团可能得到12%的私人收益率,但其中许多人得到的私人收益率会大于25%或小于零"。[①]

贝克尔认识到研究教育的社会收益率的重要性和复杂性。一方面,考察教育的个人收益率在于确定教育对个人收入的影响,以便为个人的教育投资决策提供依据,而考察教育的社会收益率则在于确定教育对国民收入的影响,以便为社会的教育投资决策提供依据;另一方面,虽然毕业生支付税收是教育的外部经济的一种表现形式,因而用税前的收入差别来衡量教育的社会收益,用学校的教育支出和书籍、附加生活费支出来衡量教育的直接社会成本,用学生放弃的税前收入来衡量教育的间接社会成本,从而可以近似地计算出教育的社会收益率,然而要精确地估算教育的其他外部经济是困难的,因而可以根据"丹尼森剩余"来确定教育的社会收益率的上限和下限。"丹尼森剩余"是指丹尼森对1929—1957年美国经济增长要素进行分析时,在扣除"物质资本、劳动、收益递增和许多其他因素对美国经济增长的贡献"之后所留下的"一种剩余"。[②] 把"丹尼森剩余"都归功于教育,可确定为教育的社会收益率的上限;把"丹尼森剩余"都归功于经济资本,而只把按毕业生税前的收入差别来计算的教育的社会收益归功于教育,可确定为教育的社会收益率的下限。

值得一提的是希腊经济学家萨卡罗普洛斯(G. Psacharopoulos),他在综合舒尔茨和贝克尔教育投资与收益方法的基础上,把教育投资的内部收益和外部收益纳入教育投资的社会收益率的计算范围。他对教育投资的社会收益率的计算,是先计算出某年劳动力由教育形成的人力资本增量对国民收入的贡献,即某年教育投资的

[①] [美]加里·S. 贝克尔. 人力资本——特别是关于教育的理论与经验分析 [M]. 梁小民,译. 北京:北京大学出版社,1987:133.

[②] [美]加里·S. 贝克尔. 人力资本——特别是关于教育的理论与经验分析 [M]. 梁小民,译. 北京:北京大学出版社,1987:142.

全部社会收益，其中包括教育投资的内部收益和外部收益，然后再计算出该年教育投资成本，其中包括学生放弃的收入，最后计算出某年教育投资的全部社会收益与该年教育投资成本之比。他分别于1973年在32个国家和1981年在44个国家进行了教育投资成本与收益研究，表2-3是他研究的结果。

表2-3　　　　　　　不同国家和地区的教育收益率（%）①

国家和地区	每组所含国家数	个人收益率			社会收益率		
		初等教育	中等教育	高等教育	初等教育	中等教育	高等教育
非洲	9	29	22	32	29	17	12
亚洲	8	32	17	19	16	12	11
拉丁美洲	5	24	20	23	44	17	18
发展中国家	22	29	19	24	27	16	13
中等发达国家	8	20	17	17	16	14	10
发达国家	14		14	12		10	9

1985年，萨卡罗普洛斯又对不同国家和地区的教育收益率进行了调整，表2-4中的数据显示的就是这种调整的结果。

表2-4　　　　　　　不同国家和地区的教育收益率（%）②

国家和地区	个人收益率			社会收益率		
	初等教育	中等教育	高等教育	初等教育	中等教育	高等教育
非洲	45	26	32	26	17	13
亚洲	31	15	18	27	15	13
拉丁美洲	32	23	23	26	18	16
中等发达国家	17	13	13	13	10	8
发达国家		12	12		11	9

他还对人力资本投资的收益率和物力资本投资的收益率进行了比较研究。表

---

① Martin Carnoy. International encyclopedia of economics of education [M]. Pergamon Press, 1987: 21~22.
② [美] 马丁·卡洛依. 教育经济学国际百科全书 [M]. 第2版. 闵维方等, 译. 北京: 高等教育出版社, 2000: 30.

2-5 的数据显示的就是他研究的结果。

表 2-5　　不同经济发展水平国家两种资本投资的收益率（%）①

经济发展水平	物力资本投资的收益率		人力资本投资的收益率
人均收入在 1000 美元以下（7 个国家）	15.1	<	19.9
人均收入在 1000 美元以下（6 个国家）	10.5	>	8.3

在人力资本理论的教育投资与收益模型中，我们可以清楚地观察到，人力资本理论对教育经济功能解释至少存在两个缺陷：一是教育不仅有传授知识、培养能力等生产性功能，而且有选拔人才的功能和确定人才层次和专业结构的功能，这就为劳动力市场信号发送理论留下了挑战教育的人力资本理论的学术空间；二是在不合理的劳动力市场配置和市场激励条件下，教育所形成的人力资本未必能提高劳动生产率，这为教育的劳动力市场分化理论留下了挑战教育的人力资本理论的学术空间。

第二节　劳动力市场信号理论

舒尔茨和贝克尔等人所建立的人力资本理论，确立了教育与劳动生产率、工资和国内总产出之间的递进关系。但这种递进关系却受到劳动力市场信号理论的创立者伯格（I. Berg）和筛选假设理论的创立者斯潘斯（M. Spenc）等人的质疑。信号是信息的具体表现形式。语言、有意义的手势等是信号，价格、广告和商标名称等是市场信号，学历文凭、学位文凭、工资、招人广告、求职函等是劳动力市场信号。那么，对劳动力市场信号应该如何加以解释？这是劳动力市场信号理论所要回答的问题。

一、简要的历史回顾

1970 年，伯格在《教育与工作：培训大诈骗》一文中用"文凭主义"的观点来解释教育的经济功能，认为在劳动力市场上，文凭是获取某些职业的门票，而有些文凭的持有者并没有达到应有的人力资本积累程度。他分析了虚假文凭对工资的影响，从而动摇了人力资本理论所建立的教育与劳动生产率、工资和国内总产出之间的递进关系。同年，瑟罗在《人力资本投资》一书中也提出了同样的观点。

---

① Martin Carnoy. International encyclopedia of economics of education [M]. Pergamon Press, 1987: 22~23.

1973年，斯潘斯在《工作市场信号》一文中论述了文凭所具有的信号功能，认为在信息不对称条件下，除了个人能认识自身的劳动生产率以外，雇主观察不到求职者的劳动生产率，他可以借助文凭来免费观察求职者的教育资历，并以此作为他们决定雇用与否和工资高低的标准。1974年，他在《竞争和自由选择对信号的反应：效率与分配的一种分析》一文中，把劳动者分为"高才能对低教育成本"群体和"低才能对高教育成本"群体，认为才能高的人所费教育成本较低，教育投资对他们而言是有利可图的；而才能低的人所费教育成本较高，教育投资对他们而言是无利可图的。同年，威尔斯提出：如果能证明对于从事不同职业而具有相同素质的劳动者而言不存在工资差别，那么，教育的筛选假说就是正确的；同样，如果能证明个人的人力资本不会影响个人的工作表现，那么，教育的筛选假说就是正确的。这被称之为"威尔斯假说"。后来，米勒（P. W. Miller）和沃尔克（K. I. Volker）等人证实："同样从事经济职业，经济学者并不比受过技术教育的人挣钱多。这进一步证实了筛选假说。然而，同样从事技术职业，受过技术教育的男性的起始工资却比经济学者的高出5%。这反过来又证实了人力资本理论。"① 1975年，斯蒂格利在《筛选理论、教育和收入分配》一书中把教育的筛选功能进行如下划分：①教育机构通过入学要求和入学评价来对学生进行专业化分类；②在教育过程中通过标准化考试来对学生进行学习成绩的比较；③个人在教育过程中对自身的才能有了更深入更全面的了解而能进行合理的自我选择。② 1987年，亨杰福德和索龙在《教育回报的羊皮效应》一书中，对"羊皮假说"，又称"文凭假说"——如果未获得初级学院文凭的辍学者所获教育回报低于完成了初级学院学业并获得了文凭的人所获教育回报，那么，教育的筛选假说就是正确的——进行了检验，证明了高等教育不同年限的收益率存在着不连续性，从而证实了"羊皮假说"。

  由此可见，以上学者从劳动力市场信号和筛选假说意义上对教育经济功能的解释，在一定程度上说明了教育的劳动力市场发送功能的经济意义，这是对人力资本理论的重要补充，具有重要的理论意义，正因为如此，他们的这些解释才被称为一种教育经济学理论——劳动力市场信号理论。如果教育没有劳动力市场信号功能，学校也不为毕业生出具学业文凭，从而也不为劳动力市场配置提供劳动力市场信号，那么，在信息不对称和不完全条件下，雇主花费在寻找雇员上的"搜索成本"就会变得很高，社会资源配置就不可能像现在这样顺利，社会资源配置机制也许就不会是现在这个样子了。

---

  ① [美] 马丁·卡洛依. 教育经济学国际百科全书 [M]. 第2版. 闵维方等，译. 北京：高等教育出版社，2000：43.

  ② J. E. Stiglitz. The theory of "screening", education, and the distribution of income [M]. Am. Econ. Rev, 1975：283~300.

如图 2-2 所示，劳动力市场信号理论对教育所作的筛选假设的经济学解释，是遵循这样一条思路来进行的：教育具有甄别人的才能、确定人的生产性特征等劳动力市场信号功能，它可以筛选出象征不同才能的文凭，进而为劳动力的市场配置提供劳动力市场信号，使劳动力配置效率得以提高，并参与国内总产出的分配，通过市场机制和分配机制，将劳动力配置效率转化为社会和个人的劳动力配置收益，以补偿教育成本，从而实现教育投资与收益的均衡。在这里，我们把这一解释模型叫做劳动力市场信号的教育投资与收益模型。

必须指出，筛选理论的创立者们在强调教育的筛选功能时，在某种程度上有意或无意地忽视和抹杀了教育的生产功能，甚至认为教育只是人的才能和生产性特征的筛选器，不能提高劳动生产率，不能促进经济增长，只能影响国民收入分配，进而断言："教育的社会毛收益率因教育对分配的影响而趋于零；社会净回报则呈负数。"① 这显然是错误的。如果真是这样，教育就不会发展到像今天这样庞大的规模；在教育发展的历史进程中，政府、单位、家庭和个人对教育的重视程度也不会日益提高。再说，筛选假说的有些检验本身也证实了教育确实存在积累人力资本的功能。

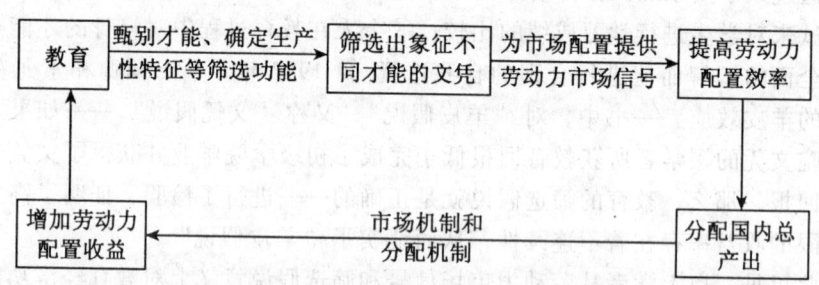

图 2-2　筛选理论的教育投资与收益模型

还必须指出，筛选理论把人的才能仅仅看作是教育筛选的对象而不是教育生产的结果，这也是片面的。例如，我们必须承认，有才能的高中毕业生可以争取到更多免费上大学的机会，可以争取到更多的大学奖学金，从而降低了他们的高等教育成本，但我们还必须承认，大量心理学研究已经证实了正常人的遗传素质差别是很小的，因此，才能既是教育的前提，又是教育的结果。筛选理论在把才能当作教育的前提的时候，却忘记了才能还是教育的结果。

---

① ［美］马丁·卡洛依. 教育经济学国际百科全书. [M]. 第 2 版. 闵维方等，译. 北京：高等教育出版社，2000：42.

二、劳动力市场信号传递均衡

斯潘斯（获 2001 年度的诺贝尔经济学奖）在他的《市场信号》一书中，系统提出了劳动力市场信号传递理论。

劳动力市场总是处于一种持续变化的状态，劳动力市场信息的不确定性加剧了人们应付这种状态的难度，于是，在市场信号博弈中寻找某种均衡也许是合理的。劳动力市场信号的均衡可理解为雇主基于自己聘用经验而对雇员工作能力所作的判断与雇员的教育、工作经验、民族、性别的关系。这种均衡可以用来说明劳动力市场机制的有效性。

竞争性劳动力市场上存在雇主和雇员的双向交易行为。在这一市场上，雇员出售自己一个特定时期内的劳动服务，买入工作和工作环境；雇主买入劳动服务，出售他的工作和工作环境。这种买卖所导出的交易流是工资和津贴。任何一方在劳动力市场上提供的劳动服务在其质量和特征上对另一方都是不确定的，因为雇主无法观测潜在雇员的生产能力。这种不确定性对雇主来说使购买劳动服务的行为变成了一种"博彩"，他从中获得的是一系列可能的回报或可能的后果的机会。雇佣之前，雇主依据自己的聘用经验和求职者潜在的信息，如穿着、发式、性别、民族、教育层次、职业经历、个人性格服务记录、犯罪记录等，对聘用的可能后果进行条件概率估计。这种潜在信息有的具有显性特征，有的具有隐性特征。求职者会依据潜在雇主的偏好将对可控的自身特征进行调节，然后呈现给潜在的雇主，以便对雇主的聘用行为施加影响。在这些显性特征中，那些可变的显性特征被称作"潜在信号"，那些固定不变的显性特征被称作"潜在标记"，那些对潜在雇主的条件概率估计产生了影响的可变的显性特征被称作"确切信号"，那些对潜在雇主的条件概率估计产生了影响的固定不变的显性特征被称作"确切标记"。所以，竞争性劳动力市场上潜在雇主和潜在雇员之间的交易暗含着"信号传递博弈"。潜在的信号和标记是否转换为确切的信号和标记，则取决于市场机制。

假设只存在一个潜在雇主和两组潜在雇员，潜在雇员组Ⅰ的边际产值为 1 且人数占潜在雇员总人数的比率为 q_1，潜在雇员组Ⅱ的边际产值为 2 且人数占潜在雇员总人数的比率为 $1-q_1$。假设每个潜在雇员的显性特征都是相似的，也就是无信号传递，劳动力市场信息是完全的，那么，雇主就会按边际产出对所有人一样地支付他所期望的相应工资。于是有以下工资计算公式：

$$\overline{w} = q_1 + 2(1-q_1) = 2 - q_1$$

上式表明，在劳动力市场信息完全条件下，组Ⅰ获得到了更好的回报，组Ⅱ受到了伤害。

组Ⅰ获益者的范围是 $1-q_1$，组 2 伤害者的范围是 $-q_1$，q_1 越大对组Ⅱ的损害就越大。雇主对此获益和伤害并不关心，因为工作完成总量和支付工资总额对雇主来说是一样的。

假设每个潜在雇员的受教育年限和在受教育期间的表现不同,即其教育特征表现为可得的潜在信号,雇主在聘任前就会对其教育特征进行评估。一般说来,个人工作能力的显现需要一定甚至很长一段时间,个人在掌握特定种类的工作前也可能需要特别的培训,雇主要遵守在合同期内不能解雇或变更薪酬的合同承诺。所有这些因素都使得雇用的决定成为雇主的投资决策,而不能采用先雇用再依据雇员的实际表现来决定是否解雇、是否调整工资的雇用策略。

教育对每个人来说都是一种选择活动。个人要获得良好的教育和教育记录,需要支付货币成本和心理成本。雇用时的工资可能取决于雇员的教育特征。这些事实使个人不得不面临这样的问题:在心中通过对教育成本(包括心理成本)与未来可能的收益即未来工作和薪酬的衡量来选择一个最优的教育程度。假设教育特征用受教育年限和教育表现的复合指数 y 来衡量,且对任何职业而言,获得 y 的成本与个人的劳动生产率负相关为"临界假设",再假设获得 y 教育程度且边际产值为 1 的组 I 的教育成本为 y,获得 y 教育程度且边际产值为 2 的组 II 的教育成本就是 $\frac{y}{2}$,那么,边际产值高的个人所花费的教育成本比边际产值低的个人要少。这就是说,在教育成本不能有效转化为市场信号的条件下,在雇主眼里,每个雇员所支付的教育成本是一样的,因为雇员本身显现不出教育成本支付的差异。或者说,假设在雇主眼里,个人劳动生产率的高低只与个人天然能力的高低有关,而与教育无关(因为没有教育的市场信号),这样,劳动生产率高的人,被视为支付了较少的教育成本。"临界假设",就是无信号传递的竞争性劳动力市场假设。所以,对劳动力市场信号传递而言,教育成本表现为信号成本。

这种信号成本与劳动生产率负相关的临界假设,是市场信号在竞争性劳动力市场上有效发生作用的先决条件。对任何职业来说,雇主心中都有对给定教育程度的劳动生产率的条件概率,并都有他期望的边际生产率与给定教育程度相对应。假设雇主给教育程度为 y 的个人支付的报酬 $W(y)$ 是与该教育程度相联系的,那么,这就是提供给不同教育程度的薪酬配置。于是,潜在的雇员在展望其工作时,就面临着 $W(y)$ 这一预定配置,即这一预定配置告诉他选择不同教育程度所得的不同回报。根据给定的教育成本和回报,个人会选择能使这种回报达到最大化的教育程度。换句话说,他通过选择恰当的 y 来实现信号成本净收益的最大化。

雇主在劳动力市场上依据自己关于雇员工作能力与教育程度对应关系的条件概率估计雇用雇员,再用雇用后所获得关于雇员真实工作能力与教育程度对应关系的实际信息,来检验他先前的条件概率估计。这种检验如果导致对先前条件概率估计的修正,他在劳动力市场博弈重新开始时会调整确立他为潜在雇员提供的与教育程度相对应的薪酬。这种薪酬调整会影响个人的教育投资行为,而劳动力市场上的信号传递博弈又会导致雇主对条件概率估计的进一步修正,他为潜在雇员提供的与教育程度相对应的薪酬也会随之做出调整,如此反复循环。当劳动力市场信号传递博弈的反馈机制,不再引起雇主那以劳动力市场信号为依据而形成的条件概率估计发生变化时,信号传递均衡就出现了。

所以,劳动力市场信号传递均衡意味着:当雇主心中一系列关于雇员工作能力与教育程度对应关系的条件概率估计,转化为他所提供的薪酬、雇员的教育投资反应和劳动力市场信号,且这种条件概率估计为劳动力市场新信号所证实时,新进入就业市场的一组雇员所传递的劳动力市场信号与已雇用雇员所传递的劳动力市场信号就是相似的,因此雇主没有理由改变其条件概率估计。

劳动力市场信号传递均衡有了定义,并不表示劳动力市场信号传递均衡会出现。同样,教育有了信号,并不表示教育会成为实际的劳动力市场信号。关于雇员劳动生产率的条件概率,也不同于其非条件概率。一个均衡会出现,还是多个均衡会出现,均衡的性质又是什么,这些都需要通过调查来做出判断。

如图 2-3 所示,在劳动力市场信号传递博弈的反馈机制发挥作用的条件下,假定雇主认为,如果 $y<\bar{y}$,那么,条件概率为 1 的劳动生产率是 1,如果 $y\geqslant\bar{y}$,那么,条件概率为 1 的劳动生产率将是 2。如果这就是雇主的条件概率估计,那么,他所给出的工资配置 $W(y)$ 就是一个阶跃函数。

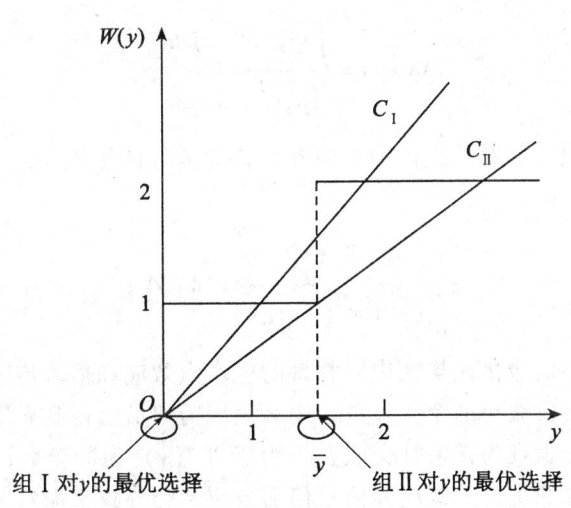

图 2-3 两组对教育的最优选择

工资配置一定,每组的雇员会选择最优教育程度。任何一个令 $y<\bar{y}$ 的人实际上会令他的 $y=0$,因为在 y 达到 $\bar{y}$ 之前所有教育都是浪费,就是说,当雇主的条件概率估计一定时,增加 y 并不会带来任何收益。同样,任何一个令 $y\geqslant\bar{y}$ 的人实际

上会令他的 $y=\bar{y}$，因为进一步提高他的教育程度只会支付毫无对应收益的成本。因此，所有人都会令 $y=0$ 或 $y=\bar{y}$。

在这种雇主的条件概率估计条件下，上述组Ⅰ选择 $y=0$，组Ⅱ选择 $y=\bar{y}$。这样，雇主的条件概率估计就正式得到了两组信号传递的均衡，即：$1>2-\bar{y}$ 所给定的条件，使组Ⅰ选择 $y=0$；$2-\frac{\bar{y}}{2}>1$ 所给定的条件，使组Ⅱ选择 $y=\bar{y}$。如果 $\bar{y}$ 满足 $1<\bar{y}<2$，那么雇主最初的条件概率估计将被市场经验所证实。

教育效应可以分解为信号发送效应和人力资本效应。令随机变量 n 代表生产率。θy 代表教育信号成本，其中随机变量 θ 代表教育特质。$q(n,\theta)$ 代表两变量 n 和 θ 的连续配置。由于 n 和 θ 是不可选择的属性，该配置是界定明确的。$W(y)$ 表示为达到教育程度 y 的雇员所支付的工资，它也是雇主对 x 的生产率 n 的期望值。那么，信号传递均衡必须满足两个条件：一是雇员选择净收入最大化的教育程度。当 $W(y)$ 一定时，一个教育程度为 y、教育信号成本为 θy 的雇员，选择净收入最大化的一阶条件是 $W'(y)=\theta$，二阶条件是 $W''(y)<0$；二是雇主的条件概率估计必须与他为此所支付的工资保持一致。令 $P_W(n,y)$ 代表雇主的连续配置，那么，雇主会选择：

$$p_W(n,y) = q(n,W'(y))|W''(y)|,$$

微分后有：

$$E(n\mid y) = \frac{\int n p_W(n,y)dn}{\int p_W(n,y)dn},$$

其中 $E(n\mid y)$ 表示教育的生产力效应和教育的信号传递效应，所以，信号传递均衡的条件是：

$$\frac{\int n q(n,W'(y))dn}{\int q(n,W'(y))dn} = W(y)。$$

在劳动力市场信号传递均衡中，教育的生产力效应和信号传递效应，要么表现为雇主因雇用雇员所获得的个人收益，要么表现为雇员因得到雇用而获得的个人收益，两种效应都不表现为任何社会收益。由于 $W(y)$ 为凹函数，所以，一个连续配置的教育所产生的生产力效应和信号传递效应，会导致人们对劳动力市场信号的过度投资。

第三节　劳动力市场分割理论

教育投资被人力资本理论理解为人力资本投资，而被劳动力市场信号理论理解为劳动力市场信号投资。这两种理论都承认,劳动者因接受较高水平教育而获得较高报酬,不同劳动者所获报酬的差额,是对私人教育投资的回报。在现实劳动力市场上,这种回报是引导教育投资的价格信号。这种信号能否对教育投资形成有效激励,取决于它是否符合(相当于或高于)人们对教育回报的预期。劳动力市场的价格信号与人们对教育回报的预期之间的契合,受诸多因素的影响,其中,劳动力市场分割是影响这种契合的重要因素。劳动力市场分割理论对此进行了研究。

一、简要的历史回顾

研究劳动力市场分割现象,首先是从分析二元经济结构开始的。刘易斯在1954年出版的《劳动力无限供给条件下的经济发展》一书中论述了二元经济结构中劳动力市场分割现象。他把发展中国家的经济结构理解为由传统部门和现代部门组成的二元经济。传统部门主要包括农业和小型服务业,它具有生产方式落后、工资低、农业劳动力无限供给等特征。现代部门主要是工业部门,它具有生产方式先进、工资高、吸收无限供给的农业劳动力等特征。他把两部门的劳动力市场称为二元劳动力市场。

1971年,多林格(P. Doeringer)和皮奥里(M. Piore)出版了《内部劳动力市场与人力分析》一书,系统地描述了内部劳动力市场的特点、形成原因和对经济的影响,并对美国内部劳动力市场进行了典型分析。1975年,奥斯特曼(P. Osterman)对劳动力市场分割进行了一项实证研究,发现不同的部门对工资的决定大不相同,一级劳动力市场提供的价格信号对教育投资有激励作用,二级劳动力市场提供的价格信号对教育投资没有激励作用。1984年,奥斯特曼出版了《内部劳动力市场》一书,对企业提供在职培训进行了研究,认为内部劳动力市场提供的在职培训,是学校教育不可替代的,它是学校向就业过渡的重要环节。1990年,威切特(M. L. Wachter)和莱特(R. Wright)出版了《内部劳动力市场经济学》一书,对劳动力市场分割理论进行了系统评述。

1996年,杰拉尔德·罗森布拉姆(Gerald Rosenblum)和巴巴拉·鲁宾·罗森布拉姆(Barbara Rubin Rosenblum)在《学术界分割性劳动力市场的教师流动》一文中,从分割性劳动力市场的视角,分析了大学终身聘用制与非终身聘用制下教师的流动。这一研究把劳动力市场分割理论运用于高等教育市场。2002年,卡姆弗(A. Camuffo)在《内部劳动力市场的变化特征》一文中,系统阐述了内部劳动力市场理论对劳动经济学、组织理论、人力资源管理的发展所作出的历史和现实贡献,分析了内部劳动力市场存在的必要性和重要性。2008年,罗拉德·安杰尔和杰奎琳·安杰尔研究了经济危机背景下美国分割的劳动力市场对家庭生活的影响,认为美国分割的劳动力市场导致了美国拉美裔家庭分割的生活。这是用劳动力市场分割理论来解释分割的社会生活。

二、二元劳动力市场与教育投资激励

劳动力市场分割理论倡导者通过理论分析和实证研究,证明在劳动力市场上,市场经济均衡模型,即同等劳动能力的劳动得到相同的工资,并没有变成现实,而现实世界中存在着主要劳动力市场和次要劳动力市场。区分主要劳动力市场和次要劳动力市场的一个重要标志是工资的高低,但对教育投资激励有重大影响的,则是两个劳动力市场的工资决定机制的不同。在主要劳动力市场上,工资与劳动能力相对应,工资至少起始工资和劳动力市场信号相对应,于是,就像人力资本理论所说的那样,劳动者通过教育来提高自身的劳动能力而获得较高的工资,同时,就像劳动力市场信号理论所说的那样,劳动者通过教育来获得劳动力市场信号而获得较高的工资。这样教育的经济价值便得以实现。但是,在次要劳动力市场上,工资与工作相对应,不同劳动能力的人从事相同的工作而获得相同的工资,这样,提高劳动者劳动能力的教育,就不能实现其经济价值,人力资本理论的投资与收益模型受到了挑战。同样,在次要劳动力市场上,由于工资与劳动力市场信号无关,教育作为劳动力市场信号投资的经济价值便无法得以实现,劳动力市场信号投资与收益模型也受到了挑战。不管怎样,劳动力市场分割理论说明:主要劳动力市场的工资决定机制有利于对教育投资形成有效激励,而次要劳动力市场的工资决定机制则不利于对教育投资形成有效激励。

劳动力市场的制度性分割所导致的劳动力市场价格扭曲,也是对教育投资积极性的一种制约。劳动力市场的制度性分割,主要表现为制度性就业歧视限制了次要劳动力市场上的劳动力向主要劳动力市场的自由流动,大量农业劳动力、少数种族劳动力、外来劳动力等,被束缚在次要劳动力市场。从事同样的工作,受制度性保护的来自城市的不熟练工人获得的工资,高于不受制度性保护的来自农村的熟练工人所获得的工资。制度性就业歧视使得劳动力市场价格不能通过劳动力市场竞争来达到均衡,劳动力市场价格出现扭曲。这种价格扭曲,既是人力资本理论的投资与收益模型无法解释的,也是劳动力市场信号理论无法解释的。大量遭受制度性就业歧视的劳动者,无法进入主要劳动力市场,进而无法通过提高劳动能力来获得较高的工资,无法实现教育在提高劳动能力上的经济价值,他们的教育投资积极性受到了极大的压抑。

三、内部劳动力市场与教育投资激励

内部劳动力市场是指一个企事业单位内部存在着用一系列正规的有连续性的规则和程序来建立、指导和限制其内部雇佣关系的劳动力市场。它是主要劳动力市场的微观层面。与此相对应的是次要劳动力市场的微观层面,即外部劳动力市场,它反映这样的雇佣关系,即一个企事业单位内部不存在用一系列正规的有连续性的规则和程序来建立、指导和限制其内部雇佣关系的行为。多林格指出："内部劳动力市场通过少量的对企业特定技能要求很低的岗位与外部劳动力市场相连接。一旦进入内部劳动力市场，劳动者便得到一些特殊待遇，包括优于'局外人'的聘用权、培训权、提升和职业发展的权利。"① 内部劳动力市场，实际上是指大型企事业单位的劳动力市场，它有五个特点：①雇员较高工资福利；②工资福利随资历的增加而增加；③雇用量不会因强制性工资增长而减少；④为雇员提供特殊培训；⑤解雇率较低。

对教育投资形成有效激励的劳动力市场价格信号是这样的信号，即雇员较高工资福利准确反映了雇员较高生产率，从而准确反映了对雇员较高教育程度的回报。内部劳动力市场的五个特点隐含着这样的信号。雇员较高工资福利是对雇员较高生产率的激励，而雇员较高生产率被人们普遍认为是雇员较高教育程度的体现，这就为人们提供了工资福利与教育程度正相关的信号。工资福利随资历的增加而增加是对雇员生产率持续提高和对雇员保持长期雇用合同的激励，而雇员参加在职培训或利用业余时间接受继续教育，被人们认为是持续提高雇员生产率和保持对雇员长期雇用合同的重要途径，这就成为激励人们继续投资教育的信号。雇用量不会因强制性工资增长而减少，对于较大规模的企事业单位而言，是雇员工资增长和边际雇用成本下降的双重效应，而边际雇用成本下降又是以付出较少的监督就能获得较高生产率为前提，雇员工作的积极性和纪律性通常被认为是教育的产物而非遗传，这实际上发出了这样一种信号，即对培养积极认真劳动态度的回报，教育投资在这里得到了更深层次的激励。为雇员提供特殊培训是雇员实现稳定就业的途径，是展现雇员发展前景的方式，它激励雇员与雇主共同承担特殊培训费用，而接受学校教育被认为是获得特殊培训机会的重要前提，雇员受教育程度越高，他在内部劳动力市场上获得特殊培训的机会就越多，这种信号无疑是对教育投资的一种激励。解雇率较低的内部劳动力市场为雇员提供的是一个较稳定的就业环境，同时也是一种较稳定的教育投资回报，从中发出的信号有利于对教育投资形成有效激励。解雇率较低，在很大程度上，说明雇主心中一系列关于雇员工作能力与教育程度对应关系的条件概率估计，以及关于劳动力市场信号与他所提供的薪酬之间的关系，得到雇员实际工作表现的证实，因为，解雇在很大程度上是劳动力市场信号不真实所导致的错误雇用。

内部劳动力市场的出现是大工业、大企业发展的必然结果。大工业由于使用现代生产技术和自动生产流水线而增强了各个生产环节和各个生产要素之间的相互依赖性。大企业为适应大工业生产的要求，通常使用各个生产环节和各个生产要素之间具有较高相互依赖性的生产过程，因而更需要企业和工人建立起长期稳定的雇佣

---

① ［美］马丁·卡洛依. 教育经济学国际百科全书［M］. 第2版. 闵维方等，译. 北京：高等教育出版社，2000：34.

关系，并通过向工人提供更多的特殊培训机会和其他优越条件来增强工作对工人的吸引力，来维持长期稳定的雇佣关系。多林格、皮奥里、威切特和莱特等人，都认识到了内部劳动力市场出现的历史必然性。多林格指出："内部劳动力市场并不仅仅是劳资双方有效采用技术和培训手段的结果，还必须将其置于工业化过程中政治经济历史背景下加以理解。"①

　　以上说明，人力资本理论提出的基本理论假设，即雇员的受教育程度与雇员的生产率的正相关，进而与雇员的工资福利的正相关的假设，能在内部劳动力市场上得到证实。同样，劳动力市场信号理论提出的基本理论假设，即教育具有劳动力市场信号传递效应的假设，也能在内部劳动力市场上得到证实。但是，无论人力资本理论的基本假设，还是劳动力市场信号理论的基本理论假设，都不能在外部劳动力市场上得到证实，因为，外部劳动力市场不具有内部劳动力市场的上述五个特点。

---

① [美]马丁·卡洛依.教育经济学国际百科全书.[M].第2版.闵维方等，译.北京：高等教育出版社，2000：34.

第三章 教育的产品属性

教育作为一种服务，是教育机构，主要是学校生产的产品。人们接受教育，就是消费学校提供的服务。学校是生产教育这种产品的专门机构，同时又是学生消费教育这种产品的专门机构。教育生产与教育消费，统一于人才培养，统一于劳动力再生产。在这种统一性上教育才能成为人才培养的专门机构，才能成为劳动力再生产的手段。教育经济学意义上的学校办学，实际上是指教育的生产、分配、交换和消费。教育生产过程的中心环节是教育过程。教育过程的中心环节，对教育者而言，是教师执教过程，对受教育者而言，是学生课堂学习过程，而学生课堂学习过程又是学生消费教育的过程。所以，教育过程存在教育生产过程与教育消费过程的部分重合。不同的是，对教育者而言，教育过程表现为教育生产过程，对受教育者而言，它表现为教育消费过程。教育既然是一种服务，那么，这种服务的产品属性就亟待解释。产品属性，通常是指某种产品在消费上是否具有排他性和竞争性，在生产和消费上是否具有外部性，如果具有外部性，那它是具有正外部性还是具有负外部性？一般说来，产品属性研究的目的，在于说明为什么稀缺资源配置会出现市场失灵和政府失灵，怎样应对稀缺资源配置中的市场失灵和政府失灵。本章对教育所作的产品属性分析，也是为了达到这一目的。

第一节 教育在消费上的排他性与竞争性

教育在消费上的排他性与竞争性问题值得讨论，一是说明教育资源配置中存在政府失灵对于制定教育政策具有重要意义；二是教育经济学界对该问题的认识存在误区，这种认识误区导致教育在公共产品或私人产品或准公共产品等产品归属上出现错乱，进而导致对政策应用的错误解释。例如，义务教育免费是实现义务教育普及的客观要求，而义务教育普及又是增进教育起点公平进而也是增进社会起点公平的客观要求，这与教育是公共产品还是私人产品没有必然联系，可是，有些学者却硬是把所谓教育的公共产品属性当作义务教育免费的理论依据，造成了义务教育政策应用上的思想混乱。

一、四类产品的区分标准

在市场经济中,产品在消费上或使用上的经济特性可分为排他性和非排他性、竞争性和非竞争性。一种产品在消费上不是排他的就是非排他的,不是竞争的就是非竞争的。产品在消费上的排他性是指某一产品在供某一个人消费时那种不可以同时供其他人消费的特性。一件衣服穿在张三的身上就不可以同时穿在李四的身上,衣服的这一特性就是它在消费上的排他性。产品在消费上的非排他性是指某一产品在供某一个人消费时那种可以同时供其他人消费的特性。国防在供一国居民消费时为张三提供安全,同时也为一国其他所有人提供安全,国防的这一特性就是它在消费上的非排他性。产品在消费上的竞争性是指某一产品在供某一个人消费时那种可以同时减少其他人对该产品的消费的特性。一个教室可容纳的学生是有限的,它供张三入室听讲时可以同时减少其他人入室听讲,教室的这一特性就是它在消费上的竞争性。产品在消费上的非竞争性是指某一产品在供某一个人消费时那种不可以同时减少其他人对该产品的消费的特性。国防在供一国居民消费时为张三提供安全,同时也不减少为一国其他所有人提供的安全,国防的这一特性就是它在消费上的非竞争性。

美国著名经济学家曼昆根据物品或产品是否具有使用上或消费上的排他性和竞争性,把它们分为私人物品、公共物品、共有资源和自然垄断物品。他认为,私人物品既有使用上的排他性又有使用上的竞争性,公共物品既无使用上的排他性又无使用上的竞争性,共有资源有使用上的竞争性而无使用上的排他性,自然垄断物品有使用上的排他性而无使用上的竞争性。① 美国著名经济学家、诺贝尔经济学奖获得者保罗·萨缪尔森则把公共物品定义为"那种不论个人是否愿意购买,都能使整个社会每一成员获益的物品",根据这一定义,公共产品在消费上应是不分国家、不分地区地具有最广义的非排他性和非竞争性,只有像基础科研成果和天花疫苗这样的公共产品,才算得上是"能使整个社会每一成员获益的物品",然而在萨缪尔森的公共产品清单中却有国防、公园音乐会、防洪堤坝等,而这些公共产品只能使一定范围内每一成员获益,而不能使整个社会每一成员获益,这就出现了萨缪尔森的公共产品定义与公共产品清单之间的矛盾。由此看来,萨缪尔森的公共产品定义在内涵上显得过于狭窄。萨缪尔森把私人物品定义为"那些可以分割、可以供不同人消费并且对他人没有外部收益或成本的物品"。② 这一私人产品的定义在

---

① [美]曼昆. 经济学原理[M]. 梁小民,译. 北京:北京大学出版社,2001:230.
② [美]保罗·萨缪尔森,威廉·诺德豪斯. 经济学[M]. 第16版. 萧琛等,译. 北京:华夏出版社,2002:268.

内涵上也显得过于狭窄。有些私人产品，如邻居阳台上种植的花草树木、用氟利昂制冷的冰箱，就分别对他人有外部收益或成本。问题还在于我们是否应该把那些可以分割，可以供不同人消费，对他人有外部收益或成本，但又具有消费上的排他性和竞争性的产品，从公共产品和私人物品中区别开来呢？曼昆给了我们一个较明确的答案。因此，为了避免概念上的误解，我们采用曼昆提出的那种依据产品在消费上的排他性和竞争性来对产品进行分类的方法。

私人产品在消费上的排他性和竞争性包含这样几层含义：①私人产品的消费在人与人之间是完全可分的，人们消费私人产品是可以量化的；②私人产品的消费效应对不同的消费者而言是不一样的，且在程度和质量上是可以区分的；③人们消费私人产品是可以拒绝的。

公共产品在消费上的非排他性和非竞争性则有与私人产品相反的含义，即：①公共产品的消费在人与人之间是完全不可分的，人们消费公共产品是不可以量化的；②公共产品的消费效应对不同的消费者而言都是一样的，且在程度和质量上是不可区分的；③人们消费公共产品是不可拒绝的。

有些公共产品，例如臭氧层，在世界范围内具有消费上的非排他性和非竞争性，我们可称之为世界性公共产品。有些公共产品，例如国防，在一国范围内具有消费上的非排他性和非竞争性，我们可称之为国家性公共产品。有些公共产品，例如某个城市路灯，对于生活在该城市范围内的人具有消费上的非排他性和非竞争性，我们可称之为区域性公共产品。

必须指出，产品在消费上的排他性或非排他性、竞争性或非竞争性，是产品所固有的特性，我们不可能人为地改变它，也就是说，私人产品不可能人为地变成公共产品、公共资源和自然垄断产品，反之亦然。

二、个别教育的产品属性

个别教育是由某个教师为某个学生提供的教育。例如，家教、学校教师对学生的个别培训和个别指导。个别教育在消费上对整个社会而言是排他的，因为它在技术上是完全可分的。某个教师面向某个学生提供的教育，其本身就在学生与学生之间处于分隔状态。某个学生消费某一个别教育时，事实上就阻止了整个社会其他人来消费该个别教育。

个别教育在消费上对整个社会而言也是竞争的。某个学生消费某一个别教育时可以减少整个社会其他人消费该个别教育。例如，某个教师一个星期按计划有3小时的课外个别辅导时间，如果某个学生多占用这个教师课外个别辅导时间1小时，那么，他就减少了其他学生占用该教师1小时的课外个别辅导时间。在学校，某个教师能够对其偏爱的学生单独提供优质服务以防止其不偏爱的学生消费其优质教育资源，这也许是一个有失公平的现象，但一个追求办学质量和效率的学校一般不会因此而禁止教师对学生的个别辅导，因为禁止教师对学生的个别辅导会导致办学质量和效率的损失。

由此看来，个别教育在消费上对整个社会而言既是排他的又是竞争的，所以个别教育是私人产品。

三、学校教育的产品属性

学校实行班级授课制，即学校有组织有计划地安排各个教师分别对各个课班和年级的多个学生实行集体授课的制度。一个年级可以是一个课班，也可以分成几个课班。学生接受（消费）学校教育以课班为基础。假定学校不提供个别教育，某个课班提供的教育对于该课班任何一个学生而言是非排他的和非竞争的，因为该课班教育在其内部各个学生之间是不可分的，而同一课班教育的资源配置是相同的。因此，学校内部一个课班提供的教育对该班学生而言是公共产品。

然而，学校教育不仅有不同课班之分，而且有不同年级之分、不同学校之别。同一年级不同课班教育的资源配置往往是不同的，同一年级不同学校教育的资源配置也往往是不同的，而资源配置的不同必然导致教育质量的差异。这表明学校教育在课班与课班之间、年级与年级之间、学校与学校之间不仅是可分的，而且在资源配置和质量上往往也存在差异。由于各个课班教育是一个特定的产品，一个学生只能在一个课班接受教育而不能同时在两个课班接受教育。所以一个招生满员的课班的学生在接受该班教育时，可以阻止其他学生接受该班教育，因而该班对其他学生而言是排他的。同样，一个招生满员的年级和学校对于其他学生而言也是排他的。

资源配置不同的班级和学校，提供着质量不同的教育。消费较高质量的教育比消费较低质量的教育可以获得较多的好处。例如，消费较高质量的教育是同较多的升学和就业机会相联系的。为此各学生之间和各学生家长之间会择优入学。由于学校教育的消费在各学校之间是可分的，因而在学校招生"拥挤"的情况下，一个学生在消费较高质量的某校教育时，可以减少其他学生消费该教育的机会，因此招生"拥挤"的学校的教育在消费上是竞争的。例如，有 A 和 B 两所学校，各招收 5000 名新生，入学收费标准相同。A 校办学质量较高，B 校办学质量较低。假定有 10000 名新生等待两校录取，办学质量较高的 A 校优先录取。在录取前，每个等待录取的新生都有 1/2 的机会就读较高办学质量的 A 校。当 A 校录取第 1 名时，余下的 9999 名新生就读 A 校的机会就减少了；当 A 校录取第 2 名时，余下的 9998 名新生就读 A 校的机会就进一步减少了；当 A 校录取第 5000 名时，余下的 5000 名新生就读 A 校的机会就没有了。

假定一个学校的各个课班的招生是满员的，那么该校新增一个学生必须新增课班，这对该校来说边际教育成本是很高的。当招生"拥挤"时，一个满员的课班所提供的教育在消费上也是竞争的。但是，学校教育对于招生不"拥挤"不满员的学校或课班来说在消费上是非竞争的,因为新增一个学生对该校或该班来说的边际教育成本几乎为零。

有学者认为教育是公共产品,这是一种误解。前面已经指出,产品在消费上的排他性和非排他性、竞争性和非竞争性,既不是人为的和外加的,也不是随社会制度和时代的变化而变化的。例如,国防从国家诞生之日起,它就是一国的公共产品,它在消费上所具有的非排他性和非竞争性,是不以人的意志为转移的,是不随社会制度和时代的变化而变化的。教育在国家和地区范围内并不满足公共产品在消费上所具有的非排他性和非竞争性这一要求。具体说来:①教育消费在人与人之间是可分的,因为它是以学校为单位来提供的,人们消费教育是可数量化的,教育实际上是按时间来计量的,如我国教育年限为九年;②教育消费效应对任何消费者不完全是一样的,在程度和质量上是可区分的,完成教育阶段学校任务的学生,有的成绩较好,能进入研究生阶段学校,有的成绩较差,不进入研究生阶段学校;③人们消费教育事实上不是不可拒绝的,因为学校是学生自觉自愿的身心活动,如学生在学校不愿意学习,实际上就是不愿意消费教育,就是拒绝消费教育,社会和家庭可以强迫他们进入学校,但不能强迫他们自觉自愿消费教育,而教育阶段的辍学在世界各国都不同程度地存在,事实上已证明了人们消费教育是可拒绝的。这些特征表明,教育不是公共产品。

学校教育在消费上的竞争程度,不仅取决于学校教育的技术特点,而且取决于学校资源在教育部门中配置的方式。把学校资源配置到竞争性用途中,是任何一种教育制度追求的目标,而市场机制利用供给和需求的力量来实现这个目标。所以,在教育部门中,运用市场方式配置学校资源的范围越大、程度越高,学校教育在消费上的竞争程度就越高。

在竞争过程中,有些学校教育的质量上升较快,有些学校教育的质量上升较慢,从而形成教育质量上的差距。竞争赋予较高产品质量以正面积极的精神和物质刺激,从而强化了竞争意识和质量意识,使所有的学校都向高质量教育看齐,教育质量上的差距就会在整体教育质量上升过程中发生变化,而个别学校可能在这种变化中极度落伍,沦为竞争失败者。这种竞争失败会给教育的消费者——学生的利益造成伤害,而学生一般不应该受到这种伤害。与企业不同的是,教育的消费存在于教育的生产过程之中,教育在生产上的竞争,在一定程度上表现为教育在消费上的竞争,因此,学校教育在消费上的竞争性又通过教育在生产上的竞争性来加以证明。如何正确处理学校竞争失败者遗留下来的问题,如何正确维护竞争失败学校的学生的权益,是市场竞争条件下政府宏观调控必须解决的重大课题。

在追求质量和效率的办学过程中,教育在供求上对求学者来说是竞争性的,这种竞争性并不排斥人们在法律上平等享有接受教育的权利,只是这种权利是通过入学竞争来得到的。平等享有接受教育的权利也就是平等享有参加学校入学竞争的权利。一个拥有这种权利的人，不能阻止和减少其他人拥有这种权利。但是，平等享有参加学校入学竞争的权利，或者说平等享有参加高考的权利，并不等于无差别享有消费教育的权利。不符合国家规定录取标准的考生将失去消费教育的权利。由于教育是由各个学校来实施的，而一个国家或地区在技术上不能解决各个学校资源配置的差别问题，因此，学校之间在办学质量和效率上会有高低之分，一个学校与另一个学校在录取新生的标准上也会有所不同。学校之间在办学质量和效率上的差距越大，教育在消费上所表现出来的竞争程度就越高。

四、学费和学校教育在消费上的排他性

学校依法对学生收缴学费。这是人们消费那些收费学校教育的一个限制条件。收费学校的教育对非交纳学费者而言在消费上是排他的。在我国，学生所以辍学，绝大多数是家庭贫困所致。学生辍学无疑是我国教育在消费上的排他性的一种表现形式。

五、择校成本和学校教育在消费上的竞争性

对于同级同类的各个学校，因其在资源配置上存在差异，它们提供的教育在质量上也会存在差异。人们总希望通过择校把自己的子女送到较好的学校上学。选择消费某校教育即使在技术和法规上是可行的，也存在择校成本问题。如果择校成本太高，一些人很可能放弃对消费优质教育的追求。可见，学校教育在消费上的竞争程度同择校成本相关。

六、教育在消费上的排他性、竞争性与受教育者所获知识的产权

教育在消费上具有排他性和竞争性还有更深层次的原因，那就是消费教育所形成的知识产权归属于受教育者而不是办学者。所谓知识产权，是指使用某种知识资源并从中获利的权利。前面已经指出，办学者向受教育者提供的教育是一种人才培养性服务，因而拥有使用这种服务并从中获利的产权。求学者接受教育，就是消费办学者提供的人才培养性服务。在消费这种服务的过程中，受教育者实现自身知识在数量上的增长、在结构上的优化和在质量上的飞跃。学生对自己在消费人才培养性服务过程中所获得的知识拥有产权，即拥有使用自身知识资源并从中获利的权利。由于受教育者所掌握的知识是以他的身体为载体的，在他的知识未被物化或外化的情况下，外人无法使用他的知识资源。因此，教育者或办学者把知识传授给受教育者以后，就不再拥有受教育者所获知识的使用权。受过教育的人可以用自己所学的知识来为自己和社会创造财富。知识就是力量，知识就是获取财富的源泉，知识就是消费者禀赋。受过教育的人拥有自己所获知识的产权，意味着他获得的知识越多，他的力量就越大，他获取财富的源泉就越广大，他的消费者禀赋就越充足。

接受教育的人就必然要把自身知识产出的最大化作为接受教育的目标。由于教育质量与受教育者的知识产出成正比，在教育质量存在差异的条件下，接受教育的人总是"择优入学"。而受资源和技术的约束，优质教育资源，特别是高层次的优质教育资源，总是有限的。这就必然导致入学竞争。受教育者知识产权的个性化和入学竞争，强化了教育在消费上的排他性、竞争性。

由于受教育者拥有自己的知识产权，而知识又是他获取收入的禀赋，因此，在教育过程中，受教育者的边际产品，将给他带来该教育的边际收益。根据受教育者收益最大化的边际条件，即受教育者的边际收益等于受教育者的边际成本，那么，当某种教育的社会边际成本等于该种教育的社会边际成本时，该种教育的社会收益才会出现最大化。如果受教育者或其家庭预期某种教育的个人边际成本的增加，会给他及其家庭的未来带来某种教育的个人边际收益的相应增加，那么，受教育者"择优入学"就有了内在的经济根源，对受教育者"择优入学"的管理和调控也只有从这种内在的经济根源着手才能产生效果。

七、小学教育调控的政府失灵的案例研究：小学"就近划片"入学是解决"择校问题"的有效途径吗？

2005年9月7日《人民日报》刊登了该报记者赵鹏和《市场报》记者徐志南的联合报道：《福州择校风才平择户风又起》。该报道说："虽说'择校大战'已经停止，但为了能让孩子上所心仪的好学校、能符合政策地'就近划片'入学，一场新的'择户战略'在紧锣密鼓地上演……""想进好学校，'落户'到厕所，只是家长'八仙过海'的一个非常招数。林芳斌家访过的今年在该校报名的学生中，有的房址她去年就来过，今年则又换成另一个户主；有一家两居室里竟然上了3个学生的户口，这些家长还口口声声表示，的确都在这里住。有些学生与户主素不相识，仔细一打听才知道，是花钱买来的临时亲戚关系；再有一些家长，实在找不到关系，索性就找'地下工厂'制作假证明、假户口证、假房产证。"

就我国义务教育而言，无论是"择校风"还是"择户风"，究其根源，无非是义务教育质量差别所引起的利益差别所致。义务教育是由各个学校提供的，它在各个学校之间是可分的，即使政府提供免费义务教育也是如此。各个学校提供质量不同的义务教育，造成不同学校学生在义务教育消费上产生不同效应。由于人们的理性行为一般遵循消费义务教育效用最大化原则，因而只要各个学校提供义务教育的质量存在较大差异，择校行为就可能出现。"择校风"既来源于义务教育在学校之间可分所引起的"质量差别驱动"，又来源于义务教育质量差别所引起的"利益差别驱动"。择校风盛行程度的高低，取决于义务教育质量差别的大小以及择校成本的高低。义务教育质量差别越大，择校风就越盛行；反之，义务教育质量差别越小，择校风就越不盛行。择校成本越低，择校风就越盛行；反之，择校成本越高，择校风就越不盛行。由此看来，政府在出台平抑"择校风"的义务教育政策时，可能会指向这样两种调控目标：一是促使各个学校尽量提供同质的义务教育，以便弱化择校的"质量差别驱动"；一是提高择校成本，以便弱化择校的"利益差别驱动"。在提供义务教育的学校数量足够多的情况下，让各个学校提供同质的义务教育实际上是不大可能的，因为各个学校的资源配置不可能一样，各个学校的管理效率也不可能达到同样的水平。但是，让各个学校提供质量大致相当的义务教育，则是可能的，而要把这种可能变成现实，提供义务教育的各个学校必须满足以下条件：①公共基础设施完备且生均公共基础设施大致相当；②公共教育经费充足且生均公共教育经费大致相当；③教师队伍相对稳定且普遍有较高学历和素质；④教师的工资和福利待遇相对较高；⑤法规健全；⑥管理规范；⑦质量评价体系完备且可操作；⑧信息畅通；⑨监控及时有效；⑩升学压力小。要通过弱化择校的"质量差别驱动"来平抑"择校风"，就应该努力创造这些条件。在其他条件不变的情况下，这些条件之一的好转，都将在整体义务教育质量不降低的条件下，促进各个学校之间义务教育质量差别的有效缩小。"就近划片"入学，无助于实现其中任一条件的好转，它对择校的质量差别驱动的弱化，一般是以损害教育公平和学校资源配置效率为代价的。在各个学校义务教育质量差别较大的情况下"就近划片"入学，会在区位义务教育优势上引发教育不公平。如果说无序的"金钱择校"对广大低收入家庭子女而言是一种不公平，无序的"权力择校"对广大人民群众家庭子女而言是一种不公平，那么在"就近划片"入学政策下获得区位优势的义务教育标龄儿童对于未获得区位优势的义务教育标龄儿童而言也是一种不公平，无代价获得区位优势的义务教育标龄儿童对于有代价获得区位优势的义务教育标龄儿童而言同样是一种不公平。由于这种"择户成本"是在学校体外运行的，优质学校从中不能获得任何好处，他们自然就会查禁这种择户生入学，为此就要耗费人力、物力、财力，从而造成学校资源配置效率的损失。另外，"就近划片"入学使优质学校失去了先前"金钱择校"带来的经济利益，从而弱化了提高义务教育质量的动力，非优质学校也因此弱化了提高义务教育质量的压力，于是，在其他条件不变的情况下，整体义务教育质量将趋向下降，各个学校义务教育质量差别的缩小所带来的将是效率损失。

在各个学校义务教育质量差别难以有效缩小的情况下，就得通过弱化择校的"利益差别驱动"来平抑"择校风"了。必须指出，择校行为是一种客观存在，其本身并不一定损害教育公平。例如，近几年来我国普通高等学校招生，严格按高考分数和考生报考志愿来录取，其中考生的择校行为所体现的就是教育公平。近几年来美国有几个州试图运用"义务教育券"来鼓励学生择校，以此来构建义务教育竞争机制，促进义务教育质量的提高。过去人们普遍对我国义务教育阶段一度盛行的"择校风"表示不满，主要是针对无序择校，因为无序择校助长了"金钱择校风"、"权力择校风",放大了其负面效应,以至于干扰了正常的教学秩序,损害了大多数学生的合法利益。因此,要弱化择校的"利益差别驱动",必须从构建合理的义务教育阶段择校机制着手。一个择校信息和价格公开、透明,择校市场定位合理的义务教育阶段择校机制,将有利于规范择校行为,推动择校有序良性运行,杜绝择校腐败,促进教育公平,增进学校资源配置效率。

因此,政府对非教育的过多管制,很可能不利于办学竞争和入学竞争,使教育产出达不到社会福利最大化和资源有效配置的要求。而在教育质量差距足以损害受教育者的利益时,靠政府的指令来阻止教育的入学竞争,也会导致政府失灵。

第二节 教育在法规上的排他性和竞争性、非排他性和非竞争性

走出教育在产品归属上的误区,重要的在于把教育在消费上的排他性和竞争性,或非排他性和非竞争性,与教育在法规上的排他性和竞争性,或非排他性和非竞争性,区别开来。

一、教育在法规上的排他性和竞争性

教育在法规上的排他性是指一种教育法规在经人们执行时那种可以阻止某些人和单位从事教育的生产、实施和消费的特性。它有两层涵义:一是教育在法规上对人们从事教育的生产和实施的排他性,可称之为教育生产和实施的法律性、制度性、政策性排他;一是教育在法规上对人们从事教育的消费的排他性,可称之为教育消费的法律性、制度性、政策性排他。

教育作为一种产品,先必须生产出来,然后才能实施。尽管实施教育的过程也是生产教育的过程,但生产在前,实施在后,也就是说,学校在实施教育之前必须有足够的办学条件,教师在执教之前必须有足够的知识、技能、备课等准备。没有有效的优质的教育生产,就不可能有有效的优质的教育实施。

我国教育生产和实施的法律性、制度性、政策性排他,是显而易见的。我国教育法明确规定,设立各级各类学校都得经政府批准。这意味着我国各级各类学校教育的生产和实施在法律上对学校之外的其他机构和未经政府批准的学校是排他的。这种排他性在一定条件下有利于规范学校的办学行为和教师的执教行为,把不规范的办学行为和执教行为排除在教育之外,从而保障有效优质地生产和实施教育。但是,它也可能导致教育垄断。

教育消费的法律性、制度性、政策性排他,主要表现在高中及高中以上教育层面。例如,我国高等教育法第五十四条规定:"高等学校的学生应当按照国家规定缴纳学费。家庭经济困难的学生,可以申请补助或减免学费。"这意味着我国高等教育法这一条规定的执行,可以阻止那些无故拒绝缴纳学费的学生接受教育,也就

是说，我国高等教育在法律上对无故不缴纳学费者是排他的。其他那些国家规定学生应该缴纳学费的教育，也都具有这种排他性。我国实施高中阶段和高中以上阶段教育的各级各类学校招收新生，实行的是按考试分数由高到低优选录取的淘汰制，因而对于那些未达到一定录取分数线的考生在制度上是排他的。我国研究生招生政策规定，硕士研究生报考者必须拥有高等学校学历，博士研究生报考者必须拥有硕士研究生学历或硕士学位，这对没有取得相应学历或学位的人在政策上是排他的。

教育在法规上的竞争性，是指一种教育法规在经人们执行时所具有的那种可以减少某些人和单位从事教育的生产、实施和消费的特性。由于我国实施高中阶段和高中以上阶段教育的各级各类学校普遍存在招生"拥挤"的状况，而我国法律、制度、政策又赋予这些学校以择优录取新生的权力，因而这些教育在法规上对受教育者是竞争的。我国民办高等教育促进法的颁布，使我国民办高等教育与公办高等教育之间在法律上具有生产和实施的竞争性。但是，在高等学校办学不能"自由进入"和招生普遍"拥挤"的条件下，高等教育的生产和实施在法规上仍然是非竞争的。

二、教育在法规上的非排他性和非竞争性

教育在法规上的非排他性是指一种教育法规在经人们执行时所具有的那种不可以阻止某些人和单位从事教育的生产、实施和消费的特性。同样，教育在法规上的非竞争性是指一种教育法规在经人们执行时所具有的那种不可以减少某些人和单位从事教育的生产、实施和消费的特性。

义务教育在法规上就具有非排他性和非竞争性。充分接受义务教育是每一个儿童、少年法定的权利。这种权利是用法律条款规定下来的，是父母或其他监护人和社会所应尽的义务。因此，义务教育属于强迫性普及性教育。

义务教育旨在满足每一个青少年的基本学习需要，以便尊重和确保人人享有受教育的权利。《世界全民教育宣言》把基本学习需要定义为"基本的学习手段（如读、写、口头表达、演算和问题解决）和基本的学习内容（如知识、技能、价值观念和态度）"的需要。[①]为了充分满足我国每一个少年儿童的基本学习需要，1986年我国全国人民代表大会通过了《中华人民共和国义务教育法》，作出了实施九年制义务教育的18条规定。1992年我国国务院又颁布了《中华人民共和国义务教育法实施细则》，规定了实施九年制义务教育的46条细则。从此，我国小学、初中走上了义务教育的发展道路。自义务教育法颁布以来，我国义务教育取得了巨大的成绩，通过多年坚持不懈的努力，到2000年已经达到了累计2400多个县（市、区）、85%的人口地区实现"两基"（基本普及九年制义务教育和基本扫除青壮年文盲）的规划目标。但是应该看到，我国义务教育的基础并不牢固：小学、初中的基础设施落后，现代教育设备普遍不足，教育经费增长过慢，教师队伍整体学历

水平偏低，教育质量不够稳定，区域间发展不平衡。义务教育阶段不少辍学儿童浪迹天涯，从无知、无助、无事渐渐堕落为犯事、犯人、犯罪，构成青少年犯罪的主要原因。全面建设小康社会和经济与社会的协调发展，义务教育的办学性质和运行特点，要求我国必须尽快改变九年制义务教育基础不牢固的现状。为此，我国义务教育政策必须根据这种要求来加以调整和完善。

接受义务教育是每一个儿童、少年法定的权利，这种权利是父母或其他监护人和社会必须予以充分保障的，并用法律条款把这种充分保障规定下，以此作为人们的行为规范，从而成为法律赋予父母或其他监护人和社会所应尽的义务。因此，义务教育属于强迫性普及性教育。假定政府赋予实施义务教育的学校向学生父母或其他监护人直接收费的权利，无论是收学费还是收杂费，那么，每一个青少年接受义务教育的权利就一定与这种收费捆绑在一起。

这种捆绑会导致两种后果：一是义务教育入学监护主动性不作为，即学生父母或其他监护人为了逃避交费而未能使其子女按时入学，父母或其他监护人对被监护人的义务教育入学监护没有尽到责任，入学监护失败的原因完全是由父母或其他监护人的主动性不作为所造成的；二是义务教育入学监护被动性不作为，即学生父母或其他监护人因没钱交费而未能使其子女按时入学，义务教育入学监护失败的原因完全是由父母或其他监护人因支付能力不足而被动性不作为所造成的。

政府可以借助法律来预防和避免第一种后果的出现。例如，我国义务教育法第十五条规定："除因疾病或者特殊情况，经当地人民政府批准的以外，适龄儿童、少年不入学接受义务教育的，由当地人民政府对他的父母或者其他监护人批评教育，并采取有效措施责令送子女或者被监护人入学。"依据我国义务教育法实施细则第二条的规定："适龄儿童、少年，是指依法应当入学至受完规定年限义务教育的年龄阶段的儿童、少年。"该细则第四十条规定："适龄儿童、少年的父母或者其他监护人未按规定送子女或者其他被监护人入学接受义务教育的，城市由市、市辖区人民政府或者其指定机构，农村由乡级人民政府，进行批评教育；经教育仍拒不送子女或者其他被监护人就学的，可视具体情况处以罚款，并采取其他措施使其子女或者其他被监护人就学。"由此看来，政府必须投入人力来批评、教育和处理那些义务教育入学监护主动性不作为者。如果义务教育向学生父母或其他监护人直接收费改为义务教育向学生父母或其他监护人间接收费，即改为征税，那么，义务教育入学监护主动性不作为现象就可以避免，政府就不必投入人力来批评、教育和处理那些义务教育入学监护主动性不作为者，但又要为新增税种或税赋而支付成本。政府是应该采用"直接收费"的方式来实施义务教育，还是应该采用"间接收费"的方式来实施义务教育？

首先要考虑采用何种方式对社会是有效的。这样，政府考虑两种可供选择的做法，要比较政府对那些主动性不作为者进行批评、教育和处理的效果与政府从事那种批评、教育和处理的成本。如果政府从事那种批评、教育和处理的效果高于政府的那种成本，政府才可以考虑采用"直接收费"的方式。但是，如果政府从事那种批评、教育和处理的效果低于政府的那种成本，政府就不能考虑运用"直接收费"的方式。这样，政府考虑两种可供选择的做法，就还要比较政府对那些主动性不作为者进行批评、教育和处理的成本与新增税种或税赋的成本。如果政府对那些主动性不作为者进行批评、教育和处理的成本高于新增税种或税赋的成本，有效的做法是放弃"直接收费"方式。但如果政府对那些主动性不作为者进行批评、教育和处理的成本低于新增税种或税赋的成本，就要进一步比较政府从事那种批评、教育和处理的效果与新增税种或税赋的效果才能最后做出选择。有效的做法是放弃"间接收费"方式。一般说来，对付主动性不作为者的政策手段，新增税种或税赋的效果高于政府从事那种批评、教育和处理的效果，因为税收具有强制性，而义务教育收费则不具有强制性。于是，如果新增税种或税赋的效果高于新增税种或税赋的成本。有效的做法仍然是放弃"直接收费"方式。

最后还要考虑采用何种方式收费对社会是可承受的。义务教育入学监护主动性作为者和主动性不作为者，对于其子女或者其他被监护人接受义务教育的就学收费而言，他们是有支付能力的。因此，政府采用"间接收费"方式进行的收费，对义务教育入学监护主动性作为者和主动性不作为者而言，不存在支付能力不足的问题。这就是说，如果政府采用"直接收费"方式进行的收费对社会是可承受的，那么，政府采用"间接收费"的方式进行的收费对社会也是可承受的。

然而，借助法律来预防和避免第二种后果的出现，几乎是无效的。法律除了同情那些入学监护被动性不作为者之外，还能强制他们做什么呢？贫穷本身并不犯法。法律不能因父母贫穷而强制他们放弃子女的监护权。那么，政府是应该给他们的子女接受义务教育以就学补助，还是应该任其子女辍学？显然，政府只能选择前者。因为接受义务教育是法律赋予每一个适龄儿童、少年的权利。当其父母或其他监护人因经济困难无法确保这种权利时，社会有义务来确保每一个适龄儿童、少年接受义务教育的权利，政府有责任来确保每一个适龄儿童、少年接受义务教育的权利。政府给他们的子女接受义务教育以就学补助，来自税收。因此，预防和避免第二种后果的出现，有效的做法是放弃"直接收费"方式，采用"间接收费"的方式。

前面的分析是假定社会有实施法定年限义务教育的支付能力，因而，采用新增税种或税赋的"间接收费"方式来筹措法定年限义务教育的经费，对社会而言应该不存在支付能力不足的问题。这意味着政府可以通过义务教育财政预算来统一支付义务教育经费，实现义务教育的普及。尽管义务教育财政预算有利于普及义务教育，然而义务教育财政预算并不是可以随意编制和没有约束的，它还具有不稳定性。当税收迅速增加时，增加义务教育财政预算就容易些；反之就困难些。当财政赤字过大时,加大赤字削减的力度会导致义务教育财政预算扭曲,义务教育事业会发生困难。这时,政府遇到的最大难题是如何控制义务教育经费的使用以及如何保障义务教育经费的合理使用。

假定普及法定年限的义务教育所需经费总额超出了社会现有的支付能力,那么,无论是用"直接收费"方式,还是用"间接收费"方式,都难以筹措到普及义务教育所需的经费总额。在这种情况下,要么放弃普及义务教育的政策目标,要么通过法律程序把义务教育年限缩短到其所需经费总额在社会有支付能力的范围之内。

必须指出,义务教育作为普及性基础教育,应该由政府统一提供经费,实行免费教育的这一结论,是以保障适龄儿童、少年享有受义务教育的权利为依据的,是以增进教育起点公平为出发点的。它在法规上就具有非排他性和非竞争性,这不能作为认定其是否为公共物品属性的依据。义务教育在消费上仍然具有排他性和竞争性,它也不是纯公共产品。

我国高等教育法第九条规定:"高等学校必须招收符合国家规定的录取标准的残疾学生入学,不得因其残疾拒绝招收。"这意味着我国高等教育在法律上对任何符合国家规定录取标准的残疾人而言是非排他和非竞争的。

必须指出,教育在法规上的排他性和非排他性、竞争性和非竞争性,与教育在消费上的排他性和非排他性、竞争性和非竞争性,既有相似之处,又有不同之点。二者的相似之处在于它们都有相同的表现形式和制约作用,因而很容易把二者混为一谈。二者的不同之点在于:①教育在法规上的特性是外生的,而教育在消费上的特性是内生的;②教育在法规上的特性是可以人为改变的,而教育在消费上的特性是不可以人为改变的;③教育在法规上的特性既存在于教育的消费之中又存在于教育的生产和实施之中,而教育在消费上的特性只存在于教育的消费之中;④教育在法规上的特性不是划分公共产品与私人产品的依据,而教育在消费上的特性则是划分公共产品与私人产品的依据。

有人认为,是法律、制度、政策使教育变成了公共产品,进而把教育定性为法律性、制度性、政策性公共产品。这是把教育在法律上的非排他性和非竞争性误解为教育在消费上的非排他性和非竞争性。公共产品本身是从消费上的非排他性和非竞争性来加以界定的,如果从法律上、制度上、政策上能对公共产品加以界定,那就等于否定了公共产品这个概念本身。因此,公共产品不存在所谓法律性与非法律性、制度性与非制度性、政策性与非政策性之分。法律、制度、政策不能使私人产品变成公共产品,因而也不能使教育变成公共产品。在没有制定教育法律之前,教育就具有消费上的排他性和竞争性,而这种排他性和竞争性不会随教育法律的制定而变成非排他性和非竞争性。教育虽然在法律上具有非排他性和非竞争性,但是接受教育是人们自觉自愿的行为,接受教育在非自觉自愿条件下事实上是可抗拒的。

另外，实施教育的各个学校在办学质量上的差异性和倾向性，实施教育的各个教师在执教质量上的差异性和倾向性，使接受教育在内容上不完全具有非排他性和非竞争性。

必须指出，私人产品通常由市场组织供给较为有效，但并不是说私人产品不能由政府组织供给，而只是说由政府组织私人产品的供给往往不利于实现资源的有效配置。我们希望由政府来组织教育的供给，但不能为了说明政府组织教育的必要性，而人为地去改变教育在消费上的产品属性，把原本就是私人产品的教育说成是公共产品。既然教育在法律上具有某方面的非排他性和非竞争性，那么我们在组织教育供给时，可以也应该参照公共产品供给的某些特点、要求、规律，这同教育是不是公共产品没有关系。

三、学校入学标龄和教育在政策上的排他性

人的身心发展是循序渐进的，其发展水平一般随年龄的增长而提高。让身心发展水平大体相当的人们在班级授课制下一起学习，有利于实施和完成统一的教学进度，因此有些国家对学校入学有年龄上的政策规定。这里我们把一国法律规定的学校入学年龄，称为学校入学标龄。教育对未达到学校入学标龄的人们而言在政策上是排他的，但这种排他性不是消费上的排他性。

四、学校入学标绩和教育在政策上的排他性

学校的入学是竞争性的，一般要对入学者前一阶段的学校成绩或高考成绩作出规定，这种规定一经出台，就成为一种招生政策，无论这种政策是由政府提出的还是由学校提出的，它都是人们接受教育的限制条件。这里我们把政府或学校规定的人们接受教育的最低入学成绩，称为学校入学标绩。在我国现阶段，教育每年招生都配有入学标绩。这意味着我国教育对未达到学校入学标绩者而言在招生政策上是排他的，但这种排他性也不是消费上的排他性。

第三节 教育的外部性

前面对教育消费特性的讨论，仅限于说明一个人消费一种教育的行为对其他人能否消费这种教育的行为的影响，它解释的是一种教育对两个消费行为的关系。教育在消费上还存在另一种特性，那就是一个人消费一种教育的行为对其他人福利的影响，这一特性的研究所解释的是一种教育消费行为对其他人福利的关系。这种影响还存在于教育生产之中，即一个人或一个单位生产一种教育的行为对其他人福利的影响，研究这种教育生产上的特性，在于解释一种教育生产行为与其他人福利的关系。那么，这种影响和关系是怎样的呢？教育的外部性讨论力求回答这一问题。

在市场经济中，一种行为直接对他人产生的影响有两种情形：一是通过市场直接对他人产生影响；另一是不通过市场直接对他人产生影响。后一种影响在经济学中就叫做外部性，又称外部效应或外部经济。一种行为不通过市场直接对他人产生积极、正面的影响，就叫做正外部性；反之，不通过市场直接对他人产生消极、负面的影响，就叫做负外部性。一种行为不通过市场直接对他人消费效用产生的影响，就叫做消费外部性；同样，不通过市场直接对他人生产效率产生的影响，就叫做生产外部性。

一、教育的外部性

教育的外部性是指教育的生产和消费以及教育成果的应用在市场之外对他人所产生的积极正面影响。它是一种正外部性。教育机构生产教育可以在市场之外对他人产生积极正面影响。例如，一所学校由于生产教育而使学校周围的文化氛围变得十分浓厚，并为附近居民在市场之外接受文化科学的熏陶提供了便利，从而提高了他们的文化品位。教育者由于生产教育而时时处处为人师表，从而对校外的人们（非指定教育对象）以积极正面的影响。学校的学生在接受教育的过程中通常会将他们在学校所学的知识、所形成的良好习惯带到家庭和社区，从而给家庭成员和社区居民以良好的影响。

前面已经指出，教育成果即受教育成果。教育成果在社会上的应用，可以不通过市场而对他人产生积极正面影响。这种影响还具有广泛性和持久性。一般说来，一个接受较多教育的人，在家庭中更懂得怎样尊老爱幼、夫妻恩爱，并长期对家人产生耳濡目染的积极影响；在邻里更注重建立邻居间的和谐关系，更能为邻居提供有益的帮助或提出有益的建议，并通过日常交流和交往来长期对邻居产生潜移默化的积极影响；在工作单位更善于同他人合作，并在合作中长期对同事以更积极、正面的影响；在他所到之处都会以文明、礼貌、诚实、正直等行为方式表现出来，从而对他人产生更加积极、正面的影响；在政府机关更能促进政府决策的科学化和民主化，从而让全国人民受益；在科研部门更能促进科学研究特别是基础科学研究，从而在市场之外让全世界人民受益。

教育的外部性更明显地表现为一个人把他从教育中获得的专业知识和创新能力运用于实践，从而在市场之外产生巨大的经济效益和社会效益。例如，一个化工厂因排污量过大和经营不善而濒临破产，这时有一个获得化学本科文凭和管理学硕士文凭的管理者，临危受命去掌管该化工厂，他组织学校几个毕业生开展科研攻关，对旧设备进行技术改造，很快就解决了排污量过大的问题，使该厂起死回生，扭亏为盈。他以及他的科研攻关小组给这个企业带来了巨大的经济效益和社会效益，而其管理和科研成本也许只是其经济效益和社会效益的十几分之一甚至几十分之一。教育的外部性通过知识和创新能力而在社会上产生的经济效益和社会效益往往是巨大的。

更重要的是,教育的外部性能促进新生一代的社会化,增强社会凝聚力,从而对社会稳定和改革发挥重要作用。

二、教育的外部性与教育的外部边际收益

教育的个人收益 $HEPB$ 是指一个受教育者因接受教育而给自己带来的收益。教育的社会收益 $HESB$,又称教育的总收益,是指一个受教育者因接受教育而给社会带来的收益。如若不存在教育的外部性,教育的个人收益等于教育的社会收益。然而,由于存在教育的外部性,情况就不同了。受教育者 X 因受教育而给自己带来收益,同时也让他人 Y 直接受益。他人 Y 的这种受益是受教育者 X 所受教育的总收益的组成部分,可视为受教育者 X 所受教育的外部收益 $HEEB$,它是 X 所受教育的社会收益的一部分。因此,教育的社会收益是教育的个人收益与教育的外部收益之和,即

$$HESB = HEPB + HEEB \tag{3-1}$$

一个人追加一单位(一学期、一学年或一个学历)教育所获得的个人收益和外部收益,分别就是这个人追加教育的个人边际收益 $HEMPB$ 和外部边际收益 $HEMEB$。如果用 $HEMSB$ 代表教育的社会边际收益,那么,

$$HEMSB = HEMPB + HEMEB \tag{3-2}$$

假定教育是完全竞争的,即不存在政府和社会团体对教育的资助,那么,教育的外部边际成本等于零,教育的个人边际成本等于教育的社会边际成本。而在现实中,教育的外部收益是一个大于零的正数,因而教育的社会边际收益总是大于教育的社会边际成本。而在一个纯交换经济中,社会福利最大化的边际条件是:边际成本等于边际收益。这意味着,在不存在政府和社会团体对教育资助的状态下,由于存在教育的外部性,教育的完全市场竞争并不能自动实现社会福利的最大化。也就是说,由于存在教育的外部性,因此要实现社会福利的最大化,教育的社会边际成本就不等于教育的个人边际成本,而等于教育的个人边际成本与教育的外部边际成本之和。当政府和社会团体对教育的资助等于教育的外部边际成本时,社会福利最大化的边际条件才能得到满足。

三、教育的外部性与资源配置的市场失灵

那么,在存在教育的外部性的条件下,教育的完全市场竞争是如何偏离资源配置的帕累托最优的呢?

假定有一个学校 A 和一个企业 B,该学校每年培养的毕业生只在该企业就业,每个家庭从该企业获得工资,用于支付全部教育成本,那么该学校的教育生产函数可写为:

$$S = f(L_s) \tag{3-3}$$

此处的 S 代表学校 A 的教育产出量,即学校毕业生人数,L 代表培养 S 个学校毕业生的劳动投入量。由于教育的外部性对企业 B 而言是"益品",因此我们用 E_s 代表这种"益品"的经济价值。这样,该企业学校毕业生相对学校毕业生而言较高的生产函数可写为:

$$Z = g(L_z, E_s) \tag{3-4}$$

此处的 Z 代表企业 B 的学校毕业生相对中等学校毕业生而言较高的产量,L_z 代表企业 B 生产 Z 量产品的学校毕业生的劳动投入量,E_s 是学校 A 的教育外部性所决定的企业产量的经济价值。

为了集中说明教育的外部性,这里假定学校毕业生与中等学校毕业生的工资差额不变,工作年限即教育受益年限为 N。HEC 代表学校教育的成本,教育受益期间每年分摊的教育成本就是 HEC/N。教育的交换既可以通过受教育者个人或其家庭"购买"学校提供的服务来实现,也可以通过国家、社会团体"购买"学校提供的服务来实现。因此,教育存在着等于教育的个人成本的市场价格 P_P,存在着等于教育外部成本的社会资助价格 P_S,存在着等于教育总成本的影子价格 P_C。因此,教育的影子价格 P_C 等于教育的市场价格 P_P 与教育的社会资助价格 P_S 之和,即:

$$P_C = P_P + P_S \tag{3-5}$$

当教育成本全部由受教育者家庭承担时,教育的市场价格等于教育的社会价格。这样,该学校实现教育目的函数最大化的边际条件是:

$$P_C/N \cdot \partial f(L_s)/\partial L_s = \omega \tag{3-6}$$

该等式左边为学校的教育边际成本,右边为学校的教育边际收益,即每年学校毕业生与学校毕业生的工资差额。

该企业所有学校毕业生相对中等学校毕业生而言较高的生产函数最大化的边际条件是:

$$P_z \cdot \partial g(L_z, E_s)/\partial L_z = \omega \tag{3-7}$$

此处的 P_z 为该企业产品的价格,该等式左边为学校毕业生相对中等学校毕业生而言较高的边际收益,等式右边为学校毕业生相对中等学校毕业生而言较高的劳动边际成本。

如果该学校是该企业的一个附属学校,从而使学校的教育外部性得以内部化,那么,该企业所有学校毕业生的生产函数最大化的边际条件是:

$$[P_C/N + P_z \cdot \partial g(L_z^*, E_s^*)/\partial E_s \cdot \partial E_s^*/\partial S^*] \cdot \partial f(L_s^*)/\partial L_s^* = \omega \tag{3-8}$$

令 $P_z \cdot \partial g(L_z^*, E_s^*)/\partial E_s \cdot \partial E_s^*/\partial S^* = M$,由于 E_s 对企业而言是"益品",因此有 $M>0$,这意味着学校毕业生的人数越多,教育的外部性越大,企业从中获得的利益就越大,于是有:

$$(P_C/N + M) \cdot \partial f(L_s^*)/\partial L_s^* = \omega \tag{3-9}$$

即

$$P_c/N \cdot \partial f(L_s^*)/\partial L_s^* + M \cdot \partial f(L_s^*)/\partial L_s^* = \omega \qquad (3\text{-}10)$$

等式3-9的左边比等式3-5的左边多出了一个大于零的量,这说明等式3-5的教育产出量相对等式3-9而言是太小了。

下面我们用具体数据和几何图形来加以说明。

在不考虑学校A的教育外部性的情况下,假定B企业的技术结构每年需要招收小学毕业生700人,初中毕业生300人。由于该企业考虑到初中毕业生存在教育的外部性,为实现利润最大化,该企业经过对本单位初中毕业生所产生的教育外部性的评估,决定每年只招收200名小学毕业生,并通过初中毕业生对小学毕业生的传帮带,让100名小学毕业生从事初中毕业生所从事的工作。假定小学毕业生每人年工资5600元,其中600元为小学教育的年个人边际收益,且不存在外部边际收益,而初中毕业生每人年工资6300元,其中300元为初中教育年个人的边际收益。如果该企业能招收到200名初中毕业生,那么,该企业将从工资支付中节省30000元,这节省下来一笔工资,就是该企业对200名初中毕业生的教育外部性一年产生的收益所做出的评价,初中毕业生年人均教育外部边际收益的评估价就是150元。如果初中毕业生的工作年限为N,那么,初中教育的个人一生边际收益总量为$300N$,外部边际收益总量为$150N$,社会边际收益总量为$450N$。那么,该企业的盈利目标是否能够实现呢?

如图3-1所示,如果用横轴表示该校每年培养出来的初中毕业生的人数Q,用纵轴表示初中教育的边际收益EMB和边际成本EMC,小学、初中教育每年的个人边际成本均为$100N$,小学教育6年的个人边际成本为$600N$。由于假定并不存在外部边际收益,所以小学教育也不存在外部边际成本,而初中教育3年存在外部边际收益因而也存在$150N$外部边际成本。于是初中教育3年的个人边际成本和外部边际成本分别为$300N$和$150N$,小学、初中教育学校9年的个人边际成本为$900N$,而小学、初中教育学校9年的总边际成本为$1050N$。由于资源的有效配置要求边际成本等于边际收益,于是,该学校满足该企业培养200名初中毕业生要求的社会边际收益曲线$EMSB$,与其边际成本曲线EMC就应该相交于点M_S。而当初中教育的个人边际成本等于其个人边际收益时,初中教育的个人收益最大化,于是,初中教育的个人边际收益曲线$EMOB$与其边际成本曲线EMC相交于点M_P,教育量为Q_P,且$Q_P<200$。这说明该初中教育的市场供给量相对该企业的需求量而言是太小了。为什么会这样呢?

由于初中教育的边际成本全部由各个家庭承担,当初中教育的个人一生边际收益总量为$300N$和初中3年教育的边际成本为$450N$时,初中毕业生将在一生中无法收回3年教育支出,因而每年愿意接受初中教育的人数就必然达不到200,该企业将招不满200名初中毕业生,其盈利目标将不能实现。由于初中毕业生的工资水平是决定初中教育个人边际收益的一个"外部因素",因此,当初中毕业生的工资水平一定时,推动初中教育供给量从个人边际收益曲线 EMOB 移向初中教育的社会边际收益曲线 EMSB 的经济动力消失了,由完全市场竞争决定的初中教育的供给量就小于该企业需要的初中教育的供给量。

由此看来,在存在教育外部性的条件下,教育的完全市场竞争并不能自动导致有效率的资源配置。

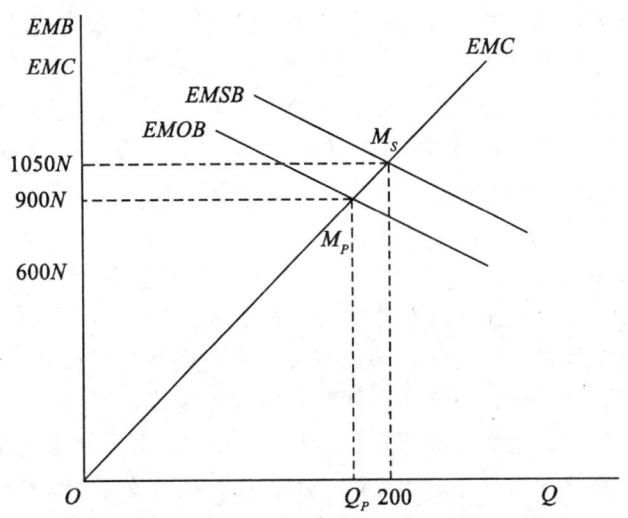

图 3-1 初中教育的个人边际成本与社会人边际成本

四、教育的外部性与科斯定理

在上述学校 A 对企业 B 的教育外部性的讨论中,当该学校成为该企业的一个附属学校时,教育的外部性得以内部化。其中暗含着这样一种可能性,那就是即使学校 A 不是企业 B 的附属学校,该学校与该企业之间也可能就企业对学校的资助达成协议,那么这种私人之间的交易也可以成功地解决教育外部性引起的问题,从而实现资源的有效配置。著名经济学家罗纳德·科斯(Ronald Couse)的研究表明,只要"产权"是明确的,私人之间可以通过无成本交易来达成一种协议,从而解决外部性问题,并有效地配置资源。这被称为科斯定理。

前面已经指出,教育的外部性可以表现为教育成果的应用在市场之外对他人产生的影响,而受教育者所应用的教育成果,如他所获得的知识,其产权是属于受教育者本人的,学校不再拥有教育成果的产权。这意味着学校对他人利用受教育者所学知识及其外部性没有否决权。如在上面所举例子中,企业让初中毕业生对小学毕业生进行传帮带,学校对此无权加以反对。这意味着教育的外部性天生就存在着"市场缺位"。因此,在受教育者没有就自己所受教育外部性的产权授予学校的条件下,学校无权就教育的外部性与企业讨价还价,学校与企业之间的协商就很难有效地解决教育外部性问题。

如果受教育者将自己所受教育外部性的产权授予学校,且法律也予以认可,那么情况又会怎样呢?在这种情况下,学校有权同企业就本校毕业生的教育外部性所给企业带来的利益进行协商,并要求企业补偿由教育外部性所决定的教育的社会边际成本。在上面所举例子中,如果学校 A 通过评估,认定该校学校毕业生年人均教育的外部性,能给企业 B 带来 150 元的收益,从而要求该企业照此"补偿"该校教育的社会边际成本。如果通过双方协商,达成了协议,该企业愿意承担这笔成本费用,那么,这就使得教育的社会边际成本等于社会边际收益,从而在没有"社会计划者"出面的条件下实现了资源的有效配置;如果在双方协商前,企业 B 要求学校 A 拿出可靠的证据,来证明该校学校毕业生的教育外部性确实给该企业带来了那么多收益,否则,他不会同该学校就此问题进行协商。学校 A 要拿出证据来说服企业 B,就得花钱聘请有关专家对该校毕业生的教育外部性所给企业带来的利益进行审计和评估,还要花钱聘请有关专家与企业进行谈判,一旦谈判不成,还要花钱请律师诉诸法律,一句话,需要支付"交易成本",即需要支付完成交易所耗费的人力、物力、财力等经济资源。鉴于目前精确评价教育外部性存在许多困难,该学校会觉得这样做交易成本太高,不合算,从而放弃从事这一评估的取证活动,于是学校 A 与企业 B 之间的私人交易就不会发生了,双方之间也就不会有这样的协议,教育的外部性问题就会继续存在下去。可以想象的是,每个人可能要经历几所学校,即使是一所学校的毕业生,也会分散在成千上万的企事业就业,且每年都在不断地发生变化。一所学校要对其毕业生所受教育的外部性进行精确的评估,是极其困难的。

再说受教育者也不会轻易把自己所受教育外部性的产权授予学校,因为他可以从自己所受教育外部性的产权中获得非经济的社会声誉,从而满足他的精神需要。

因此,精确评价教育外部性的困难,教育机构没有"教育成果"的产权,受教育者也不会轻易把他所受教育外部性的产权授予学校,学校与企业之间就教育的外部性进行协商的交易成本过高,这些都是阻碍教育外部性迈向"市场定位"的重大屏障。在解决教育外部性问题上,科斯定理失灵了。教育外部性的"市场缺位"仍会存在下去。

五、政府对教育的补贴和企业对教育的资助

既然在教育外部性存在的条件下,教育的市场竞争会导致资源配置偏离帕累托最优,那么,依据阿瑟·庇古(Arthur Pigon)关于矫正外部性的最早研究,就需要借助某种"看得见的手"对市场进行干预,对那些负外部效应进行征税,对那些正外部效应进行补贴,以纠正市场配置资源过程中的"价格偏离"。后来人们把用于纠正负外部性影响的税收称为庇古税。由于教育的外部形式正外部性,因此一般认为,政府对教育的补贴(资助)是改进教育运行过程中资源配置效率的重要手段。个人在决定他自己接受多少教育时,或家庭在决定其子女接受多少教育时,所考虑的是教育的个人收益和个人成本,而不是教育的社会收益和社会成本。由于教育的市场价格反映的是教育的个人成本,不是教育的社会成本,因此当教育的市场价格决定教育的最优产出时,受教育者及其家庭面对的教育的市场价格,是一个偏离资源配置帕累托最优的错误价格,它小于由教育的社会成本决定的教育的社会价格。考虑到财政收入的主要来源是税收,税收来源于企业,税收本身包含着教育外部性对企业的积极影响,因此政府可以把由教育外部性决定的税收转化为对教育补贴的财政支出,使教育的社会成本等于教育的社会收益,从而达到符合资源最优配置的教育产出水平。

  改进教育运行过程中资源配置效率的政府对教育的补贴这种方法,在实践中会遇到如何准确计算政府对教育的补贴标准的问题。这就要求对教育的外部性做出精确的评估,而这是很难做到的。以上述学校为例,既然社会对该学校毕业生人均教育外部性的评估价是150元,那么,教育行政部门只需以生均150元为标准来对该学校实施补贴即可。如果各个学校都按这一标准实施补贴,这样的补贴计划一旦制定,学校就没有任何讨价还价的余地。然而理论上是可以证明政府对教育的补贴标准一旦被合理地制定下来,教育的产出就能达到有效率的水平,然而,在现实中这一点很难做到。即使社会对上述学校毕业生人均教育外部性的评估价为150元是合理的,但对其他学校而言则未必是合理的。因为与上述教育的外部边际收益进行比较,有的学校可能高些,有的学校可能低些;政府对教育的补贴计划通常是在没有进行这种比较的情况下做出的,而没有这种比较就根本无法确定有效率的政府对教育的补贴标准。因此,政府对教育的补贴计划也可能导致政府失灵。在政府按统一的标准对各级各类教育进行补贴的情况下,那些教育质量较高从而教育的外部效益也较高的学校,很可能因为得到低于其教育的外部边际成本的补贴,而失去进一步保持和提高其较高教育质量的动力,同样,那些教育质量较低从而教育的外部效益也较低的学校,很可能因为得到高于其教育的外部边际成本的补贴,而失去努力改变其教育质量较低状况的动力。

  矫正教育外部性的政府补贴,暗含着这样的假设,即教育的外部性对企业的积极影响完全转化成税收。但实际上这是不可能的。税收只是企业对教育外部性的部分反映,而不是完整的反映。企业的利润包含教育外部性的影响。政府资助主要反映的是非赢利单位教育的外部性对教育的补偿,因而只是部分纠正了市场机制所导致的教育价格偏离资源配置的帕累托最优。要符合教育运行过程中资源配置帕累托最优的要求，企业对教育的资助是不可缺少的。如图 3-1，如果该企业给该学校以资助，使其扩大招生人数，直到招生人数达到 200 时为止。这意味着该企业一年必须给每个学生提供 150 元的资助，它正好等于它对学校毕业生年人均教育的外部收益的评估价。此时，教育的社会成本等于教育的社会收益，该学校实现了资源的最优配置，该企业也能实现自己利润目标的最大化。

这就涉及企业对教育的资助标准问题。解决这一问题同样需要对各企事业单位教育外部性所产生的影响做出精确的评估，而这也是很难做到的。即便如此，企业也不应该借此逃避自己对教育资助应尽的责任。有远见的顾全大局的企业家会主动对教育进行资助，只不过这种资助是企业自觉自愿的行为，它很可能达不到资源有效配置所要求的水平。政府可以通过制定相应的政策来要求企业履行自己资助教育的责任。例如，政府可以制定企业资助教育管理条例，组建企业承担教育贷款风险基金，鼓励企业以多种资助方式与学校开展合作，开通多种有利于推动企业资助教育的渠道，等等。

无论如何，教育的外部性是构成政府补贴教育、企业资助教育，从而改进教育运行过程中资源有效配置的重要理由。我们既要看到政府补贴教育对资源有效配置的重要性，又要注重发挥企业资助教育在资源有效配置中的作用。

第四章 教育供求

我们面对着一个资源有限的世界。资源的稀缺性决定了每个社会在组织教育供给时，都必须就生产什么教育、生产多少教育、如何生产教育、如何分配教育资源等问题做出决定。这种决定的科学性在很大程度上取决于决策信息的占有程度、决策机制、资源配置手段、激励机制等，其中最重要的还在于深度了解教育供求状况。教育是在众多分散独立的学校中进行的，因而教育决策和正确做出教育决策所需信息数量必然大得惊人，这使得政府包办所有的教育决策成为不现实，而教育调节的政府失灵又使得政府包办所有的教育决策成为不可取。在化解信息不完全条件下各种决策面临的风险的实践探索中，人们认识到，分散决策的市场机制能较好地弥补集中决策的政府机制的不足而在政府失灵的领域发挥积极作用，使政府机制——"看得见的手"与市场机制——"看不见的手"在调节经济和社会运行中相得益彰。分散在众多学校中实施的教育，也只有在政府机制和市场机制的共同作用下才能在围绕教育供求均衡的调节过程中实现教育资源的有效配置。因此，教育供求分析的意义就在于通过考察教育市场体系各个内生变量之间的相互依存关系，考察教育市场与其他市场之间的相互依存关系，考察教育市场体系各个外生变量与内生变量之间的关系，来揭示教育供求规律，为推进教育决策的科学化，搞好教育的宏观调控和微观管理，提高教育资源配置的效率提供理论依据。

第一节 教育市场

我国正在逐步完善的社会主义市场经济体制，已经显示出强大的生命力。我国经济持续、快速、稳定、健康发展，同推进社会主义市场经济体制密不可分。市场是指买者与卖者交易经济物品和服务的场所和方式。它具有决定经济物品和服务的价格和交易数量的功能和机理，具有传递市场信息的功能和机理，具有激励资源有效配置的功能和机理。这些市场功能和机理，被统称为市场机制。市场经济就是通过市场机制来配置资源的经济。我国正在推进的社会主义市场经济体制，就是要在社会主义政治制度下，构建一部能在资源配置的决策、信息、激励等方面全方位发挥市场机制的作用的国家机器。

在市场经济条件下，教育作为人才培养性服务，能满足社会促进人的社会化、促进人的专业化、提供人才培养信息和满足人们文化生活的需要。它同其他产品和服务一样，也是一种经济产品和稀缺资源，因此教育的生产、分配、交换、消费，也就不可能置身于市场之外，教育市场的存在是不以人的意志为转移的。

一、教育市场的含义

教育市场是作为买者的受教育者（学生）或其家庭和政府同作为卖者的学校或教育者进行人才培养性服务的交易的市场。企业和其他社会团体对教育的资助可能影响教育市场，但这种资助缺乏经常性和稳定性，且数量较小，因此我们在研究教育市场时通常不把企业和其他社会团体当做教育的主要购买者。

这里暗含着市场经济有效运行所必要的条件——"产权初始归属问题"的有效解决。市场经济是"交换经济"。产品交换得以有效进行的条件是交换者拥有所交换产品的产权。如果交换者不拥有所交换产品的产权，交换价格将会发生"扭曲"，市场交易就会出现"漏损"和"腐败"。产权可以通过生产和发明来获得，也可以通过交易来获得。如果在法规上明确规定一件产品的初始产权归属于该产品的法定生产者和发明者，那么我们就说该产品的"产权初始归属问题"得到了有效解决；反之，如果在法规上没有明确规定一件产品的初始产权归属于该产品的生产者和发明者，那么我们就说该产品的"产权初始归属问题"没有得到有效解决。产权不清晰通常是产权初始归属"失范"、"失真"、"扭曲"造成的。我国过去在计划经济体制下所形成的"国有企业"，就存在着产权初始归属"失范"、"失真"、"扭曲"的问题。当前，这一问题正在通过国有企业的股份制改革来加以解决。教育产权初始归属问题的有效解决是市场经济条件下教育资源有效配置的必要条件。从法理上讲，具有法人地位的教育机构和教育者拥有生产教育的权利，同时对于自己生产出来的教育，也应该拥有产权。这意味着作为专门从事教育生产的学校应该是教育产权的拥有者。然而，随着社会和政府对学校办学干预的加深，学校逐渐成为政府的"附庸"，教育产权的初始归属问题在学校与政府之间变得模糊不清了。

前面已经指出，政府干预教育是教育外部性决定的资源有效配置的必然要求，但这种干预一旦演变成对教育产权的占有，学校办学的法人地位和自主权就会部分甚至全部丧失，学校办学决策就会受制于政府，学校就可能只是名义上的办学实体，而事实上成了政府的一级行政组织。一个丧失了办学法人地位和自主权、办学实体名存实亡的学校，不可能积极主动地把资源配置到最有效率的用途上。所以，教育产权初始归属的"失范"、"失真"、"扭曲"会导致资源配置无效率。

要防止和避免教育产权初始归属的"失范"、"失真"、"扭曲"，必须正确处理市场经济条件下政府与学校之间的关系。事实上，在市场经济条件下，学校不是政府的一级行政组织，政府也不是办学实体，政府出资办学不能视为政府办学，政府与学校的市场关系是教育买者与教育卖者的关系，这种关系同学生家庭与学校的市场关系是一样的。家庭向学校购买教育，是为其子女争取受教育机会，政府向学校购买教育，是为青少年争取公平接受教育的机会。至于政府如何分配他所购买的教育，这就是一个与"价值判断"有关的社会福利再分配问题。教育供求分析只能为资源有效配置和社会福利最大化提供路径，而不能为社会福利的公正分配提供"价值判断"。至于政府如何管理学校，这是一个教育行政管理问题。从政府与学校的市场关系上看，政府对学校的管理应该是间接管理而不应该是直接管理，否则，学校办学实体的地位就会发生动摇，形成和构建办学竞争机制的条件就不具备，学校就不可能内生出竞争动力和压力，而没有竞争机制的办学必然是损失效率和质量的办学。

二、入学标龄人口与毛入学率

入学标龄人口和毛入学率是描述教育市场状态的重要数据。入学标龄是指依据法定入学起始年龄与学制年限而连续计算出来的入学标准年龄。在入学标龄内的人口数，就是入学标龄人口。我国小学教育法定入学起始年龄为6周岁，小学学制为6年，按此计算，小学教育入学标龄为7~12岁（含7岁和12岁），小学教育入学标龄人口就是7~12岁的人口数；初中学制为3年，初中教育入学标龄人口就是13~15岁（含13岁和15岁）的人口数；高中学制为3年，高中教育入学标龄人口就是16~18岁（含16岁和18岁）的人口数；大学（本科）学制一般为4年，大学或高等教育入学标龄人口就是19~22岁（含19岁和22岁）的人口数。某一阶段教育按入学标龄计算的在校生（在读生）人数占该阶段教育入学标龄人口的百分比，就是该阶段教育的净入学率，某一阶段教育的在校生（在读生）人数占该阶段教育入学标龄人口的百分比，就是该阶段教育的毛入学率。

三、教育的市场价格与教育的社会资助价格

价格是物品或服务的货币价值。教育作为人才培养性服务，也有它的货币价值。教育不是完全被个人所有权购买的，但教育存在受教育者自己所支付的教育费用的市场价格，即受教育者上学期间自己支付学费、杂费、书籍费、寄宿费、交通费等；政府和企事业单位为每个学生所支付的教育费用的社会资助价格。在这里，我们把教育的市场价格与教育的社会资助价格之和，称为教育的影子价格。如果某个学校教育的影子价格等于教育的生产成本，那么，该学校可实现财务收支均衡。如果某个学校教育的影子价格大于教育的生产成本，那么，该学校可实现财务盈余。如果某个学校教育的影子价格小于教育的生产成本，那么，该学校会出现财务赤字。政府和企事业单位在各级各类教育上为每个学生所支付教育费用的量是有差别的，因此，不同的教育，其市场价格在影子价格中所占的百分比是不同的。例

如，义务教育的学杂费通常是由政府支付的，所以，义务教育的市场价格在其影子价格中所占的百分比是很小的。当义务教育的社会资助价格等于其影子价格时，义务教育的市场价格就等于零，义务教育就实现了全免费。我国义务教育还没有实现全免费，所以，我国义务教育还存在市场价格。

四、教育市场的竞争

教育市场作为配置教育资源的一种机制，当教育的市场价格所占分量大到足以影响教育资源配置时，它表现出一定程度的竞争。但是，教育市场不是完全竞争市场，因为，同级同类的各个学校提供的教育不可能完全相同，在一个地区，可供受教育者选择学校的数量是很少的，受教育者选择学校的行为通常不足以影响教育的市场价格，学校与学校之间是不会主动展开办学竞争的。办学存在政府限制而形成进入壁垒，一个地区的教育为一所或几所学校所控制，从而形成寡头市场。寡头学校垄断着教育的市场价格，肆意向学生收费，于是就有了人们现在普遍反感的"教育乱收费"。在高等教育阶段，可供受教育者选择学校的数量较多，择校行为在一定程度上有影响教育的市场价格的能力，因而高等教育市场是一种垄断竞争市场。

五、教育市场的运行

学校为了维系生存和发展，必须增添和维修教育设施，聘用教师并向教师发放工资，一句话，必须不断得到教育成本的补偿，而在市场经济条件下，教育成本的补偿必须通过市场来实现。因此，学校办学必须参与教育市场、教师市场和教育资财市场。

如图 4-1 所示，在教育市场上，作为教育的购买者的政府和其他社会团体，从学校采购教育，并把采购到的教育无偿地分配给受教育者，即教育的消费者。受教育者及其家庭既是教育的购买者和消费者，又是教师的供给者。因此，教育市场实际上包含教育采购市场（与教育的消费市场相区分）和教育购买和消费市场。学校在教育采购市场和教育购买和消费市场上获得办学资金，所以，政府和其他社会团体以及受教育者同时充当着教育资财供给者的角色。

由此看来，教育市场研究就是对教育供求加以分析。学校作为教育的供给方，在就生产教育做出决策时，必然受制于四个市场条件。政府作为教育的主要采购者和分配者，在做出采购教育和分配教育资源的决策时，必须考虑自身的财政支付能力和受教育者家庭的教育支付能力，同时必须考虑教育的公平分配，必须考虑如何促进办学质量和效率。

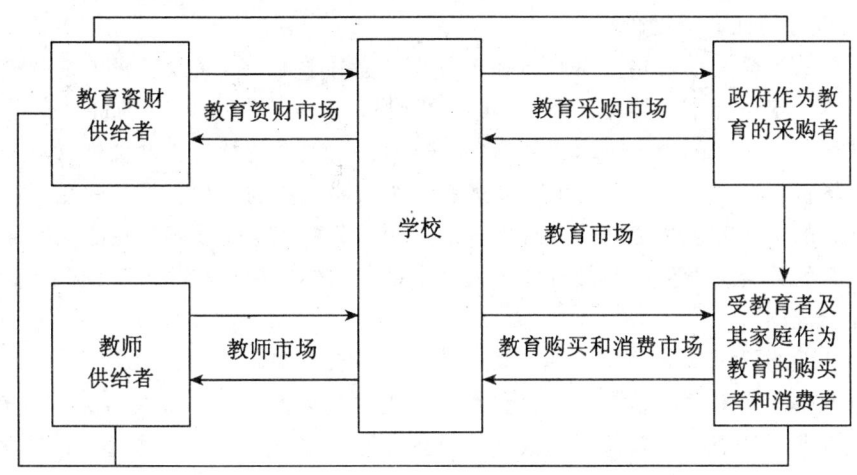

图 4-1 以学校为办学主体的教育市场

第二节 教育需求

教育需求是指社会和人的发展对教育的依赖关系。它是由社会和人的发展的需要及其对教育的偏好等多因素决定的。社会是由一个个人组成的,因此,我们研究市场上的教育需求必须从考察个人购买教育的行为开始。

一、教育的个人需求

教育的个人需求是指个人愿意购买并有能力购买人才培养性服务的需求。我们研究教育的个人需求,主要考察教育的个人需求量究竟是由哪些因素决定的,教育的个人需求与教育的市场价格之间是什么关系,如何用曲线来表示这两者之间的关系。

(一)教育的个人需求的决定因素

教育的个人需求量通常是由以下因素所决定的:

1. 教育的市场价格

较高的教育市场价格意味着受教育者家庭为其子女承担较高的教育费用。在其他条件不变时,如果教育的市场价格上升了,教育的个人需求量会随之下降;反之,如果教育的市场价格下降了,教育的个人需求量会随之上升。教育的市场价格与教育的个人需求量之间所呈现出来的负相关关系,是普遍存在的,因此,我们把教育的市场价格与教育的个人需求量之间的这种负相关关系,称为教育的市场需求规律。

2. 教育的社会资助价格

教育的社会资助价格表示政府和企事业单位对学生个人接受教育的资助量。在教育成本一定条件下，当教育的社会资助价格上升时，教育的市场价格会随之下降，从而引发教育的个人需求量的增加；反之，当教育的社会资助价格下降时，教育的市场价格会随之上升，从而引发教育的个人需求量的减少。教育的社会资助价格与教育的个人需求量之间所呈现出来的正相关关系，也是普遍存在的，因此，我们把教育的社会资助价格与教育的个人需求量之间的这种正相关关系，称为教育的社会需求规律。

3. 家庭收入和家庭受教育者人数

家庭收入水平较高，支付教育费用的能力也较高；反之，家庭收入水平较低，支付教育费用的能力也较低。当家庭的受教育者人数一定时，其教育的个人需求量会随家庭收入水平的提高而增加，同样它也会随家庭收入水平的降低而减少。当家庭收入水平一定时，其教育的个人需求量会随家庭受教育者人数的增加而减少，同样它也会随受教育者人数的减少而减少。

4. 教育的私人收益预期

如果受教育者对未来教育的私人收益有较高的预期，他们将愿意从自己的储蓄中拿出较多的钱来用于接受教育，或者愿意通过借贷来为自己筹集教育资金，教育的个人需求量就会有所增加；反之，如果受教育者对未来教育的私人收益的预期较低，他们将不愿意从自己的储蓄中拿出较多的钱来用于接受教育，或者不愿意通过借贷来为自己筹集教育资金，教育的个人需求量就会有所减少。

5. 学习兴趣

决定教育的个人需求量的最明显因素是学习兴趣。有些家庭的子女对学习缺乏兴趣，不喜欢学习，即使父母强迫他（她）们上学，他（她）们也会经常逃学，在他（她）们的成长过程中表现出很弱的教育需求。相反，有些家庭的子女对学习有浓厚的兴趣，即使父母无力支持他（她）们接受更多更好的教育，他（她）们自己也会积极创造条件来争取接受更多更好的教育。青少年的学习兴趣更多地来自他们及其家长对教育有较高的就业预期。一个青少年对某种教育的有较高就业预期，他倾向于积极创造条件去接受该种教育；反之，一个青少年对某种教育的有较低就业预期，他倾向于放弃或消极对待接受该种教育。

6. 学习成绩

学习成绩也是影响教育的个人需求量的重要因素。如果一个初中毕业生的学习成绩差到不足以达到高中阶段教育的入学标绩，他（她）将失去继续上学的机会。相反，如果一个学生的学习成绩一路都很好，他（她）就可以完成各个阶段的教育，直至拿到博士学位。

7. 教育的个人机会成本

教育的个人需求量也会受到教育的个人机会成本的影响。所谓教育的个人机会成本，是指受教育者在接受教育期间放弃的可能获得的收入。例如，一个学习成绩可以达到高等教育入学标绩的高中毕业生，可以选择继续上大学，也可以选择接受某个企业从事有报酬的工作，如果他选择继续上大学，他将不得不放弃工作所可能获得的收入。在其他条件不变的情况下，如果某种教育的个人机会成本上升了，其教育的个人需求量就会减少；反之，如果某种教育的个人机会成本下降了，其教育的个人需求量就会增加。

（二）教育的个人需求曲线

教育的个人需求曲线，是假定除了教育的市场价格以外所有影响教育的个人需求的变量都不变，用几何图形来描述教育的市场价格与教育的个人需求量的关系。

假定小学6年、初中3年、高中3年、本科4年、硕士研究生3年、博士研究生3年的教育的影子价格分别为1万元、0.8万元、1.2万元、8万元、7万元、8万元人民币，那么，完成从小学到博士研究生共计22年教育的影子价格为26万元。在没有社会资助学校办学的条件下，教育的市场价格围绕教育的影子价格上下波动。假定不存在教育的社会资助价格，那么，教育的市场价格应该等于教育的影子价格。在这种情况下，当从小学到博士研究生的22年教育的市场价格发生变动时，教育的个人需求量会发生什么样的变化呢？

表4-1是张三从小学到博士研究生的22年教育需求量随其教育的市场价格变动而变动的情况。当从小学到博士研究生的22年教育的市场价格为24万元以下时，张三决定从小学一直读到获得博士学位为止。当其市场价格为25万元时，张三决定读到获得硕士学位为止。当其市场价格为26万元时，张三决定读到获得本科文凭为止。当其市场价格为27万元时，张三决定读完高中就去找工作；当其市场价格为28万元以上时，张三决定读完初中就去找工作。

表4-1　　　　　　　张三从小学到博士研究生的教育需求

从小学到博士研究生的22年教育的市场价格 P_M（万元）	从小学到博士研究生教育的个人需求量 Y（学年）
24	22
25	19
26	16
27	12
28	9
29	9

表 4-2 是李四从小学到博士研究生的 22 年教育需求量随其教育的市场价格变动而变动的情况。假定李四的家庭收入水平不如张三的高，那么，李四对教育的需求量就可能比张三的低。于是，当从小学到博士研究生的 22 年教育的市场价格为 24 万元以下时，李四决定读到获得硕士学位为止。当其市场价格为 25 万元时，李四决定读到获得本科文凭为止。当其市场价格为 26 万元时，李四决定读完高中就去找工作。当其市场价格为 27 万元以上时，李四决定不读高中，读完初中就去找工作。当其市场价格为 28 万元以上时，李四决定不读初中，读完小学就去找工作。这很可能是李四家庭收入水平不如张三家庭收入水平高的原因。

表 4-2　　　　　　　　　李四从小学到博士研究生的教育需求

从小学到博士研究生的 22 年教育的市场价格 P_M（万元）	从小学到博士研究生教育的个人需求量 Y（学年）
24	19
25	16
26	12
27	9
28	6
29	6

表 4-3 是王五从小学到博士研究生的 22 年教育需求量随其教育的市场价格变动而变动的情况。看来王五的家庭境况比张三和李四的好些，即使从小学到博士研究生的 22 年的教育市场价格为 13 万元，他还是决定读完大学本科。

表 4-3　　　　　　　　　王五从小学到博士研究生的教育需求

从小学到博士研究生的 22 年教育的市场价格 P_M（万元）	从小学到博士研究生教育的个人需求量 Y（学年）
24	22
25	19
26	19
27	16
28	16
29	16

将表 4-1、表 4-2 和表 4-3 的数据分别绘制成图 4-2、图 4-3 和图 4-4,其中 P 代表从小学到博士研究生的 22 年高等教育的市场价格,Y 代表从小学到博士研究生高等教育的个人需求量,于是我们就得到了张三、李四和王五从小学到博士研究生的 22 年高等教育需求曲线 D_P。

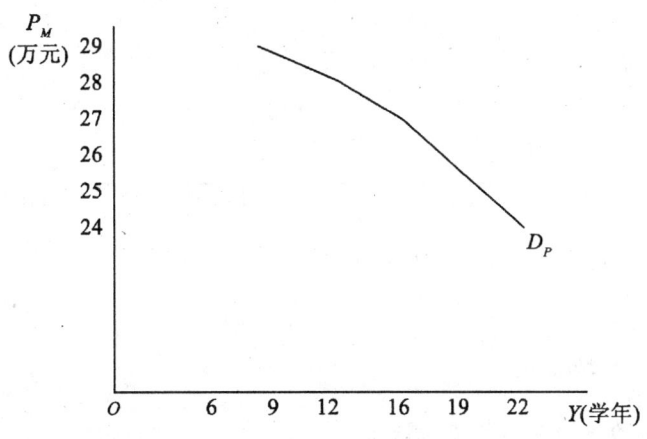

图 4-2 张三从小学到博士研究生的教育需求

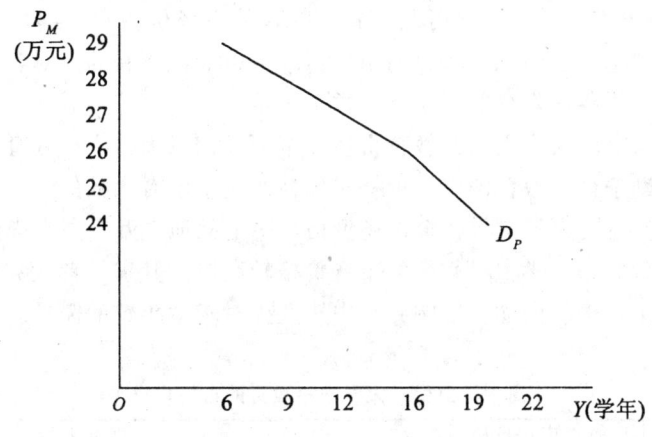

图 4-3 李四从小学到博士研究生的教育需求

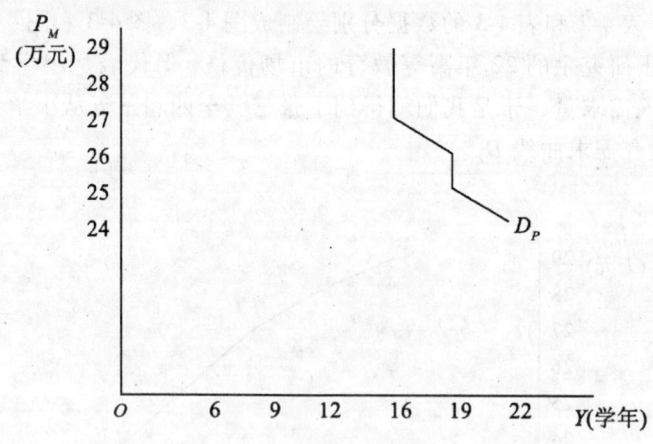

图 4-4 王五从小学到博士研究生的教育需求

二、教育的市场需求

(一) 教育的市场需求的决定因素

我们考察某个人对教育的需求,为的是了解教育市场的运行。因此,在考察教育的个人需求的基础上,我们还必须进一步考察教育的市场需求。所谓教育的市场需求,是指所有的人对某种教育需求的总和。从张三、李四和王五从小学到博士研究生的 22 年教育需求量的变化情况来看,教育的市场价格水平越高,对高层次教育的求学人数就越少。因此,教育的市场需求可以通过所有的人对各级教育需求的加总来得到,并用各级教育的求学者人数来表示。

教育市场需求的决定因素是教育价格。下面我们以大学本科教育为例,来考察在没有社会资助条件下教育的市场价格是如何影响求学者人数的。

表 4-4 是在不同大学本科教育市场价格水平上某地 7 万个高中毕业生对大学本科教育的需求量。当大学本科教育的市场价格较高时,其求学者人数较少,因为大学本科教育市场价格的变动,影响到高中毕业生对求学年数的需求。

表 4-4 高中毕业生对大学本科教育的市场需求

大学本科教育市场价格 P_M(万元)	求学者人数 Q(万个)
2	7
3	6

续表

大学本科教育市场价格 P_M（万元）	求学者人数 Q（万个）
4	5
5	4
6	3
7	2
8	1

（二）教育市场需求曲线

图 4-5 是根据表 4-4 的数据来绘制的，其中 P 代表大学本科教育的市场价格，Q 代表求学者人数。它实际上是教育的个人需求按求学者人数的加总。

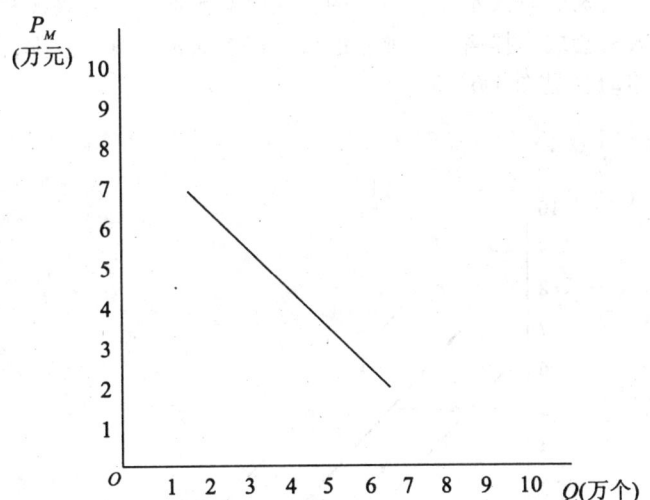

图 4-5 高中毕业生对大学本科教育的市场需求

假定其他教育的影子价格不变，当大学本科教育市场价格为 2 万元时，从小学到博士研究生的 22 年的教育的市场价格处于 24 万元以下的水平，这时，7 万个高中毕业生都像张三、李四和王五那样决定继续接受大学本科教育；当大学本科教育市场价格为 3 万元时，从小学到博士研究生的 22 年的教育的市场价格处于 25 万元的水平，这时，有 6 万个高中毕业生像张三、李四和王五那样决定继续接受大学本科教育，有 1 万人因家庭境况不如张三、李四和王五而决定去找工作；当大学本科教育市场价格为 4 万元时，从小学到博士研究生的 22 年的教育市场价格处于 26 万元的水平，这时，有 5 万人像张三、李四和王五那样决定继续接受大学本科教育，有 2 万人决定去找工作；当大学本科教育市场价格为 5 万元时，从小学到博士研究生的22年的教育市场价格处于27万元的水平,这时,有4万人像张三和王五那样决定继续接受大学本科教育,有3万人像李四那样决定去找工作;当大学本科教育市场价格为6万元时,从小学到博士研究生的22年的教育市场价格处于28万元的水平,这时,只有3万人像王五那样决定继续接受大学本科教育,有4万人像张三和李四那样决定去找工作;当大学本科教育市场价格为7万元时,从小学到博士研究生的22年的教育市场价格处于29万元的水平,这时,只有2万人像王五那样决定继续接受大学本科教育,有5万人像张三和李四那样决定去找工作。

(三) 教育市场需求曲线的移动

当教育的市场价格不变时,如果影响教育的个人需求的其他因素发生变化,那么,教育的市场需求曲线会发生移动。具体地说,在教育的市场价格不变条件下,当家庭收入水平、教育的私人收益预期、学习兴趣和学习成绩提高以及教育的个人机会成本降低时,教育的市场需求通常会有所增加,教育的市场需求曲线会随之向右移动;反之,当家庭收入水平、教育的私人收益预期、学习兴趣和学习成绩降低以及教育的个人机会成本提高时,教育的市场需求通常会有所减少,教育的市场需求曲线会向左移动(见图4-6)。

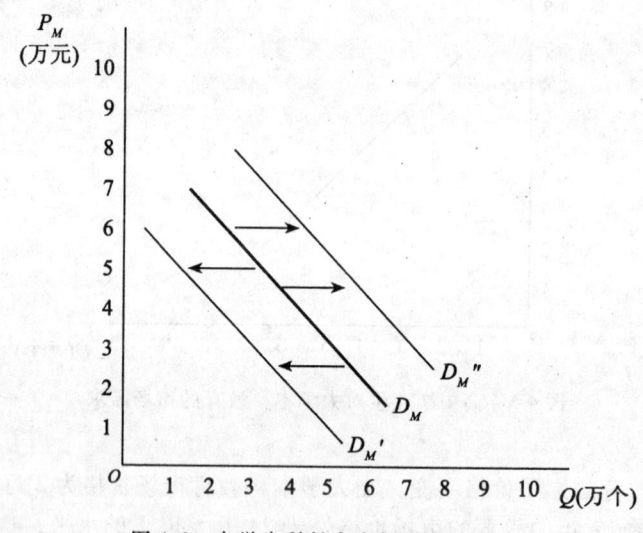

图4-6 大学本科教育市场需求的移动

三、教育的政府需求

(一) 教育的政府需求的含义

教育的政府需求是指政府愿意购买并有能力购买人才培养性服务的需求。它是一种派生需求,也就是说,它是政府为增进社会起点公平和社会福利分配公平,实现教育外部性的"内在化",以便促进经济和社会协调发展而派生出来的教育需求。

在现代社会,政府出资办学是一个普遍的现象,世界上几乎没有哪一个政府不把教育支出列入财政支出范围的。那么,人们就会问:政府为什么要出资办学资助教育呢?对此我们可以从不同的角度来加以解释。例如,从社会学的角度看,政府出资办学是政府有促进人的社会化的需要;从管理学的角度看,政府出资办学是政府有规划、组织、领导和控制办学的需要;从哲学的角度看,政府出资办学是政府有把自己倡导的社会意识形态彰显于教育的需要,等等。在这里,我们是从教育经济学的角度来对此加以诠释的。

促进经济和社会协调发展是政府的主要职能之一,而经济和社会的协调发展,要求在维持经济持续、快速、稳定增长,推动经济发展的同时,必须借助政府的力量来不断让青少年接受更多更好的教育,让贫困和低收入阶层享有更多更好接受基础教育的权利,让每一个青少年在进入社会、参与生存和事业竞争之前具有大致相同的文化水平,让政府对教育的资助成为社会福利分配向低收入阶层倾斜的重要途径,成为弥补教育外部性的"市场缺位"进而实现教育外部性的"内在化"的基本路径,从而不断增强社会内聚力和稳定性,优化经济增长和发展的社会环境。

教育的政府需求是一种派生需求,还表现在政府向学校"购买"人才培养性服务,不是用于自己的消费,而是通过获得教育市场价格的限价权来将政府向学校"购买"的那部分人才培养性服务平均分配给每一个学生,从而增进教育公平,补偿教育外部性所需的教育成本。

(二)教育的政府需求的决定因素

教育的政府需求由以下因素所决定:

1. 教育外部性的社会评价

前面已经指出,教育的外部性构成了政府补贴教育从而改进教育运行过程中资源有效配置的重要理由,但很难对它进行精确的计算。然而,社会对教育外部性的评价,直接影响着教育的政府需求。如果社会对教育外部性的评价提高了,教育的政府需求会随之提高;反之,如果社会对教育外部性的评价降低了,教育的政府需求会随之降低。

2. 教育的市场价格

当教育的市场价格过高以至于导致教育的个人需求不足时,政府会增加教育支出,迫使学校降低教育的市场价格,从而在增加教育的政府需求量的同时,刺激教育的个人需求的增长。反之,当教育的市场价格过低以至于导致教育的个人需求过剩时,政府会减少教育支出,迫使学校提高教育的市场价格,从而在减少教育的政府需求量的同时,抑制教育的个人需求的过度增长。

3. 财政收入

财政收入的增加意味着政府"购买"人才培养性服务能力的提高。在其他条件不变的情况下,教育的政府需求会随财政收入的增加而增加,或随财政收入的减少而减少。

4. 政府的执政偏好

一个重视发展教育的政府,会花多一些钱来为年青一代"购买"人才培养性服务。当然,政府为发展教育多投入一些资金,也许是来自立法机关的压力,但一个有教育执政偏好的政府是不会让这种压力出现的。这跟政府选择什么样的经济发展战略有关。正如前面所指出的那样,如果选择"过剩发展"战略,政府会把教育放在优先发展的战略地位;优先选择直接生产资本投资,称之为如果选择"短缺发展"战略,政府就不会把教育放在优先发展的战略地位。

四、教育的企事业单位需求

教育的企事业单位需求是指企事业单位愿意购买并有能力购买人才培养性服务的需求。它也是一种派生需求,也就是说,企事业单位资助教育是为了雇佣高质量的人才,而高质量的人才能为这些单位做出较大的贡献。企事业单位向学校"购买"人才培养性服务,也不是用于自己的消费,而是为了补偿教育外部性所需的教育成本,因为教育外部性能在市场之外为这些单位带来好处。

决定教育的企事业单位需求的主要因素是其管理者对教育发展的责任心。

五、教育的社会需求

(一)教育的社会需求的含义

教育的社会需求是指一定社会愿意购买并有能力购买人才培养性服务的需求。它是教育的市场需求、政府需求和企事业单位需求的总和。

(二)教育的社会需求曲线

表4-5是在大学本科教育的社会资助价格一定条件下不同大学本科教育市场价格水平上7万个高中毕业生对大学本科教育的需求量。当大学本科教育的市场价格较高时,其求学者人数较少,因为大学本科教育市场价格的变动,影响到高中毕业生对求学年数的需求。

图4-7是根据表4-6的数据绘制而成的。其中,D_M和D_S分别代表大学本科教育的市场需求曲线和社会需求曲线。由于有了社会资助,大学本科教育的影子价格有了市场价格和社会资助价格,于是,大学本科教育的影子价格取代了原先不存在社会资助时的市场价格,当大学本科教育的影子价格等于大学本科教育的社会资助价格时,也就取代了原先不存在社会资助时的市场需求曲线,而有社会资助的大学本科教育的市场需求曲线从原先的位置移到大学本科教育的社会需求曲线的下方。这也说明,教育的市场需求量总是小于教育的社会需求量。直线Q_S是大学本科教育

的社会资助价格1万元所能实现的招生数,在这里表示大学本科教育的政府和企事业单位需求量。

表4-5　　　　　　　高中毕业生对大学本科教育的社会需求

大学本科教育的影子价格 P_O（万元）	大学本科教育的市场价格 P_M（万元）	大学本科教育的社会资助价格 P_S（万元）	求学者人数 Q（万个）
2	1	1	7
3	2	1	6
4	3	1	5
5	4	1	4
6	5	1	3
7	6	1	2
8	7	1	1

表4-6　　　　　　　高中毕业生对大学本科教育的社会需求

大学本科教育的影子价格 P_O（万元）	大学本科教育的市场价格 P_M（万元）	大学本科教育的社会资助价格 P_S（万元）	求学者人数 Q（万个）
2	0	2	不定量
3	1	2	7
4	2	2	6
5	3	2	5
6	4	2	4
7	5	2	3
8	6	2	2

现在,我们来分析大学本科教育的社会资助价格的变动对教育的社会需求的影响。在表4-6中,假定大学本科教育的社会资助价格从1万元提高到2万元,由于大学本科教育成本没有变化,因此,这时政府一定会要求学校对大学本科教育的市场价格做相应的调整,于是,大学本科教育的市场价格便相应地降低了1万元,求学者人数在大学本科教育的各个市场价格上也会随之发生变化,即在大学本科教育的各个市场价格上求学者人数分别增加了1万人。

当大学本科教育的影子价格等于大学本科教育的社会资助价格时,大学本科教育的市场价格为零,在这种情况下,所有愿意上大学的人都能上大学,因为上大学是免费的,所以求学者人数是一个大于社会需求量的不确定量。

从图4-8可以看出,随着大学本科教育的社会资助价格的提高,Q_S向右移动,

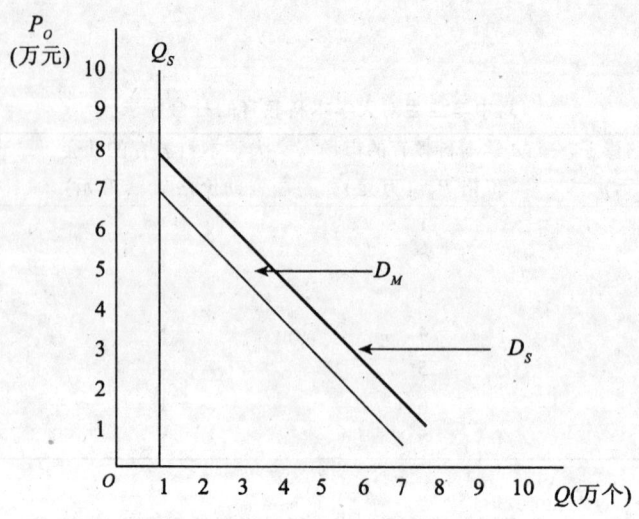

图 4-7　高中毕业生对大学本科教育的社会需求

大学本科教育的社会需求曲线也随之向右移动。

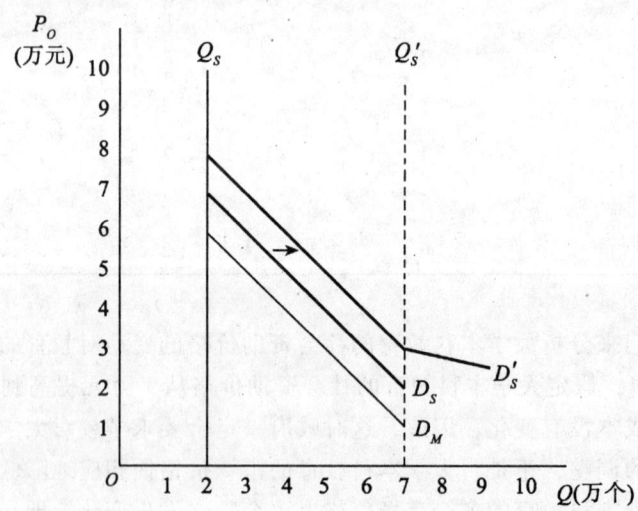

图 4-8　高中毕业生对大学本科教育的社会需求

当大学本科教育的影子价格等于大学本科教育的社会资助价格时,Q_S 移到 Q_S',在 Q_S' 的右边,由于不再有市场价格,大学本科教育的市场需求曲线也就不存在了,而社会需求曲线开始变得平缓起来,说明免费大学本科教育将导致大学本科教育的个人需求量的快速膨胀。

六、教育市场需求价格弹性

（一）教育市场需求价格弹性的含义

前面已经指出，在其他因素不变的条件下，教育的市场需求量随教育的市场价格上升而减少。这意味着教育的市场需求量会对其市场价格的变动做出反应。然而，不同的教育市场需求对其市场价格变动的反应程度是不同的。如何衡量这种反应程度呢？人们提出了用于衡量这种反应程度的教育市场需求的价格弹性。所谓教育市场需求的价格弹性，是指一种教育的市场需求量对其市场价格变动的反应程度的衡量。

教育市场需求价格弹性的计算公式是：

教育市场需求价格弹性＝教育市场需求量变动的百分比／教育市场价格变动的百分比

假定高中教育的市场价格从 2 万元上升到 3 万元，即上升了 50%，从而使得上高中的人数减少了 10%，那么，

高中教育市场需求价格弹性 = 10%/50% = 1/5

如果某种教育的市场需求量的变动对其市场价格的变动不做出任何反应，那么我们就说该教育的市场需求完全无价格弹性，该教育的市场需求曲线是横轴上与纵轴平行的一条垂直线。如果某种教育市场需求价格弹性等于 1，即该教育市场需求量变动的百分比等于其市场价格变动的百分比，那么我们就说该教育的市场需求具有单位弹性。如果某种教育的市场需求价格弹性小于 1，即该教育市场需求量变动的百分比小于其市场价格变动的百分比，那么我们就说该教育的市场需求缺乏弹性。如果某种教育市场需求价格弹性大于 1，即该教育市场需求量变动的百分比大于其市场价格变动的百分比，那么我们就说该教育的市场需求富有弹性。

在图 4-9（a）中，缺乏弹性的教育市场需求曲线 D 较陡峭，而图 4-9（b）中富有弹性的教育市场需求曲线 D' 较平坦。

（二）教育市场需求价格弹性与教育市场总筹资

教育市场需求价格弹性与教育市场总筹资有着密切的关系。教育市场总筹资是指学校从教育市场上筹集到的资金总额。某种教育的市场总筹资等于其市场价格与其求学者人数的乘积。

如图 4-10 所示，某种教育的市场总筹资，是在该市场曲线下面，以市场价格 P 为一边，以求学者人数 Q 为另一边所围成的方形的面积，即：

某种教育的市场总筹资 = $P \times Q$

教育市场的总筹资是沿着市场需求曲线的变动而变动的。在图 4-10 中，某种教育市场需求价格弹性为 1，当市场价格为 4 万元时，该教育市场的总筹资是 12

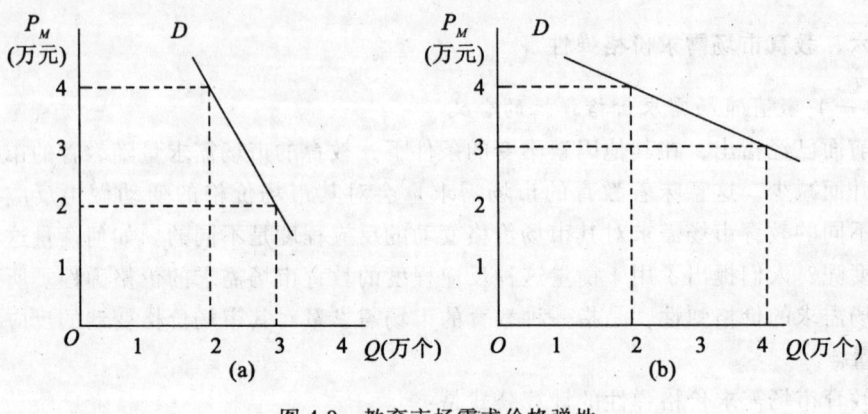

图 4-9 教育市场需求价格弹性

亿元；当市场价格为 3 万元时，该教育市场的总筹资还是 12 亿元。这说明该教育市场价格的升降不影响其市场总筹资。

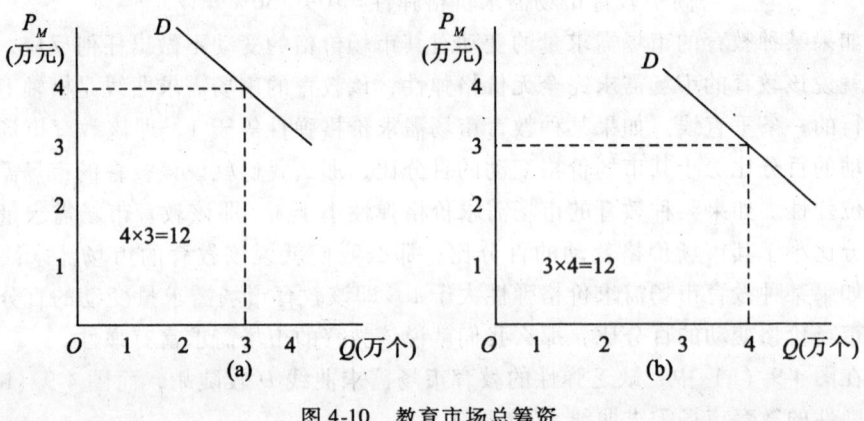

图 4-10 教育市场总筹资

如图 4-11 所示，某种教育市场需求价格弹性小于 1 时，当市场价格为 3 万元时，该教育市场的总筹资是 9 亿元；当市场价格为 2 万元时，该教育市场的总筹资是 10 亿元。这说明教育市场价格的上升使教育市场的总筹资增加，反之，教育市场价格的下降使教育市场的总筹资减少。

如图 4-12 所示，某种教育市场需求价格弹性大于 1，当市场价格为 3 万元时，该教育市场的总筹资是 9 亿元；当市场价格为 4 万元时，该教育市场的总筹资是 4 亿元。这说明教育市场价格的上升使教育市场的总筹资减少，反之，教育市场价格的下降使教育市场的总筹资增加。

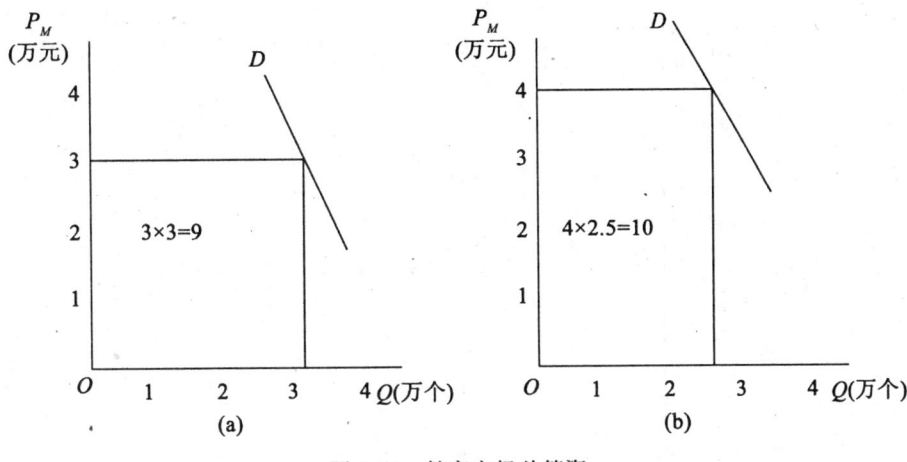

图 4-11 教育市场总筹资

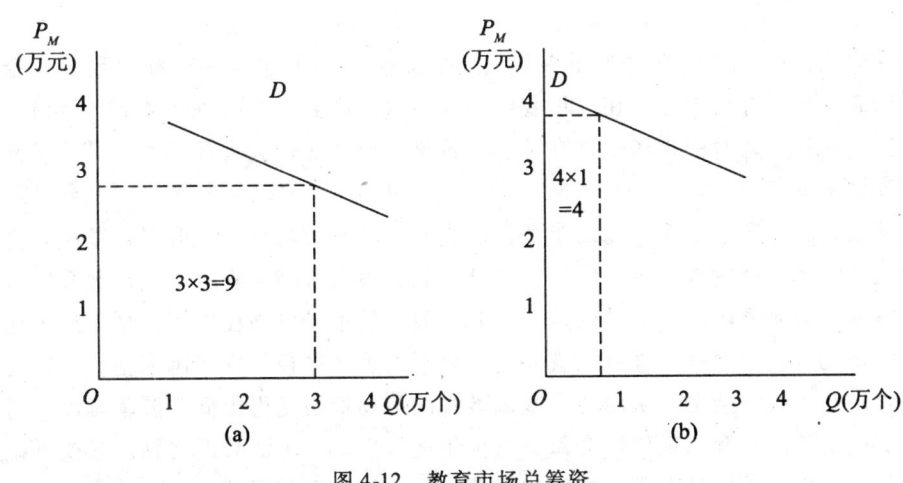

图 4-12 教育市场总筹资

（三）教育的市场需求价格弹性与社会资助价格

教育的市场需求价格弹性与社会资助价格有密切的相关系。在教育成本一定情况下，教育的社会资助价格越高，教育的市场价格就越低，从而意味着教育的市场价格在其影子价格中所占比例也就越小。

某种教育的市场价格在其影子价格中所占比例越小，该教育的市场需求曲线就越陡峭，该教育的市场需求价格弹性就变得越小；反之，某种教育的市场价格在其影子价格中所占比例越大，该教育的市场需求曲线就越平坦，该教育的市场需求价

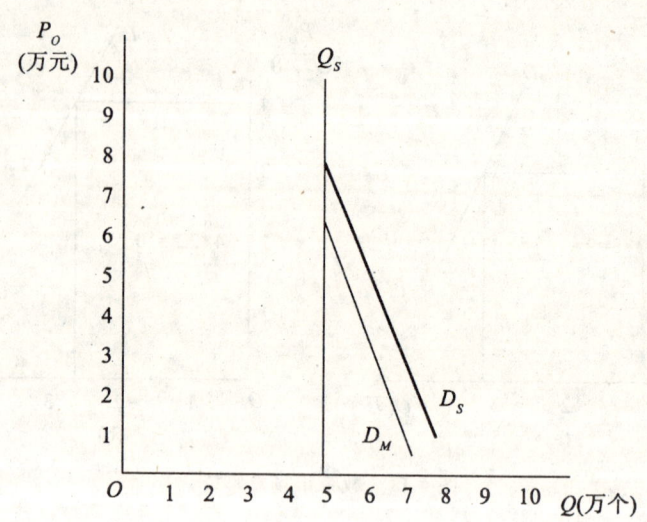

图 4-13 高中毕业生对大学本科教育的市场需求价格弹性与社会资助价格

格弹性就变得越大。在前面的图 4-7 中，直线 Q_S，即大学本科教育的政府和企事业单位需求量，等于 1 万，在这里我们把这一量提高到 5 万（如图 4-13 所示），从而使得大学本科教育的市场价格在其影子价格中所占比例大大降低了，其市场需求价格弹性也就变小了。

基础教育倾向于缺乏市场需求弹性。当基础教育市场价格上升时，基础教育阶段的毛入学率不会明显减少。同样，当基础教育市场价格下降时，基础教育阶段的毛入学率不会明显增加。这是因为：①基础教育的市场价格在影子价格中所占比例很小。普及基础教育是促进劳动就业起点公平的重要途径，许多国家把它确定为义务教育，并免收学杂费，从而使得基础教育的市场价格变得很低，波动幅度变得很小。②接受基础教育是现代社会每个青少年适应生产和生活必由之路。接受基础教育是每个青少年掌握基本科学技术知识的主要途径，而掌握基本科学技术知识又是每个青少年适应现代社会生产和生活所必需的，因而许多国家把基础教育变成义务教育，由政府负担其大部分或全部学杂费，使基础教育的市场价格在其影子价格中所占的比例变得很小。③选择接受基础教育比选择玩耍更有利于儿童身心健康发展。基础教育处在儿童身心发育很不成熟、年龄较小、尚未成为劳动力的阶段，儿童除了接受教育之外不能从事有报酬的劳动，任何企事业单位使用童工都是非法的。对于 7~10 岁的儿童而言，他们只能在接受基础教育和玩耍二者之间做出选择。心理学的研究表明，学习是促进儿童心理发展，开发儿童智慧潜能的重要手段。而 7~10 岁的儿童是掌握知识、发展智力、养成人格的关键时期，除非万不得已,没有哪个父母愿意让自己的子女在这个阶段辍学。

基础教育缺乏市场需求弹性可以从需求方面解释我国中小学为什么会出现"乱收费"问题。由于基础教育缺乏市场需求弹性,因此当基础教育的市场价格上升时,基础教育的市场总筹资将会增加,也就是说,中小学可以从基础教育市场价格的提升中获得更多的资金。学校就利用这一点,向学生收取"择校费"、"借读费"、"培优费"、"转学费"、"特制费"等,变相提高基础教育市场价格,而大部分中小学生家长不会为了节省这几个钱而让子女辍学。当然,我国中小学存在"乱收费"问题也有供给和制度方面的原因。

研究生教育倾向于富有市场需求弹性。与基础教育不同,研究生教育充当着选拔高级专门人才的功能。现代社会不仅需要高级专门人才,而且需要初、中级专门人才,也就是说研究生教育对于每个人而言并不是必需的。青少年完成大学本科教育以后,他们能在接受研究生教育和工作二者之间做出选择。当研究生教育的市场价格上升时,更多的大学本科毕业生会选择工作而放弃接受研究生教育;反之,当研究生教育的市场价格下降时,更多的大学本科毕业生会选择接受研究生教育而放弃工作。因此,许多高等学校设有研究生助教基金和研究生科研基金,研究生用所申请到的研究生助教基金和研究生科研基金来支付学费。提高研究生教育的市场价格会使研究生人数减少得如此之多,以至于研究生教育的市场筹资总额会减少。但在研究生教育缺乏"内生约束机制"的情况下,如果就业制度和工资制度扭曲得如此厉害,以至于各个用人单位雇人盲目攀比学历,职务晋升盲目攀比学历,研究生教育也会同其他教育一样倾向于缺乏市场需求弹性。

另外教育的市场弹性还有这样两种:一是教育的市场需求收入弹性,另一是教育的社会需求的国民收入弹性。教育的社会需求的国民收入弹性反映求学者家庭收入变动所引起教育市场需求变动的指标,其计算公式是:教育市场需求收入弹性=教育市场需求变动的百分比/求学者家庭收入变动的百分比。

教育的社会需求的国民收入弹性是反映一国国民收入变动所引起教育社会需求变动的指标,其计算公式是:教育社会需求国民收入弹性=教育社会需求变动的百分比/国民收入变动的百分比。

第三节 教育供给

在研究教育市场时,我们不仅要把求学行为作为人才培养性服务的"购买"行为来加以考察,而且要把执教行为和办学行为作为人才培养性服务的"售卖"行为来加以考察。所谓教育供给,是指个人或学校为求学者提供的人才培养性服务。由于研究教育市场的重点是正规教育,而所有的正规教育是学校提供的,因此,我们从分析学校办学行为入手来考察教育供给。

一、学校供给的决定因素

（一）教育的市场价格

在生源充足的条件下，假定其他条件不变，当教育的市场价格较高时，学校多招收学生可以从市场上筹集大量资金，因此，学校供给量倾向于增加；反之，当教育的市场价格较低时，学校多招收学生也只能从市场上筹集少量资金，致使教师工作量加大而报酬难以增加，因此，学校供给量倾向于减少。教育的市场价格与学校供给量之间所呈现出的正相关关系是普遍存在的，因此，我们把教育的市场价格与学校供给量之间的这种关系，称为教育的市场供给规律。

（二）教育的社会资助价格

在教育的市场价格一定时，当政府和企事业单位对每个学生资助的额度增大时，意味着教育的社会资助价格上升了，因此，学校供给量倾向于增加；反之，当政府和企事业单位对每个学生资助的额度缩小时，意味着教育的社会资助价格下降了，因此，学校供给量倾向于减少。教育的社会资助价格与学校供给量之间所呈现出的正相关关系也是普遍存在的，因此，我们把教育的社会资助价格与学校供给量之间的这种关系，称为教育的社会供给规律。

（三）教育的投入要素价格

学校要生产教育，必须进行各种要素投入，如教育仪器设备、校舍、运动场、教师的劳动等。当一种或几种投入要素的价格上升而其他投入要素的价格不变时，学校在教育影子价格既定条件下生产教育是不利的，因此，学校供给量倾向于减少；反之，当一种或几种投入要素的价格下降而其他投入要素的价格不变时，学校在教育影子价格既定条件下生产教育是有利的，因此，学校供给量倾向于增加。

（四）学校对教育需求的预期

如果某个学校对教育需求有较高的预期，那么，该学校会增添教育仪器设备和增聘教师，学校供给量就倾向于增加；反之，如果某个学校对教育需求有较低的预期，那么，该学校不会增添教育仪器设备和增聘教师，学校供给量就倾向于减少。

二、学校供给曲线

表 4-7 和表 4-8 描述的是在没有社会资助条件下大学本科教育的市场价格如何影响 A 和 B 两所大学本科教育的供给。

在没有社会资助条件下，当大学本科教育市场价格为 2 万元时，A 大学从教育市场上筹集到的资金不足以补偿本科教育的生产成本，大学会停止招生；当大学本科教育市场价格为 3 万元时，该大学从教育市场上筹集到的资金足以补偿本科教育的生产成本，因此，该大学决定招收 3 万名本科生；当大学本科教育市场价格为 4 万元时，该大学从教育市场上筹集到的资金不仅足以补偿本科教育的生产成本，而且可以实现自我积累,因此,该大学决定招收 4 万名本科生;当大学本科教育市场价格为 5 万元时,该大学决定招收 5 万名本科生。B 大学的招生变动对教育市场价格的变动的反应更加灵敏。

表 4-7　A 大学本科教育的供给

大学本科教育市场价格 P_M(万元)	招生人数 Q(万个)
2	0
3	3
4	4
5	5

表 4-8　B 大学本科教育的供给

大学本科教育市场价格 P_M(万元)	招生人数 Q(万个)
2	0
3	1
4	3
5	5

图 4-14 和图 4-15 分别是根据表 4-7 和表 4-8 的数据绘制而成的。其中,S_A 和 S_B 分别代表 A 大学和 B 大学的本科教育供给曲线。

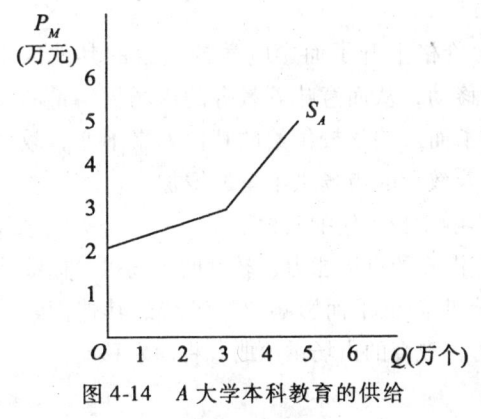

图 4-14　A 大学本科教育的供给

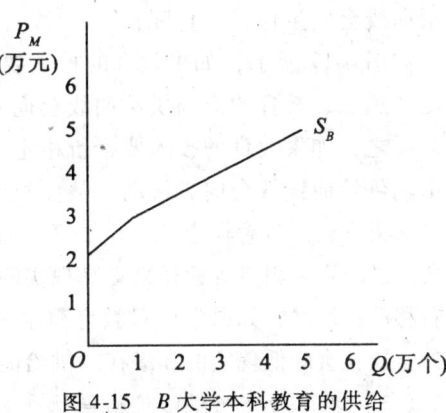

图 4-15　B 大学本科教育的供给

三、教育的市场供给

(一)教育的市场供给曲线

教育的市场供给是指在没有社会资助条件下学校供给的总和。由于教育的市场价格与学校供给量是正相关的,因此某种教育的市场价格与该教育的市场供给量也是正相关的。

图 4-16 中的大学本科教育的市场供给曲线 S_M,是对 A 大学和 B 大学的本科教育供给曲线的加总。

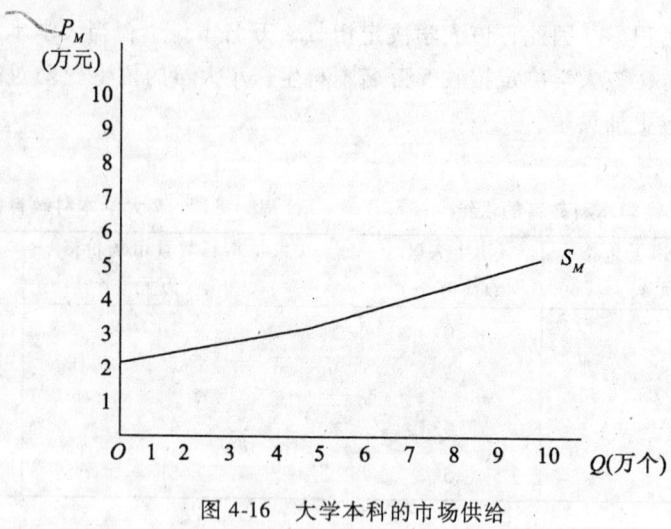

图 4-16 大学本科的市场供给

(二) 教育的市场供给曲线移动

当教育的影子价格不变时，影响学校供给的其他因素发生了变化，教育的市场供给曲线会发生什么变化呢？

如图 4-17 所示，如果教育的投入要素价格上升了而影响学校供给的其他因素不变，那么，教育的市场供给曲线会向左移动，从而意味着教育的市场供给量的减少；反之，如果教育的投入要素价格上升了而影响学校供给的其他因素不变，教育的市场供给曲线就会向右移动，从而意味着教育的市场供给量的增加。

如果学校对教育需求的预期提高了而影响学校供给的其他因素不变，那么，学校就会通过融资和租赁等途径来提高现实的和潜在的供给能力，教育的市场供给曲线将向右移动；反之，如果学校对教育需求的预期降低了而影响学校供给的其他因素不变，学校就会降低现实的和潜在的供给能力，教育的市场供给曲线将向左移动。

(三) 教育的市场供给价格弹性

教育的市场供给价格弹性是指某种教育的市场供给量对其市场价格的反映程度。其计算公式是：

教育的市场供给价格弹性 = 教育市场供给量变动的百分比／教育市场价格变动的百分比

如果某种教育的市场供给量的变动对其市场价格的变动不做出任何反应，那么我们就说该教育的市场供给完全无价格弹性。

如果某种教育市场供给量变动的百分比等于其市场价格变动的百分比，即教育

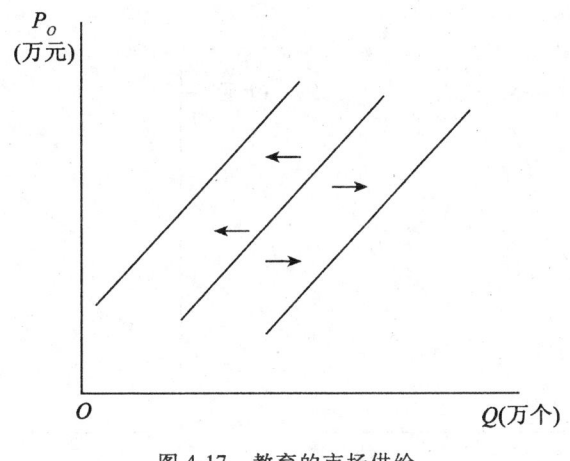

图 4-17 教育的市场供给

的市场供给价格弹性等于 1，那么我们就说该教育的市场供给具有单位弹性。如果某种教育市场供给量变动的百分比小于其市场价格变动的百分比，即教育的市场供给价格弹性小于 1，那么我们就说该教育的市场供给缺乏弹性。如果某种教育市场供给量变动的百分比大于其市场价格变动的百分比，即教育市场供给价格弹性大于 1，那么我们就说该教育的市场供给富有弹性。

教育的市场供给价格弹性的大小决定了教育的市场供给曲线是陡峭还是平坦。完全无价格弹性的教育市场供给曲线是横轴上与纵轴平行的一条垂直线（图 4-18）。具有单位弹性的教育市场供给曲线与横轴成 45°角（图 4-19）。缺乏弹性的教育市场供给曲线较陡峭（图 4-20），而富有弹性的教育市场供给曲线较平坦（图 4-21）。

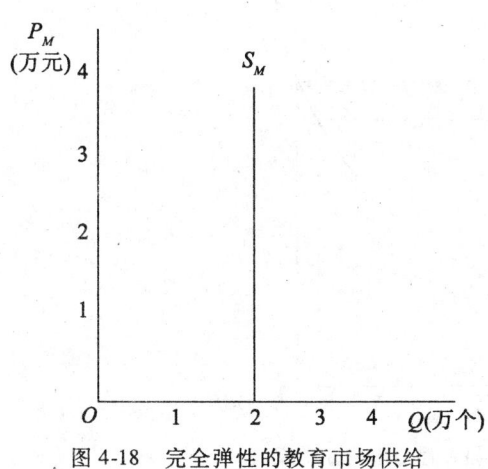

图 4-18 完全弹性的教育市场供给

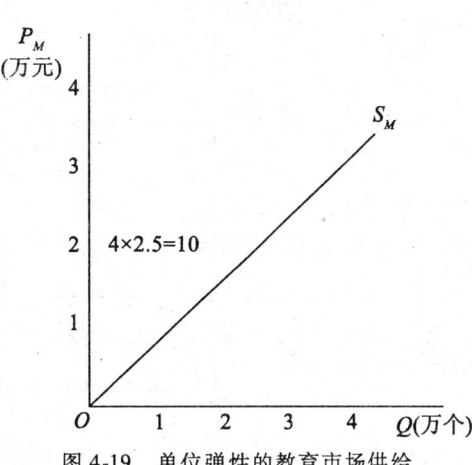

图 4-19 单位弹性的教育市场供给

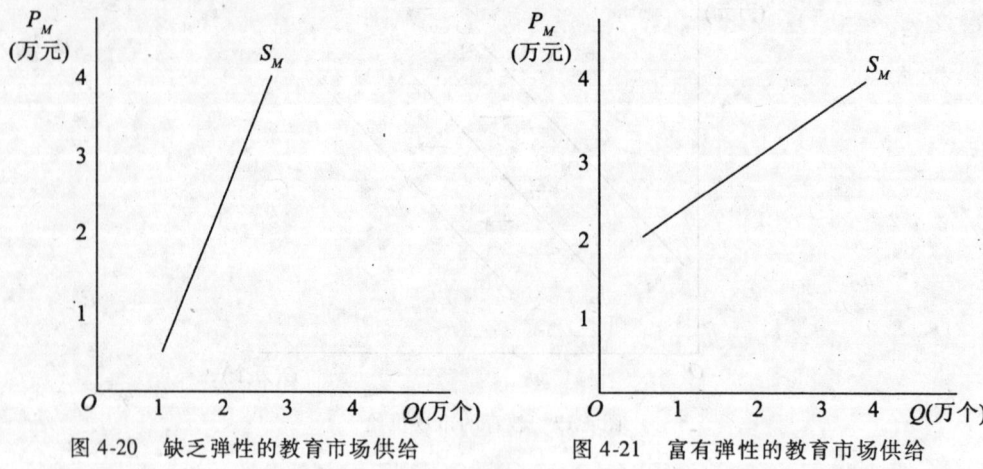

图 4-20　缺乏弹性的教育市场供给　　　　图 4-21　富有弹性的教育市场供给

教育市场供给价格弹性的一个决定因素在于学班招生是否满员。在学班招生不满员的情况下,学校增加或减少招生人数可降低或提高平均教育成本,这使得教育市场供给对其市场价格作出相当大的反应。在学班招生满员的情况下,学校不能轻易地增加或减少学班来增加或减少招生人数,这使得教育市场供给对其市场价格的反应很不灵敏。

教育市场供给价格弹性的另一个决定因素在于学校是否有未被利用的教育生产能力。如图 4-22 所示,在学校办学规模较小时,扩大招生使得学校利用闲置的教

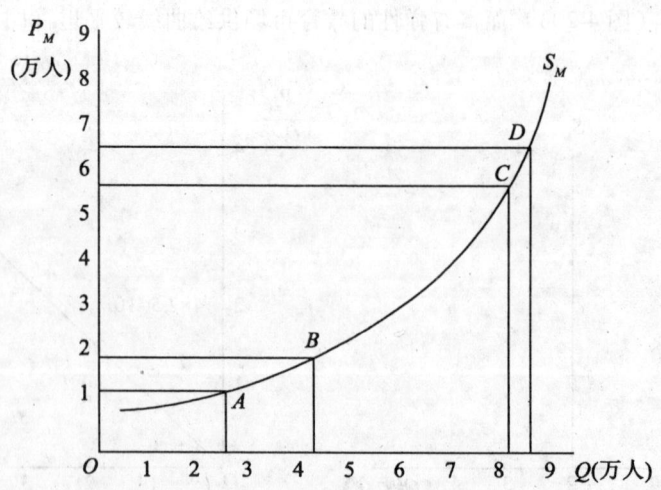

图 4-22　教育市场供给价格弹性与学校办学规模

育生产能力，因此在教育市场供给曲线 AB 段时的教育市场供给价格弹性大于 1。当扩大招生持续到如此地步，以至于学校不再有闲置的教育生产能力时，即在教育市场供给曲线 CD 段时的教育市场供给价格弹性小于 1。

教育市场供给价格弹性的第三个决定因素在于学制年限的长短。学制年限较短的教育市场供给价格弹性一般大于学制年限较长的教育市场供给价格弹性。

教育市场供给价格弹性还与所考察的时间长短有关。教育市场供给在长期中的价格弹性一般大于在短期中的价格弹性。在短期中，学校不能轻易地增加或减少学班，但在长期中，学校可以扩建校舍和增聘教师或拆除旧校舍和减聘教师来增加或减少学班。

四、教育的社会供给

（一）教育的社会供给曲线

教育的社会供给是指一定社会为求学者提供的人才培养性服务。它是教育的市场供给与学校接受政府和企事业单位对教育的资助所形成的教育供给的总和。在这里，我们还是把政府和企事业单位为每个学生所支付的教育费用等于社会资助价格。

在表 4-9 中，我们先来考察在大学本科教育的社会资助价格为 1 万元时，大学本科教育的影子价格变动所引起的大学本科教育的社会供给量的变动。

表 4-9　　　　　　　　　　大学本科教育的社会供给

大学本科教育的影子价格 P_O（万元）	大学本科教育的市场价格 P_M（万元）	大学本科教育的社会资助价格 P_S（万元）	招生人数 Q（万个）
1	0	1	0
2	1	1	1
3	2	1	2
4	3	1	3
5	4	1	4
6	5	1	5
7	6	1	6
8	7	1	7

当大学本科教育的市场价格为零时，大学本科教育的影子价格等于大学本科教育的社会资助价格。当大学本科教育的市场价格从 1 万元上升到 7 万元时，大学本

科教育的影子价格从 2 万元上升到 8 万元。当大学本科教育的影子价格为 1 万元因而不足以补偿大学本科教育的生产成本时，各个大学不会招收本科生。由于教育的影子价格与教育的社会供给量正相关，所以，当大学本科教育的影子价格从 2 万元上升到 8 万元时，大学本科教育的招生人数即社会供给量也从 1 万人增加到 7 万人；反之也可以说，当大学本科教育的影子价格从 8 万元下降到 2 万元时，大学本科教育的招生人数也从 7 万人减少到 1 万人。

将表 4-9 中的数据绘制成图，我们便得到图 4-23 中的大学本科教育的社会供给曲线 S_S 和大学本科教育的市场供给曲线 S_M。Q_S 线为政府和企事业单位对大学本科教育的资助所单独形成的供给量，此时我们假定 Q_S 等于 1 万人。

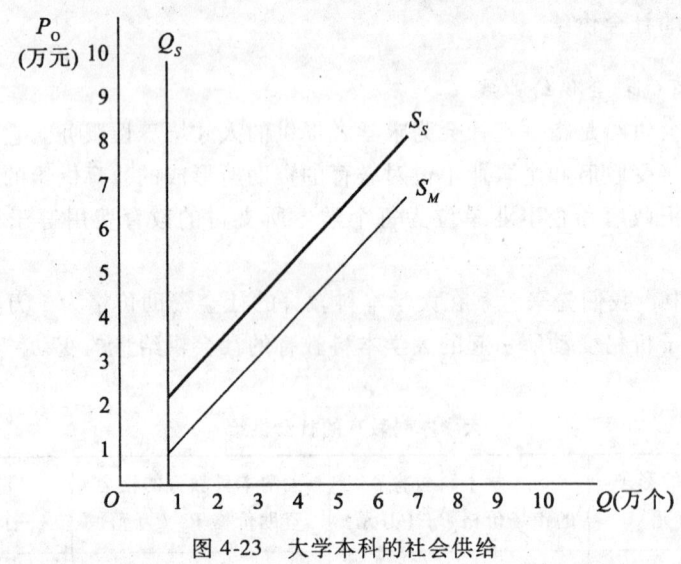

图 4-23　大学本科的社会供给

现在，我们把大学本科教育的社会资助价格提高到 2 万元（见表 4-10），看看大学本科教育的社会供给量会发生什么变动。在这种情况下，当大学本科教育的市场价格从 0 上升到 7 万元时，大学本科教育的影子价格便从 2 万元上升到 9 万元，大学本科教育的招生人数也从 1 万人上升到 8 万人。

图 4-24 中是根据表 4-10 中的数据而绘制的。我们不难看出，Q 线在横轴上从图 4-24 中的 1 向右移到 2，大学本科教育的社会供给曲线 S_S 在 Q 线上的起点也从图 4-24 中的 2 向上移到 3，而大学本科教育的市场供给曲线 S_M 在 Q 线上的起点也从图 4-16 中的 1 向下移到 0。这就是说，在教育成本一定条件下，教育的社会供给曲线与教育的市场供给曲线按反方向运动，教育的社会资助价格的上升使教育的市场价格下降。

表 4-10　　　　　　　　　大学本科教育的社会供给

大学本科教育的影子价格 P_O（万元）	大学本科教育的市场价格 P_M（万元）	大学本科教育的社会资助价格 P_S（万元）	招生人数 Q（万个）
2	0	2	1
3	1	2	2
4	2	2	3
5	3	2	4
6	4*	2	5
7	5	2	6
8	6	2	7
9	7	2	8

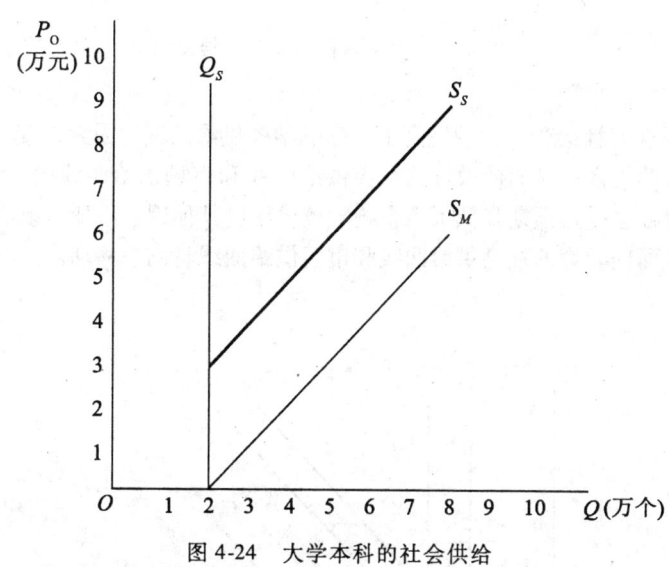

图 4-24　大学本科的社会供给

（二）教育的社会供给曲线移动

当教育的影子价格不变时，影响学校供给的其他因素发生了变化，教育的社会供给曲线会发生什么变化呢？

如图 4-25 所示，如果教育的投入要素价格上升了而影响学校供给的其他因素不变，那么，教育的社会供给曲线和市场供给曲线会向左移动，从而意味着教育的社会供给量的减少；反之，如果教育的投入要素价格上升了而影响学校供给的其他因素不变，教育的社会供给曲线和市场供给曲线就会向右移动，从而意味着教育的社会供给量的增加（见图 4-26）。

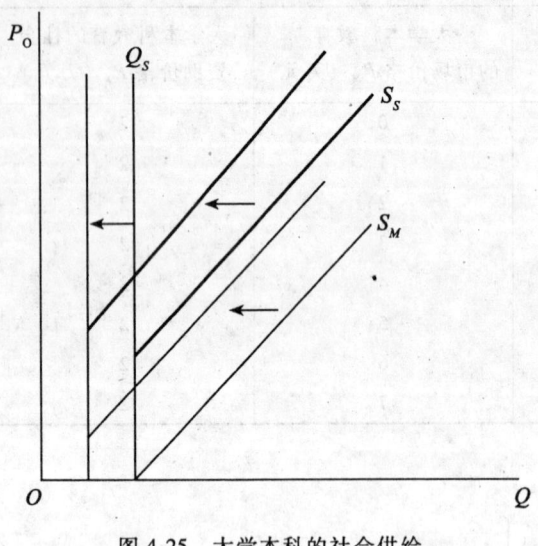

图 4-25 大学本科的社会供给

如果政府对教育社会受益预期提高了而影响学校供给的其他因素不变，那么，政府就会加大对教育的投入，从而使教育的社会供给曲线和市场供给曲线向右移动；反之，如果政府对教育社会受益预期降低了而影响学校供给的其他因素不变，政府就会减少对教育的投入，从而使教育的社会供给曲线和市场供给曲线将向左移动。

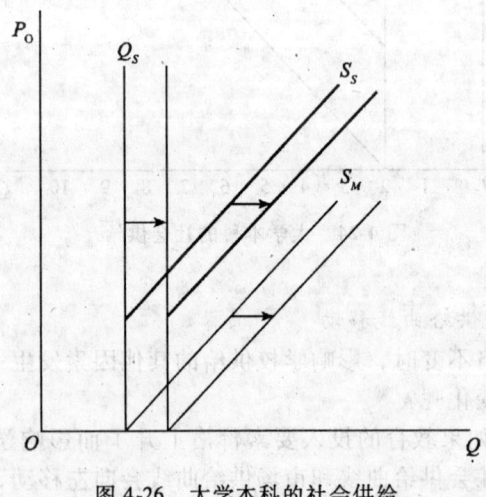

图 4-26 大学本科的社会供给

第四节 教育供求调节

在上面的分析中,我们是把政府和企事业单位为每个学生所支付的教育费用等同于的社会资助价格,然而,正如前面所指出的那样,教育资源有效配置所决定的社会资助价格应该准确反映社会对教育外部性的评估价格,但是要准确评估教育的外部性又是十分困难的。这意味着社会资助价格不一定准确反映社会对教育外部性的评估价格,二者之间的不吻合会导致教育供求失衡,从而形成教育供求矛盾。

一、教育供求的基本矛盾运动

教育供求矛盾包括教育的社会供给与教育的个体需求之间的矛盾和教育的社会供给与教育的社会需求这两对矛盾。所谓教育供求基本矛盾是指在教育供求过程中始终居于主导地位、并制约着教育供求综合均衡的矛盾。

正如我们在前面所指出的那样,教育供求的市场均衡只是教育供求的社会均衡的一个方面,是实现教育供求社会均衡的重要途径,因此,教育供给与教育的社会需求之间的矛盾是教育供求过程中始终居于主导地位的矛盾,它制约着教育供求的综合均衡,是教育供求的基本矛盾。由于制约这一矛盾的诸要素的不断变化,教育供给与教育的社会需求之间将在总量和结构上不断变化而出现不均衡状态,从不均衡到均衡再到新的不均衡,这就构成了教育供求基本矛盾的运动过程。而每次旧的均衡的打破和新的均衡的出现,都标志着教育的供求进入一个新的发展阶段。

根据前面对教育的社会需求的考察,教育供求的基本矛盾可分为以下两类:一类是教育供给与个体基本社会化教育需求之间的矛盾;另一类是教育供给与个体必要专业化教育需求之间的矛盾。无论哪一种,都反映着教育供给与教育的社会需求在总量上、结构上是否相协调,因而,教育供求基本矛盾又可以划分为教育供求总量不均衡的矛盾和教育供求结构不协调的矛盾。二者相互联系,相互制约。供求总量不均衡,供求结构就难以协调;供求结构不协调,供求总量也就难以均衡。

教育供求关系是客观存在的,它作为特定的概念,是市场经济出现以后才有的。教育供给与教育的社会需求之间的矛盾是教育供求的基本矛盾。教育供给必须与教育的社会需求相适应。这是经济和社会协调发展的必然要求。当教育的社会需求随经济和社会的发展而发生变化时,教育供给也要随之做出反应。只有从教育供求的基本矛盾运动出发,及时分析其特点,有效地加以调节,才能促进教育供求的综合均衡,推动经济和社会的协调发展。

二、教育供求的调节机制

(一)教育供求机制的内涵

教育供求机制是指教育供求的运行和调节的方式。教育供求的运行,在这里是指教育供给与教育的社会需求之间的矛盾的客观运动、变化和发展；教育供求的调节，则是指对教育供给与教育的社会需求的矛盾运动的主观调节，通常包括自觉的和自发的两种调节方式。

教育供求运行的客观性，表现为经济、社会和科技的发展对教育事业发展的制约性。要实现教育供求的客观运行和主观调节的统一，教育供求的调节机制必须与经济、社会和科技的运行和调节机制相适应。

我国社会主义市场经济的发展，客观上要求运用政府和市场两种机制来调节产品的生产和流通，从而要求生产要素按照社会主义市场经济的原则来组织。随着社会主义市场经济的发展和生产要素市场的不断完善，我国社会发展的各个领域也必然是在社会主义市场经济的引导或推动下靠政府和市场来共同实现资源的有效配置。

有人担心就业和教育一旦进入市场会使劳动力和教育异化成市场的"奴隶"，这种担心也许不无道理。就业和教育市场一旦开放，劳动力和教育的供求会在一定范围内采用市场化的形式和方法，如企事业单位高薪聘用高级科技人才、因需招工用人、按劳付酬、自费上学等。如果对这种市场化的形式和方法不加限制，任其发展，劳动力和教育就任由市场的摆布。因此，在就业和教育市场开放的同时，为了防止劳动力和教育市场失灵和失范，必须注重转变政府调控教育的职能和重点。但是，应该看到，在社会主义市场经济条件下，劳动力和某些教育的供求采用市场化的形式和方法，并不等于劳动力和某些教育就是"市场异化物"。劳动者永远是市场的主人，劳动力与劳动者是统一整体，劳动力不可能在劳动者身心之外为他人所操纵，教育也不可能在教育者和受教育者身心之外为他人所操纵。

这里必须指出，就业市场的开放是教育市场开放的必要前提，劳动力供求的市场调节是教育供求市场调节的重要环节。就业市场不完善、不规范，作为就业市场向后联系的劳动力生产和再生产市场，即教育市场，就会受到这种不完善、不规范的干扰。教育市场不完善、不规范，同样会向前联系而影响就业市场。教育市场和就业市场是紧密联系在一起的，不能相互掣肘。

（二）教育供求调节机制的系统论分析

用系统论的观点看，调节教育供求关系，解决教育供求矛盾，促使教育供求综合均衡，就是形成和维持教育系统的有序状态。在现代系统论中，耗散结构理论和协同学说关于开放系统有序状态的形成和维持的规律和机制的揭示，为我们进一步阐明教育供求的双重调节机制建立的必要性提供了更加充分的论据，为我们探讨教育系统内部有序状态的形成和维持及其机制问题提供了有益的启示。

耗散结构理论和协同学说认为，开放系统有序状态的形成和维持是组织和自组织共同作用的结果。组织和自组织，各自以对方作为自己存在的前提，两者既对立又统一，共处于开放系统之中。随着系统外界环境的变化，组织和自组织在系统有序状态形成和维持中的地位和作用也会发生变化。当系统的结构处于相对稳定的状态时，组织调节的作用比较明显；当系统的结构处于不稳定的状态时，自组织调节的作用比较明显，自组织甚至成为打破原有结构、建立新结构的杠杆。

教育系统乃至一切社会经济系统都是开放系统，其有序状态（教育供求的综合均衡，劳动力供求的综合均衡，国民经济的综合均衡，产品总供给和总需求的均衡，经济、社会和科技的协调发展，等等）的形成和维持，也都是组织和自组织共同作用的结果。组织调节和自组织调节，用经济学的术语讲，就是政府调节和市场调节，自觉调节和自发调节。可以说，在市场经济存在的社会，一切社会经济系统的正常发展都依赖政府和市场的一条基本规律。教育系统的正常发展当然不能违背这条规律。

如果作进一步的分析，政府调节和市场调节在教育系统内部各自所承担的任务是不同的。这方面我们也可以运用耗散结构理论和协同学说关于开放系统有序状态的形成和维持在组织过程和自组织过程来加以说明。

耗散结构理论和协同学说认为，自组织过程或自组织现象有四个基本特征：①存在于开放系统之中；②保持远离均衡（热力学）的条件；③系统内各要素之间存在着非线性的相互作用；④通过"涨落"达到有序（涨落是指系统中某个变量或行为从平均值偏离，使系统离开原来的状态）。

那么，教育系统内部各个子系统是否都具有这些特征呢？首先，教育系统是开放系统，其内部所有的子系统都具有自组织过程的第一个特征。其次，依据教育系统内部各种结构的稳定性程度，可以把教育系统内部的结构分为相对稳定态和不稳定态。均衡即稳定。远离均衡的条件在这里是指教育结构不稳定的条件。基础教育结构总是处于相对稳定的状态，不具有自组织过程的第二个特征；而专业教育结构总是处于不稳定的状态，具有自组织过程的第二个特征。再次，专业教育系统也具有自组织过程的第三个特征。可以对专业教育系统中各要素之间非线性的相互作用作这样的理解：现代科学技术的不断分化和综合，促使专业教育内部各学校之间、各专业之间、各学科之间、各教师的知识和能力之间、教师与学生的知识和能力之间、各学生的知识和能力之间的相互联系、相互渗透、相互结合和相互作用，从而促使新学校、新专业、新学科、新教师（精通几个专业）、新毕业生（通才）的出现，使专业教育适应经济、社会和科技发展需要的能力大大增强，专业教育的整体功能就可能大于部分功能之和。这正是系统中各要素之间非线性相互作用的一个重要特点。最后，专业教育系统也必须通过"涨落"来达到有序。可以把专业教育系统中"涨落"理解为各个专业学校依据教育的社会需求自行调整专业设置而引起某个专业的毕业生人数从平均数偏离。正如前面指出的那样，这种"涨落"是社会主义市场经济条件下就业结构不断变化对教育提出的客观要求，是调节教育供求结构不可缺少的机制。但是，"涨落"具有二重性，它既可能成为破坏教育供求结构相协调的干扰,也可能成为打破原有不合理的教育结构、促进教育供求结构相协调的杠杆。因此,必须对专业教育的发展及其专业设置实行宏观控制,加强政府调节,才能克服这种"涨落"的消极作用,发挥它的积极作用。

总之,基础教育系统的结构具有简单性和相当稳定性,系统有序状态的形成和维持主要是一种"组织过程",教育供求应以政府调节为主;而专业教育系统的结构具有复杂性和不稳定性,系统有序状态的形成和维持主要是一种"自组织过程",教育供求应以宏观有效控制下的市场调节为主。

在图4-27中,假定没有政府对高等学校学费收缴的限制,高等教育供求的市场均衡点为E,市场均衡价格为1万元。这时,有人奋起谴责说,高校收费太高,许多贫困家庭无法承受,接受高等教育成为有钱人的特权,收学费对穷人的子女而言是不公平的。面对上述压力,政府常常会推出限制学费的政策,甚至取消学费,实行高等教育的政府供给制,就像中国高等教育1996年以前所做的那样。

假定政府颁布一项政策,规定高等学校最高学费为每人每年5千元,高等学校学费就能限制在MN一线,在这一学费上,高等教育服务的供给与需求之间出现了供给不足的缺口,供给量为F,需求量为G。许多有支付能力的普通高中毕业生的高等教育需求得不到满足。供给不足要求有某种非学费式的配给制来调节——高考成绩排队配给。高考成绩在录取分数线以上的学生虽然有机会上学,但为了进入一个较理想的学校而不得不从事各种非法的"幕后操作"。而那些高考成绩没有上录取分数线的学生无缘圆自己的大学梦,承受着来自家长和社会的巨大压力。

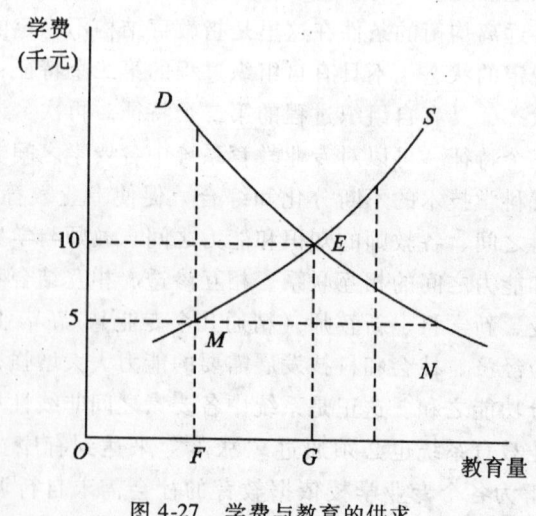

图4-27 学费与教育的供求

在高考成绩排队配给制下,普通高中教育乃至初中和小学教育都要承受升学压力。普通高中追求升学率是这种配给制的必然产物，它能激发学生的学习动力，同时使普通高中教育的发展严重扭曲。一些普通高中的教师把大量的时间放在高考题预测的研究上，而不是按计划组织教学，这就不利于学生的全面发展。未考上的学生千方百计找学校复读，甚至不惜花重金贿赂学校领导，以获得复读资格，待下年重新参加高考，而那些穷人的子女是无力承受复读的高额学费的。

（三）政府与市场互动型教育供求调节机制的优点

政府与市场互动型教育供求调节机制的优点是：它有利于在尊重受教育者选择最终教育产品的权益和自由的同时，引导教育发展朝着政府预期的目标前进，把高等教育结构与教育外部经济的内在化，更紧密地结合在一起，提高教育适应社会变化的效率和质量，最大限度地避免集中决策所造成的重大失误，克服分散决策所造成的短期行为，促进教育与经济社会的协调发展，促进人才培养质量与资源合理配置的结合。

当今世界大多数国家都普遍采用这种教育供求调节机制，以弥补单一市场主导型教育供求调节机制和单一政府主导型教育供求调节机制的弊端。我国教育供求调节机制改革也正在逐步推动过去那种单一政府主导型教育供求调节机制向政府与市场互动型教育供求调节机制转变。

我们知道，在一个排斥市场调节的教育运行中，教育价格机制远离教育这种服务的生产、分配、交换和消费，从而失去了对教育供求的直接约束，于是，教育需要与教育需求之间的界限消失了，因为教育的购买力是以教育价格为基础的，没有教育价格，我们将无法判断教育购买力的大小，从而也无法判断经济发展水平一定条件下教育需求的大小，也就是说，不计教育价格的教育需求不是有购买力约束条件下的教育需求，而是无购买力约束条件下的教育需要，这样，教育便只好被当作非经济产品而应该由社会或政府无偿地提供给每个教育需要者。这意味着一个国家只有向每个教育需要者提供免费教育才能把市场调节排斥在教育运行之外。然而，事实上只有义务教育才有可能实行免费。即使是免费的义务教育，要把市场调节完全排斥在它的运行之外，也是困难的，因为不存在教育价格约束的义务教育运行极易引起效率和质量问题，而提高义务教育运行的质量和效率通常需要市场调节提供持续的利益驱动机制。当前我国义务教育运行中出现的所谓"培优班"以及近年来美国义务教育运行中多个州试行的义务教育券制，就在一定意义上说明了目前还尚不具备把利益驱动机制排斥在义务教育运行之外的社会条件，因为充分地利用市场调节的积极作用，在当前仍然有利于提高义务教育运行的质量和效率。假定免费义务教育的质量和效率是在社会可接受的范围内波动，那么，家庭的义务教育支出需求便通过税收而有效地转化成政府的义务教育支出需求，而后者又通过免费义务教育的实施而有效地转化成教育产出，从这个意义上看，义务教育总量供求不必通过市场调节就能实现均衡。可是，非义务教育不通过市场调节就难以实现均衡。由于非义务教育是非强迫性的，其种类繁多，因此人们在完成所受义务教育之后，是选择就业，还是选择求学，是选择接受这种非义务教育，还是选择接受那种继续教育，取决于个人的偏好、购买力和教育的个人预期收益等因素，受制于求学者主权。学校提供什么种类和多少数量的非义务教育，只有与个人的偏好、购买力和教育的个人预期收益所提出的要求相适应，才能把家庭的非义务教育支出需求有效地转化为非义务教育供给和产出，非义务教育资源的配置也只有接受求学者主权的指导，才能实现合理化。这就需要一种与之相适应的社会组织形式来调节非义务教育的运行，需要一种与之相适应的杠杆来推动非义务教育的发展。人们通过实践找到了这样一种社会组织形式和杠杆：市场。当这种社会组织形式和杠杆没有充分加以利用时，家庭的非义务教育支出需求向非义务教育供给和产出的转化就难以实现，非义务教育总量供求也就难以实现均衡，非义务教育资源的配置也就难以实现合理化。一般说来，非义务教育总量供求市场调节的积极作用在于：①分散的自主的风险自担的微观教育决策结构使办学者和求学者对教育供求、劳动力供求、教育价格、工资、专业结构和职业结构等等的变动做出积极的灵敏的有效的反应，自发地促使非义务教育总量供求趋向均衡，防止和避免非义务教育总量供给走向过度扩张或过度收缩，从而有利于促进非义务教育资源配置的合理化。②以个人利益为基础、竞争为导向和社会利益为准则的教育动力结构使办学者和求学者积极、主动和创造性地参与教育运行，从而有利于提高非义务教育资源的配置效率。③以教育价格、工资和就业为信号的以办学者、求学者和业主之间横向沟通为特征的教育信息结构使办学者和求学者能较快较多地获得各种有效信息，以便优化教育决策和强化教育动力，从而有利于非义务教育资源的合理配置。④以竞争意识、创新意识、质量意识、效益意识、开放意识和法律意识为特点的教育观念结构使办学者和求学者勇于摆脱束缚、把握机遇、直面挑战、开拓进取，从而有利于提高非义务教育质量。以上说明，教育运行的市场调节是满足教育总量供求均衡实现的一个体制性条件。

第五章 教育均衡分析

在生产力发展水平和学龄人口一定条件下,一国应该给教育配置多少资源才是合理的,这既涉及政府的教育支出能力、企事业单位对教育的资助水平和各个家庭的教育支付能力,也涉及资源自由进入教育部门的市场机制。本章所要进行的非义务教育和义务教育的局部均衡的分析,义务教育和非义务教育的一般均衡的分析,以及教育运行的总量均衡的分析,是以在市场经济中存在着资源自由进入教育部门的市场机制为前提条件的。

第一节 非义务教育的局部均衡

在整个教育均衡中,非义务教育的均衡是一种局部均衡。整个教育均衡分析,必须从教育的局部均衡分析入手。

一、个别教育的均衡

个别教育是相对班级教育而言的。所谓个别教育,是指教育者对单个人提供的教育。它是最古老的教育形式。在班级教育出现以前,即使是一个教师招收多个学生的私塾学校,也是以复式培养形式进行的个别教育。自夸美纽斯创建班级授课制以来,学校教育进入班级授课制时代。但是,个别教育并未由此消失。它是家庭教育的主要形式。在各种技术、职业和考试培训中,个别教育的运用也是相当普遍的。学校教育虽然是以班级授课制为基础的,但在班级授课制以外,也存在一个教师对一个学生的个别教育。课外个别辅导在各级各类学校教育中都是普遍存在的。对个别教育进行局部均衡分析,不仅是个别教育发展的需要,而且是学校教育均衡分析的基础。

假定个别教育市场是完全竞争的,且规模经济不变,在消费者的偏好、家庭收入和其他产品的价格既定的条件下,个别教育供给与需求的相互作用决定了个别教育的价格。为了简便起见,我们在图5-1中假定一个教育只有 A 和 B 两个消费者,且他们的个人偏好和家庭收入有所不同,面对的是相同的个别教育价格体系,那么他们各自对某一个别教育 i 的需求量是不同的,在不同个别教育价格上所愿意"购买"的个别教育的量也是不同的,因而他们的需求曲线 D_{iA} 和 D_{iB} 在图5-1中所处的位置就有所不同。在个别教育市场上，人们面对的是个别教育的价格体系。虽然并不是任何一个价格都能够使某种个别教育供求均衡，但是只要市场上提供的最后一个单位的某种个别教育能满足受教育者的需要，总存在一种个别教育价格 P_i^*，它最终使该种个别教育供求趋于均衡。所以，个别教育价格 P_i^* 在这里是指市场均衡价格。在个别教育市场上，每一个受教育者都是价格的接受者。个别教育的价格不同，受教育者选择个别教育的数量也就有所不同。在图 5-1 中，当个别教育的价格为 P_i^* 时，受教育者 A 愿意接受个别教育 i 的需求量为 Q_{iA}，受教育者 B 愿意接受个别教育 i 的需求量为 Q_{iB}。要得到个别教育 i 的市场需求量，只需把个别教育需求量横向加总就可以了。也就是说，在只有 A 和 B 这两个消费者的市场上，把 D_{iA} 和 D_{iB} 横向加总，就得出了个别教育 i 的市场需求曲线 D_i^Δ，即

$$D_i^\Delta = D_{iA} + D_{iB} \quad (i = 1, 2, \cdots, n) \tag{5-1}$$

个别教育 i 的市场需求曲线 D_i^Δ 与其供给曲线 S_i 的交点，就是个别教育供求的均衡点。在该点上，有个别教育的市场均衡价格 P_i^*。

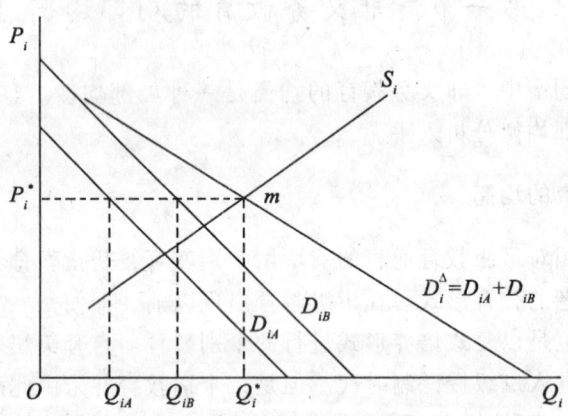

图 5-1 个别教育的市场需求曲线

由于个别教育的市场足够大，以至于一个人提供的个别教育对市场价格的影响微乎其微，因此，在教育规模经济不变条件下，增加一单位个别教育的价格都是一样的，均衡价格也就是该个别教育的边际成本，即

$$P_i^* = MC_i \tag{5-2}$$

同样，对于个别教育 j，也有

$$P_j^* = MC_j \tag{5-3}$$

由于 $P_j^* = MC_j \neq 0$，将公式 5-2 除以公式 5-3，便有

$$P_i^* / P_j^* = MC_i / MC_j \tag{5-4}$$

这正好是两种个别教育的边际替代率 MRS_{ij}，它满足资源有效配置的帕累托边际条件。而当市场处于均衡时资源配置有帕累托最优。所以，P_i^* 是市场均衡价格。由于教育存在正外部性，在没有政府、企业、其他社会团体资助个别教育的条件下，个别教育的市场需求水平总是处在个别教育的社会需求水平之下。

假定在一个"纯个别教育市场"上，既没有学校教育和班级授课制，也没有政府、企业或其他社会团体对教育的资助，因而教育的生产不存在规模经济和非市场力量干预，消费者消费教育品与非教育品的行为方式都是竞争性的，即他们都是价格的接受者，且以效用最大化作为自己的目标函数，那么个别教育的均衡所要分析的问题是消费教育品与非教育品将如何在各消费者之间进行配置。当消费者的预算约束既定和不考虑教育的外部性时，任何一个消费者的消费集都可看作消费教育品与非教育品的一种配置。因此，在一个"纯交换经济"中，市场竞争总会导致这样一组价格，它使市场上的教育品与非教育品的供求相等。这意味着教育品与非教育品的价格和消费量在一个以个人效用最大化为目的的"纯交换经济"中可以实现瓦尔拉斯均衡。这种均衡是通过市场竞争来实现的市场价格和教育供求数量的一种组合，因此我们称之为纯个别教育的市场均衡，也可叫做纯个别教育的竞争性均衡。

纯个别教育的瓦尔拉斯均衡点在图 5-2 的埃奇沃斯方盒中，是任意两个消费者 A 和 B 的个人禀赋 W_A 和 W_B 所决定的消费教育品 E 与非教育品 Y 的无差异曲线 U_A 和 U_A 的切入点 M，通过点 M 且与无差异曲线相切的直线是他们的预算线 H。在 M 点上，对于 A 和 B 来说，教育品对非教育品的边际替代率与价格比率是相等的，从而在市场供求均衡的基础上实现了消费教育品与非教育品的个人效用最大化，此时资源配置满足帕累托最优条件。

同样，在一个"纯个别教育市场"上，生产教育品与非教育品的行为方式是竞争性的，且以产出（利润）最大化作为自己的目标函数，那么教育的一般均衡所要分析的问题是生产教育品与非教育品将如何在各生产者之间进行配置。在生产可能性边界、生产技术和规模经济既定的条件下，任何一个生产者的生产集都可看作生产教育品与非教育品的一种配置。因此，在一个"纯交换经济"中，市场竞争总会导致这样一组价格，它使生产教育品与非教育品的供求数量相等。这意味着教育品与非教育品的价格和生产量在一个以产出（利润）最大化为目的的"纯交换经济"中也可以实现瓦尔拉斯均衡。

在图 5-3 中，瓦尔拉斯均衡点 M^- 是生产可能性边界 PPF 与社会无差异曲线 U^- 的切点，通过该点且与生产可能性边界相切的直线 H_C 是生产教育品 E 与非教育品 Y 的等成本线。在 M^* 点上，对于生产者来说，教育品与非教育品的边际转换率与价格比率是相等的，从而在市场供求均衡的基础上实现了生产教育品与非教育品的产出（利润）最大化。此时 M^- 点正好在埃奇沃斯方盒中的契约线 OM^- 上，消费者

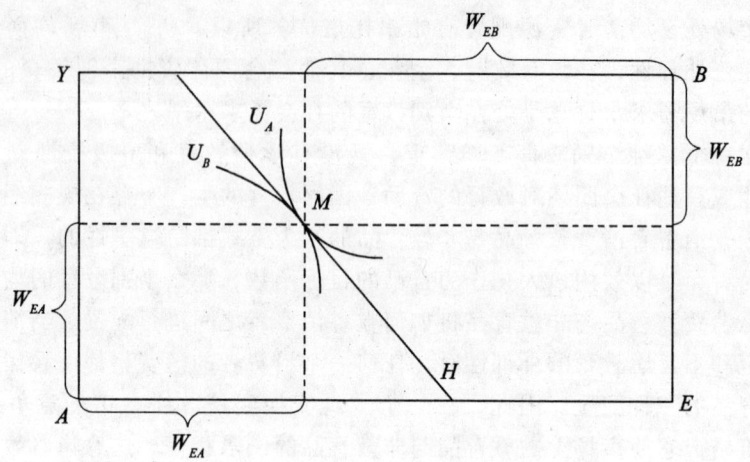

图 5-2 纯个别教育的瓦尔拉斯均衡

预算线 H 的斜率等于生产等成本线的斜率,因而教育品与非教育品的边际转换率等于两产品的边际替代率,这样两种产品的资源配置就满足了帕累托最优条件。

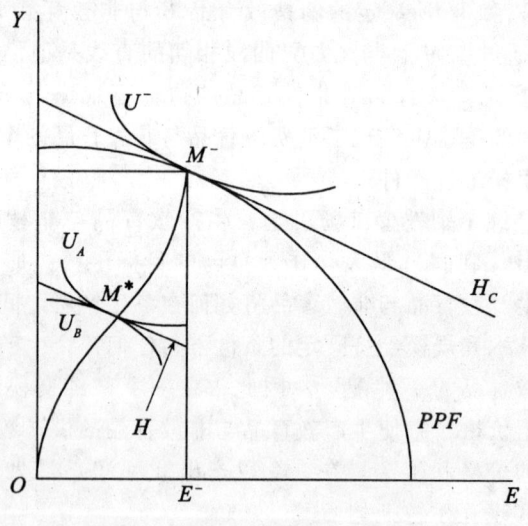

图 5-3 教育品与非教育品的均衡

二、学校教育的均衡

假定学校教育市场是完全竞争的,且学校规模经济不变,消费者的偏好、家庭收入和其他产品的价格为既定,消费者是学校教育价格的接受者,那么,在没有政府、企业、社会资助办学的条件下,学校教育的市场曲线是个人学校教育曲线的加总。

如图 5-4 所示,假定 D_{iA}、D_{iB}、D_{iC} 分别是受教育者 A、B、C 的学校教育的个人需求曲线,学校教育的市场需求曲线 D_i^- 是学校教育的个人需求曲线 D_{iA}、D_{iB}、D_{iC} 的加总,它与学校教育供给曲线 S_i 相交于 m 点,在该点上,有学校教育市场均衡价格 P_i^- 和市场均衡产出 Q_i^-。由于每一个受教育者面对相同的学校教育价格,且学校规模经济不变,因而,增加一单位学校教育的市场价格都是一样的,均衡价格也就是学校教育的边际成本,即

$$P_i^- = MC_i^- \quad (i = 1, 2, \cdots, n) \tag{5-5}$$

同样,对于学校教育 j,也有

$$P_j^- = MC_j^- \tag{5-6}$$

由于 $P_j^- = MC_j^- \neq 0$,将公式 5-5 除以公式 5-6,便有

$$P_i^- / P_j^- = MC_i^- / MC_j^- \tag{5-7}$$

这正好是学校教育 i 和 j 的边际替代率 MRS_{ij},它满足资源有效配置的帕累托边际条件。因为当市场处于均衡时,资源配置有帕累托最优。所以,市场可以满足学校教育资源配置的定价规则,在这里,P_i^- 是学校教育的市场均衡价格。

由于学校教育存在正外部性,学校教育的私人价值总是低于学校教育的社会价值,因此,在没有政府、企业、其他社会团体资助学校办学的条件下,学校教育的市场需求水平总是低于学校教育的社会需求水平。

上述学校教育的市场均衡分析是以"一个纯学校教育市场"为假定前提的,在这个市场上,没有政府、企业或其他社会团体对学校办学的资助,学校教育的生产不存在规模经济和非市场力量的干预。然而,有些教育,如义务教育和国防高等教育,就是政府出资办学的教育。当我们把政府、企业或其他社会团体对教育的资助考虑进去时,情况就会发生变化。因为教育的市场均衡是以个人效用的最大化作为目标函数的,而政府、企业或其他社会团体对教育的资助所反映的是教育的社会效用,市场均衡分析的目标函数并不包括教育的社会效用。这意味着政府、企业或其他社会团体对教育的资助使教育的生产价格分化为市场价格和社会价格,教育的供求水平也由此大大提高了。教育的社会福利最大化所决定的资源有效配置的帕累托边际条件,就不再是教育的个人边际成本等于教育的个人边际收益,而是教育的社会边际成本等于教育的社会边际收益,教育的社会福利最大化所要求的均衡就不是教育的市场均衡,而是教育的社会均衡,即教育的社会供给量与社会需求量的均衡。前面已经指出,教育的外部性要求政府补贴教育,要求企业或其他社会团体资助教育。这种资助应该反映社会对教育外部性的评估价格。所以,教育的社会价格是教育的市场价格与社会对教育外部性的评估价格之和。教育的社会均衡就是在教

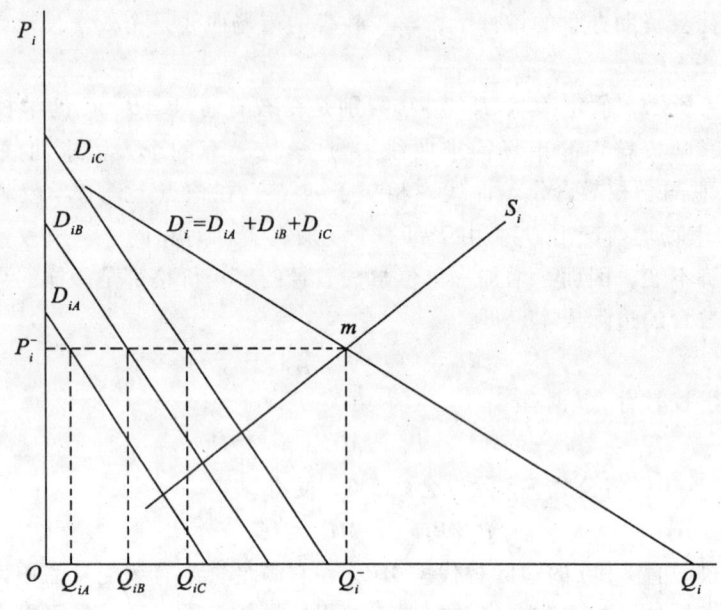

图 5-4 学校教育的市场需求曲线

育的社会均衡价格上实现的均衡。因此,当我们讨论学校教育均衡时,就已经不是以"一个纯个别教育市场"的假定为前提的,而是要把学校办学、班级授课制、非市场力量等因素都考虑进去。

现在我们在学校教育的市场均衡模型中加进政府、企业、其他社会团体资助学校教育这个变量,看看它对学校教育的市场均衡会产生什么影响。如图 5-5 所示,在政府、企业、其他社会团体资助的学校教育中,D_i^+ 表示政府、企业、其他社会团体的学校教育需求曲线,D_i^- 表示学校教育的市场需求曲线。由于学校教育的社会需求是在相同价格下发生变动的,因此学校教育的社会需求曲线,就是政府、企业、其他社会团体的学校教育的需求曲线与学校教育的市场需求曲线的加总,即

$$D_i^* = D_i^- + D_i^+ \qquad (5\text{-}8)$$

该曲线与学校教育的供给曲线 S_i 相交于 m^* 点。在该点上,有学校教育的社会均衡价格 P_i^* 和社会均衡产量 Q_i^*。这意味着学校教育的社会需求量大于学校教育的市场需求量。

令 $Q_i^* - Q_i^- = q_i^+$,那么 q_i^+ 这个量是如何发生的呢?

假定政府、企业、其他社会团体对学校教育的资助,是在学校教育的市场价格不变情况下发生的,那么这时学校教育的社会均衡产量 Q_i^* 大于学校教育的市场需求量 Q_i^-,而在学校教育的市场需求曲线上,点 n 与学校教育的社会均衡产量 Q_i^* 相

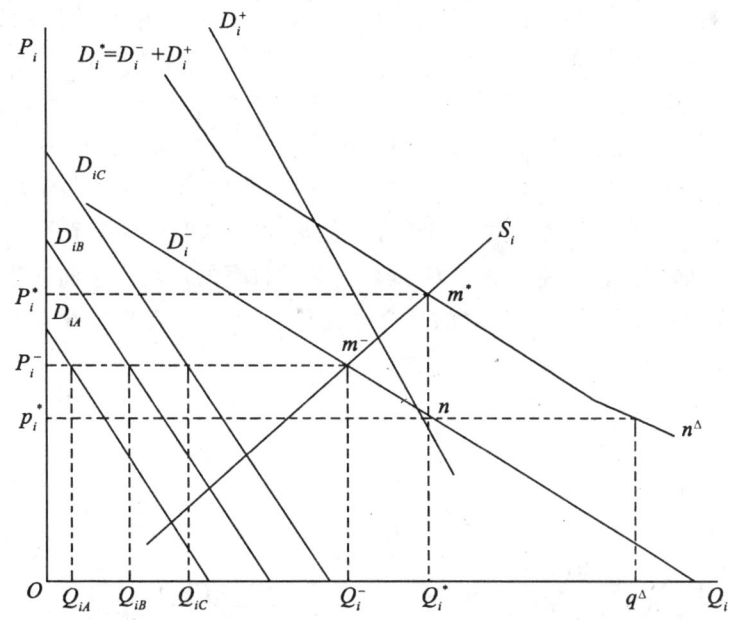

图 5-5　学校教育的社会需求曲线与学校教育市场均衡价格

对应，且在点 n 上，有学校教育的市场价格 p_i^+。这意味着学校教育的市场价格 p_i^+ 因政府、企业、其他社会团体对学校教育的资助而下降了，从而弥补了受教育者因教育的正外部性所产生的教育收益溢出而造成的损失。学校教育的社会需求增量 q_i^+ 才会在消费者个人收入不变情况下得以发生。此时，学校教育的社会需求曲线与学校教育的市场需求曲线不重合，学校教育的社会均衡价格 P_i^* 高于学校教育的市场价格 p_i^+，这意味着学校教育的社会成本大于学校教育的私人成本。

需要进一步说明的问题是，在学校教育的社会需求曲线上与学校教育的市场价格 p_i^+ 相对应的点 n^Δ，在此点上有学校教育产出量 q^Δ，而这个量又大于学校教育的社会均衡产量 Q_i^*。这意味着在学校教育的社会均衡价格 P_i^* 高于学校教育的市场价格 p_i^+ 的情况下，学校教育存在着"私人超额需求"。根据瓦尔拉斯定律，当市场处于均衡时，经济中各个市场上的超额需求的价值总额必然等于零。而在国民收入既定条件下，市场本身是无法使这个"私人超额需求"的价值总额等于零的。这就需要借助非市场的力量来推动学校教育供求均衡的实现。"入学标绩"下优胜劣汰的升学竞争，就是在学校教育存在"私人超额需求"条件下推动学校教育均衡的非市场力量。这实际上是要解决政府、企业、其他社会团体对学校教育的资助应该让谁受益的问题。令 $q^\Delta - Q_i^* = q$，那么 q 就是学校教育入学竞争淘汰掉的人数，从而使"私人超额需求"的价值总额等于零。这表明,学校教育的社会均衡产量 Q_i^* 也是学校教育的"入学标绩"量。令 $P_i^* - p_i^+ = p_i$,那么 p_i 就是学校教育的社会资助价。由于公共资助是通过入学竞争实现的,是达到"入学标绩"才可获得的,因此我们把学校教育的社会资助价格叫做"学校教育竞争入学标绩价"。

如图 5-6 所示,假定政府、企业、其他社会团体对学校教育的资助是在市场均衡产量不变情况下发生的,那么学校教育的社会均衡价格 P_i^- 就包含学校教育的市场价格 p_i^+ 和学校教育的社会资助价格 P_i^-,$P_i^- - p_i^+ > 0$。这时,学校教育的社会需求曲线 D_i^+ 与学校教育的市场需求曲线 D_i^- 重合,学校教育的市场需求曲线也就是学校教育的社会需求曲线。在学校教育的社会均衡价格 P_i^- 上,有学校教育的社会均衡产量 Q_i^-。

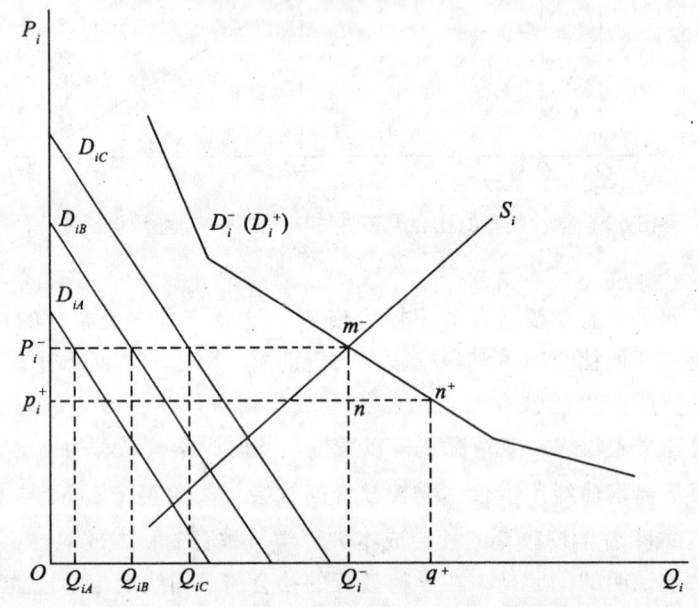

图 5-6 学校教育的社会需求曲线与学校教育市场均衡产量

在学校教育的市场价格 p_i^+ 上,有学校教育的私人需求量 q^+,且 $q^+ > Q_i^-$。这意味着在家庭收入不变的情况下,政府、企业、其他社会团体对学校教育的资助是学校教育的"私人超额需求" $q^+ - Q_i^-$ 的诱因,而在国民收入既定条件下要使 $q^+ - Q_i^-$ 等于零,市场本身是无能为力的。这同样需要借助"入学标绩"下的优胜劣汰的升学竞争,来推动学校教育供求均衡的实现。

在曲线 D_i^+ 中,假定有三个受教育者 A、B、C 同时参与某一学校入学资格的竞争,A 和 B 的考试成绩达到了该学校的"入学标绩",即达到了我们平时所说的该学校的"录取分数线",而 C 的考试成绩没有达到该学校教育的"入学标绩",他失去了进入该学校读书的机会,于是他就被该学校"入学标绩"排斥在接受该学校教育之外。在图 5-7 中,C 的学校教育需求曲线 D_{iC} 用虚线表示。这时在价格 P_i^+ 上只有 A 的学校教育需求量为 Q_{iA} 和 B 的学校教育需求量 Q_{iB},并有 $Q_{iA}+Q_{iB}=Q_i^-$。由于 C 被淘汰,$Q_{iC}=0$。此时,学校教育的"私人超额需求量" $q^+-Q_i^-$ 等于零。在"入学标绩"下,优胜劣汰的升学竞争使学校教育供求回到均衡产量 Q_i^- 上。

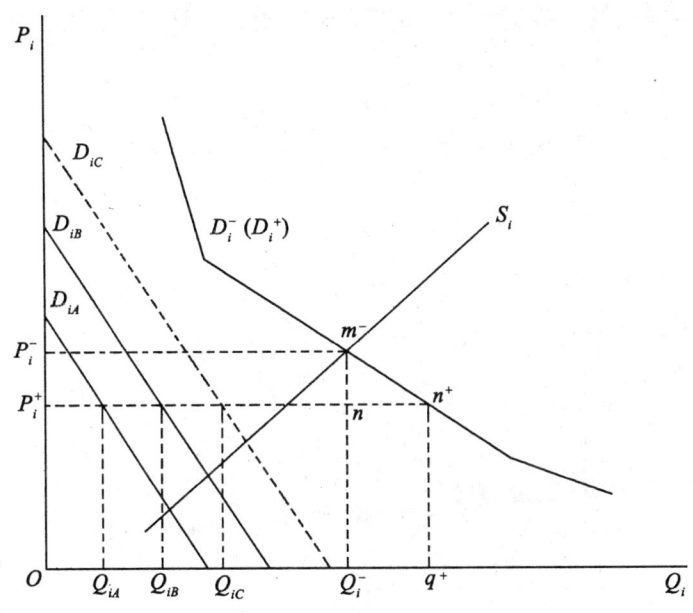

图 5-7 学校教育的社会需求曲线与入学资格

第二节 义务教育的局部均衡

前面已经指出,义务教育是一国对儿童应享受一定年限基础教育的权利和社会、家长或儿童监护人在儿童享受一定年限基础教育方面应尽的义务所作的法律规定,是法制化的基础教育。我们已经指出,义务教育不是公共产品,但它在法律上的非排他性和非竞争性使义务教育供给呈现出公共产品供给的某些特点。因此,在讨论义务教育均衡之前,我们先讨论公共产品的均衡。

一、公共产品的均衡

如图 5-8 所示,假定一个经济有三个消费者 A、B、C,而 D_A、D_B、D_C 分别代表 A、B、C 三人的公共产品需求曲线，P 代表公共产品价格或成本，Q 代表公共产品产量，那么，在 D_A、D_B、D_C 上的每一点，都分别表示 A、B、C 愿意在某一公共产品产出水平上所支付的成本，且在这里不存在"搭便车"的投机者。由于消费者是公共产品产量的接受者和价格的调节者（这与消费者是私人产品价格的接受者和产量的调节者完全不同），因此，只要假定三个消费者 A、B、C 都能准确地说出它们愿意在公共产品产出水平为 Q^* 时所支付的成本，那么公共产品的总需求曲线 D 就可以通过对 A、B、C 三人公共产品需求曲线的纵向加总来得到，即 $D = D_A + D_B + D_C$。它与公共产品供给曲线 S 相交于 m 点，在该点上，有公共产品均衡价格 P^*，且有

$$P_A + P_B + P_C = P^* = MC \tag{5-9}$$

这表明，某一公共产品均衡价格就是该公共产品的边际成本。

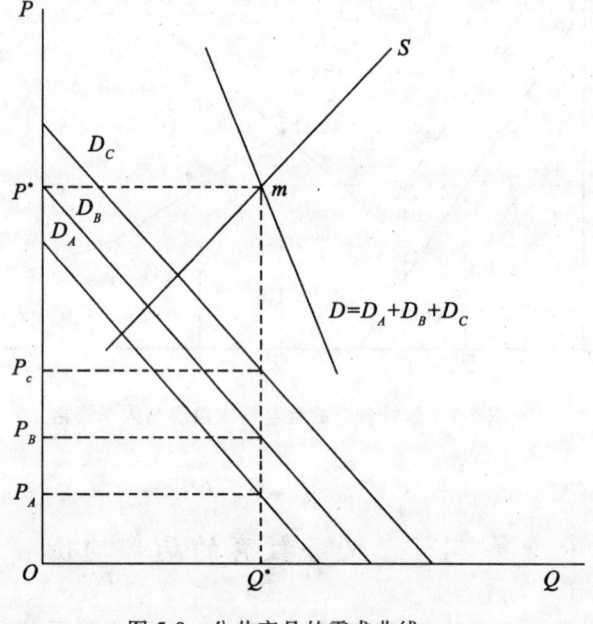

图 5-8　公共产品的需求曲线

公共产品产出效果的最大化，类似于垄断者追求利润最大化。根据帕累托最优边际条件，当边际成本等于边际收益，即 $MC = MR$ 时，垄断者最大化自己的利润。由于公共产品在消费上具有非排他性和非竞争性，如果 A、B、C 三人中有一人不愿意为公共产品支付成本，那么其他二人谁也不可能阻止和减少他对该公共产品的消费。

如图 5-9 所示，在 A、B、C 三个消费者中，假定 C 在公共产品支出上"搭便

车",用虚线表示的公共产品需求曲线 D_c 将不对公共产品价格做出反应,即 $P_c=0$,使得供给曲线由 S 移到 S',S' 与 p^* 相交于 n 点,该点不在需求曲线 D 上。这意味着市场不能实现该公共产品供求的均衡。

此时,由公式 5-9 可知:

$$P_A + P_B + P_c \neq P^* \neq MC \qquad (5\text{-}10)$$

这时便有:

$$P_A + P_B + P_c \neq MR \qquad (5\text{-}11)$$

所以,公式 5-10 和 5-11 不满足公共产品产出效果最大化条件 $MC=MR$。可见,市场无法实现帕累托最优状态的公共产品定价规则。

由此可见,在自愿出资组织公共产品供给的条件下,这种不愿意为公共产品支付成本的"搭便车"行为将使市场失灵,从而使这个群体对公共产品的支出无法满足帕累托最优所需条件。税收可以强行让那些不愿意为公共产品支付成本的"搭便车"者履行自己对公共产品生产应尽的帕累托改进职能。

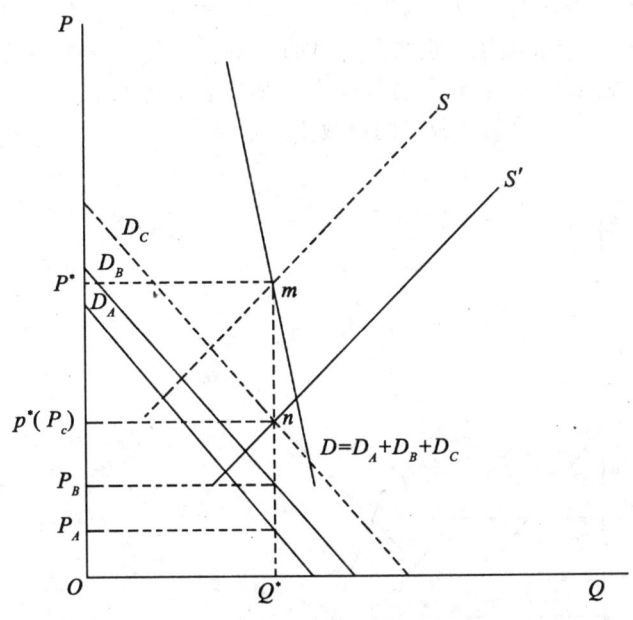

图 5-9 公共产品需求曲线供给与公共产品价格

二、义务教育的均衡

假定义务教育是免费和强制性的,那么,当人口结构和义务教育年限为既定时,接受义务教育的人数将是一个定数。人们无法改变已有的人口结构,但人们可以通过改变义务教育年限来调节接受义务教育的人数。假定每一个人能准确地说出他愿意为义务教育年限支付的成本，那么从理论上讲在支付义务教育成本上就不存在"搭便车"的投机者。这样，在义务教育的均衡分析中，我们就可以把人们当作是义务教育产量的接受者和价格的调节者。从短期看，义务教育适龄儿童在各个家庭中的分布是不同的。一时间，有的家庭有义务教育适龄儿童；有的家庭没有义务教育适龄儿童；有的家庭义务教育适龄儿童多一些，有的家庭义务教育适龄儿童少一些。从长期看，义务教育适龄儿童在各个家庭中的分布大体是相同的。假定在一个较长的时期内每个人可同等使用义务教育投入要素，那么在收入既定条件下人们为义务教育支出成本的总意愿，可以用个人义务教育需求曲线纵向加总来表示。

在图 5-10 中，我们假定一个教育只有两个消费者 A 和 B，且他们的家庭收入有所不同。P_G 代表义务教育 G 的价格，Q_G 代表义务教育数量，D_{GA} 和 D_{GB} 代表 A 和 B 两个消费者的义务教育需求曲线。在 D_{GA} 和 D_{GB} 上的每一点，都分别表示 A 和 B 愿意在某一义务教育年限上支付多少义务教育费用。义务教育的总需求曲线 D_G^* 通过对两个消费者的义务教育需求曲线加总来获得，即 $D_G^* = D_{GA} + D_{GB}$。

在义务教育总需求曲线 D_G^* 上的每一点，都代表在收入一定条件下义务教育总需求水平，代表人们愿意为义务教育支付的总费用，代表义务教育的财政收入水平。在义务教育总供给曲线 S_G 上的每一点，都代表义务教育总产出水平，代表义务教育所需总费用，代表义务教育的财政支出水平。

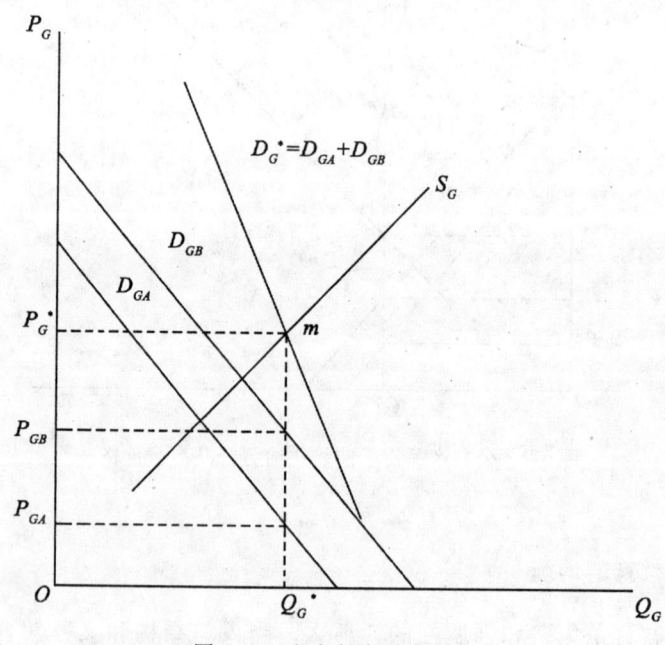

图 5-10　义务教育需求曲线

义务教育总需求曲线 D_G^* 与义务教育总供给曲线 S_G 的交点 m，就是义务教育供求的均衡点。在该点上，有义务教育均衡的总价格 P_G^* 和总量 Q_G^*。它们表示人们愿意为义务教育支付的总费用与义务教育所需总费用在 m 点上达到均衡，或者说，义务教育的财政收入与义务教育的财政支出在 m 点上达到均衡。由于义务教育均衡的总量 Q_G^* 是指由人口结构、义务教育年限和义务教育学起始年龄共同决定义务教育学龄儿童的总人数，而在人口结构一定的条件下，义务教育年限越长，义务教育学龄儿童总人数就越多，因此，义务教育均衡的总量 Q_G^* 又可视为义务教育均衡年限。

如图 5-11 所示，当义务教育的总产出水平高于义务教育的均衡产出水平时，即 $Q_G'>Q_G^*$，人们愿意为义务教育支付的总费用小于义务教育所需总费用，或者说义务教育的财政收入小于义务教育的财政支出，这时政府将面临筹集义务教育经费困难的问题。这就是说，在 Q_G' 点上，潜在着有义务教育支出能力不足的问题，它具有把过高的产出水平拉回到均衡产出水平的牵引力。这时政府可以有意缩短义务教育年限，也可以向义务教育接受者收缴一部分杂费，实现义务教育不完全免费，而义务教育收费本身意味着义务教育的总产出水平回到义务教育的均衡产出水平上。然而，义务教育收费又会导致一部分学生辍学，从而使义务教育偏离基础教育普及的目标。同样，当义务教育的总产出水平低于义务教育的均衡产出水

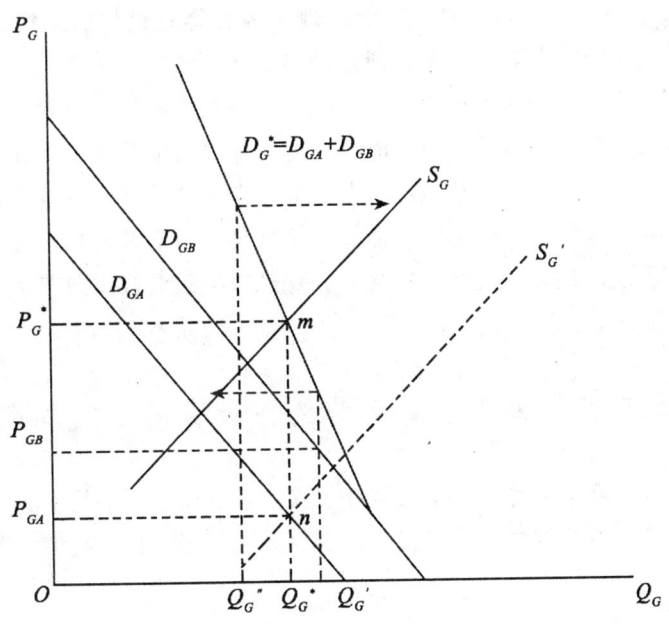

图 5-11　义务教育的总产出水平与义务教育的均衡产出水平

平时，即 $Q_G'' < Q_G^*$，人们愿意为义务教育支付的总费用大于义务教育所需总费用，或者说义务教育的财政收入大于义务教育的财政支出。这就是说，在 Q_G'' 点上，潜在着有义务教育支出能力过剩的问题，它也具有把过低的产出水平拉回到均衡产出水平的牵引力。这时政府可以有意延长义务教育年限，这对每个家庭都有好处。

由于义务教育的价格是每个人愿意支付义务教育经费的总和，因而它也是义务教育的边际成本，即

$$P_{GA} + P_{GB} = P_G^* = MC_G \tag{5-12}$$

那么，满足这种充满个性化均衡价格的有效条件，是否可以通过分散化的市场来提供呢？

假定消费者 A 和 B 是众多消费者中的两个，他们互不碰面，因而互不知道对方愿意支付多少义务教育经费，处于非合作的状态，在选择个人自愿支付义务教育经费的策略中，"其中每一个策略必须是另一策略的最优反应"，而对他们二人各自有利的"最优反应"就是"搭便车"，由此而达到的均衡就叫做纳什均衡。① 假定消费者 B 在支付义务教育成本上是"搭便车"的投机者，即 $P_{GB}=0$，那么义务教育供给曲线就会从 S_G 移到 S_G'，这样，S_G' 与消费者 A 的义务教育总需求曲线相交于消费者 A 在义务教育产量为 Q_G^* 时所愿意支付的义务教育成本点 n，在该点上，$P_{GA}+P_{GB} \neq P_G^* \neq MC_G \neq MR_G$，因而不能实现义务教育总供求的均衡，市场在义务教育资源配置上不能满足帕累托最优所需的条件。

为什么会这样呢？因为从最大化自己接受义务教育的效用出发，每一个消费者在做出自愿支付义务教育经费的决定时，只考虑他自己能从他出资办义务教育中获得多少利益，而不考虑其他人从他出资办义务教育中获得多少利益。因此，分散化市场出资办义务教育的非合作纳什均衡，无法满足有效配置义务教育资源的所需的条件。通过税收强行让每个人在支出义务教育经费上采取合作态度，是义务教育赋予政府的重要职能。

第三节 义务教育与非义务教育的一般均衡

前面我们分别就个别教育、学校教育、义务教育做了局部均衡分析，现在我们把问题扩大到各级各类教育同时存在的情况。为了便于分析，我们把各级各类教育

---

① [美]约·纳什. 纳什博弈论论文集[M]. 张良桥，王晓刚，译. 北京：首都经济贸易大学出版社，2000：(4).

分为义务教育和非义务教育。非义务教育是指义务教育前后各个阶段的教育，如我国的幼儿教育、中等职业技术教育、高级中等教育、高等教育。除军事高等教育以外，其他非义务教育一般都采取政府、企业和其他社会团体资助办学与学校对受教育者个人收费相结合的办学模式。

前面已经指出，教育不是公共产品，即使是由政府出资的义务教育，也不是公共产品。如果把义务教育称为"公共教育"，那实际上是承认义务教育是公共产品，因为教育本身是一种产品，"公共教育"一词本身就可理解为"公共产品"。为了避免引起概念上的混乱和误解，我们不使用"公共教育"和"公共教育支出"这样的概念，因为使用这样的概念很可能引导人们把"政府资助的教育"错误地当作"公共产品"，把"政府的教育支出"错误地理解为"公共产品支出"。但这里所说的义务教育是指完全免费的强制性的和普及性的学校教育。

一、教育生产可能性边界

前面已经指出，在国民收入既定的条件下，两产品生产的瓦尔拉斯均衡点处在预算线和社会无差异曲线与生产可能性曲线的切点上。这意味着教育品与非教育品的瓦尔拉斯均衡点也一定在生产可能性曲线的某一点上。在上述图5-3中，该点为M^-点。于是，在国民收入、消费者和投资者的偏好、教育成本为既定的情况下，我们可以把一国经济用于教育的全部生产要素看成一个定数。由于非义务教育和义务教育在理论上是可以划分的，因此，当学校的生产要素和生产技术转变为教育要素和教育技术为既定时，一国经济所能生产的各种非义务教育和义务教育的产量也只能在一定的范围内进行组合。这种在教育要素和教育技术既定时一国经济所能生产各种非义务教育和义务教育的产量组合，我们就把它叫做教育生产可能性边界。

在图5-12中，G代表义务教育量，S代表非义务教育量，曲线FF代表教育生产可能性边界$EPPF$，它与社会的教育预算线相交于N点，在该点上，非义务教育与义务教育实现了社会均衡。在"一个纯个别教育市场"上，基础教育没有义务化，因此，在图5-12中，横轴可表示基础教育量X，纵轴可表示非基础教育量Y，N^*点可表示教育的市场均衡点。该点在教育生产可能性边界之内且不在教育生产可能性边界上，它代表资源配置没有达到帕累托最优。这是因为在有政府、企业或其他社会团体资助教育的情况下，教育的市场均衡所决定的资源配置，并不是社会福利最大化所要求的资源配置。

二、非义务教育与义务教育的最优组合

教育的社会均衡，实际上就是在教育生产可能性边界上非义务教育与义务教育

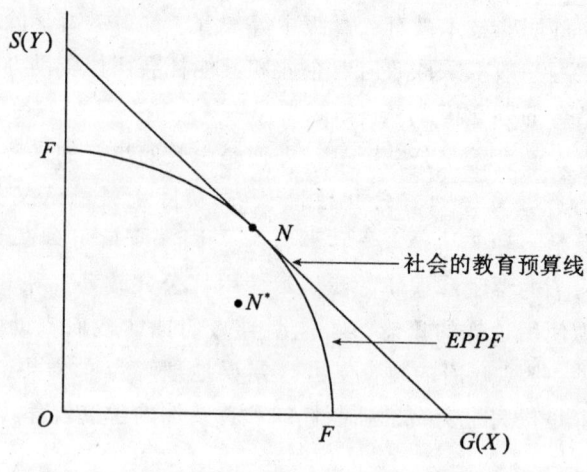

图 5-12 教育生产可能性边界

的一组最优组合。在教育生产可能性边界,消费者的偏好、收入,教育成本既定的条件下,假定一个经济存在任意两个消费者 A 和 B,有义务教育 G 和非义务教育 S 供他们消费,那么,A 和 B 的非义务教育与义务教育的均衡分析所要说明的问题,是要找出那些保证生产一组义务教育和非义务教育的资源配置达到帕累托最优的必要条件,以便说明教育有效供给的条件。

在图 5-13 中,纵轴 S 代表非义务教育的产量,横轴 G 代表义务教育的产量。该图有三部分,图 5-13(a)是用 U_{1A} 和 U_{2A} 表示的消费者 A 对两产品 G 和 S 的任意两条无差异曲线图,在 U_{1A} 上任选一点 D_A',过点 D_A' 作与 U_{A1} 相切的直线 H_A,该直线的斜率的绝对值等于 A 对两产品 G 和 S 的边际替代率 MRS_A。过点 D_A' 作与横轴 S_A 平行的直线,该直线与纵轴相交于点 S_A'。图 5-13(b)是用 U_{1B} 和 U_{2B} 表示的消费者 B 对两产品 G 和 S 的任意两条无差异曲线图;过 D_A' 点作与纵轴平行的直线,该直线与 U_{1B} 相交于 D_B^* 点,过点 D_B^* 作与 U_{1B} 相切的直线 H_B,该直线的斜率的绝对值等于 B 对两产品 G 和 S 的边际替代率 MRS_B。纵轴上的点 S_B^* 与点 D_B^* 相对应。图 5-13(c)是 A 和 B 的教育生产可能性边界图。将 U_{1A} 和 U_{1B} 在教育生产可能性边界图中纵向加总,即 $OS^* = S_A' + S_B^*$,于是,无差异曲线 U_{1A} 与 EPPF 相交,有交点 n' 和 m'。过点 S_B^* 作与横轴 G 平行的直线,该直线与曲线 EPPF 相交于 D^* 点,该点在直线 $D_A'D_B^*$ 上。过点 D^* 作与曲线 EPPF 相切的直线 H,该直线的斜率的绝对值等于 G 对 S 的边际转换率 MRT。

由于 U_{1A} 为既定,在点 n' 和 m' 上,A 消费掉全部非义务教育,此时,B 的非义务教育消费量为零,在图 5-13(b)中与点 n' 和 m' 相对应的有点 n^* 和 m^*,这意味

138

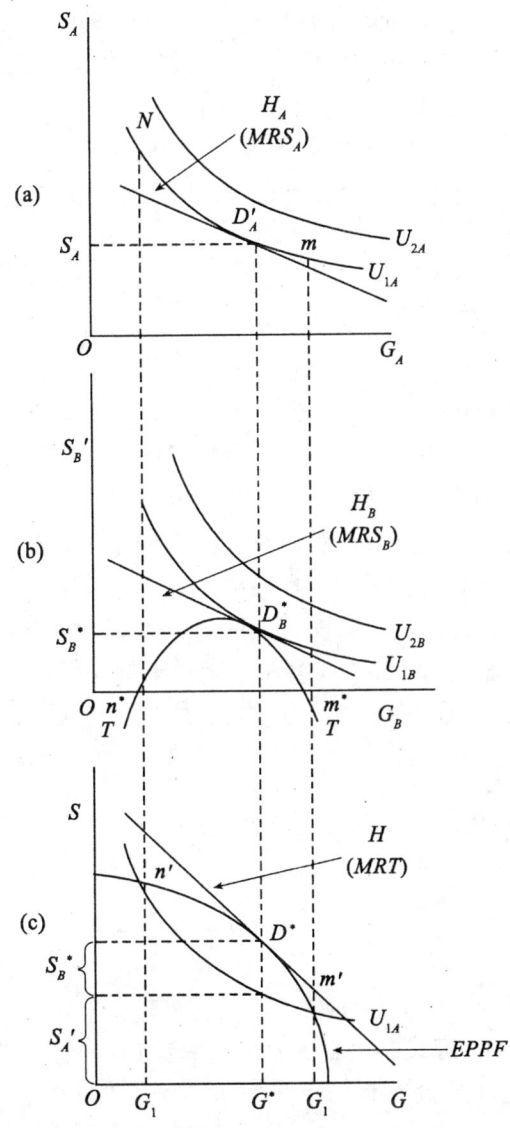

图 5-13 非义务教育产出与义务教育产出

着 B 对两产品 G 和 S 的可能性组合只能在点 n^* 和 m^* 之间选择,因此过点 n^* 和 m^* 的曲线 TT,就是 B 消费非义务教育和义务教育的可能性组合,称为 B 的教育消费可能性曲线,该曲线与无差异曲线 U_{1B} 和直线 H_B 相切,此时在该图上有切点 D_B^*,在该点上,A 和 B 消费义务教育 OG^* 的数量相等,B 消费非义务教育的数量

139

为 S_B^*，此时 B 不再可能提高自己的非义务教育消费水平而又不减少 A 的教育消费水平，因此在点 D_B^* 上，有义务教育和非义务教育产出的帕累托最优组合。

在图 5-13（c）中，由于 G^*D^* 是 S_A' 和 S_B^* 的加总，因此，直线 H 的斜率等于直线 H_A 的斜率加直线 H_B 的斜率，也就是说有：

$$MRT = MRS_A + MRS_B \tag{5-13}$$

这是帕累托最优配置的规范表达式，而 $MRT = MRS_A = MRS_B$ 只是帕累托最优配置的特殊状态。

三、非义务教育的定价规则

前面已经指出，教育是具有外部性的私人产品，作为私人产品的教育供求，市场价格对其有调节作用。而作为外部性的教育供求，政府对其有调节作用。假定义务教育的政府资助办学，其学生人均资助量由实施义务教育的各个学校的平均教育成本来决定，那么，义务教育的均衡分析在于找出义务教育的平均成本。而非义务教育的均衡分析则要找出资源有效配置条件所决定的非义务教育定价规则。

在图 5-14 中，假定一组非义务教育 X 的边际成本曲线 MC_X 为既定，那么，非义务教育的社会需求曲线 D_S 可由非义务教育的市场需求曲线 D_i 同非义务教育的政府需求曲线 D_G 进行纵向加总来得到。非义务教育的市场需求曲线与非义务教育的政府需求曲线分别是：

$$D_i = \sum_{i=1}^{n} D_{ij}(P_i) \quad (i = 1, 2, \cdots, n; j = 1, 2, \cdots, n)$$

$$D_G = \sum_{j=1}^{n} D_{Gj}(P_G) \quad (G = 1, 2, \cdots, n; j = 1, 2, \cdots, n)$$

于是

$$D_S = D_i + D_G$$

在公式 5-14 和 5-15 中，等式右边表示 n 个消费者 j 在一组非义务教育 i 的市场均衡价格为 P_i 时对这组非义务教育的市场需求总量，$P_i = P_S - P_G$，$D_i = D_S - D_G$。这样，该组非义务教育的最佳产出量为 Q_X，该组非义务教育的总价格水平 P_S 由该组非义务教育的市场均衡价格 P_i 和社会对该组非义务教育外在性的评估价格 P_G 组成。

如果把非义务教育的政府资助视为公费，那么一组包含公费教育和自费教育在内的社会需求曲线 D_S 也是这组非义务教育的社会边际收益曲线。

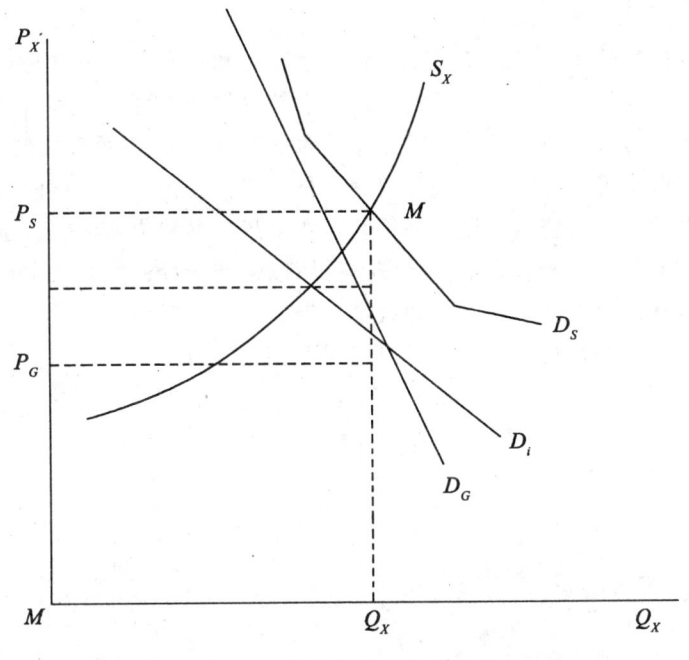

图 5-14　教育的社会需求曲线

第四节　教育运行的总量均衡模型

　　教育运行内含有多种变量。如学生的进出，教师的流动，学校的变迁，专业和课程的设置，备课、上课、作业和答疑辅导，居民和政府的教育支出，学校财政收支，政府与学校的教育管理，等等。各种变量错综复杂地交织在一起。它的错综复杂甚至使我们的分析无法进行。因此，在不忽略一些细节或在不排除一些次要变量的情况下，我们就不能对它进行严格的分析。借助模型对教育进行简化分析，就是为了说明教育运行中真正重要的东西。也就是说，通过某些假设，忽略一些次要变量，把教育运行简化，用数学图形和公式来简单地描述教育运行的状况，是为了深入揭示教育运行规律。然而，运用教育模型分析教育运行，会得出不完全符合现实的结论。如果我们在教育模型分析中逐步加进那些被忽略的次要因素，来逐步走近实际地对教育运行加以考察，我们的分析会逐渐逼近现实。这样我们就可以从简到繁、由表及里地把握教育运行规律。

一、简化教育运行的循环流

简化教育运行的条件是：学校是教育的生产者和售卖者，家庭是教育的购买者和消费者；教育竞争是充分和公平的；任何学校提供的教育量，都小到不足以垄断教育的生产和售卖；任何家庭购买教育量，都小到不足以垄断教育的生产和售卖；家庭从学校那里购买教育，用以满足家庭成员个体社会化和专门化的需要；学校从家庭那里获得教育支出费用，用以补偿教育的生产成本和售卖成本；学校从家庭那里购买服务性劳务、土地和其他教育资产，用以生产教育；家庭从学校那里获得工资、地租、利息，用于消费品支出和教育支出。

于是，简化宏观教育的运行就可以用图 5-15 来表示。

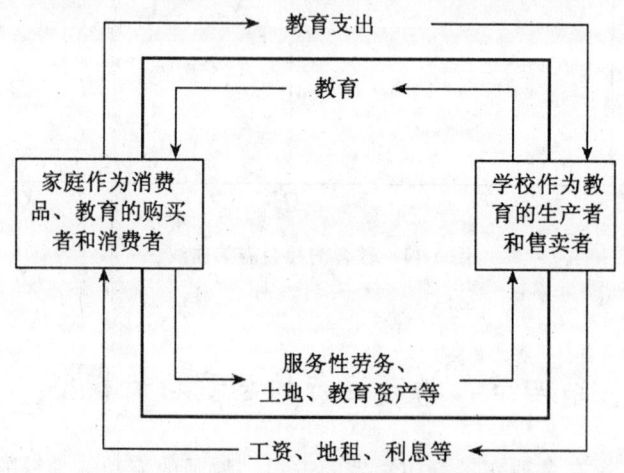

图 5-15 经济运行和教育运行的循环流

二、简单再招生条件下教育总量供求价值均衡的实现条件

考察简单再招生条件下教育总量供求的价值均衡，可以假定经济和教育是图 5-15 中的简化经济运行和教育运行，且利率水平、教育价格水平、学校管理因素和教育质量不变。那么，在简单再招生条件下，一国一年创造的按最终学历累计教育成本计算的教育总产值，同上年是一样的。在简化经济运行和教育运行中，要实现简单再生产和简单再招生，家庭的工资、地租、利息等收入，必须按上一年的数额转化为消费品和教育支出。假定各家庭学龄人口的变化使所有家庭不得不总共减少 10 亿元的教育支出，那么教育总量供求价值均衡的必要条件是：同期各家庭学龄人口的变化使所有家庭不得不总共增加 10 亿元的教育支出，以便实现简单再招

生。问题的关键在于社会是否存在这样一种机制：把那些因减少教育支出的家庭余下的 10 亿元转化成那些新增教育需求的家庭的教育支出，从而把潜在的教育支出积累变成现实的教育支出。社会对这种机制的要求将促使借贷机制和金融市场的发育成熟。只要社会有这样一种机制在正常地发挥作用，简单再招生条件下教育总量供求的价值均衡就能实现。

三、扩大再招生条件下教育总量供求价值均衡的实现条件

在扩大再招生条件下，假设教育价格水平一定，只要净增教育供给等于净增教育需求，教育总量供求的价值均衡就能实现。造成净增教育供给与净增教育需求相脱节的原因主要有两个：一是教育供求信息流通不畅，学校与社会之间缺少沟通，信息失灵导致教育决策失误；二是学校缺乏自主适应能力，无心主动搜集教育需求信息，机制僵化导致教育决策失效。

四、简化的宏观教育中教育总量供求价值均衡的决定

如表 5-1 所示，由前面分析可知，在简化的宏观教育中，第一列教育总产出作为一个社会适度供给量，包括第二列家庭的教育支出需求量和第三列家庭潜在的教育支出积累。我们假定 A 年教育总产出为 225 亿元，其中家庭的教育支出需求量为 200 亿元，家庭潜在的教育支出积累为 25 亿元，在此基础上家庭的教育支出每增加 100 亿元，家庭潜在的教育支出积累就增加 25 亿元。第四列各年学校投资需求量为 50 亿元。各年学校投资需求量在这里所以假定为一个定值，是因为学校投资是通过借贷来实现的，学校投资需求量取决于学校投资回报率。在利率水平、教育价格水平、学校管理因素和教育质量一定条件下，学校投资回报率保持不变。这时

表 5-1　　　　均衡教育总量供给与教育总量需求的决定（亿元）

	1 = 2+3	2	3	4	5 = 2+4	6
	教育总产出或教育总供给（EAP）	家庭的教育支出需求（$FEED$）	家庭潜在的教育支出积累（$PEEA$）	学校投资需求（SID）	教育总需求（EAD）	教育运行（EO）
A 年	225	200	25	50	250	扩张
B 年	**350**	**300**	**50**	**50**	**350**	**均衡**
C 年	475	400	75	50	450	收缩
D 年	600	500	100	50	550	收缩
E 年	725	600	125	50	650	收缩

即使家庭的教育支出需求和潜在的教育支出积累发生了变化,学校投资需求量也会保持不变,因而满足我们前面给定的教育运行模型分析假定条件的学校投资需求量,就是一个定值。第五列教育总需求包括第二列家庭的教育支出需求和第四列学校投资需求,但不包括第三列家庭潜在的教育支出积累,因为这种积累为生成家庭的教育支出需求提供了可能性,要把这种可能性变成现实,还必须满足其他条件。第六列是教育运行的状态。

从表5-1可以看出,教育总产出从A年的225亿元增长到B年的350亿元,其中家庭的教育支出需求增长了100亿元,家庭潜在的教育支出积累增长了25亿元。如果教育运行机制不能有效地把家庭的教育支出需求转化为教育总产出,那么,教育总量供求之间的价值均衡是不可能实现的。这表明,教育总量供求之间的均衡得以实现的必要条件是:家庭的教育支出需求全部转化为教育总产出。然而,即使教育运行满足了这一条件,如果学校投资不能充分把家庭潜在的教育支出积累转化为教育总产出,教育总量供求之间的价值均衡还是不能实现。这表明,教育总量供求之间的价值均衡得以实现的充分条件是:学校投资量等于家庭潜在的教育支出积累量。表5-1的设计本身就是以家庭的教育支出需求全部转化为教育总供给这一均衡条件为前提的,不然,第一列教育总产出由第二列家庭的教育支出需求和第三列家庭潜在的教育支出积累组成的假定就不能成立。因此,在家庭的教育支出需求全部转化为教育总产出的条件下,当学校投资需求量小于家庭潜在的教育支出积累量时,教育总需求量就大于教育总产出量,这时教育运行呈现出扩张状态;当学校投资需求量大于家庭潜在的教育支出积累量时,教育总需求量就小于教育总产出量,这时教育运行呈现出收缩状态;当学校投资需求量等于家庭潜在的教育支出积累量时,教育总需求量就等于教育总产出量,这时教育运行呈现出均衡状态。

图5-16是用表5-1的数据制作而成的,其中,横轴表示各年教育总产出量(EAP),纵轴表示各年教育总需求量(EAD)。在$EAP=EAD$曲线上的每一点,都表示年教育总需求量等于年教育总产出量。在$EAP=EAD$曲线上方的各点,表示教育总需求量大于教育总产出量。在$EAP=EAD$曲线下方的各点,表示教育总需求量小于教育总产出量。当$FEED+PEEA$曲线与$EAP=EAD$曲线相交时,其交点B就是教育总量供求的平衡点。这时直线有$BD+DE=BF$,并有$SID=PEEA$。

一旦我们知道了教育总需求曲线的位置,我们就可以决定均衡教育总产出。如图5-16所示,当教育总产出量为225亿元时,它在$FEED+PEEA$曲线上的对应的点为A,而与A点相对应的教育总需求量为250亿元,处在$EAP=EAD$曲线的上方。在这种情况下,过剩的教育需求必然刺激学校扩大投资和招生,教育总产出将增长。那么,当教育总产出量为725亿元时,该国能维持这个总产出吗?不能。如图5-16所示,在$FEED+PEEA$曲线上,725亿元的教育总产出量对应于C点,而与C点相对应的教育总需求量为650亿元,处在$EAP=EAD$曲线的下方。在这种情况

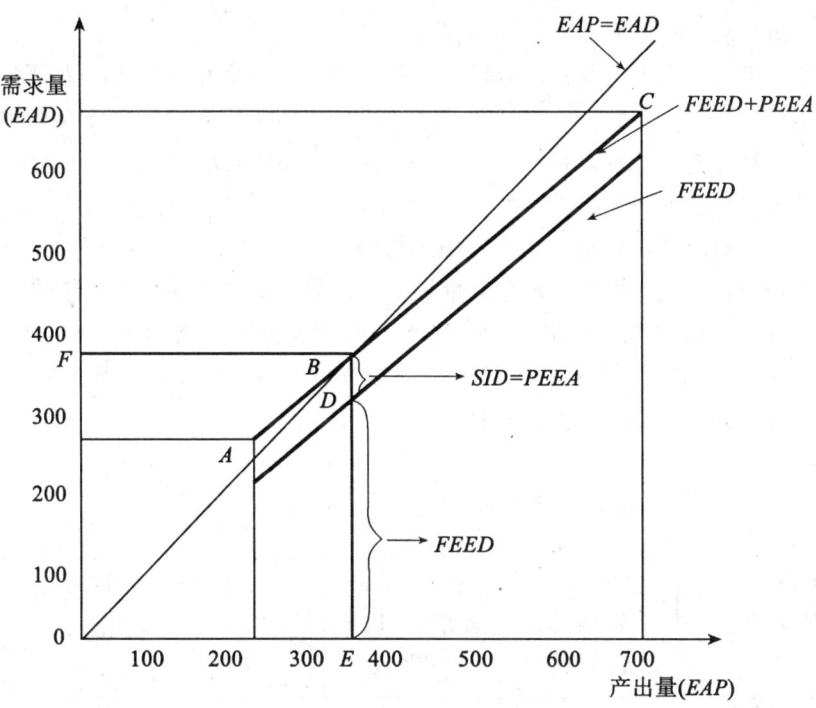

图 5-16　学校教育总量供求

下，不足的教育需求必然促使学校减少投资和招生，教育总产出将下降。

那么，为什么是这样的呢？道理很简单，如果家庭有足够的教育支出能力来购买学校生产的一定数量的教育，那么，学校倾向于扩大招生规模。从表 5-1 中 A 年来看，教育总需求为 250 亿元，而各级各类学校提供的教育总产出为 225 亿元，教育总量供不应求。这时学校会增加投资，以便扩大招生，从而促使学校投资需求量向家庭潜在的教育支出积累量靠近。如果家庭没有足够的教育支出能力来购买学校生产的一定数量的教育，如同表 5-1 中 C 年的那样，教育总需求为 450 亿元，而各级各类学校提供的教育总产出为 475 亿元，教育总产出量大于教育总需求量，这时学校会因缺乏生源而减少教育的生产量，从而同样会促使学校投资需求量向家庭潜在的教育支出积累量靠近。当各级各类学校提供教育的总产出对教育总需求而言不多不少时，如同表 5-1 中 B 年的那样，教育总产出量和教育总需求量都是 350 亿元，学校投资需求正好把家庭潜在的教育支出积累全部转化为教育产出，这时居民也无力让更多子女上学或升学，学校也没有扩大招生的兴趣，教育总量供求在学校投资需求量与家庭潜在的教育支出积累量相等时达到均衡。

如表 5-2 所示，如果我们把学校投资需求量从 50 亿元提高到 100 亿元，那么，教育总产出会发生什么变化呢？这时，教育总量供求的均衡会出现在 D 年，均衡教育总产出会从 350 亿元增加到 600 亿元，新增 250 亿元。

我们也可以将表 5-2 中的数据制作成图 5-17。在该图中，$FEED+PEEA$ 曲线与 $EAP=EAD$ 曲线相交于 B 点，所以 B 点是教育总量供求的均衡点。与 B 点相对应的教育总产出量与教育总需求量都是 600 亿元。直线 BD 表示 100 亿元的学校投资需求，直线 DE 表示 500 亿元的家庭的教育支出需求，直线 $BD+DE=BF$，表示教育总产出量等于教育总需求量，二者实现了均衡。

必须指出，在表 5-2 中，教育总量供给的价值均衡从表 5-1 中 B 年的 350 亿元增加到 D 年的 600 亿元，增加了 250 亿元，而学校投资只增加了 50 亿元。那么，学校投资增加 50 亿元，为什么会导致均衡教育总产出增加 250 亿元呢？这里我们引进学校投资乘数的概念来加以解释。

表 5-2　　　　均衡教育总量供给与教育总量需求的决定（亿元）

	1=2+3	2	3	4	5=2+4	6
	教育总产出或教育总供给（EAP）	家庭的教育支出需求（FEED）	家庭潜在的教育支出积累（PEEA）	学校投资需求（SID）	教育总需求（EAD）	教育运行（EO）
A 年	225	200	25	100	300	扩张
B 年	350	300	50	100	400	扩张
C 年	475	400	75	100	500	扩张
D 年	**600**	**500**	**100**	**100**	**600**	均衡
E 年	725	600	125	100	700	收缩

学校投资乘数是指学校在教育上每增加一元的投资所能引起的教育产出的增长程度。其计算公式是：学校投资乘数 $=1\div(1-C)$，其中 C 为边际教育支出倾向。

我们知道，教育总量供求从不均衡到均衡再到不均衡、从原有均衡到新均衡的运动，是一个随时间推移不断由学校投资变动而引起家庭教育支出需求按其边际教育支出倾向而发生速度递减式的连锁增长过程。假定家庭边际教育支出倾向与家庭边际潜在教育支出积累倾向分别为 4/5 和 1/5，如表 5-2 所示，当学校投资由 50 亿元增加到 100 亿元时，直接引起教育总产出增长 50 亿元。而这新增长的 50 亿元的教育总产出，又引起家庭的教育支出需求的自发性增长。这些自发性增长与因教育价格下降而引起的家庭的教育支出需求的诱发性增长是不同的。自发性增长导致整个教育需求曲线向右发生位移，而诱发性增长则不会导致这种变化，它只是在原有教育需求曲线上反映教育需求量随教育价格的下降而实现的增长。如一个大学生因每年获得3000元贷款而能上学，而这3000元贷款确实引起该大学生6000元的其他教育支出。假定家庭边际教育支出倾向为4/5，那么，由支出乘数可得自发的家庭的教育支出乘数为$1 \div (1-Cf)$，其中Cf为家庭边际教育支出倾向。由此可知，新增学校投资（$\triangle I$）所引起教育总产出增量（$\triangle Y$）等于新增学校投资需求量乘以自发的家庭的教育支出乘数，即$\triangle Y = \triangle I \times [1 \div (1-Cf)]$。于是，新增50亿元学校投资需求通过家庭边际教育支出倾向所引起的家庭的教育支出需求对均衡教育总产出的贡献是：$\triangle Y = 50 \times [1 \div (1-4/5)] = 250$亿元。

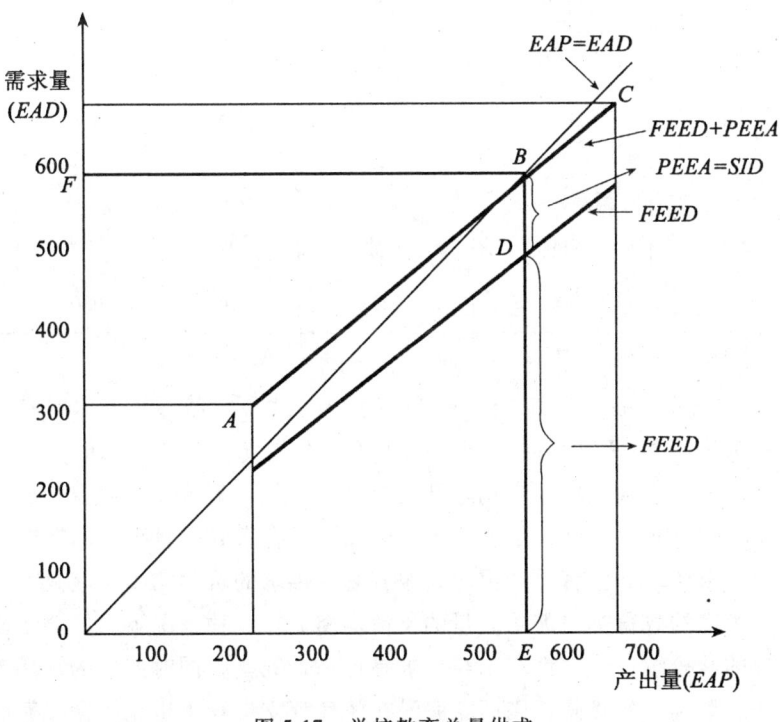

图 5-17 学校教育总量供求

五、历史的考察

必须指出，在原始社会，学校教育还没有从家庭中分离出来，所有的教育都是以家庭或部落为单位在生产和生活中进行的。因而，如表5-3中的 PC 年所示，学校投资和家庭潜在的教育支出积累都等于0，家庭的教育支出需求量等于教育总产出量；也等于教育总需求量。我们把这种均衡称为原始均衡。于是，表 5-3 的数据可用图 5-18 来解释。

表 5-3　　均衡教育总供给与教育总需求的决定（亿元）

	1 = 2+3	2	3	4	5 = 2+4	6
	教育总产出或教育总供给（EAP）	家庭的教育支出需求（FEED）	家庭潜在的教育支出积累（PEEA）	学校投资需求（SI）	教育总需求（EAD）	教育运行（EO）
PC 年	150	150	0	0	150	原始均衡
……	……	……	……	……	……	……
A 年	225	200	25	50	250	扩张
B 年	350	300	50	50	350	均衡
C 年	475	400	75	50	450	收缩
D 年	600	500	100	50	550	收缩
E 年	725	600	125	50	650	收缩

如图 5-18 所示，在 OG 和 OH 形成的坐标内，由于学校投资和家庭潜在的教育支出积累就都等于 0，FEED 曲线与 FEED+PEEA 曲线和 EAP = EAD 曲线是重合在一起的。只有学校出现以后，它们才开始分离。即从 ON 曲线逐渐演变成 FEED 曲线或 FEED+PEEA 曲线。这就是说，当一个社会只有家庭的教育支出需求，且家庭的教育支出需求代表着教育总产出时，教育总量供求的价值均衡，就是家庭的教育总产出量与家庭的教育支出需求总量的价值均衡。在这种情况下，社会上没有独立于家庭之外的学校教育。教育产出与需求是在一个家庭中同时产生的，两者之间的统一没有任何事实上的障碍，因而家庭潜在的教育支出积累也就不会在家庭中成为事实，学校投资需求和家庭潜在的教育支出积累也就不存在。

原始公社教育总量供求的价值均衡可以纳入上述简化模型中加以说明，使我们上述提出的均衡实现条件获得了历史性支持。在对原始公社教育的分析中，我们发现了教育总量供求价值均衡的原始形态——原始均衡。这种原始均衡在图 5-18 中是 ON 曲线。当学校出现以后，这种原始均衡才被打破。

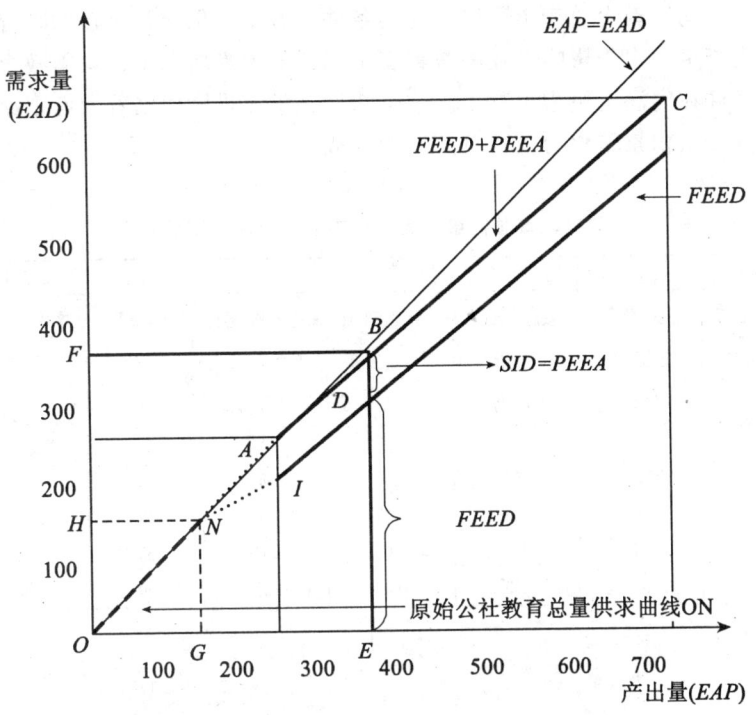

图 5-18 原始公社教育总量供求与学校教育总量供求

第五节 教育总量供求价值均衡的接近现实模型

在现实的教育运行中，影响教育总产出的因素，除家庭的教育支出需求以外，还有政府的教育支出需求、社会团体的教育支出需求、潜在的教育支出积累和对外教育服务贸易等。下面我们先来分析在不存在对外教育贸易条件（封闭条件）下教育总量供求的均衡，然后再分析在存在对外教育贸易条件（开放条件）下教育总量供求的均衡。

一、封闭条件下教育总量供求的价值均衡决定

表 5-4 第一列教育总产出是由第二列家庭的教育支出需求、第三列政府的教育支出需求、第四列社会团体的教育支出需求以及第五列家庭和政府潜在的教育支出积累这四个变量组成的。潜在的教育支出积累包括家庭和政府的。第七列教育总需求包括第二列家庭的教育支出需求、第三列政府的教育支出需求、第四列社会团体的教育支出需求和学校投资需求。从表 5-4 可以看出，虽然影响教育总产出的因素

变成四个,但均衡教育总产出得以实现的条件没有变,仍然是潜在的教育支出积累等于学校投资量。由于影响潜在的教育支出积累的因素增加了,均衡教育总产出得以实现的条件在内涵上更为丰富了。这意味着,学校投资面临着如何把家庭和政府潜在的教育支出积累转化为教育总产出的挑战。

表 5-4　　　　　均衡教育总供给与教育总需求的决定(亿元)

	1 = 2+3+4+5	2	3	4	5	6	7 = 2+3+4+6	8
	教育总产出或教育总供给 (EAP)	家庭的教育支出需求 (FEED)	政府的教育支出需求 (GEED)	社会团体的教育支出需求 (SEED)	家庭和政府潜在的教育支出积累 (PEEA)	学校投资需求 (SID)	教育总需求 (EAD)	教育运行 (EO)
A 年	225	80	100	20	25	50	250	扩张
B 年	**350**	**120**	**150**	**30**	**50**	**50**	**350**	**均衡**
C 年	475	160	200	40	75	50	450	收缩
D 年	600	200	250	50	100	50	550	收缩
E 年	725	240	300	60	125	50	650	收缩

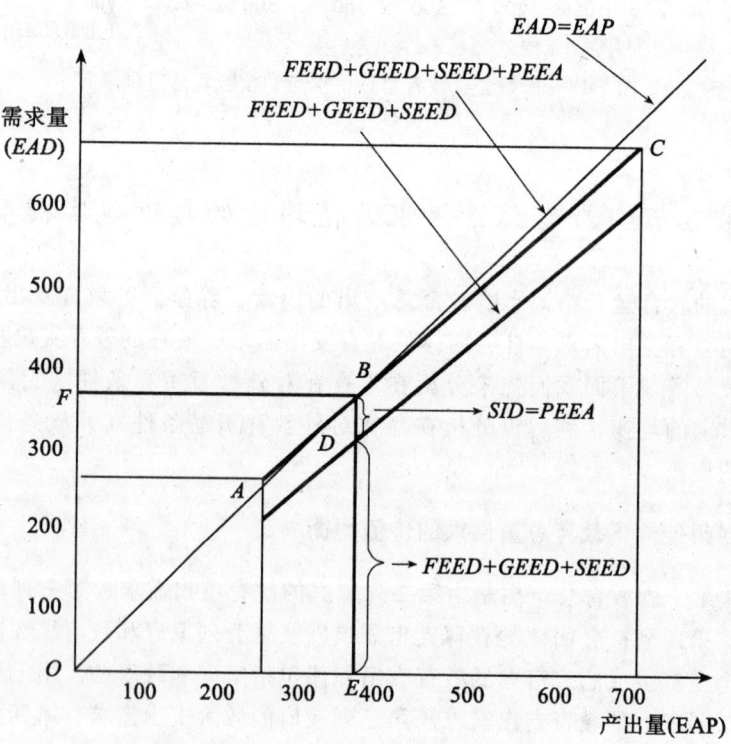

图 5-19　教育总量供给与教育总量需求

由图 5-19 是对表 5-4 数据的图解可知，由于教育总量供求的均衡，是以学校投资量等于潜在的教育支出需求量为条件的，因此，当家庭、政府和社会团体的教育支出需求一定时，潜在的教育支出能力愈小，教育需求的价格弹性就愈小，$FEED+GEED+SEED$ 曲线就愈靠近 $EAD=EAP$ 曲线，家庭、政府和社会团体的教育支出需求之间的比例对教育总量供求均衡决定的影响就愈小；反之，潜在的教育支出能力愈大，教育需求的价格弹性就愈大，$FEED+GEED+SEED$ 曲线就愈远离 $EAD=EAP$ 曲线，家庭、政府和社会团体的教育支出需求之间的比例对教育总量供求均衡决定的影响就愈大；同样，潜在的教育支出积累量与学校投资需求量之间的差距越小，教育总量供求的均衡就越容易实现；反之，潜在的教育支出积累量与学校投资需求量之间的差距越大，教育总量供求的均衡就越难实现。

如果我们把潜在的教育支出积累量从 50 亿元提高到 100 亿元，那么，教育总产出会发生什么变化呢？

在表 5-5 中，影响教育总产出的因素变成四个，学校投资没有发生变化，家庭的教育支出需求变量则发生了变化，并增加了两个新变量。但均衡教育总产出与教育总需求的均衡仍然出现在 D 年，均衡教育总产出仍然从 350 亿元增加到 600 亿元，新增 250 亿元。那么，这种变化又是怎样发生的呢？或者说这新增 250 亿元均衡教育总产出是从哪里来的？

表 5-5　　　　　均衡教育总供给与教育总需求的决定（亿元）

	1=2+3+4+5	2	3	4	5	6	7=2+3+4+6	8
	教育总产出或教育总供给（EAP）	家庭教育支出需求（FEED）	政府教育支出需求（GEED）	社会团体教育支出需求（SEED）	潜在的教育支出积累（PEEA）	学校投资需求（SID）	教育总需求（EAD）	教育运行（EO）
A 年	225	80	100	20	25	100	300	扩张
B 年	350	120	150	30	50	100	400	扩张
C 年	475	160	200	40	75	100	500	扩张
D 年	**600**	**200**	**250**	**50**	**100**	**100**	**600**	**均衡**
E 年	725	240	300	60	125	100	700	收缩

显而易见，这里引起均衡教育总产出发生变化的是家庭、政府和社会团体的边际教育支出倾向。假定家庭边际教育支出倾向 Cf、政府边际教育支出倾向 Cg 和社会团体边际教育支出倾向 Cs 分别为 2/5、3/10 和 1/10，那么，由支出乘数可得自发的教育支出乘数为 $1\div[1-(Cf+Cg+Cs)]$，新增学校投资需求量 ΔI 所引起教育总产出的增量 ΔY 为 $\Delta P\times[1\div(1-Cf)]$。于是，新增 50 亿元学校投资需求通过

家庭、政府和社会团体边际教育支出倾向所引起的教育支出需求的变化对均衡教育总产出的贡献是：$\triangle Y = 50 \times \{1 \div [1-(2/5+3/10+1/10)]\} = 50 \times 1 \div (1-4/5) = 50 \times 5 = 250$ 亿元。

二、开放条件下教育总量供求的价值均衡决定

在有对外教育贸易条件下，如果教育进出口贸易出现顺差，说明其差额为正数，这意味着教育的出口大于进口，那么，第一列教育总产出就大于第二列国内教育总产出；如果教育进出口贸易出现逆差，说明其差额为负数，这意味着教育的出口小于进口，那么，第一列教育总产出就小于第二列国内教育总产出；如果教育进出口贸易出现平衡，说明其差额为0，这意味着教育的出口等于进口，那么，第一列教育总产出就等于第二列国内教育总产出，在这种状态下教育运行的均衡就类似于封闭条件下教育运行的均衡。所以，我们只需分析教育进出口贸易不平衡条件下教育运行的均衡即可。

（一）教育进出口贸易逆差条件下教育总量供求的价值均衡

在表5-6中，第一列教育总产出等于第二列国内教育总产出减去第七列教育进出口贸易差额。这里我们假定教育进出口贸易差额也是一个常数，这是考虑到在其他条件不变的情况下，教育进出口价格不变，教育进出口贸易差额也将保持不变。

表5-6　　　　　　　均衡教育总供给与教育总需求的决定（亿元）

	1=2-7	2=3+4+5+6	3	4	5	6	7	8	9=3+4+5+8	10
	教育总产出或教育总供给（EAP）	国内教育总产出或教育总供给（DEAP）	家庭教育支出需求（FEED）	政府教育支出需求（GEED）	社团教育支出需求（SEED）	潜在的教育支出积累（PEEA）	教育进出口贸易差额（TD）	学校投资需求（SID）	教育总需求（EAD）	教育运行（EO）
A年	250	225	80	100	20	25	-25	75	275	扩张
B年	375	350	120	150	30	50	-25	75	375	均衡
C年	500	475	160	200	40	75	-25	75	475	收缩
D年	625	600	200	250	50	100	-25	75	575	收缩
E年	750	725	240	300	60	125	-25	75	675	收缩

如表5-6所示，在教育进出口贸易逆差条件下，教育总量供求均衡的条件不再是学校投资需求量SID等于潜在的教育支出积累量PEEA，而是学校投资需求量等于潜在的教育支出积累量与教育进出口贸易差额TD之差，即在表5-6中为75 = 50-（-25）。因为教育进出口贸易逆差意味着与此逆差相等的潜在的教育支出积累被国外教育市场开发走了。这表明，在潜在的教育支出积累一定条件下，教育进出

口贸易逆差会导致均衡教育总产出的下降,也就是说,它使教育总量供求在较低水平上达到均衡。

从用表 5-6 的数据制成的图 5-20 可以看到,教育总量供求的均衡点 B 与 $FEED+GEED+SEED$ 曲线的距离 BD,就是 $PEEA$,它等于 SID 与 TD 之差,即 $PEEA=SID-TD$。这清楚地表明,在潜在的教育支出积累和教育进出口价格不变条件下,教育进出口贸易逆差促使教育总量供求在较低水平上达到均衡。

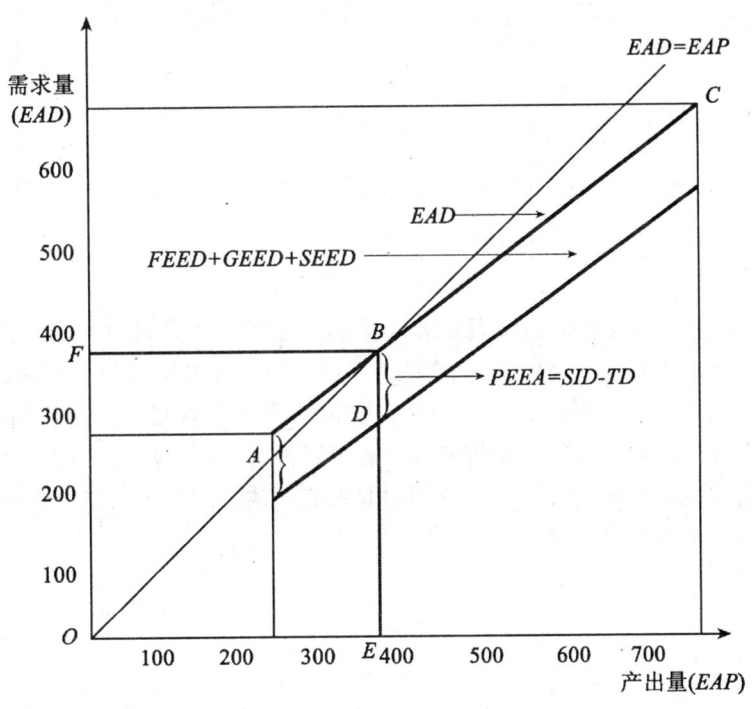

图 5-20 教育总量供求

(二)教育进出口贸易顺差条件下教育总量供求的价值均衡

在表 5-7 中,第七列教育进出口贸易差额为正数,说明教育出口额大于进口额,因而,第一列教育总产出小于第二列国内教育总产出。于是,教育总量供求的均衡出现在 D 年,均衡教育总产出为 575 亿元,均衡条件仍然是学校投资需求量等于潜在的教育支出积累量与教育进出口贸易差额之差:$PEEA=SID-TD$,即在表 5-7 中为:75=100-25。这意味着教育进出口贸易顺差使均衡教育总产出量增大,导致教育总量供求在较高水平上实现均衡。

比较表 5-6 和表 5-7,我们不难发现,教育进出口贸易差额从 -25 亿元增加到 25 亿元,而均衡教育总产出则从 375 亿元增加到 575 亿元,新增均衡教育总产出

200亿元，而在这个过程中，学校投资需求量并没有增加，那么，新增200亿元的均衡教育总产出又是怎样形成的呢？

表 5-7　　　　　　　　均衡教育总供给与教育总需求的决定（亿元）

	1=2-7	2=3+4+5+6	3	4	5	6	7	8	9=3+4+5+8	10
	教育总产出或教育总供给（EAP）	国内教育总产出（DEAP）	家庭教育支出需求（REED）	政府教育支出需求（GEED）	社团教育支出需求（SEED）	潜在的教育支出积累（PEEA）	教育进出口差额（TD）	学校投资需求（SID）	教育总需求（EAD）	教育运行（EO）
A年	200	225	80	100	20	25	25	75	275	扩张
B年	325	350	120	150	30	50	25	75	375	扩张
C年	450	475	160	200	40	75	25	75	475	扩张
D年	**575**	**600**	**200**	**250**	**50**	**100**	**25**	**75**	**575**	**均衡**
E年	700	725	240	300	60	125	25	75	675	收缩

在表5-6中，当教育进出口贸易差额为-25亿元且教育总量供求达到均衡时，潜在的教育支出积累为50亿元，而在表5-7中，当教育进出口贸易差额为25亿元且教育总量供求达到均衡时，潜在的教育支出积累为100亿元。这表明，新增50亿元的教育进出口贸易差额，发挥着与学校投资需求一样的功能，它通过家庭、政府和社会团体边际教育支出倾向，分别引起家庭、政府和社会团体的教育支出需求的变化，产生了与学校投资需求一样的教育支出乘数效应。

第六章 教育资源配置

教育资源与其他社会资源一样具有稀缺性。如何有效地配置稀缺的教育资源，是教育经济学的重大课题。当今世界，人口不断增长，年轻一代人均受教育年限不断延长，教育规模呈现出扩张趋势。面对在校生人数越来越多，教育资源占社会资源的比例不断提高的形势，教育资源配置对整个社会资源配置的制约作用日益显现。我国教育改革的目标之一，就是要使教育发展适应社会主义市场经济发展的需要，而要实现这一改革目标，关键在于解决好教育资源配置问题，实现教育资源配置的合理化。

第一节 教育资源配置的内涵

教育资源配置的理论研究，是以有关概念和理论为基础的。对有关概念的界定和有关理论的说明，目的在于为教育资源有效配置分析确定一些基点。

一、教育资源配置的含义

经济学意义上的资源是指一切可利用的稀缺的自然资源和社会资源。太阳发出的光和热是可利用的，而太阳之外的其他恒星发出的光和热目前还不可利用，这样的自然资源是无限的，但不是都可利用的。可利用的稀缺的自然资源主要有土地、水、大气、矿产、燃料、环境。可利用的稀缺的社会资源主要有人力资源、资本（有形和无形）和技术。可利用性和稀缺性是经济学意义上资源的两个基本属性。具有这两个特性的资源是经济资源。教育资源是教育部门所利用的一切经济资源，它具有可利用性和稀缺性。理解教育资源必须注意三点：一是不能把教育资源理解为非经济资源。一些非经济资源，如教育制度资源、教育政策资源等，就不是稀缺资源，不能作为教育资源来对待。二是不能把教育部门等同于教育领域。教育部门是经济学概念，指的是生产教育的各个专门机构的总称。教育领域是教育学概念。一切有目的、有组织、有计划地对人的发展施加影响的活动，其中包括宗教活动、文化活动和其他更为广泛的意识形态宣传活动，都在教育领域之中，教育领域的外延比教育部门的外延要宽泛得多，教育领域所获得的资源涵盖了部分文化生产部门所获得的资源，它在外延上超出了经济学意义上教育资源。三是不为教育部门所利用的一切经济资源,都不能作为教育资源来对待。

教育资源配置是指一定技术和经济条件下教育资源的增长、使用和流动。它包括资源向教育部门的流入配置和存量教育资源的优化组合。教育资源配置与教育投入和产出相联系。要合理配置教育资源,每个社会必须就经济的教育投入和产出作出选择。教育投入是指生产教育过程中所使用的商品和劳务。教育产出是凝结在毕业生身心发展上的服务。经济的教育投入和产出就是以最少教育投入获取最大教育产出,这称为教育管理效率或教育投入和产出效率,它的评价指标是教育投入产出比。教育经济学意义上的合理配置教育资源,是指一定技术和经济条件下教育资源的合理增长、使用和流动。教育经济学意义上的效率是指教育资源配置效率,它的评价指标是教育投资收益最大化和帕累托最优。在市场经济条件下,政府、社会团体、个人这三大教育投资主体追求教育投资收益最大化,并通过博弈和市场竞争来使教育投资的社会收益与个人收益相协调。帕累托最优是指资源配置达到这样一种状态:没有人能够提高自己的效用水平而不以降低他人的效用水平为代价。如果资源配置可以使一个人提高自己的效用水平而又不降低他人的效用水平,这时意味着可以通过资源配置的进一步改进来增加产量,提高效用水平,这被称为帕累托无效率或经济无效率。改变资源配置进而提高资源配置效率,这种改变称为帕累托改进。教育资源配置的最优状态可视为帕累托状态,它是衡量市场经济条件下教育资源配置效率的一个指标。

二、教育资源配置的特征

教育资源配置的特征是教育部门的特性与社会资源特性在教育资源配置上的必然反映。教育部门是生产教育的部门,是社会系统中的子系统,具有开放性,而教育是一种社会必需性、服务性、非物质性产品,它对受教育者说来是渐进性、阶段性、积累性、生产性消费。教育在生产和消费上具有正外部性,在消费上一般具有排他性和竞争性。社会资源具有稀缺性,而教育资源则具有教育部门的可利用性。教育系统的开放性,教育在生产上的社会必需性、服务性、非物质性和正外部性,在消费上的渐进性、积累性、阶段性、生产性、正外部性、排他性和竞争性,以及社会资源的稀缺性和在教育部门的可利用性,必然要反映在教育资源配置上,这决定了教育资源配置具有以下特征:

第一,有效性。教育资源配置的有效性反映了社会资源稀缺性对教育部门利用稀缺资源的本质要求。经济要发展,社会要进步,稀缺社会资源必须得到有效利用。经济发展和社会进步与有效利用稀缺社会资源之间存在着内在的必然的联系。这种联系是对人类生存和发展的一种本质规定,也是对教育部门利用稀缺资源的本质规定。教育发展本身是经济发展和社会进步的具体体现。教育要发展,教育资源必须得到有效利用。作为整个社会利用稀缺资源的一部分,教育部门利用稀缺资源也是实现经济发展和社会进步的必然要求。

第二，动态性。教育资源配置的动态性反映了教育系统的开放性和教育的社会必需性对教育部门有效利用稀缺资源的必然要求。教育部门是具有开放性社会系统中的子系统，它必须与其他子系统有效进行物质、能量、信息交换，才能维持自身的有序状态。因此，教育部门要有效利用稀缺资源，就必须从教育系统的开放性出发，从维持系统自身有序状态的要求出发，实现教育资源的有效生成和流动。教育是现代社会实现劳动力再生产的必要手段，是一切社会实现人的社会化的重要途径，是一切经济发展和社会进步的必需品。教育发展与经济发展和社会进步在动态中相互依存、相互制约、相互促进。教育部门要有效利用稀缺资源，就必须实现教育资源配置与其他部门资源配置的动态平衡，以便充分满足经济发展和社会进步不断提出的教育需求，促使教育发展不断与经济发展和社会进步相适应。

第三，层次性。教育资源配置的层次性反映了教育消费的渐进性、积累性和阶段性对教育部门有效利用稀缺资源的必然要求。受教育者消费学校提供的服务，以便实现其身心发展，是一个渐进的过程，并且是分阶段即分级别来完成的，低级别教育消费为高级别教育消费奠定基础，或者说，高级别教育消费是以低级别教育消费的积累为前提的，只有低级别教育消费需求得到满足以后才能产生高级别教育消费需求。这决定了从低级别教育到高级别教育在规模上是递减的，即在规模上呈现宝塔形。教育部门要有效利用稀缺资源，就必须从教育消费的渐进性、积累性和阶段性出发，适应由低级别到高级别的宝塔形教育规模变动的要求，分层次进行教育资源配置。

第四，非营利性。教育资源配置的非营利性反映了教育生产的非物质性和教育消费的生产性对教育部门有效利用稀缺资源的必然要求。学校所提供的教育是非物质性产品，所以，教育生产本身创造的不是物质财富，而是智力财富，即所谓的人力资本。作为从事人才培养活动的基本单位和办学实体的学校，尽管需要通过教育服务的等价交换来实现自身的发展，来实现教育服务的生产和再生产，并有可能在教育服务的交换中实现高于学校成本的学校收益。但由于教育服务不同于一般生活消费品，它的生产和再生产能否顺利实现，对受教育者个人并不直接构成生存上的威胁；又由于教育服务对受教育者个人而言不是享受性、消遣性消费，相反，受教育者需要付出巨大努力，才能真正实现对教育服务的消费，从而实现自身劳动力再生产和身心素质结构优化这一教育服务消费的目的；又由于教育服务在其消费过程中并不能直接给消费者（即受教育者）个人带来经济上的收益，而只能迟延性、间接性地给受教育者个人带来某些经济上的收益，即这种收益产生在教育消费过程完结以后和教育部门之外，这些迟延性的收益在教育消费过程中具有不确定性。个人教育投资的收益不是产生在个人消费教育的过程中，而是产生在个人使用其人力资本和使用其教育信号的劳动力市场上和工作中。这意味着，教育资源配置本身不是给教育生产者和教育消费者带来盈利的资源配置。因此，教育部门要有效利用稀缺资源，就必须从教育生产的非物质性和教育消费的生产性出发，以一定技术、经济条件下教育产出的最大化作为各教育层次实现动态、有效配置教育资源的目标。

第五，人力密集性。教育资源配置的人力密集性反映了教育的服务性对教育部门有效利用稀缺资源的必然要求。教育的服务性决定了教育部门是劳动和知识密集程度较高的部门。人力资源所占整个教育资源的比重比其他任何一个部门都要高，而人力资源是最宝贵的社会资源。因此，教育部门要有效利用稀缺资源，就必须从教育的服务性出发，把实现教育部门人力资源的有效配置作为实现教育资源结构优化的主要任务。

第六，市场与政府调节的互补性。教育资源配置的市场与政府调节的互补性反映了教育在消费上的排他性和竞争性、教育在生产和消费上的正外部性、稀缺资源在教育部门的可利用性对教育部门有效利用稀缺资源的必然要求。作为一种社会服务，教育在消费上具有排他性和竞争性，这意味着教育是一种私人产品，满足个人有选择的教育需求的有效教育供给存在政府失灵，必须借助"看不见的手"来调节才能实现。这种服务的生产和消费都具有正外部性，这意味着满足由教育外部性所决定的社会教育需求的有效教育供给存在市场失灵，必须借助"看得见的手"的调节才能实现。换句话说，教育在消费上的排他性和竞争性反映出教育在消费上的私益性，市场能有效调节这种反映私益性的教育供求关系，而教育在生产和消费上的正外部性反映出教育在生产和消费上的公益性，政府能有效调节这种反映公益性的教育供求关系。教育资源配置无论是市场参与还是政府参与，都在于使稀缺资源能有效流入教育部门，实现教育资源的增量配置，都在于使存量教育资源能得到有效利用。另外，教育关乎每个年轻人的发展，而在市场经济条件下人的发展是人参与劳动力市场竞争的必要条件，这意味着教育公平是社会公平的基础，而市场具有实现教育机会公平竞争的功能，政府则具有实现教育机会公平分配的功能。因此，教育部门要有效利用稀缺资源，就必须从教育在消费上的排他性和竞争性、教育在生产和消费上的正外部性、稀缺资源在教育部门的可利用性出发，把教育资源配置的市场调节和政府调节有机结合起来，实现优势互补。

三、教育资源配置体制的基本类型

教育资源配置体制可以依据政府和市场在其中所处地位的不同来进行分类。在对教育资源配置中，政府是一只"看得见的手"，市场是一只"看不见的手"，然而，来自社会团体或企业的资金支持以及个人、外国和世界组织的资金支持，也应加以重视。由于政府和市场是教育资源配置的主体，教育资源配置体制的基本类型可以依据政府和市场在教育资源配置中的地位和作用来划分。

(一) 市场主导型教育资源配置体制

市场主导型教育资源配置体制具有以下几个关键特征：①教育资源配置决策权分散在国家、社会团体或企业、学校、家庭和个人手中，行使教育资源配置决策权的划分在很大程度上取决于教育资源配置决策的性质。②教育发展服从于较广泛的教育资源配置目标函数。③教育资源配置信息的横向流动是对较为普遍的教育资源配置决策有重要影响的信息传递方式。④教育资源配置者可以获得有关选择行动的一系列变化信息。⑤对学校教师和学生的激励主要取决于多种激励手段及其激励强度。⑥激励通常是与市场评价相联系的。

(二) 政府主导型教育资源配置体制

政府主导型教育资源配置体制具有这样几个关键特征：①关于办什么样的教育、办多大规模的教育、如何办教育、为谁办教育的决策，是政府的职能。②政府对教育发展所要达到的目标有一个明确的计划函数。③教育资源配置信息主要是通过政府上下级之间的沟通渠道来传递的。④通过建立政府下级对上级的依赖关系来确保教育运行信息纵向传递的畅通。⑤在行政架构内实现对学校教师和学生的激励。⑥对学校教师和学生的激励的标准，在于成功完成政府教育发展计划所规定的任务。

(三) 政府与市场互动型教育资源配置体制

政府与市场互动型教育资源配置体制的关键特征是：①教育资源配置决策权在国家、社会团体或企业、学校、家庭或个人之间的分配，通过政府与市场的互动来实现，这种互动表现为政府运用政策引导市场，市场引导教育服务需求，在教育服务需求的变动与教育发展目标结合上政府选择市场引导教育资源配置的政策。②教育发展服从于较广泛的教育资源配置目标函数与教育服务需求的一致性。③教育资源配置信息的纵向传递和横向传递，对政府的宏观教育资源配置决策和学校、家庭或个人的微观教育资源配置决策，都具有重要意义。④教育资源配置信息的纵向流动是以横向流动为源头的，而纵向传递不受等级结构的限制。⑤对学校教师和学生的激励，通过多种激励手段、激励强度和行政权力的共同作用来完成。⑥对学校教师和学生的激励，接受政府和市场的双重评价。

(四) 市场主导型教育资源配置体制的优点与缺陷

市场主导型教育资源配置体制的优点是：它有利于维护受教育者选择教育服务的权益和自由，有利于较灵活地适应社会对人才需求的变化，有利于避免集中决策可能出现的重大失误，有利于加强教育与经济之间的联系，激发教育创新和改革，提高教育资源配置信息传递的效率的质量。

市场主导型教育资源配置体制也有缺陷。在竞争条件下，教育市场具有明显的效率特征。教育市场竞争并不是万能的。教育资源配置竞争并不能保证学校运行走向理想的彼岸，并不能保证竞争游戏规则的不受破坏，并不能预见学校发展的未来。教育竞争有自身的局限性，它并不一定导致各种资源的合理利用。在教育的运行过程中，"看不见的手"并不是永不言败的。教育市场本身不能导致各种教育资源的合理利用。这就是所谓的教育市场失灵。这种市场失灵有两种主要表现形式——教育机会不均和学校垄断。

教育的自由竞争，在某种情况下使教育的社会边际成本逐渐逼近教育的社会最低平均成本，并在市场均衡点上使教育的效用达到最大化，即使学校运行，任何一个办学者和求学者，都不能在不使其他人情况变坏的条件下，使自己的情况变好。这意味着，这种资源配置使受教育者产生了最大程度的满足。但是，教育的自由竞争所导致的这种最大程度的满足，是部分人的最大满足，不是最大多数人的最大满足；是教育资源配置可以达到的最大可能性，不是教育资源配置可以达到的最大公平性和平等性。

那么，教育的自由竞争为什么不能导致教育资源配置的公平利用呢？其原因在于，一个有竞争的有效率的市场，并没有赋予每个家庭或求学者以相等的购买教育的能力。一些儿童出身在贫穷家庭，这不是他们的过错；一些儿童出身豪门，这也不是他们的功劳。然而，个人的教育需求是以购买力为基础的，没有购买力的个人教育需求不能纳入个人教育需求曲线之中。个人教育需求的大小也取决于购买力的大小，因此，在个人教育需求曲线背后存在着的个人受教育机会的不平等、不公平，就可能是教育市场本身造成的。

教育市场失灵也许导致这样一种结果：少数富家子女有钱购买最好的高层次教育，他们获得硕士、博士后，出入高薪阶层，为他的家族赚回更多的财富，获得更高的社会地位，赢得更高的荣誉，并为他们的后代购买更好更多的教育奠定基础；而大多数贫穷家庭子女则失去获得接受更多更好教育的机会，甚至失去了所有的教育机会，他们在困境中长大成人后，只能从事简单的低工资的劳动，还不时失业，靠救济为生，其子女也将步其后尘，摆脱不了无力购买教育的困境。

一个由自由竞争实现的教育供求的市场均衡，可能是有效率的市场均衡，但可能是个人教育机会充满不平等的市场均衡。教育市场所具有的"看不见的手"，很难在解决效率问题的同时解决个人教育机会不公平的问题。对社会普遍存在的教育机会不均，教育市场机制本身是无能为力的。

教育市场之所以能在社会最低平均成本点上实现均衡，是因为没有一所学校能左右教育的市场价格，即学校运行处在完全竞争状态之中。然而，教育市场并不能自发地形成维持自身处于完全竞争状态的力量，在学校垄断面前，即在由一个学校或少数几所学校提供的全部教育面前，"看不见的手"显得软弱无力。因此，学校垄断是教育市场失灵的另一种主要表现形式。

那么，教育市场为什么不能排除学校垄断呢？其原因在于，学校运行中存在着教育的平均成本递减和竞争障碍。在办学过程中，教育的技术条件和成本条件是影响教育市场结构的主要因素。在高层次的教育中，许多专业，如医学、生命科学，需要技术水平先进的实验设备和实习条件，而一个开设这些专业的高等学校，要降低这些教育的平均成本，有效率地办学，必须把在校生人数扩大到很高的水平，这就使得该校最低平均成本所决定的教育产出水平在这些教育总产量中占有较大比例，进而使得该校成为拥有少数提供这些教育的垄断者。在这里，学校规模经济所导致的教育垄断，成为教育竞争的必然。这种控制的结果是，教育需求曲线向左下方移动，以至于每一学校提供的这种教育相对该种教育需求而言，是如此的小，使得该种教育市场难以引导一些学校按最低平均办学成本进行教育的生产和出售。

教育竞争的障碍是指阻碍教育市场竞争的因素和条件。它可能来自政府的限制，如办学许可的限制，招生配额和招生条件的限制等；也可能来自教育的差别，例如，存在就业推荐的高等学校和专业往往受到更多求学者的喜爱；给学生提供住宿的高等学校也往往更能吸引求学者。特别是那些跟某个著名大师相联系的艺术教育，是许多求学者梦寐以求的。那么，教育的差别是怎样成为竞争障碍的呢？一种教育的总需求被分割成许多有差别的教育市场，使得满足这种如此小的市场需求量的学校，不能按规模经济的要求进行生产，从而使得这种教育的生产成本不能趋向其平均成本曲线的最低点。在办学竞争中，克服教育市场失灵，是政府管理高等教育的重要职能。

（五）政府主导型教育资源配置体制的优点与缺陷

政府主导型教育资源配置体制的优点是：它有利于政府集中力量实现既定的国家教育发展目标，有利于政府按社会的教育需求来尽可能快地调整教育结构，有利于政府引导学校按社会的教育需求来办学，有利于实现教育的外部经济的内在化，有利于通过获取和利用反映教育整体的信息来把教育资源引导到最重要、最优质的教育领域，有利于实现人才培养目标的规范化、标准化。

政府主导型教育资源配置体制也有缺陷。在教育市场上，政府对教育市场价格和数量的影响是通过教育的供给和需求来实现的，政府可以通过教育经费预算、政府学费保障机制等宏观教育政策手段来干预教育市场，调控教育供求，引导学校运行，但是，政府的这些干预过多过细，就可能造成教育管理成本上升、学校办学活力下降，从而成为教育发展的障碍。

这里以政府规定高等学校学费收缴的上限为例，来分析政府对高等学校学费收缴的干预可能会带来的结果。如图6-1所示，假定不存在政府对高等学校学费收缴的限制，那么，市场均衡高等教育量为E，市场均衡学费价格为1万元。这时，有人奋起谴责说，高校收费太高，许多贫困家庭无法承受，接受高等教育成为有钱人的特权，收学费对穷人的子女而言是不公平的。面对上述压力，政府常常会推出限制学费的政策，甚至取消学费，实行高等教育的政府供给制，就像中国高等教育1996年以前所做的那样。假定政府颁布一项政策，规定高等学校最高学费为每人每年5000元，在这一学费上，高等教育的供给与需求之间出现了供给不足的缺口，供给量为 F，需求量为 G。许多有支付能力的普通高中毕业生的高等教育需求得不到满足。这样，解决供给不足，就要求有某种非学费式的配给方式来调节。高考成绩排队配给方式，就是这样的非学费式配给方式。高考成绩在录取分数线以上的学生虽然有机会上学，但是，为了进入一个较理想的学校，他们不得不从事各种非法的"幕后交易"。那些高考成绩没有上录取分数线的学生，无缘圆自己的大学梦，承受着来自家长和社会的巨大压力。

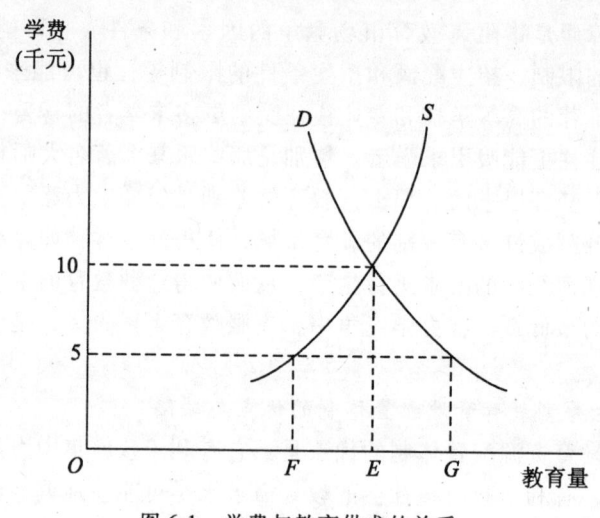

图 6-1　学费与教育供求的关系

（六）政府与市场互动型教育资源配置体制的优点

政府与市场互动型教育资源配置体制的优点是：它有利于在尊重受教育者选择教育权益和自由的同时，引导教育朝着政府预期的目标发展，有利于调整教育结构，有利于实现教育外部经济的内在化，有利于提高教育适应社会变化的效率和质量，有利于最大限度地避免集中决策所造成的重大失误，有利于克服分散决策所造成的短期行为。

当今世界大多数国家都普遍采用这种教育资源配置体制，以便克服单一市场主导型教育资源配置体制和单一政府主导型教育资源配置体制所带来的弊端。我国教育资源配置体制改革，也正在实现从过去那种单一政府主导型教育资源配置体制向政府与市场互动型教育资源配置体制转变。

在一个取消市场调节的教育运行中，教育价格机制远离教育的生产、分配、交换和消费，从而失去了对教育供求的直接约束。于是，教育供给与需求之间的界限消失了。教育的个人购买力是以教育价格为基础的，没有教育价格，教育的个人购买力的大小将无从判断,经济发展水平一定条件下个人教育需求的大小也将无从判断。这就是说,不计教育价格的个人教育需求,不是有购买力约束条件下的教育需求,而是无购买力约束条件下的教育需要。而只有把教育当作非经济产品,社会或政府才应该无偿地提供给每个教育需要者。这意味着,一个国家只有向每个教育需求者提供教育,才能把市场调节排斥在教育运行之外。然而,事实上,只有义务教育才有可能实行免费。义务教育之外的其他教育,都是非免费教育,不能排斥市场的调节作用。

就高等教育而言,个人选择接受哪种高等教育,取决于个人的偏好、购买力和高等教育收益预期等因素,受制于求学者主权。高等学校提供什么种类和多少数量的高等教育,只有与个人的偏好、购买力和高等教育收益预期相适应,才能把家庭潜在的高等教育支出需求转化为现实的高等教育支出需求。教育资源配置只有满足求学者主权的需要才能实现合理化。这就需要一种与之相适应的社会组织形式来调节教育资源配置,需要一种与之相适应的杠杆来推动高等教育发展。市场就是这种有效的社会组织形式和杠杆。

一般说来,市场调节那些非免费教育供求总量的积极作用在于:①分散的自主的风险自担的微观教育决策结构使办学者和求学者对教育供求、劳动力供求、教育价格、工资、专业结构和职业结构等等的变动,做出积极的灵敏的有效的反应,自发地促使教育总量供求趋向市场均衡,防止和避免教育总量供给走向过度扩张或过度收缩,从而有利于促进教育资源配置的合理化。②以个人利益为基础、竞争为导向和社会利益为准则的高等学校动力结构,使办学者和求学者积极、主动和创造性地参与学校运行,从而有利于提高教育资源配置效率。③以教育价格、工资和就业为信号,以办学者、求学者和业主之间横向沟通为特征的高等学校信息结构,使办学者和求学者能较快较多地获得各种有效信息,以便优化学校决策和强化学校动力,从而有利于教育资源的合理配置。④以竞争意识、创新意识、质量意识、效益意识、开放意识和法律意识为特点的教育资源配置观念,使办学者和求学者勇于摆脱束缚、把握机遇、直面挑战、开拓进取,从而有利于提高教育质量。以上说明,那些非免费教育运行的市场调节,是实现非免费教育总量供求市场均衡的一个体制性条件。

第二节 教育资源的市场配置

教育资源的市场配置同其他经济资源的市场配置一样,是人类历史发展到一定阶段的产物。当生产力发展到这样一种阶段时,即教育成为劳动力再生产的必要条件,以及家庭可支配收入一般有支付个人教育费用的能力时,才有可能出现教育资源的市场配置。市场经济制度的建立和发展,使得个人收入与他的劳动能力相联系，而劳动力市场和教育市场的自由竞争，使得个人对自己的教育支出成为一种投资，教育资源可以按照市场运行内在规律进行自由流动。学费制度的建立，为个人对自己的教育投资奠定了制度基础。这些制度是教育资源的市场配置得以产生和发展的必要条件。这种配置主要表现在两个方面：一是教育资源增量配置，即通过教育收费、教育融资、有偿教育技术转让、有偿教育服务等市场化手段，将增量教育资金引入最有效利用教育资源的学校。二是教育资源存量配置，即通过学校合并、教育资产重组、岗位竞争和绩效工资，将优质教育资源引入最有效利用这些资源的学校。

一、教育资源的市场配置功能

教育资源的市场配置功能的基本含义是市场配置教育资源所发挥的作用，其研究隐含着要回答的问题是教育资源的市场配置本身的必要性问题。在市场经济条件下，教育资源的市场配置在教育发展过程中发挥着不可替代的作用，与教育资源配置的政府配置比较，它具有独特的功能。尽管教育资源的市场配置功能的发挥要受到技术、资源、信息和体制等条件的制约，但是，从理想的市场状态出发，对教育资源的市场配置功能进行定位，仍然是十分重要的。一般说来，教育资源的市场配置具有以下功能。

其一，教育市场定价功能。在发达的私立教育体系中，市场配置教育资源的一个重要功能就是教育的市场定价。所谓教育市场定价，就是对教育这种服务的市场价格确定，它反映的是个人接受一种教育所带来的未来收益与当前个人购买这种教育的支付的关系，这也是现代学费理论研究的核心问题。在充分竞争性教育市场条件下，学费通常是教育市场定价的结果。教育市场定价在教育资源配置中主要有三种作用：一是它决定了教育机会的占有条件，只有那些有学费支付能力并愿意为购买一种教育而支付学费的个人，才能占有这种教育机会，并获得接受这种教育的权利，这也客观上决定了稀缺教育机会只流向因支付学费而更珍惜教育机会占有权的那些人。二是它决定了学费只流向最有效使用该学费的学校，只有这样的学校提供的教育才是质优价廉的教育。三是它决定了一个学校所提供的教育市场地位，而在教育市场上的优越地位可能使该学校获得超出生产教育所必需的社会成本的收益，这有利于高效率、高质量的学校实现自我积累和自我发展。

其二，教育信息反馈功能。教育的合理市场定价是教育市场定价最终能导致教育资源优化配置的条件，而这一条件的满足取决于教育信息的准确性和及时性。虚假的滞后的教育信息会导致教育的市场定价扭曲，使得教育资源错误地流向低效率、低质量的学校。教育资源的市场配置效率，在于教育市场定价反映了可能获得的教育市场信息。尽管教育信息的收集、整理、集中和发布需要支付成本，但是，教育市场本身具有激励人们收集、整理、集中和发布教育信息的力量。在教育市场上，教育供给方要使他所提供的教育能获得更高的市场定价，能吸引更多的生源，就必须获取更多更准确的教育供求信息；教育需求方要获得质优价廉的教育，也必须获取更多更准确的教育供求信息。在竞争性教育市场上，每个学校都会尽力分析他所面向的生源的需求状况，每个求学者也会尽力分析他所要进入的学校的办学状况，他们都会把教育市场当作一个信息发布场，这种信息无论以何种方式发布，都会对教育资源配置产生重要影响。

其三，增强教育资源生成性和流动性功能。学校通过收取学费、银行贷款、社会融资、购买其他企事业单位的资产、从其他企事业单位引进人才等市场手段获得增量教育资源，这种获得的可能性和便利性，称为教育资源的市场生成性功能，它有利于增量教育资源的优化配置。学校通过市场实现存量教育资源的转换和重组，这种实现的可能性和便利性，称为教育资源的市场流动性功能，它有利于存量教育资源的优化配置。教育资源生成性和流动性的高低，是检验教育资源配置市场效率高低的一个重要指标。在生成性和流动性良好的教育资源配置市场上，教育投资者有更高的积极性和选择性，学校可以根据劳动力市场、教育市场、教育生产的要素市场和居民的教育购买力等方面的变化，以及对这些变化的预期，来调整其增量教育资源的生成规模，来调整其存量教育资源的转换和重组规模。如果教育资源缺乏生成性，居民的教育购买力长期难以转化为购买行动，增量教育资源的优化配置将难以实现。如果教育资源缺乏流动性，个人教育投资的主动性、选择性将受到限制，教育投资因选择性缺乏而增大了风险，存量教育资源的转换和重组将难以推进，教育资源的优化配置将难以实现。

其四，促进教育资源结构调整的功能。学校办学效率在于其教育资源结构的优化组合，而这种优化组合不仅包括增量教育资源的优化配置，而且包括存量教育资源的优化转换与重组。学校存量教育资源的优化转换与重组是通过学校合并、专业合并和重组等方式来实现的。教育市场不仅是教育资源增量配置的市场，而且是教育资源存量配置的市场。教育市场的发展为教育资源结构调整提供了优化组合机制。在竞争性教育市场上，教育资源结构的优化组合需要教育的市场定价机制和教育信息传递机制。各个学校在教育市场上对优质教育资源、优势生源、其教育的优势价格的竞争，各个求学者在教育市场上对购买学校优质服务的竞争，本身就是市场定价机制和教育信息传递机制，这些竞争都会引导教育资源流向高效率、高质量的学校和专业，流向紧俏专业和层次，流向和面向未来市场需求的新兴专业和办学模式，为微观教育资源结构调整增添活力和动力，促使学校实现增量教育资源的优化配置和存量教育资源的优化转换与重组。教育市场对微观教育资源结构调整的这种引导作用，适合宏观教育资源结构调整方向，并随着其调整规模的扩大而促进宏观教育资源结构的优化。

其五，促进教育发展与减轻政府教育财政负担的功能。教育资源的市场配置把社会闲置的资源转化为运营的教育资源，把居民潜在的教育购买力转化为现实的教育购买力，这样的转化在保持政府教育财政支出总量不变的同时增加了社会对教育的投入，促进了教育发展。教育资源的市场配置机制能提高教育资源利用率，这就在保持教育发展速度不变的同时减轻了政府教育财政负担。政府在推动教育快速发展的过程中经常会遇到来自公立学校对政府教育财政的巨大需求，同时又经常发现公立学校存在教育资源的巨大浪费，其主要原因在于：教育资源的市场配置机制在公立学校的缺失，导致公立学校教育资源利用率不高，从而形成对政府教育财政支出增量的更高期待，进而压迫政府提高教育财政支出增量。提高公立学校教育资源利用率，是世界各国共同面临的难题。美国著名经济学家弗里德曼曾建议用发放财政教育券的办法把教育资源竞争引入公立学校，这实际上是要把教育资源的市场配置机制引入公立学校。

　　教育资源的市场配置所具有的上述诸多功能，集中体现在教育的市场定价引导教育资源流动进而实现教育资源的合理配置。市场对教育定价的高低是由该教育所能提供的个人预期收益率的高低来决定的。能为个人提供较高预期收益率的教育一般来自办学质量高、效率高、能为其毕业生创造充分就业前景的专业、学校和教育层次。这样的学校所提供的教育能获得较高的市场定价，从而能吸引较多较优的教育资源。这样，教育资源的市场配置就通过教育的市场定价，引导教育资源有效生成，并向办学质量高、效率高、能为其毕业生创造充分就业前景的专业、学校和教育层次流动，从而使教育资源获得更有效的利用，使个人教育投资的市场分散决策的风险和信息成本更低，使教育资源结构变得更合理，使在不增加政府教育财政负担的同时推动教育发展，进而实现教育资源的合理配置。这种合理配置的事实判断是教育资源的市场配置效率。因此，从教育资源的市场配置合理性的事实判断上考察，教育资源的市场配置的诸多功能统一于教育资源的市场配置效率。这意味着，教育资源的市场配置效率体现出教育资源的市场配置功能的完善程度，而这种完善程度与教育资源的市场配置机制的完善程度密切相关。

二、教育资源的市场配置效率

　　一般说来，效率是指投入与产出之间的对比关系。投入就是在一定技术条件下利用经济资源，而产出就是利用经济资源所生产出来的经济产品。从资源有限意义上看，效率是一定经济资源与一定经济产品直接的对比关系。因而这种效率被称为资源利用效率。对一个企业而言，效率是以最小的成本来获取尽可能大的收益，或者以一定的投入来获取最大的产出，而要做到这一点，关键在于生产技术和管理技术。因而这种效率被称为技术效率。对一个经济而言，效率是指在一定技术条件下所利用的全部经济资源与社会整体福利之间的对比关系，一般被称为资源配置效率。经济效率一般就是指资源配置效率。教育资源的市场配置效率是指市场在教育资源配置过程中发挥作用的效率。它体现教育资源的市场配置功能所发挥的程度。教育资源高效率的市场配置是通过教育合理的市场定价，将有限教育资源配置到教育效益高、教育质量高、教育资源使用效率高的学校和教育层次，并引导教育资源的合理生成与流动，实现优化组合，弥补政府配置之不足，进而创造出最大的教育产出，促进教育发展与经济社会发展相协调。而教育资源的政府配置效率是指政府在教育资源配置过程中发挥作用的效率。那么，如何判别教育资源实现了市场最优配置呢？许多学者对此进行过研究，这里不想对这些研究一一加以评述，只以"帕累托最优"这一判别资源配置效率的基本标准作为判别教育资源达到市场最优配置的方法论基础。

（一）整体稀缺资源市场配置的"帕累托最优"

资源配置的帕累托最优，实际上是指整体稀缺资源的市场配置的帕累托最优，即资源配置通过市场竞争而达到这样一种状态：没有人能够提高自己的效用水平而不以降低他人的效用水平为代价。如果资源配置可以使一个人提高自己的效用水平而又不降低他人的效用水平，这意味着可以通过资源配置的进一步改进来增加产量，提高效用水平，这被称为帕累托无效率或经济无效率。帕累托最优必须满足以下三个条件。

第一，从消费行为上看，任意两个商品对任意两个消费者的边际替代率相等。对于任意两个消费者 A 和 B，当商品 X 和 Y 的边际替代率相等时，生产该消费品 X 和 Y 的资源配置具有帕累托效率。这就是帕累托边际条件1的定义，其表达式是：

$$MRS_{AXY} = MRS_{BXY} \tag{6-1}$$

由于任意两个商品 X 和 Y 的边际替代率等于商品 X 的价格 P_X 和 Y 的价格 P_Y 的比率，即

$$MRS_{XY} = P_X/P_Y \tag{6-2}$$

同样，由于任意两个商品 X 和 Y 的边际替代率等于一个人消费两个商品所得到的边际效用的比率，即

$$MRS_{XY} = MU_X/MU_Y \tag{6-3}$$

因此，对于任意两个消费者 A 和 B，当商品 X 和 Y 的边际替代率相等时，消费者 A 和 B 从消费商品 X 和 Y 中得到的边际效用的比率也相等，即

$$MU_{AX}/MU_{AY} = MU_{BX}/MU_{BY} \tag{6-4}$$

若 $MRS_{AXY}=5$，$MRS_{BXY}=6$，即任意两种消费品 X 和 Y 的配置不满足帕累托边际条件1，那么是否可以证明通过消费品 X 和 Y 在消费者 A 和 B 之间的交换和替代而能提高效用水平呢？

假定任意两种消费品 X 和 Y 在生产技术和个人偏好既定以及规模收益不变的条件下生产，那么，

设 $MRS_{AXY}=2$，由公式（6-2）可知，$P_X/P_Y=2$，于是

$$P_X = 2P_Y$$

又设 $MRS_{BXY} = 3$，由公式（6-2）可知，$P_X/P_Y = 3$，于是

$$P_X = 3P_Y$$

这意味着在边际效用上，对消费者 A 来说，1 单位的 X 可替代 2 单位的 Y，也就是说，消费者 A 获得 2 单位的 Y 而放弃 1 单位的 X，他的效用水平不变；对消费者 B 来说，1 单位的 X 可替代 3 单位的 Y，也就是说，消费者 B 获得 1 单位的 X 而放弃 3 单位的 Y，他的效用水平不变。现在消费者 A 和 B 进行商品交换，让消费者 A 放弃 1 单位 X，这时他需要获得 2 单位的 X 就能维持原有的效用水平；而让消费者 B 放弃 3 单位 Y，这时他需要获得 1 单位的 X 就能维持原有的效用水平。他们交换以后，消费者 A 从消费者 B 那里得到了 3 单位 Y，他多得到了 1 单位的 Y，完成了增值替代，其效用水平就比交换前提高了；而消费者 B 从消费者 A 那里得到了 1 单位 X，完成了等值替代，他的效用水平就同交换前一样高。这就是说，原先的资源配置可以通过商品交换来使消费者 A 提高自己的效用水平而又不降低消费者 B 的效用水平，这表明原先的资源配置处于帕累托无效率。所以，当一个经济出现 $MRS_{AX,Y} = 2$，$MRS_{BX,Y} = 3$ 时，这个经济的资源配置不满足资源最优配置的帕累托边际条件 1。证毕。

这意味着，对于任意两个消费者 A 和 B，只要任意两个商品 X 和 Y 的边际替代率不相等，那么，任意两个消费者 A 和 B 在效用无差异的不同比率的交换中，就至少可以使一人获利而同时又不降低其他人的消费水平。

现在用几何图形来证明帕累托边际条件 1。在图 6-2 中，当无差异曲线 U_A 和 U_B 相切时，有切点 E，在此点上，商品 X 和 Y 的边际替代率相等。这就是说，对于任意两个消费者 A 和 B，当任意两种商品 X 和 Y 的边际替代率相等时，其切点必然落在由所有无差异曲线 U_A 和 U_B 切点组成的曲线 AB 上。当两种商品 X 和 Y 的边际替代率不相等时，例如，$MRS_{AX,Y} = 2$，$MRS_{BX,Y} = 3$，边际替代率一定有两点 M 和 N，也必然不在 AB 曲线上，其中，M 点代表无差异曲线 U_A 对两种商品 X 和 Y 的边际替代率，N 点代表无差异曲线 U_B 对两种商品 X 和 Y 的边际替代率，因而，无差异曲线 U_A 和 U_B 的商品交换比率必然是不同的。而对于任意两种商品 X 和 Y 来说，用无差异曲线上不同边际替代率在任意两个消费者 A 和 B 之间进行交换，至少可以在不降低一个人的效用水平的情况下使另一个人受益。这表明，无差异曲线 U_A 和 U_B 上不相切的任意点，都不满足资源最优配置的帕累托边际条件 1。所以，原先的资源配置可以通过进一步的改进来提高社会福利水平，它被认为是帕累托无效率。

第二，从生产行为上看，生产任意两个产品所使用的任意两种生产要素的边际替代率相等。对于生产任意两个产品 X 和 Y 所使用的任意两种生产要素 K 和 L，当 K 和 L 的边际替代率 MRS_{XKL} 与 MRS_{YKL} 相等时，生产产品 X 和 Y 的资源配置具有帕

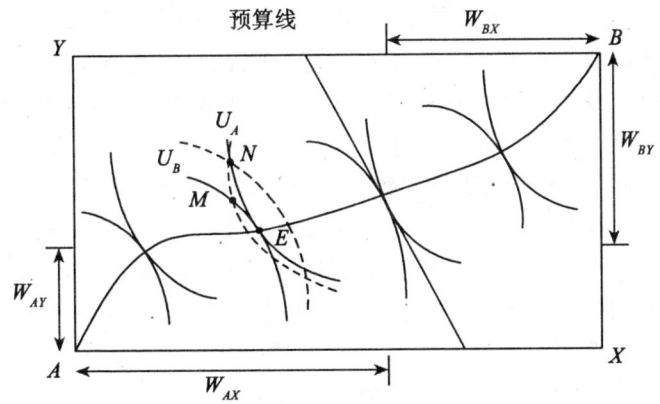

图 6-2 边际替代率与埃奇沃斯方盒

累托效率。这就是帕累托边际条件 2 的定义,其表达式是:

$$MRS_{XKL} = MRS_{YKL} \tag{6-5}$$

同样,如果生产两种产品是由任意两个企业 α 和 β 来完成的,当两个企业使用生产要素 K 和 L 的边际替代率 $MRS_{\alpha KL}$ 与 $MRS_{\beta KL}$ 相等时,生产两种产品的两个企业 α 和 β 的资源配置具有帕累托效率。这就是帕累托边际条件 2 的推论,其表达式是:

$$MRS_{\alpha KL} = MRS_{\beta KL} \tag{6-6}$$

若 $MRS_{XKL}=2$,$MRS_{YKL}=3$,即生产任意两个产品 X 和 Y 所使用的任意两种生产要素 K 和 L 的配置不满足帕累托边际条件 2,那么,是否可以证明通过生产要素 K 和 L 在两个产品 X 和 Y 生产者之间的交换和替代能提高效用水平呢?假定任意两个产品 X 和 Y 是在生产技术和个人偏好既定以及规模收益不变的条件下生产,那么,只要一种产品产出水平提高而其他任何一种产品产出水平不变,那么,社会整体的效用水平和福利水平就将得以提高。因此,这里只要证明生产任意两个产品 X 和 Y 所使用的任意两种生产要素 K 和 L 的替代,能通过资源配置改进而提高生产其中一种产品的产出水平就可以了。

设 $MRS_{XKL}=2$,由公式 6-2 和 6-3 可知,

$$MRS_{XKL} = P_{XK}/P_{XL} = MP_{XK}/MP_{XL} = 2$$

于是有

$$P_{XK} = 2P_{XL}, \quad MP_{XK} = 2MP_{XL}$$

设 $MRS_{YKL}=3$,由公式 6-2 和 6-3 可知,

$$MRS_{YKL} = P_{YK}/P_{YL} = MP_{YK}/MP_{YL} = 3$$

于是有

$$P_{YK} = 3P_{YL}, \quad MP_{YK} = 3MP_{YL}$$

这意味着在边际产出上,对产品 X 的生产来说,1 单位生产要素的 K 可替代 2

单位生产要素的 L，也就是说，在产品 X 的生产过程中，获得 2 单位的 L 而放弃 1 单位的 K，其产出水平不变；对产品 Y 的生产来说，1 单位的 K 可替代 3 单位的 L，也就是说，在产品 Y 的生产过程中，获得 1 单位的 K 而放弃 3 单位的 L，其产出水平不变。现在两产品的生产者进行生产要素交换，让产品 X 的生产者放弃 1 单位 K，这时他需要获得 2 单位的 L 就能维持原有的产出水平；而让产品 Y 的生产者放弃 3 单位 L，这时他需要获得 1 单位的 K 就能保持原有的效用水平。他们交换以后，产品 X 的生产者从产品 Y 的生产者那里得到了 3 单位 L，他多得到了 1 单位的 L，完成了增值替代，其产出水平就比交换前提高了；而产品 Y 的生产者从产品 X 的生产者那里得到了 1 单位 K，完成了等值替代，他的产出水平就同交换前一样高。这就是说，原先的资源配置可以通过生产要素替换来使产品 X 的生产者提高自己的产出水平而又不降低产品 Y 的生产者的产出水平，从而意味着改进原先的资源配置可以提高产出水平，使社会整体的效用水平和福利水平得到提高。这表明原先的资源配置处于帕累托无效率。所以，当一个经济出现 $MRS_{XKL}=2$，$MRS_{YKL}=3$ 时，这个经济的资源配置不满足帕累托边际条件 2。证毕。

如图 6-3 所示，当生产任意两个产品 X 和 Y 所使用的任意两种生产要素 K 和 L 的边际替代率 MRS_{XKL} 与 MRS_{YKL} 不相等时，如 $MRS_{XKL}=2$，$MRS_{YKL}=3$，分别代表 MRS_{XKL} 和 MRS_{YKL} 的生产要素配置点 m 和 n 一定不在生产可能性边界上，而是在生产可能性边界内，因为在生产要素投入量不变的条件下，企业按不同的边际替代率交换生产要素，可以使双方都受益，或者在不降低其他企业产出水平的条件下至少使一个企业提高产出水平，从而使 m 点和 n 点逐步向 e 点移动，当通过资源配置的进一步改进使 m 点和 n 点与 e 点重合时，企业按相等的边际替代率交换生产要素，谁也不能从中获利，资源配置有帕累托效率。

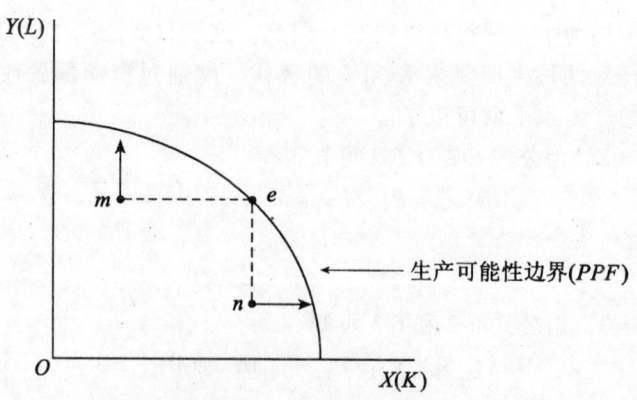

图 6-3　边际替代率与生产可能性边界

同理可以证明当一个经济出现 $MRS_{\alpha KL}$ 与 $MRS_{\beta KL}$ 不相等时，其资源配置不满足资源最优配置的帕累托边际条件2（证明过程从略）。

第三，从生产和消费两种行为的关系上看，任意两种产品的生产和消费的边际转换率与边际替代率相等。对于任意两种产品 X 和 Y 的生产和消费，当它们的边际转换率与边际替代率相等时，生产该两个产品 X 和 Y 的资源配置具有帕累托效率。这就是帕累托边际条件3的定义，其表达式是：

$$MRT_{XY} = MRS_{XY} \tag{6-7}$$

若 $MRS_{XY}=2$，$MRT_{XY}=3$，即生产和消费任意两个产品 X 和 Y 的资源配置不满足帕累托边际条件3，那么，是否可以证明通过任意两个产品 X 和 Y 的交换、转换和替代而能提高效用水平呢？

假定任意两个产品 X 和 Y 是在生产技术和个人偏好既定、没有外部性以及规模收益不变的条件下生产，那么：

设 $MRS_{XY}=2$，根据公式（6-2），任意两个商品 X 和 Y 的边际替代率等于一个人消费两个商品所得到的边际效用的比率，于是，$MU_X=2MU_Y$，那么，在边际效用上，对于所有消费者的效用配置来说都是一样的，因而任何一个消费者都愿意以1单位的 X 替代2单位的 Y 或以2单位的 Y 替代1单位的 X。根据公式6-2，任意两个商品 X 和 Y 的边际替代率等于商品 X 的价格 P_X 和 Y 的价格 P_Y 的比率，于是，$P_X=2P_Y$，也就是说，任何一个消费者购买1单位的 X 所花的钱正好等于他购买2单位的 Y 所花的钱，所以，这样的替代不会降低任何一个消费者的支付能力。

设 $MRT_{XY}=3$，根据公式6-5，追求最大化产出生产者，最终都将把供给结构调整到某一点，而在这一点上，边际转换率等于价格的比率和把 Y 转换成 X 的边际成本的比率，于是，$P_X=3P_Y$，$MC_X=3MC_Y$，而当 $MRS_{XY}=2$ 时，有 $P_X=2P_Y$ 和 $MU_X=2MU_Y$，这意味着生产价格和边际成本下降了。而在边际成本上，任何一个生产者为了生产1单位的 X 而要放弃3单位的 Y。现在消费者与生产者进行交换，让任意一个消费者放弃1单位的 X，当 $MRS_{XY}=2$ 时，他只需获得2单位的 Y 就可维持原来的效用水平，让任意一个生产者放弃3单位的 Y，当 $MRT_{XY}=3$ 时，他只需生产1单位的 X 就可维持原来的产出水平，于是，在消费者与生产者交换以后，就多出了1单位的 Y。用这多出的1单位的 Y 在消费者之间进行配置，至少可以提升一个消费者的无差异曲线。这意味着总效用水平提高了，原先的配置处于帕累托无效率。所以，当一个经济出现 $MRS_{XY}=2$，$MRT_{XY}=3$ 时，这个经济的资源配置不满足帕累托边际条件3。证毕。

在图6-4中，对于任意两种产品 X 和 Y 的生产和消费，若它们的边际替代率与边际转换率不相等，如 $MRS_{XY}=2$，$MRT_{XY}=3$，那么，或者至少一个消费者的边际替代率与其他所有消费者的边际替代率有所不同，使得他的 MRS 契约线的斜率与 MRT 契约线的斜率不同，或者至少一个生产者的边际转换率与其他所有生产者的

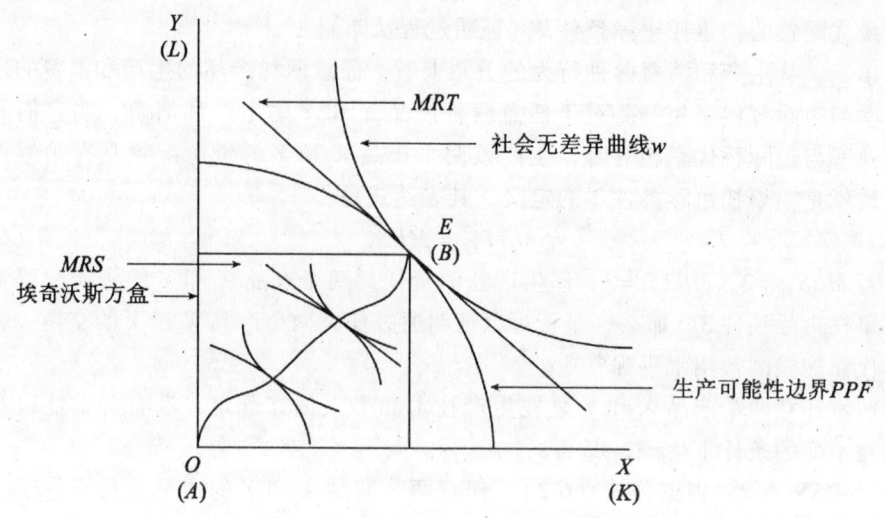

图 6-4 社会无差异曲线与埃奇沃斯方盒

边际转换率有所不同，也使得他的 MRT 契约线的斜率与 MRS 契约线的斜率不同。这意味着在生产要素投入量不变的条件下，消费者与生产者在商品交换中，至少在不降低其他所有消费者的效用水平的条件下，或在不降低其他所有生产者的产出水平的条件下，可以提高一个人的效用水平或提高一个生产者的产出水平。这意味着原先资源配置仍有改进的余地，不具有帕累托效率。

这里我们就资源有效配置的帕累托三个边际条件归纳如下：任意两种商品 X 和 Y 的产出量在消费者之间分配，若 X 与 Y 对于任一消费者来说边际替代率相等，即 $MRS_{XY} = MRS_{YX}$，那么，生产这两种商品 X 和 Y 的资源配置满足帕累托最优边际条件1，表明经济是有效率的。在图 6-4 中，这一条件可表示为在生产可能性边界 PPF 上从任意一点出发向两轴延伸所围成的埃奇沃斯方盒中任意两个消费者 A 和 B 的无差异曲线相切，在通过切点的切线 MRS 上 $MRS_{AXY} = MRS_{BXY}$。而在生产可能性边界 PPF 上，生产任意两个商品 X 和 Y 的任意两个生产者 α 和 β 所使用的任意两种生产要素 K 和 L 的边际替代率相等，即 $MRS_{XKL} = MRS_{YKL}$ 和 $MRS_{\alpha KL} = MRS_{\beta KL}$，那么，生产这两种商品 X 和 Y 所使用这两种生产要素 K 和 L 的资源配置满足帕累托最优边际条件2，表明经济是有效率的。在图 6-4 中，这一条件可表示为与生产可能性边界 PPF 上一点相切的切线 MRT 的斜率与埃奇沃斯方盒中无差异曲线相切的切线 MRS 的斜率相等。而在生产可能性边界 PPF 上，任意两种产品 X 和 Y 的生产和消费对于所有消费者来说边际转换率与边际替代率相等，即 $MRT_{XY} = MRS_{XY}$，那么，生产所有 X 和 Y 的资源配置满足帕累托最优边际条件3，表明整个经济是有效率的。在图 6-4 中，这一条件可表示为通过生产可能性边界 PPF 与社会无差异曲线 w 的切点 E 的切线 MRT 的斜率，与埃奇沃斯方盒中无差异曲线相切的切线 MRS 的斜率相等，而 E 点，也仅有这一点，同时满足帕累托最优的三个边际条件，此时，整个经济最有效率。

帕累托最优边际条件可用于边际成本定价，因为根据帕累托最优边际条件，有 $MRS_{XY} = P_X/P_Y = MC_X/MC_Y = MRT_{XY}$；也可来研究不同条件下企业之间、地区之间、国家之间的资源配置问题。但对于帕累托最优边际条件也有许多赞同和批评的理由：帕累托最优边际条件是静态推导出来的，而在动态上要求对时间分配做出判断；满足帕累托最优边际条件的价格修正与政府为维持充分就业而进行的价格调整之间往往存在矛盾；没有考虑到技术的风险的不确定性，等等。而最主要的是，任何一个帕累托最优配置点的选择，只能在既定的收入分配方案的基础上进行，这就是说，帕累托最优作为社会福利原则，是含价值判断最少的社会福利标准。

从全社会范围上看，市场处于一般均衡时满足帕累托最优。在完全竞争条件下，如果市场达到了一般均衡（瓦尔拉斯均衡），该经济的资源配置有帕累托效率。这就是福利经济学第一定理。为什么会这样呢？

首先，前面已经指出，在完全竞争市场上，消费者最大化自己效用必须满足的一个基本条件是使不同商品的边际效用相等，即通过交换最终达到这一状况：对于任意一个消费者来说，任意两种商品 X 和 Y 的边际替代率等于该两种商品的价格比率，

$$MRS_{XY} = P_X/P_Y \tag{6-8}$$

在交换中，由于每个消费者是价格的接受者和产量的调节者，在完全竞争市场上，价格最终会使消费者以最大化自己效用为原则的商品交换达到这一状况：任意两种商品 X 和 Y 对于任何两个消费者 A 和 B 来说的边际替代率相等，再根据公式 6-8，于是有

$$MRS_{AXY} = P_X/P_Y = MRS_{BXY} \tag{6-9}$$

这表明，市场处于一般均衡时满足第一个帕累托最优条件。

其次，在交换均衡时，利润最大化要求生产者把资源配置调整到这样一种状态：任何两要素 K 和 L 的边际替代率等于它们的价格比率，

$$MRS_{KL} = P_K/P_L \tag{6-10}$$

由于每个生产者是价格的接受者和产量的调节者，因此，价格最终会使任何两个生产者 α 和 β 把资源配置调整到这样一种状态：两要素的边际替代率相等，再根据公式 6-10，于是有

$$MRS_{\alpha KL} = P_X/P_Y = MRS_{\beta KL}$$

这表明，市场处于一般均衡时满足第二个帕累托最优条件。

最后，前面已经指出，当交换和生产均衡时，等产量线与无差异曲线重合，等

成本线与预算线重合,而在既定成本下追求最大化产出,又要求等成本线与等产量线相切,因此,对于任何两种商品价格的边际转换率相等。即 $MRT_{XY} = P_X/P_Y$。根据公式 6-8,就有 $MRT_{XY} = P_X/P_Y = MRS_{XY}$。这表明,市场处于一般均衡时也满足第三个帕累托最优条件。

根据福利经济学第一定理,市场均衡时有帕累托最优,而市场均衡是在竞争中实现的,选择什么样的收入分配方案对竞争的充分性、广泛性和公正性又有重大影响。因此,在一般均衡假定条件下,任何一种帕累托最优状态都可以通过选定适当的收入分配方案和市场竞争均衡来实现。这就是福利经济学第二定理。

前面已经指出,在埃奇沃斯方盒中(见图 6-5),个人的预算线是与两条无差异曲线相切的直线,此时市场处于均衡状态,有均衡价格 P^*,由既定的收入分配方案所决定的"禀赋分配点" W^* 一定在预算线上,此时有均衡价格 P^*。如果由既定的收入分配方案所决定的"禀赋分配点" W^o 不在预算线上,此时有非均衡价格 P^o。要使"禀赋分配点" W^o 趋向"禀赋分配点" W^*,必须调整收入分配方案,使其有利于通过市场竞争来促使非均衡价格 P^o 走向均衡价格 P^*,最终实现市场均衡。如果那些阻碍非均衡价格 P^o 走向均衡价格 P^* 的竞争的因素不是收入分配方案而是其他因素(如垄断,权力寻租等),那就要从解除制约竞争的因素入手来实现市场均衡。这表明,无论是哪一种帕累托最优状态(无穷集中的 e 点或 g 点),既要通过适当的收入分配方案的选择,又要通过市场竞争条件的完善来实现。

福利经济学的两个定理表明,帕累托最优是由市场均衡来实现的,市场均衡与帕累托最优具有一致性,收入分配方案在市场竞争均衡中发挥着重要作用,调整收入分配方案可以改变帕累托最优的位置,使资源配置达到预期的结果。

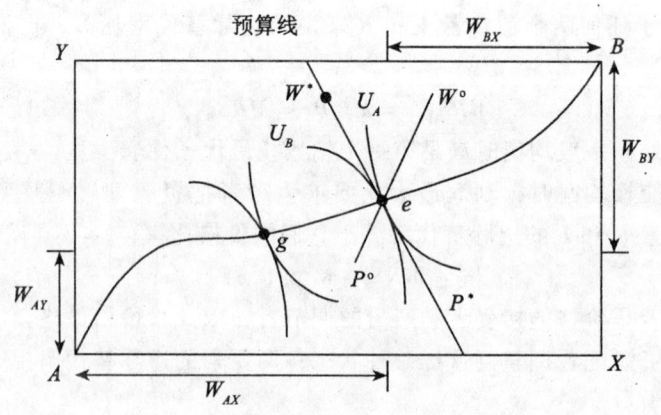

图 6-5 收入分配方案与埃奇沃斯方盒

(二) 教育资源市场配置的"帕累托最优"

教育资源的市场配置是整体稀缺资源的市场配置的组成部分。既然整体稀缺资源的市场配置存在帕累托效率，那么，教育资源的市场配置也一定存在帕累托效率。所谓教育资源的市场配置的帕累托效率，就是教育资源配置通过教育的市场交易达到这样一种状态，即一种教育的市场交易达到的满意程度，不以降低其他教育的市场交易的满意程度为代价。

对于受教育者而言，教育分配的帕累托最优条件是：任意两个教育（学校在培养人才上提供的服务）对任意一个受教育者的边际替代率相等。如图6-6所示，假设 E_A 和 E_B 分别表示任意两种教育，U 表示任意一个受教育者 X 的无差异曲线，直线 M 表示受教育者 X 的再教育预算线，那么，在无差异曲线与教育预算线的切点 e 上有受教育者 X 的教育最佳购买组合。

假设 MU_A 和 MU_B 分别表示两种教育的边际效用，即满意程度，P_A 和 P_B 分别表示两种教育的市场价格（学费），那么，在切点 e 上有 $MU_A/MU_B = P_B/P_A$。

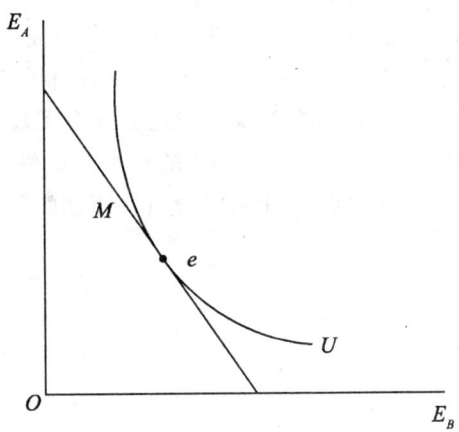

图6-6 受教育者的无差异曲线与教育预算线

这意味着，使任意受教育者 X 满意的帕累托边际条件，是任意两种教育 E_A 和 E_B 的边际替代率等于两种教育 E_A 和 E_B 的市场价格之比。

对于学校而言，教育生产的帕累托最优条件是：生产任意两种教育所使用的任意两种教育生产要素的边际替代率相等。如图6-7所示，假设任意一所学校 S 生产任意两种教育 E_A 和 E_B 所使用的两种生产要素 L 和 K 的边际替代率相等。这就是说，任意一所学校 S 生产任意两种教育 E_A 和 E_B 所使用的两种生产要素 L 和 K 的教育产量 E_0 或 E_1 或 E_2 都在教育市场生产可能性边界 $EMPPF$ 上，而教育产量 m 和 n 是缺乏生产效率的。

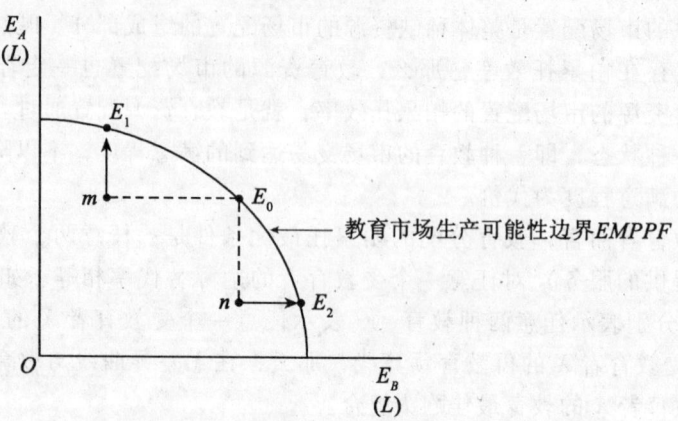

图 6-7 教育生产市场可能性边界上的教育生产者边际替代率

对于教育市场而言,任意一所学校 S 要多生产一个学生的教育服务量 E_A,就必须少生产一个学生的教育服务量 E_B,即生产 E_A 的机会成本与生产 E_B 的机会成本是相等的,即任意两种教育 E_A 和 E_B 的边际转换率 MRT_E 相等。如图 6-8 所示,当任意两种教育 E_A 和 E_B 的边际转换率 MRT_E 等于对任意一个受教育者接受教育 E_A 或 E_B 的边际替代率时,直线 MRT_E 一定与教育生产的市场可能性边界 $EMPPF$ 和教育的市场无差异曲线 W_{EM} 相切,在切点 E_M 上有教育资源市场配置的帕累托最优。

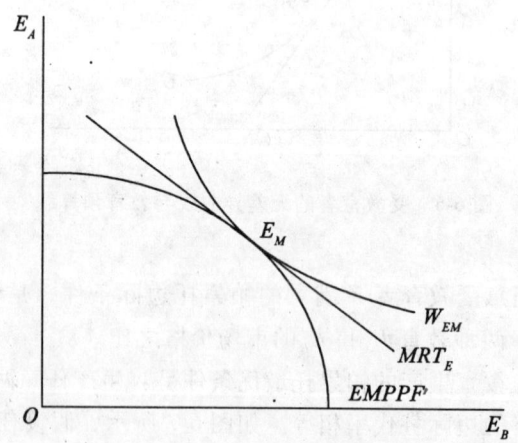

图 6-8 教育生产者边际替代率与教育生产市场可能性边界的关系

三、教育资源的市场配置"帕累托改进"的实现条件

教育资源的市场配置追求达到帕累托最优的理想状态。但是,现实状态通常处于帕累托无效率状态,这时,改变教育资源配置以提高效率,即实现"帕累托改进",就显得尤为重要。一般说来,教育资源的市场配置要实现帕累托改进,必须具备以下条件。

第一,教育市场准入与竞争准则。教育资源的市场配置要实现帕累托改进的前提条件,是教育生产者和教育消费者按教育市场准入与竞争准则进入教育资源配置市场。这样的准则必须有利于教育市场准入和竞争的公平、公开、充分。例如,在中国,教育消费者进入高等教育市场的准入条件是他必须参加高考,他的高考成绩必须达到一定的分数线。这意味着,高考制度是教育消费者进入高等教育市场的准入和竞争制度,它包括一系列高等教育市场准入与竞争准则,其中,确定高校录取高考分数线就是教育消费者进入高等教育市场的准入准则,它规定了对于达到一定的高考分数线的每一个人,都有公平进入高等教育市场参与竞争的权利。而高等学校必须严格依据考生填报志愿按分数线从高到低录取,以便维护竞争公平。

第二,学校办学独立化。参与教育市场竞争的学校实现办学的独立化,有利于有效维护学校的法人地位,有利于学校有效形成法人治理结构,有利于学校有效形成竞争机制、激励机制和自我约束机制,这是教育资源的市场配置实现帕累托改进的一个必要条件。

第三,教育市场机制。教育资源的市场配置实现帕累托改进的另一个必要条件是教育市场机制。教育市场机制是通过教育的市场价格来发挥作用的,而教育市场机制有效发挥作用的关键在于教育市场的发达程度和完善程度。首先,教育的市场价格必须具有较高的弹性,使得教育的市场价格能有效调节教育供求,使得教育资源能有较高的生成性和流动性,使得教育资源能流向高质量、高效率教育和学校。其次,教育市场要激励学校提供种类齐全、数量充足、结构健全的教育,以便适应有不同要求的教育投资者的需求。再次,教育市场要有健全的结构,不仅要有学校教育市场,还要有校外教育市场,使居民储蓄能充分转化为教育资金,使教育资源得到有效配置和充分利用。再次,教育市场要有健全的教育信息传递机制,促使学校准确及时地发布办学信息,以便为教育投资者的投资决策提供信息支持。最后,要建立教育投资服务、咨询专业机构,对居民的教育投资进行指导。

第四,教育市场的制度基础。教育市场有效运行的必要条件是教育市场有牢固和可靠的制度基础,这是教育资源的市场配置实现帕累托改进的另一个必要条件。市场经济体制是教育市场最基本的制度基础。市场经济体制使学校内部各主体、学校与学校、学校与企业、学校与家庭之间的经济交换要通过商品价格或劳动工资来实现。劳动力市场作为市场经济的要素市场,它的健全和完善必然向劳动力生产市

场延伸，教育市场实际上是劳动力市场的互补性制度安排。没有教育市场，就不可能有健全和完善的劳动力市场。教育市场为劳动力市场供给提供源头活水。当然，劳动力市场信号传递的均衡和劳动工资的市场决定，也会对教育市场的投资决策和教育的市场定价产生影响。教育是分工的产物，分工则产生交换需要，交换的发展必然产生市场，而交换的前提是交换物的产权必须明确，否则，主体之间的交换关系就不能自愿缔结，而这种自愿缔结的交换关系是市场赖以存在的基础，因此，教育市场的健全与完善，必然要求教育产权的明晰。教育市场的制度安排对教育产权明晰的规定，是教育的生产权与教育的所有权和交换权归属于学校，这些权利不被侵犯，且能在市场交易中得到证实，而学校对这些权利的行使依法承担不可推卸的责任。

第五，教育投资意识。政府、社会机构、企业和居民是教育投资的主体，政府的财政收入、社会机构和企业的闲置资金和居民储蓄，是教育资金的主要来源。教育资源的配置与教育资金的配置相联系，而教育资金的市场配置取决于居民储蓄转化为教育投资。居民要把储蓄转化为教育投资，必须有一定的教育投资意识，而这种意识是以市场能有效实现教育投资回报为经验前提的。居民个人教育投资的回报率与学校所提供的教育的品种和质量有密切联系，与学校使用教育资源的效率有密切联系，因此，学校较强的教育投资意识有利于把学生缴纳学费作为一种教育投资，有利于有效形成这样一种积极态度，即向学生提供优质教育就是对教育投资者负责，就是为吸引更多教育投资创造条件。这说明，教育投资意识的形成和强化是教育资源的市场配置实现帕累托改进的充分条件。

第三节 教育资源的政府配置

教育资源的政府配置是政府经济功能的具体体现，是政府教育投资的必然结果，是对教育资源配置的市场失灵的补充。在教育市场充分竞争条件下，教育资源的市场配置的帕累托最优，可理解为教育的市场供给与市场需求的均衡状态。由于教育的正外部性不能通过市场来补偿教育投资者个人，由此决定的教育需求是一种公共需求，由教育的市场需求和公共需求共同组成的教育的社会需求一定大于教育的市场需求，这意味着，教育的市场供给与教育的市场需求的均衡状态，仍然不是一国教育资源有效配置的理想状态，换句话说，一国教育资源有效配置的理想状态是教育的社会供给与教育的社会需求之均衡状态。通过政府教育投资和政策来实现教育资源的政府配置，是实现教育的社会供给与教育的社会需求之均衡的必由之路。

一、教育资源的政府配置功能

教育资源的政府配置功能是指政府在教育资源配置中发挥的作用，其所要回答的问题是教育资源的政府配置本身的必要性问题。在市场经济条件下，教育资源要有效配置，必须充分发挥市场的作用。但是，市场不是实现教育资源有效配置的万能手段和灵丹妙药，市场本身不能有效解决满足教育的公共需求的教育供给问题，即使教育资源的市场配置是有效的，市场本身也不能解决一个有效的教育资源配置对哪个阶层更有利的问题，而类似这样的问题就只能靠政府来解决。因此，即使在市场经济条件下，教育资源要有效配置，还必须充分发挥政府的作用。教育资源政府配置功能的发挥，同样要受到技术、资源、信息和体制等约束条件的制约，但是，从理想的市场和政府状态出发，对教育资源的政府配置功能进行定位，仍然是十分重要的。一般说来，教育资源的政府配置具有以下功能：

其一，教育财政支出功能。政府配置教育资源的功能主要表现为政府的教育财政支出功能。在市场经济条件下，政府运用教育财政手段调控宏观教育，以弥补教育资源市场配置难以有效指向宏观教育发展目标之不足；形成教育的公共供给，以弥补教育资源市场配置难以有效满足教育的公共需求之不足；在教育部门对国民收入进行再分配，以弥补教育资源市场配置难以有效调节贫富阶层和地区之间教育发展不平衡之不足。

其二，教育市场定价调控功能。在市场经济条件下，政府的教育财政支出是对教育的市场价格的财政性补贴，在教育资源配置中具有调控教育的市场定价的功能。逻辑地看，在不存在政府的教育财政支出的情况下，教育的市场价格的变动最终会使教育的市场供给与教育的市场需求达到均衡，这时的教育市场价格为均衡价格，也就是说，在均衡价格上，既不会有更多的人也不会有更少的人进入学校就读，学校既不愿意招更多的学生也不愿意招更少的学生。现在有了政府的教育财政支出，各个学校从政府那里获得了一大笔教育资金，于是可以扩大招生规模，然而，在其他条件不变的情况下，由于教育市场处于均衡状态，如果教育的市场价格不下降，教育的市场需求就不会增加，学校招生规模的扩大就不能变成现实，而学校从政府那里获得的教育资金，使它能补贴教育的市场价格并使教育的市场价格降到教育供给增量与教育需求增量达到均衡为止。因此，在市场条件一定情况下，政府教育财政支出可以调控教育的市场定价。

其三，教育调控信息传递功能。在一个时期内，政府可能会依据经济社会发展目标、劳动力市场变化趋势和教育发展现状，作出关于重点扶持某些地区的教育发展、某些发展前景看好的教育、某些优质高效的学校的决定，作出关于调整政府奖学金、助学金的决定，等等，这些都是政府配置教育资源时发出的政府调控教育的信息。这样的信息会对教育资源的市场配置产生影响，会成为学校办学决策的重要依据。政府在教育资源配置中传递的信息具有超前性,而市场在教育资源配置中反馈的信息具有滞后性。

其四,教育结构调整功能。教育资源政府配置的一项重要功能就是调整教育结构。政府可以通过教育财政支出向某些地区、教育层次、专业和学科倾斜,来调整教育结构,促进教育结构优化政府通过教育资源配置来调整教育结构,主要是以其对教育结构变化趋势的判断和对教育结构问题可能引发社会问题的政治考量等为依据的。例如,中国政府对老革命根据地、少数民族地区、边疆地区和贫困地区(老、少、边、贫地区)加大中央教育财政转移支付,在一定程度上是维护国家安全和社会稳定的政治需要。而市场配置教育资源对教育结构的调整,主要是以教育价格信号、劳动力市场信号和教育回报信号等为依据的,即是在教育结构问题对经济和社会发展产生了明显影响以后作出的反应。因此,教育资源政府配置对教育结构的调整具有前瞻性和政治性,而教育资源市场配置对教育结构的调整具有滞后性和非政治性。

其五,促进教育发展的功能。政府配置教育资源的一项重要功能就是促进教育发展,以便提高国民素质,推进人力资源强国建设。例如,为了迎接21世纪日益激烈的人才竞争,促进教育又好又快发展,中国政府在2010年制定的《国家中长期教育改革和发展规划纲要(2010—2020年)》中,决定把教育支出占国民收入的比例提高到4%。这意味着,在以后十年,中国政府教育财政支出每年必须有较大幅度增加,政府促进教育发展的资源配置功能将得到充分发挥。

其六,增进社会公平的功能。政府配置教育资源的一项特殊功能就是增进社会公平。之所以特殊,是说教育资源市场配置本身不能有效解决全部社会公平问题,因为个人在教育消费上追求自己教育效用的最大化,学校在教育生产上追求自己教育产出的最大化,而教育效用的最大化和教育产出的最大化是有利于穷人子女接受更多教育还是有利于富人子女接受更多教育,是教育资源市场配置本身不能解决的问题,所以,在市场经济条件下,增进社会公平是政府必须承担的特殊责任。这个问题在下面还要进行更深入的分析。

当然,在上述功能中,政府教育财政支出是政府配置教育资源的核心功能,其他功能是这一核心功能的具体表现和延伸。

二、教育资源政府配置的两个基本问题:公平与效率

在一个健全和完善的市场经济制度下,市场是公平、公开、充分竞争的,而这样的竞争是有效的。在市场上,竞争公平与效率是相辅相成的,这一前提意味着,教育资源的市场配置具有实现竞争公平和效率的功能。但是,竞争公平只是社会公平的内容之一,再说竞争公平本身对于竞争能力不同的人和单位是不公平的,而竞争能力不同又是竞争起点不公平的必然结果。教育资源的政府配置不仅要维护竞争

公平和效率，而且要增进其他社会公平和效率，也就是说，公平与效率构成了教育资源政府配置所要解决的两个基本问题。

（一）教育资源配置公平

公平是一个属于价值判断范畴的概念，而价值判断与事实判断的最大区别在于：前者与人的自我感受性相联系，后者则不与人的自我感受性相联系。例如，改革开放以来，人们的生活水平提高了，这是事实判断；但是，一些人的生活水平提高得很快，一些人的生活水平提高得很慢，前者可能对改革开放以来的制度安排更满意，而后者可能对改革开放以来的制度安排更不满意，因为这两种人对生活水平提高的自我感受性完全不同，这就是价值判断。换句话说，事实判断的标识易于客观化和趋同化，而价值判断的标识不易客观化和趋同化。公平作为一种价值判断，其标识自然就不易客观化和趋同化。因此，公平的定义在学术界存在很大争议。

在我国学术界，公平的定义有公平的效率说和公平的平等说。公平的效率说用效率来界定公平。戴文礼先生认为"合乎效率需要就是公平"，"合乎效率需要"就是"合乎社会发展需要"，所以，"所谓公平，从最根本上讲就是人与人的利益关系及关于人与人利益关系的原则、制度、做法、行为等合乎社会发展需要之义"。[①] 戴先生把公平同人与人的利益联系起来，这是正确的。一种行为如果不涉及他人的利益，就无所谓公平与不公平。但是，人与人的利益关系同人与人的利益是有区别的。一个涉及人与人利益的行为，不一定涉及人与人的利益关系。例如，一个深夜放声高歌的行为，满足了歌唱者娱乐的需要，但影响了邻居的正常休息，损害了他人利益，这是不公平的行为，然而，这种行为并不改变歌唱者与邻居的利益关系。人们的利益发生变化总是与行动相联系的，关系、原则、制度等社会安排如果不转化为行为，它们就不会对人们的利益产生影响。只有行为才会导致公平或不公平。关系、原则、制度等社会安排的公平或不公平，实际上是指由关系、原则、制度等社会安排所导致的行为的公平或不公平。损害效率的公平是不利于经济社会发展的公平，这样的公平又有什么意义呢？以此，效率是公平的标识之一。经济社会的发展不仅依赖于人们有效利用稀缺资源，生产更多有价值的商品，而且依赖于人们合理分配商品。正如前面所说，一个有效的资源配置是更有利于富人阶层还是更有利于穷人阶层，是效率本身解决不了的问题。在一个有效的市场竞争中，少数人获得了成功并变成亿万富翁，多数人为少数人的成功做出了贡献而只能从成功者那里直接得到小于其贡献的收入，其中一些人遭受了失败甚至沦为穷光蛋，这种失败是为少数人的成功付出的代价，这种代价也是为成功做出贡献。市场竞争成功者应该给那些为他做出贡献和付出代价的人们以经济补偿，更准确地说，市场

---

① 戴文礼．公平论［M］．北京：中国社会科学出版社，1997：34~42．

竞争成功者应该给社会每个人以经济补偿，因为他使用了每个人参与缔结的社会，使用了每个人共同创建并承担义务的市场竞争制度。社会管理者难道眼看一个个失败者流落街头甚至自杀而应该无所作为？难道任凭贫富差距扩大来威胁社会稳定而应该无所事事？显然不应该。这就需要人们合理分配商品，而公平就存在于合理分配商品的行为之中。所以，公平也不能简单用效率来标识。戴先生所说的"合乎社会发展需要就是公平"，似乎比"合乎效率需要就是公平"更接近真理。广义的社会发展是指经济社会发展。社会发展需要是人们渴求社会发展的心理状态，它难以得到具体的描述和评价，不宜作为公平的标识，而反映社会发展需要的政府制度的经济社会发展目标则是具体的和可评价的，适宜作为公平的标识。

公平的平等说是用平等来标识公平。王海明先生持有这一观点，他认为公平"是人们的平等的利害相交换的行为"，而"平等是人们的与利益获得有关的相同性"。① 他把公平归结为行为是正确的。他所说的"利害"包括利益和损害。实际上，利益包括积极利益和消极利益，损害就是一种消极利益。从这个意义上看，他把公平与利益联系起来也是正确的。公平不仅存在于利益交换行为中，而且存在于利益分配行为中。平等的利益之间的交换也不同于利益之间的平等交换。人们在利益之间进行平等交换和分配反映的是平等人权和不平等公民权的平等享有。权利是一定社会公权必须保护和保障享有的利益。马克思说："人权之作为人权是和公民权不同的。和公民不同的这个人究竟是什么人呢？不是别人，就是市民社会的成员。为什么市民社会的成员称作'人'，只是称作'人'，为什么他的权利称作人权呢？"是因为"这种人，市民社会的成员，就是政治国家的基础、前提。国家通过人权承认的正是这样的人"。② 这表明平等人权是每个人平等参与社会缔结所赋予的基本权利。这种基本权利，正如王先生所说，"至少应该得到生存和发展的必要的、起码的、最低的权利"③。不平等公民权是每个公民参与经济社会建设所具有的不同地位和为社会做出的不同贡献所赋予的不同权利。权利可以是平等的，也可以是不平等的，权利的享有则应该是平等的。平等地享有平等的权利和不平等的权利，就是公平。王先生把人权称为基本权利，把人权之外的权利称为非基本权利，并依据前者确立"完全平等原则"，依据后者确立"比例平等原则"。对于人权，无论是权利的平等还是权利享有的平等，"完全平等原则"都是适合的。王先生说："所谓非基本权利比例平等，不过是说，谁的贡献较大，谁便应该享有较大的非基本权利；谁的贡献较小，谁便应该享有较小的非基本权利，每个人因其贡献

---

① 王海明．新伦理学 [M]．北京：商务印书馆，2001：383．
② 马克思恩格斯全集 [M]．第1卷．北京：人民出版社，1956：437．
③ 王海明．新伦理学 [M]．北京：商务印书馆，2001：350．

不平等而应享有相应不平等的非基本权利。"① 这样说来，非基本权利比例平等就是非基本权利大小的比例等于贡献大小的比例。这意味着比例平等原则适合于按贡献来分配权利。这里存在难以解决的两个问题：一是贡献大小的比例如何转化为非基本权利大小的比例；二是贡献的大小决定了非基本权利的大小，还是非基本权利的大小决定贡献的大小？如果是前者，总统等职位的竞争又何以会出现，如果是后者，非基本权利又如何分配？总之，非基本权利是不平等的，也难以将其定性为比例平等。享有不平等的非基本权利，并不意味着不公平，只有不平等地享有不平等的非基本权利才是不公平。

我们坚持公平的平等说，并把公平定义为人们利益之间的平等交换和分配。人们利益之间的平等交换和分配，就是人们平等享有平等人权和不平等公民权。因此，公平既是一种道德要求，又是社会进步的一种标志。每个社会都会追求公平，每个理性的政府都会在资源配置和社会分配上讲求公平，在教育资源配置上也不例外。

教育资源配置公平就是教育资源配置达到了人们利益之间的平等交换和分配的状态，就是教育资源配置体现的是人们平等享有平等人权和不平等公民权。教育既是个人利益之所在，又是集体、国家、民族、社会利益之所在。教育达到了人们利益之间的平等交换和分配的状态，就是教育公平。教育所体现的人们利益是与人们的受教育权利相联系的。那么，受教育权利是人权的组成部分还是公民权的组成部分？这得具体分析。在现代社会，一般说来，人们应该得到生存和发展的必要的、起码的、最低的教育是义务教育，所以，受义务教育权利应该是每个人平等参与社会缔结所赋予的基本权利，是人权的组成部分，人们受义务教育的权利是平等的，人们平等享有平等的受义务教育权利，就是义务教育公平，义务教育资源配置保障人们平等享有平等的受义务教育权利，就是义务教育资源配置公平。非义务教育是满足人们竞争性生存和发展需要的教育，人们接受非义务教育的不同，决定了他们参与经济社会建设的不同地位和为社会做出的不同贡献，所以，受非义务教育权是不平等的公民权。人们平等享有不平等的受非义务教育权利，就是非义务教育公平。非义务教育资源配置保障人们平等享有不平等的受非义务教育权利，就是非义务教育资源配置公平。

平等的受义务教育权利就是每个人接受与他人相同的免费的义务教育权利。享有平等的受义务教育权利就是国家保障每个人享有接受与他人相同的免费的义务教育的权利。平等享有平等的受义务教育权利，说的是国家保障每个人享有接受与他人相同的免费的义务教育的权利，是可以根据自己的意愿选择在任何一所学校来实现的。不平等享有平等的受义务教育权利，说的是国家保障每个人享有接受与他人

---

① 王海明. 新伦理学 [M]. 北京：商务印书馆, 2001: 355.

相同的免费的义务教育的权利,是不可以根据自己的意愿选择在任何一所学校来实现的。义务教育所体现的人们利益之间的平等分配的理想状态,是等质等量的义务教育在人们之间的平等分配,所以人们在任何一所学校所接受的义务教育都是等质等量的。但是,各个学校所提供的义务教育不完全是等质的,而接受不等质的义务教育可以给人们带来不同的利益。如果接受不等质的义务教育完全满足人们的选择意愿,那么,接受不等质义务教育给人们所带来不同利益的分配,就是人们所认同的分配。选择意愿的完全满足体现的是平等分配,所以这体现平等义务教育权利的平等享有,体现义务教育公平。反之,如果接受不等质的义务教育不完全满足人们的选择意愿,那么,接受不等质义务教育给人们所带来不同利益的分配,就是人们所不认同的。而选择意愿的不完全满足体现的是不平等分配,所以这体现平等义务教育权利的不平等享有,体现义务教育不公平。义务教育资源配置保障人们平等享有平等的受义务教育权利,从根本上讲,就是保障相应的每个学校向人们提供等质等量的义务教育;从现实性上讲,就是保障人们按自己的意愿选择在任何一所学校接受义务教育。

不平等的受非义务教育的权利,指的是人们受非义务教育的权利的大小取决于人们受教育所具有的竞争比较优势的大小和支付学费能力的大小。非义务教育供给的相对有限性所决定的接受非义务教育的竞争性,是不平等的受非义务教育的权利得以形成的前提;人们受教育所具有的竞争比较优势,是不平等的受非义务教育的权利得以享有的必要条件;人们支付学费的能力,是不平等的受非义务教育的权利得以享有的充分条件。非义务教育所体现的人们利益之间的平等交换和分配,表现为人们受教育所具有的天赋的高低和所付出的努力的大小,是与人们所获得的受非义务教育的权利以及由此所获得的利益相对应的,也就是受非义务教育的机会分配公平、竞争公平及其过程公平。人们平等享有不平等的受非义务教育权利,就是国家保障人们受非义务教育的机会分配、竞争公平和过程公平。人们不平等享有不平等的受非义务教育权利,就是国家不保障人们受非义务教育的机会分配、竞争公平和过程公平。非义务教育资源配置保障人们平等享有不平等的受非义务教育权利,就是在非义务教育资源配置上保障人们受非义务教育的机会分配公平、竞争公平及其过程公平。

(二) 教育资源政府公平配置的含义

教育资源公平配置在概念上不同于教育资源配置公平。前面已经指出,教育资源配置公平是指教育资源配置达到的一种状态,即人们利益之间的平等交换和分配的状态。而教育资源公平配置是指实现教育资源配置公平的过程,即达到人们利益之间的平等交换和分配的状态的过程。教育资源的政府公平配置,就是指政府通过教育行政、教育财政、教育金融等手段来推进并最终实现教育资源配置公平的过程。

政府推进并最终实现教育资源配置公平，具体说来，就是在教育资源配置上，保障每个义务教育适龄儿童平等享有等质等量义务教育的权利，保障每个义务教育适龄儿童平等享有按自己的意愿选择在任何一所学校接受义务教育的权利，推进人们受非义务教育的机会分配公平、竞争公平及其过程公平。

教育资源政府配置保障每个义务教育适龄儿童平等享有等质等量义务教育的权利，就是在保障义务教育适龄儿童百分百入学率和零辍学率的基础上，实现义务教育均衡发展，保障每个义务教育适龄儿童接受等质义务教育；保障每个义务教育适龄儿童平等享有按自己的意愿选择在任何一所学校接受义务教育的权利，就是要尊重和满足每个义务教育适龄儿童自由选择在任一所学校接受义务教育的意愿和偏好。假设实施义务教育的 A、B 两校有相同总体教育质量，A 校初中办有业余奥林匹克物理班，B 校办有业余奥林匹克数学班，每班的最小规模为 20 人、最大规模为 30 人，在 A 校，小学毕业生中愿意上业余奥林匹克物理班的和愿意上业余奥林匹克数学班的各有 15 人，而在 B 校，小学毕业生中愿意上业余奥林匹克物理班的和愿意上业余奥林匹克数学班的也各有 15 人，如果不存在每个义务教育适龄儿童按自己的意愿自由选择在任何一所学校接受义务教育的制度安排，那么，在 A 校，愿意上业余奥林匹克数学班的小学毕业生 15 人不能进入 B 校，在 B 校，愿意上业余奥林匹克物理班的小学毕业生 15 人不能进入 A 校，两校办业余奥林匹克物理班或数学班都达不到最小规模。这时，如果两校都因本校报名人数不足而停办业余奥林匹克班，那么，两校学生上业余奥林匹克班的愿望都得不到满足，于是已有的办业余奥林匹克班的资源得不到有效利用；如果两校各办两个 15 人的业余奥林匹克班，两校学生上业余奥林匹克班的愿望都得到满足，但两校都因达不到最小办班规模而存在教育资源利用效率缺失；如果存在每个义务教育适龄儿童按自己的意愿自由选择在任何一所学校接受义务教育的制度安排，那么，A、B 两校因尊重学生意愿而分别能办 30 人的业余奥林匹克物理班和数学班，两校学生上业余奥林匹克班的愿望都得到满足，且因两校办的是具有规模效应的业余奥林匹克班而使教育资源得到有效利用。这表明，每个义务教育适龄儿童按自己的意愿自由选择在任何一所学校接受义务教育的制度安排，就不仅在形式上而且在实质上保障每个义务教育适龄儿童平等享有等质等量义务教育的权利。所以，每个义务教育适龄儿童自由选择在任一所学校接受义务教育的意愿和偏好的尊重和满足，体现的是每个义务教育适龄儿童平等享有等质等量义务教育权利的实质平等。这表明，义务教育资源的政府公平配置是这样的配置，即它是有利于保障义务教育适龄儿童百分百入学率和零辍学率，有利于促进义务教育均衡发展，有利于尊重和满足每个义务教育适龄儿童自由选择在任一所学校接受义务教育的个人意愿和偏好的配置。

政府对非义务教育资源的公平配置主要是有利于推进三个方面的公平，一是推进受非义务教育机会在各地、各阶层、各民族、各群体之间分配的公平，二是推进人们受非义务教育机会竞争的公平，三是推进人们受非义务教育过程的公平。

政府在教育资源配置上推进受非义务教育机会在各地、各阶层、各民族、各群体之间分配的公平，主要是通过政府的教育资源配置，促进各地、各阶层、各民族、各群体非义务教育净入学率的均等化。由于历史和地理等多种原因，各地、各阶层、各民族、各群体非义务教育净入学率多少存在差距，有些国家还存在较大的差距。中国只有分地区各阶段教育入学率的统计，这种差距也就只能从已有的统计中得到部分佐证。中国教育统计上的这种缺陷给教育资源政府配置决策及其研究带来了困难。这种差距形成的原因除了归结为人们受非义务教育机会的竞争以外，还应归结为政府教育资源配置所具有的在各地、各阶层、各民族、各群体之间的分配受非义务教育机会的功能。人们受非义务教育机会是用非义务教育净入学率来测度的。例如，在中国，人们受非义务教育机会分为受学前教育机会、受高中阶段教育机会和受高等教育机会，它们分别用学前教育净入园率、高中阶段教育净入学率和高等教育净入学率来测度。哪个地区、阶层、民族、群体的非义务教育入学率较高，那个地区、阶层、民族、群体的受非义务教育的机会就较大。政府在教育资源配置上要推进受非义务教育机会在各地、各阶层、各民族、各群体之间分配的公平，就应该使非义务教育资源配置有利于受非义务教育机会，更多地向教育弱势地区、教育弱势阶层、教育弱势民族、教育弱势群体倾斜。这种倾斜也就是政府使受非义务教育机会部分向教育弱势人群倾斜，也就是政府促进各地、各阶层、各民族、各群体非义务教育净入学率的均等化。受非义务教育机会在各地、各阶层、各民族、各群体之间分配的公平，是为了各地、各阶层、各民族、各群体平等参与社会缔结所赋予的基本权利能在受非义务教育机会的分配上有所体现。当然，这种公平分配是以各地、各阶层、各民族、各群体对社会所做的贡献的大小为基础的，即其贡献越大，得到受非义务教育的机会就越多，尽管这种贡献的大小是由历史和地域等原因造成的，因此它不是平均分配，亦即只是向教育弱势人群倾斜的分配。这种倾斜使得受非义务教育机会的分配有一部分能体现各地、各阶层、各民族、各群体平等参与社会缔结所赋予的基本权利。

政府在教育资源配置上推进人们受非义务教育机会竞争的公平，主要是在政府公平分配非义务教育机会的基础上，通过推进政府教育资源配置信息的公开化、透明化、充分化，使人们在及时获取完整、真实信息的条件下进行受非义务教育机会的竞争；同时推进非义务教育招生的规范化，为信息公开、透明、充分条件下的受非义务教育机会的竞争公平奠定制度基础。

政府在教育资源配置上推进人们受非义务教育过程的公平，既要把学校办学质量的好坏与它们获得政府奖学金的多少联系起来，把学生在校表现的好坏与他们获得政府奖学金的多少联系起来，又要促进政府奖学金、助学金、特困生资助金、特别救助金、定向培养资助金等向教育弱势地区、教育弱势阶层、教育弱势民族、教育弱势群体倾斜，保证每个学生顺利完成学业。

（三）政府教育财政公平支出的罗尔斯伦理标准

政府教育财政支出是政府配置教育资源的主要手段。教育资源的政府公平配置，在很大程度上取决于政府教育财政支出对人们收入分配的合理调节，从这个意义上讲，罗尔斯的收入分配伦理标准可以作为判断政府教育财政公平支出的依据。

假定个人之间的效用是可比较的，且每个人的序数效用函数是递减的，那么收入的平均分配可最大化社会总效用。然而，由于每个人的效用是加权的，个人之间的效用比较就成为问题，均分收入也就不是最大化社会福利的可选方案。选择收入分配方案，涉及价值判断，它要求回答什么样的收入分配才是公平的。约翰·罗尔斯以此为基础，提出了收入分配"最小最大"伦理标准。他认为，只有当社会不平等收入分配能给社会中的最弱者带来最大好处时，它才是合理的。因此，在社会存在不平等权利的条件下，选择能给社会中收益最少的人带来最大收益的收入分配方案，才符合社会公正的伦理原则。这就是罗尔斯关于收入分配"最小最大"的伦理标准。这一标准可以结合洛伦斯曲线来加以解释。

在图6-9中，OP代表人口的百分比，OI代表收入的百分比，直线OY为45度线。在直线OY上，有最低收入的20%人口、较低收入的20%人口、中等收入的20%人口、较高收入的20%人口、最高收入的20%人口各自分别接受20%的总收入。这就是收入绝对平均。图6-9右下角的曲线nm为绝对不平均线。介于绝对平均线与绝对不平均线之间的曲线OY为实际收入分配线，它越接近直线OY，收入分配就越平等；它越接近曲线nm，收入分配就越不平等。

罗尔斯的收入分配"最小最大"伦理标准，可以用图6-9中的坐标图来说明。假定有收益最少者A和收益最大者B的收入分别为Y_A和Y_B，在图6-9中它们一定在替代性收入分配的社会机会成本边界$I_A I_B$上。这两个人的收入在$I_A I_B$上的位置是随收入分配方案的变化而变化的。在$I_A I_B$上，S表示罗尔斯的"最小最大"收入分配点，在S点上，收入的最少改善对收益最少的A来说实现了自己收入的最大化，同时对A来说，S点的收入分配比F点更好。这意味着选择符合S点的收入分配方案，可以使社会中收益最少的人带来最大收益。

政府教育财政支出作为调节人们收入分配的手段，可以考虑把罗尔斯的收入分配"最小最大"伦理标准应用于评价政府教育财政的公平支出，以此作为教育资源政府公平配置的判别条件。也就是说，教育资源政府公平配置必须满足的一个条件是：教育越处于弱势的地区、阶层、民族、群体，从政府教育财政支出中得到的好处就越大。这就是政府教育财政公平支出的罗尔斯伦理标准。

三、教育资源的政府有效配置

上面讨论了政府在教育资源配置上为什么要讲求公平以及如何增进教育资源配

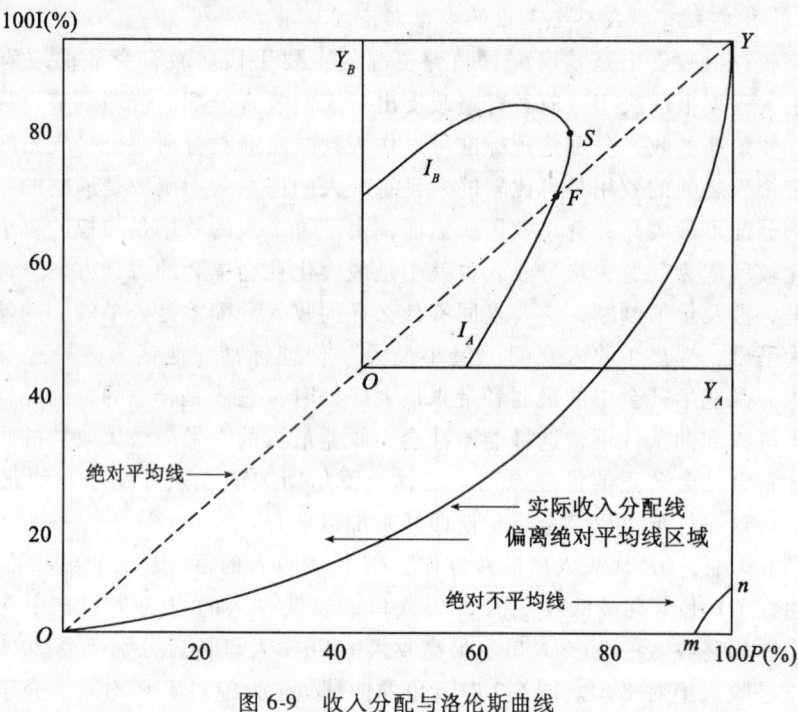

图 6-9 收入分配与洛伦斯曲线

置公平。然而，讲求公平只是政府配置教育资源的伦理要求。除此之外，政府配置教育资源还要讲求效率。资源是有限的，有效配置教育资源以便生产出更多的教育产品来满足人们的需要，是政府配置教育资源的经济要求。

教育资源的政府有效配置，是指政府运用财政、行政、金融等手段，促进教育资源配置社会效率最大化的过程。教育资源配置市场效率的最大化是教育的个人边际成本等于教育的个人边际收益，亦即教育资源市场配置的帕累托最优，而教育资源配置社会效率的最大化是教育的社会边际成本等于教育的社会边际收益，亦即教育资源社会配置的帕累托最优。

如图 6-10 所示，与教育资源市场配置的帕累托最优不同的是，当任意两种教育 E_A 和 E_B 的边际转换率 MRT_E 的直线与教育生产的社会可能性边界 $ESPPF$ 和教育的社会无差异曲线 W_{ES} 相切，在切点 E_S 上有教育资源社会配置的帕累托最优。

四、教育资源政府配置的公平与效率

前面已经指出，教育资源的政府公平配置，是通过政府的教育资源配置，推进人们受非义务教育机会分配的公平，推进人们受非义务教育机会竞争的公平，推进

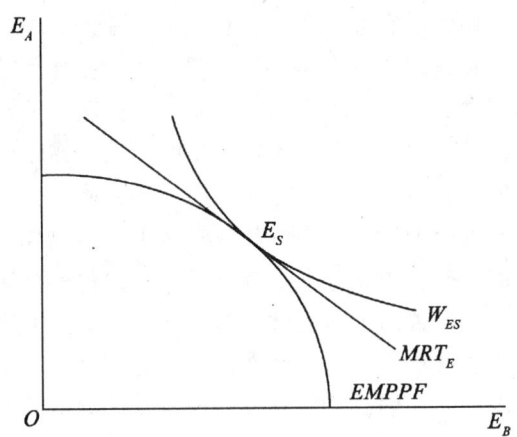

图 6-10　教育的社会无差异曲线与教育生产社会可能性边界

人们受非义务教育过程的公平，最终达到这样一种教育资源政府配置的公平状态：每个义务教育适龄儿童平等享有平等受义务教育的权利，每个义务教育适龄儿童平等享有按自己的意愿选择在任何一所学校接受义务教育的权利，人们平等享有不平等受非义务教育权利。那么，教育资源政府配置的公平与效率是一种什么关系呢？

　　义务教育资源政府配置的公平，首先在于保障每个义务教育适龄儿童平等享有平等受义务教育的权利，这意味着，每个人平等参与社会缔结所赋予的平等受义务教育的权利得到了保障，这种保障程度越大，义务教育资源政府配置就越公平，人们平等参与社会缔结所具有的平等地位就体现得越充分，他们接受或实施义务教育的积极性就越高。这是因为，年青一代平等接受相同的无歧视性的义务教育，使得他们出生以来第一次体验到社会赋予每个人的平等受教育地位，体验到社会对每个人的平等对待，这会极大地提高他们学习的积极性。这种体验越丰富越深刻，他们学习的积极性就越高，义务教育也就越有效率。义务教育资源政府配置的公平，其次在于每个义务教育适龄儿童平等享有按自己的意愿选择在任何一所学校接受义务教育的权利，这意味着，每个义务教育适龄儿童接受义务教育的意愿和偏好得到了尊重和满足，这种尊重和满足的程度越高，他们学习的积极性就越高，义务教育也就越有效率。当然，每个义务教育适龄儿童在接受义务教育时所平等享有的这两种权利，是以每个教育者履行相应的义务教育的义务为条件的。义务教育资源政府配置越公平，充分履行这种义务的义务教育者就越多，这种义务履行得就越充分，受义务教育者的学习积极性就越能得到保护和激励。这些说明，义务教育资源政府配置的公平与效率是相辅相成的关系。

　　人们平等享有不平等受非义务教育权利意味着政府推动受非义务教育机会在各

地、各阶层、各民族、各群体之间分配的公平,政府推动人们受非义务教育机会竞争的公平,政府推动人们受非义务教育过程的公平。首先,政府推动受非义务教育机会在各地、各阶层、各民族、各群体之间分配的公平,既是以各地、各阶层、各民族、各群体为社会所做贡献的大小为基础的分配,亦即其贡献越大,得到受非义务教育的机会就越多,又是向教育弱势人群倾斜的分配,亦即在受非义务教育机会的分配中有一部分能体现各地、各阶层、各民族、各群体平等参与社会缔结所赋予的基本权利。因此,这种分配越公平,对其贡献大小的体现和对其平等参与社会缔结所赋予的基本权利的体现就越充分,受教育者学习的积极性就越高,学校办学的积极性就越高,教育资源配置的效率也就越高。其次,政府推动人们受非义务教育机会竞争的公平,意味着谁学习更努力,谁得到了更好的学习成绩,谁就能得到更多非义务教育机会。因此,人们受非义务教育机会的竞争越公平,学生学习的积极性就越高,学校办学的积极性就越高,教育资源配置的效率也就越高。最后,政府推动人们受非义务教育过程的公平,意味着,哪个学校办学质量越高,获得的政府奖学金就越多;哪个学生在校表现得越好,获得的政府奖学金就越多;哪个学生家庭越困难,获得的政府资助就越多。因此,受非义务教育过程越公平,学校办学的积极性就越高,学生学习的积极性就越高,教育资源配置的效率也就越高。这些说明,非义务教育资源政府配置公平与效率也是相辅相成的关系。

第四节 教育资源配置效率的数据包络分析评价

前面已经指出,教育资源配置追求的效率目标是最终达到"帕累托最优",或改变教育资源配置以实现"帕累托改进"。那么,如何评价教育资源配置呢?目前采用得较多的有数据包络分析(*Data Envelopment Analysis*,简称 *DEA*)方法和随机前沿分析(*Stochastic Frontier Approach*,简称 *SFA*)方法。这里只介绍数据包络分析及其在教育资源配置效率评价中的使用方法。

一、*DEA* 方法的优点及限制[①]

DEA 方法具有以下优点:①*DEA* 可同时对决策单位(简称 *DMU*)的多项投入和多项产出的相对有效进行评价。*DEA* 模型通过调整各投入、产出的权重,对各 *DMU* 进行相对效率分析,事先无须知道各投入与各产出之间的函数形式,实际计算时也不需要估计各个参数。②*DEA* 自设投入指标和产出指标权重,减少了权重设置的主观性。*DEA* 是根据最优性原则计算出每一个 *DMU* 的各项投入和各项产出

---

① 刘玲利. 科技资源配置理论与配置效率研究 [D]. 吉林大学,2007:92~94.

权重,可以避免主观加权所造成的误差。③DEA 不受计量单位的影响,不必作计量单位的同一化处理。④DEA 可对 DMU 的投入和产出进行有效或非有效分析,为决策者提供改善资源配置的单元信息。⑤DEA 模型既可以处理比例尺数据,也可以处理顺序尺度数据。

DEA 主要有以下局限性:①DEA 模型的假设前提是投入越少、产出越大就越好。但是在实际上有些产出是"不好"的产出,如会造成环境污染的气体的排出,这些产出是越少越好;同时还有一些投入是越大越有利。因此如果简单地把希望减少的因素作为投入、把希望增大的因素作为产出,就会违背整个生产过程的经济含义。②当对比投入和产出指标的数量,DMU 的数量不够大时,DEA 模型的判断能力会有所下降,即会出现大量的 DMU 是有效的。因此为了提高 DEA 模型的评价功能,有学者提出投入和产出指标的总数不宜超过 DMU 数量的 1/3。③DEA 模型只能粗略地把 DMU 的效率分成三个等级,对于同为 DEA 有效的 DMU,模型的结果认为是一样好的。④由于各投入产出指标的权重是通过模型计算出来的,在模型当中也没有对各权重的取值范围加以限制,因此有时候会出现不切实际的权重分配。这样会导致某个 DMU 有效仅仅是因为某项产出项的权重特别大或者是某项投入项的权重极小。

二、数据包络分析模型

数据包络分析方法是评价部门或行业各单位(决策单元,Decision Making Unit,简记为 DMU)间投入与产出的相对有效性的常用方法。1978 年,著名运筹学家 A. Charnes、W. W. Cooper 和 E. Rhodes 提出了第一个 DEA 模型,称为 C^2R 模型。1985 年,A. Charnes、W. W. Cooper、B. Golany、L. Seiford 和 J. Stutz 提出了另一个 DEA 模型,称为 C^2GS^2 模型,用来确定对应点位于生产函数图像上的决策单元。其基本设想是:假定规模效益不变,对于任何给定生产要素投入量 $x \geq 0$,有可能产出量 y,当 $0 \leq y \leq Y$ 时,有最大可能产出量 Y,其生产函数 $Y=f(x)$ 在以 Y 为纵轴、以 x 为横轴的几何图像上的曲线为生产活动集 T_1 的上包络线 C,在该线上有产出最大值。产出量 y 的最大值 Y 可写成:

$$Y = \max y$$
$$\text{s. t. } (x, y) \in T_1$$

即点 (x, Y) 的生产函数在生产活动集 T_1 的上包络线 C 上。

在该包络线上的点都对应某个斜率为非负的直线方程:$L: \omega_0 x - \mu_0 y + \beta_0 = 0$。DEA 模型是 C^2R 模型还是 C^2GS^2 模型,取决于 β_0 是否为零。

(一)C^2R 模型

假设有 n 个 DMU,每个 DMU 都有 m 种类型的投入以及 s 种产出。用投入指标向量 $X=(X_{1j}, X_{2j}, \cdots, X_{mj})^T > 0$、产出指标向量 $Y=(Y_{1j}, Y_{2j}, \cdots, Y_{Sj})^T > 0$ 分别表

示 DMU 的输入与输出指标，其中($j=1, 2, \cdots, n$)。本文记选定的 DMU 为 DMU_0。C^2R 模型对偶线性规划表述如下：

$$MIN\theta$$

$$s.t. \sum_{j=1}^{n} X_{ij}\lambda_j + S_i^- = \theta X_0, \quad i \in (1, 2, \cdots, m)$$

$$\sum_{j=1}^{n} Y_{rj}\lambda_j - S_r^+ = Y_0, \quad r \in (1, 2, \cdots, s)$$

$$\theta, \lambda_j, S_i^-, S_r^+ \geq 0, j=1, 2, \cdots, n$$

式中 λ_j 为权重，S_i^-、S_r^+ 为松弛变量（Slack or Surplus）。解此线性规划得最优解为 θ^*、λ^*、S_i^{-*}、S_r^{+*}，其经济含义为：

（1）$\theta^*=1$，并且 $S_i^{-*} = S_r^{+*} = 0$，则 DMU_0 为 C^2R 模型下有效，即在这 n 个 DMU 组成的系统中，资源获得了充分利用，投入要素达到最佳组合，取得了最大的产出效果，也就是说 DMU 在有效生产前沿面上生产。

（2）$\theta^*=1$，且至少有某个 $S_i^->0$ 或者某个 $S_r^+>0$，则 DMU_0 为 C^2R 模型下弱有效，即在这 n 个 DMU 组成的系统中，若 $S_i^->0$ 表示 DMU_0 第 i 种资源减少投入 S_i^- 而保持产出 Y_0 不变；若 $S_r^+>0$，表示 DMU_0 在投入 X_0 不变的情况下第 r 种产出可以增加 S_r^+。

（3）$\theta^*<1$，则 DMU_0 为 C^2R 模型下非有效，即在这 n 个 DMU 组成的系统中，可通过组合将投入降至原投入的 θ^* 比例而保持原产出不减。此时，DMU_0 在相对有效行业生产前沿面上的投影为：$\hat{X}_{ij} = \theta^* X_{ij} - S_i^{-*}$，$\hat{Y}_{rj} = Y_{rj} + S_r^{+*}$。由此，可以计算出 DMU_0 转为 DEA 有效时，各指标项与相对有效目标的差距。对非 DEA 有效或弱 DEA 有效的 DMU 进行投影计算，可在现有 DMU 集合基础上提出使其转变成 DEA 有效的改进方案，还可具体指出每个投入、产出要素应改进的程度。这对管理决策来说无疑是很有意义价值的信息。

（4）投入冗余率与产出不足率。

DMU 中各分量的 S_{ij}^- 与对应指标分量 X_{ij} 的比值称为投入冗余率，记为 α_{ij}。它表示该分量指标可节省的比例。投入冗余率在经济学上的意义是指企业资源的投入量可以节省的比例。同样的，设 $\beta_{ij} = S_{ij}^+/Y_{ij}$，则 β_{ij} 称为产出不足率。它说明各项产出指标可以提高的比例。比较同一个评价对象不同时段的投入冗余率或产出不足率可以动态地反映该对象的资源配置、人员安排及资金投入等方面的情况；在与同类型的评价对象的横向比较中，企业可以通过比较投入冗余率和产出不足率来挖掘自身的优势，改善投入决策中的不足，为企业提供更好的投入方案，使资源得到合理的利用，并在有限资源的基础上得到最大的产出效果。

（5）若 $\sum_{j=1}^{n} \lambda_j^* = 1$，表示 DMU_0 规模收益不变，此时 DMU_0 达到最大产出规模

点；$\sum_{j=1}^{n} \lambda_j^* < 1$，表示规模收益递增，且 $\sum_{j=1}^{n} \lambda_j^*$ 值越小规模递增趋势越大，表明 DMU_0 在投入 X_{i0} 的基础上，增加投入量，产出量将有更高比例的增加；$\sum_{j=1}^{n} \lambda_j^* > 1$，表示规模收益递减，且 $\sum_{j=1}^{n} \lambda_j^*$ 值越大规模递减趋势越大，表明在 DMU_0 投入 X_{i0} 的基础上，增加投入量不可能带来更高比例的产出，此时没有再增加投入的必要性。

（二）C^2GS^2 模型

C^2GS^2 模型与 C^2R 模型的区别是在约束条件中加入凸性假设 $\left(\sum_{j=1}^{n}\lambda_j = 1\right)$，其对偶线性规划表述如下：

$$MIN\sigma$$

$$\text{s.t.} \sum_{j=1}^{n} X_{ij}\lambda_j + S_i^- = \sigma X_0, \quad i \in (1, 2, \cdots, m)$$

$$\sum_{j=1}^{n} Y_{rj}\lambda_j - S_r^+ = Y_0, \quad r \in (1, 2, \cdots, s)$$

$$\sum_{j=1}^{n} \lambda_j = 1$$

$$\sigma, \lambda_j, S_i^-, S_r^+ \geq 0, j = 1, 2, \cdots, n$$

解此线性规划，得最优解为 σ^*、λ^*、S_i^{-*}、S_r^{+*}。同样道理，当 $\sigma^* = 1$ 时，DMU_0 为 C^2GS^2 模型下弱有效，若最优解中同时有 $S_i^{-*} = S_r^{+*} = 0$，则为 DEA 有效；当 $\sigma^* < 1$ 时，DMU_0 为 C^2GS^2 模型下非有效。

对于技术非有效的 DMU 也可以通过调整投入和产出使其达到技术有效，方法与 C^2R 模型下处于非有效的 DMU 的调整方法一样。

（三）DEA 模型的图形解释

多投入、多产出的投入产出图构成空间是多维的，难以用简单几何图形加以说明，本文以单投入单产出的情况解释其原理，如图 6-11 所示。

在图 6-11 中，X 轴为投入量，Y 轴为产出量，OE 代表 C^2R 模型条件下有效生产前沿面（一条射线），DCRFH 代表 C^2GS^2 模型条件下有效生产前沿面（一个凸集），D、P、R、F、H 等代表不同决策单元的投入产出组合。

对于投入产出水平位于点 P 的 DMU，其综合效率 $\theta^* = AB/AP$；其技术效率 $\sigma^* = AC/AP$；其规模效率 $\zeta^* = AB/AC$。显然：（1）综合效率等于技术效率与规模效率的乘积，即 $\theta^* = \sigma^* \times \zeta^*$。（2）对于处在 C^2GS^2 有效前沿面上 DCRFH 的 DMU 来说，DCR 区段是规模收益递增的，RFH 区段是规模收益递减的。

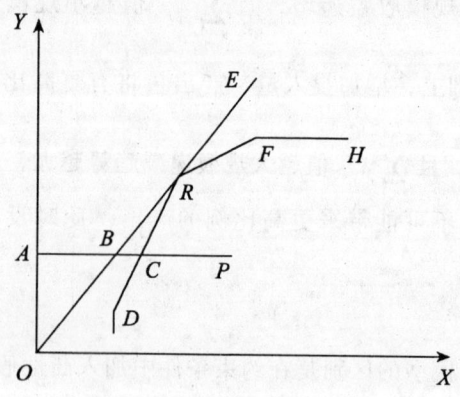

图 6-11 单投入单产出效率解释

根据 DEA 模型，假设 t 年教育部门有 n_t 个学校，第 j 个学校有投入指标值（用向量表示）有 m 个 $x_j^t>0$，产出指标值（用向量表示）有 s 个 $y_j^t>0$，$j \in J = (1, \cdots, n_t)$。那么，有生产可能集 T_j^t，即

$$T_j^t = \{(X,Y) \mid X \geq \sum_{j \in J_t} X_j^t \lambda_j, Y \leq \sum_{j \in J_t} Y_j^t \lambda_j, \sum_{j \in J_t} \lambda_j = 1, \lambda_j \geq 0, j \in J_t\}$$

每个学校投入指标值相对于产出指标值有最优值 $\alpha_0 > 0$，说明 $(X_0, \alpha_0 Y_0)$ 对应的学校的资源配置为弱 DEA 有效（C^2GS^2）。最优值 α_0 可以用以下线性规划模型求得：

$$Max \ \alpha$$
$$s.t. \ \sum_{j \in J_t} Y_j^t \lambda_j \leq X_0$$
$$\sum_{j \in J_t} Y_j^t \lambda_j \geq \alpha Y_0$$
$$\sum_{j \in J_t} \lambda_j = 1$$
$$\lambda_j \geq 0, \ j \in J_t$$

其中，X_0 和 Y_0 分别为所选学校的投入指标值和产出指标值，$\alpha_0 Y_0$ 为最大产出指标值，λ_j 为有效 n 个学校的组合比例。[①]

[①] 吴文江. 数据包络分析及其应用 [M]. 北京：中国统计出版社，2002：1~25.

三、数据包络分析评价指标选取

DEA 选取评价指标，要求全面、可比、简洁和可操作。运用 DEA 评价教育资源配置效率，还要考虑指标的可获得性。根据《中国教育统计年鉴》提供的数据，教育资源配置效率的 DEA 评价，可以选取下列指标。

学校产出指标：在校学生人数、论文、著作、科研项目。

学校投入指标：固定资产、教育经费、教职工人数、图书。

四、数据包络分析的使用方法

DEA 有现成的软件，简称 DEAP 软件，它直接在 deap.exe 文件中运行，具体步骤如下。

（一）建立资料档

（1）Excel 编制，按照产出项、投入项排列。

（2）将 Excel 工作表→"另存新档"。

（3）档案名称为"数字或英文字母"。

（4）档案类型为"格式化文字（空白分隔）"→避免格式走调。

（5）再按"储存"→储存位置须在"DEAP 资料夹"中。

（6）储存后，副档名为 .prn，再以笔记本的另存新档方式，将副档名改为 .dta。

（7）最后用 deap.exe 文件运行，输入第 6 步新保存在 DEAP 文件夹中所保存的 .prn 文件名，按 Enter。运行后在 DEAP 文件夹中会出现两个新的文件，将其中一个不是 OK 的文件以 Excel 方式打开。

（二）软件分析过程及结果解释

第一步，设置参数，变量及选定所用模型，下述：16 为 DMU 个数，即总体样本个数；1 为面板数据中的年限，如果做横截面数据，就写 1，面板数据则写选取的时序个数（如年数）；4，3 分别为产出指标、投入指标个数（在编辑 EG1.DTA 文件时，产出指标放前面）；0 表示选取的是投入主导型模型，1 表示产出主导型，二者区别不大，关键要结合问题选取，一般选投入主导型；crs 表示不考虑规模收益的模型即 C^2R 模型，vrs 表示考虑规模收益模型即 BC^2 模型；最后是内部算法，一般选 0。

第二步，结果解释：

（1）效率分析 EFFICIENCY SUMMARY。

一般 firm、crste、vrste、scale 四列数据展开分析。firm，样本次序；crste，不考虑规模收益时的技术效率（综合效率）；vrste，考虑规模收益时的技术效率（纯技术效率）；scale，考虑规模收益时的规模效率（规模效率），纯技术效率和规模效率是对综合效率的细分；最后有一列 irs, ---, drs, 分别表示规模收益递增、不变、递减。

（2）SUMMARY OF OUTPUT SLACKS、SUMMARY OF INPUT SLACKS 分别表示产出和投入指标的松弛变量取值，即原模型中的 s 值。

（3）SUMMARY OF PEERS 表示非 DEA 有效单元根据相应的 DEA 有效单元进行投影即可以实现相对有效。后面有相应的权数 SUMMARY OF PEER WEIGHTS。

（4）SUMMARY OF OUTPUT TARGETS、SUMMARY OF INPUT TARGETS 为各单元的目标值，即达到有效的值，如果是 DEA 有效单元则是原始值。

（5）FIRM BY FIRM RESULTS 为针对各个单元的详细结果：original value 表示原始值；radial movement 表示投入指标的松弛变量取值，即投入冗余值；slack movement 表示产出指标的松弛变量取值，即产出不足值；projected value 表示达到 DEA 有效的目标值。

第三步，针对各结果，进行分析，如效率分析、投入冗余产出不足分析等。

五、我国高校资源配置效率 DEA 评价举例

这一举例，取材于 2007 年笔者指导的毕业研究生熊伯坚的硕士毕业论文《基于数据包络分析模型的我国高校办学效率研究——兼对江西高校办学效率之评价》。

（一）2004 年我国各地区（台湾、香港、澳门除外）高校投入和产出数据（见表6-1）。

表6-1　　　　　　　　2004 年我国各地区高校指标统计表

指标 地区	固定资产 （万元）	教职工 （人）	图书 （万册）	教育经费 （千元）	在校学生 （人）	论文 （篇）	著作 （本）	科研项目 （个）
北京	3624487.78	108284	5667.48	7014988	499524	6353	404	28
天津	1010853.23	36400	2409.45	3340235	285655	3440	271	12
河北	1825013.07	72853	4281.79	6032935	697440	12685	563	8
山西	803407.88	43852	2757.38	3171865	345318	7925	498	6
内蒙古	489840.95	26331	1477.33	2069333	198709	3844	110	1
辽宁	2163078.76	79093	4590.39	6837556	583465	14352	786	38
吉林	1310299.66	49859	2812.70	2929953	362191	8026	311	23
黑龙江	1829963.11	64831	3746.04	4868433	465703	9413	871	17
上海	2359142.78	68279	4172.94	6740950	415701	7440	378	17
江苏	3686889.11	110775	6955.01	11157201	994808	18453	673	89
浙江	2568005.02	60833	4146.64	9033862	572759	10591	378	7
安徽	1331087.58	50116	3423.14	4033499	501290	6580	306	23
福建	1151116.72	36666	2388.37	3659590	325727	5001	128	14

续表

指标 地区	固定资产 (万元)	教职工 (人)	图书 (万册)	教育经费 (千元)	在校学生 (人)	论文 (篇)	著作 (本)	科研项目 (个)
江西	1315355.30	51520	3365.21	4155000	489854	5592	202	1
山东	3109287.93	93653	6327.39	8047183	946124	14863	711	65
河南	1956858.89	71988	5466.72	6244247	702846	10812	620	7
湖北	2939842.83	105249	6278.14	5285783	892018	9477	292	9
湖南	1753009.68	72227	4639.41	5741011	639001	10523	372	9
广东	3090059.07	79820	5552.39	11273321	726866	10109	508	20
广西	557800.88	29732	2199	2917654	281044	7071	135	3
海南	164228.50	6311	448.24	572746	57883	1032	19	3
重庆	1009655.30	33407	2123.86	2737488	284546	6121	212	6
四川	2102819.32	71619	4392.80	4692555	637340	7074	298	32
贵州	362154.04	22597	1515.98	1862302	179852	2114	62	5
云南	699918.30	27530	1681.08	2806530	216308	5674	145	3
西藏	27577.27	1913	117.63	256301	14731	252	5	0
陕西	2090687.24	74607	4959.40	4448835	583926	9813	477	10
甘肃	601365.65	24544	1429.72	1741841	200282	4125	164	5
青海	60248.59	5820	318.58	366167	29483	978	10	0
宁夏	135743.57	6684	314.02	430953	41448	1366	13	1
新疆	484217.09	23265	1074.20	1872095	163127	2945	28	1

说明：本表以《中国教育统计年鉴(2005)》为依据整理所得。表中固定资产为教学、科研仪器设备资产；教职工包括校本部教职工、科研机构人员和校办企业职工等；教育经费包括预算内事业性经费拨款、教育附加拨款、事业投入、校办产业收入用于教育、基建拨款、捐集资收入等；科研项目包括"973计划"、"863计划"、科技攻关计划和自然科学基金等。

(二) 数据处理

根据表6-1中的数据，分别应用 C^2R 模型、C^2GS^2 模型计算各地区高校办学的综合效率 θ^* 和技术效率 σ^*，然后由 θ^*/σ^* 计算规模效率 ζ^*，具体结果见表6-2。

表 6-2　　2004 年我国各地区高校办学效率 DEA 评价

指标 地区	θ^*	排序	σ^*	ζ^*	S_1^{-*}	S_2^{-*}	S_3^{-*}	S_4^{-*}	S_1^{+*}	S_2^{+*}	S_3^{+*}	S_4^{+*}	$\sum \lambda_j$
北京	0.5996	31	0.6053	0.9906	526271.44	12595.07				1514.08			0.5340
天津	0.8391	29	0.8477	0.9899				295262.28		1559.63			0.3913
河北	1	1	1	1									1
山西	1	1	1	1									1
内蒙古	0.9360	26	0.9367	0.9993		3583.33				379.40	17.99	1.12	0.9649
辽宁	1	1	1	1									1
吉林	1	1	1	1									1
黑龙江	1	1	1	1									1
上海	0.6623	30	0.6670	0.9930	283852.97	532.16		727237.75					0.5649
江苏	1	1	1	1									1
浙江	1	1	1	1									1
安徽	1	1	1	1									1
福建	0.8956	28	0.9058	0.9887				377145.75		378.55	120.20	2.44	0.3884
江西	0.9759	22	0.9764	0.9995		680.50				1647.67	117.29	16.84	0.9417
山东	1	1	1	1									1
河南	1	1	1	1									1
湖北	1	1	1	1									1
湖南	0.9405	25	0.9532	0.9867		194.49					145.70	10.30	1.2755
广东	0.9412	24	1	0.9412			124.25	1275833.13		2521.58		5.41	1.0684
广西	1	1	1	1									1
海南	0.9970	18	1	0.9970		101.35	28.93				14.96		0.1292
重庆	0.9536	23	0.9576	0.9958	233914.50		1.40						0.7032
四川	1	1	1	1									1
贵州	1	1	1	1									1.
云南	0.9833	20	1	0.9833	98193.48			476427.81				2.7	1.6468
西藏	1	1	1	1									1
陕西	0.9765	21	1	0.9765	203498.53	430.58	468.47					1.72	1.1726
甘肃	0.9838	19	0.9924	0.9913								0.99	0.6164
青海	1	1	1	1									1
宁夏	1	1	1	1									1
新疆	0.9323	27	0.9520	0.9793	24579.72	4650.26		334301.31		21.94	103.68	0.87	0.23389

说明：本文线性规划模型采用 Lindo6.1 求解，其中 θ^*，S_1^{-*}，S_2^{-*}，S_3^{-*}，S_1^{+*}，S_2^{+*} 分别为 C^2R 模型的综合效率以及各松弛变量的数值；σ^* 为 C^2GS^2 模型的技术效率；ζ^* 值由 θ^*/σ^* 计算而来；$\sum \lambda_j$ 为 C^2R 模型变量 λ_1, λ_2, …, λ_n 的和。排序序号按 θ^* 值从大到小排列。空格处数字均为 0。

（三）结果分析

1. 综合效率分析

据 C^2R 模型计算出来的 θ^* 值是我国各地区高校办学的综合效率，对其进行排序，可以作为评价各地区高校办学效率高低的重要参考依据，排序情况见表2中的排序列。结果显示地区间高校的办学综合效率相差很大，最高的 DEA 有效，数值为1（北京、黑龙江、上海、湖南、广东、宁夏）；最低的 DEA 非有效，数值为0.180（吉林），还不到前者的 1/5。综合效率 DEA 有效的地区有 17 个，占总体的 54.84%；综合效率低于 0.9 的地区有 4 个，占总体的 12.90%；各地区高校综合效率的总体平均值为 0.955。以上说明，我国各地区高校办学综合效率比较高，只有几个地区较低。

2. 技术效率分析

表 6-12 中 σ^* 列是我国各地区高校办学技术效率的数值，其大小可以作为评价各地区高校管理技术效率高低的依据。技术效率 DEA 有效的地区有 21 个，所占比例为 67.74%；技术效率低于 0.9 的地区只有 3 个，占总体的 0.09%；各地区高校办学技术效率的总体平均值为 0.961。可见，我国各地区高校办学的管理技术水平也比较高。

3. 规模效率分析

表 6-12 中 ζ^* 列是我国各地区高校办学规模效率的数值，其大小可以作为评价各地区高校办学规模效率高低的依据。规模效率 DEA 有效的地区有 17 个，所占比例为 54.84%；规模效率非有效，但高于 0.9 的地区有 14 个，占总体的 35.16%；各地区高校办学规模效率的平均值达到 0.994。从以上分析来看，我国各地区高校办学的规模效率都比较高，说明各地区高校办学投入资源的配置比较合理。

4. 规模收益分析

表 6-12 中 $\sum \lambda_j$ 列的数据显示：①河北、山西、辽宁、吉林、黑龙江、江苏、浙江、安徽、山东、河南、湖北、广西、四川、贵州、西藏、青海、宁夏 17 个地区的高校处于规模收益不变的状态，说明这些地区的高校即使增加再多的投入，也不会促使规模收益的增加。②湖南、广东、云南、陕西 4 个地区的高校处于规模收益递减的状态，说明这些地区的高校投入过多，在现有的管理技术水平下还不能够发挥出作用。③除以上地区之外，其他地区的高校处于规模收益递增的状态，尤其是海南、新疆、福建、天津等地区的高校，规模收益递增趋势很大，说明这些地区的高校有巨大的潜力，可以扩大办学规模，科学有效地增加投入，促使其快速发展。

5. 投入冗余和产出不足分析

从排序看：①北京、上海、重庆、云南、陕西、新疆 6 个地区的高校存在固定资产投入冗余现象。在前述分析中已经得出云南和陕西地区的高校处于规模收益递减阶段,所以,这些地区不能盲目地增加投入。北京、上海、重庆、新疆4个地区的高校虽然规模收益处于上升期,但是过分的固定资产投资在其他配套资源跟不上的情况下会导致资产闲置。②北京、内蒙古、上海、江西、湖南、海南、陕西、新疆8个地区的高校存在教职工投入冗余现象。其他地区高校的教职工无投入冗余现象,说明这些地区高校的教职工安排相对比较科学。③广东、海南、重庆、陕西4个地区的高校存在图书投入冗余现象。④天津、上海、福建、广东、云南、新疆6个地区的高校存在教育经费投入冗余现象。⑤各地区高校均没有在校学生产出不足现象,说明各地区高校在校学生都比较饱满。⑥北京、天津、内蒙古、福建、江西、广东、新疆7个地区的高校存在论文产出不足现象。⑦内蒙古、福建、江西、湖南、海南、新疆6个地区的高校存在著作产出不足现象。⑧内蒙古、福建、江西、湖南、广东、云南、陕西、甘肃、新疆9个地区的高校存在科研项目产出不足现象。

(四) 主要结论

1. 我国各地区高校办学效率总体水平比较高

通过以上分析,2004年我国各地区高校办学的综合效率平均值为0.955、技术效率平均值为0.961、规模效率平均值为0.994,平均值都在0.95以上,显示出总体水平普遍较高。但个别地区高校办学的综合效率、技术效率比较低。以北京、上海两地区高校为例,2004年北京、上海两地区高校办学的综合效率值分别为0.5996、0.6623,与全国平均值0.961相距甚远;2004年北京、上海两地区高校办学的技术效率值分别为0.6053、0.6670,也远低于全国平均值0.961。

2. 我国各地区高校办学的规模收益情况存在明显差异

经过具体分析,我国各地区高校办学的规模收益情况有明显的差异。我国有17个地区的高校处于规模收益不变的状态,它们是河北、山西、辽宁、吉林、黑龙江、江苏、浙江、安徽、山东、河南、湖北、广西、四川、贵州、西藏、青海、宁夏高校;有10个地区的高校处于规模收益递增的状态,它们是北京、天津、内蒙古、上海、福建、江西、海南、重庆、甘肃、新疆高校;有4个地区的高校处于规模收益递减的状态,它们是湖南、广东、云南、陕西高校。

3. 产出值处于优势的高校在考虑投入的情况下相对效率可能偏低

以北京和上海两个地区的高校为例。2004年北京地区高校的产出资源:在校学生数、论文、著作、科研项目在全国的排名分别为第13位、第18位、第10位和第5位,在考虑投入资源的情况下,办学的综合效率值为0.5996,全国最低;同样,2004年上海地区高校的产出资源:在校学生数、论文、著作、科研项目在全国的排名分别为第16位、第14位、第12位和第10位,在考虑投入资源的情况下,办学的综合效率值为0.6623,居全国倒数第二。

第七章 教育成本与收益

　　教育的经济目标是通过教育投资来实现的。社会和个人投资教育总是要从经济目标上做出考量，政府在考量后制定相应的政策，家庭或个人在考量后确定相应的策略。政府在制定教育的政策时，为了采用效率最高的政策，总是力求对教育的各项公共支出进行评估，以便在各项政策之间进行比较，然后做出选择。个人在确定策略时，也力求通过对个人各种教育支出的评估来选择效率最高的策略。这种评估有许多方法，如教育发展规划、教育预算、教育的成本与收益分析、教育的成本与绩效分析、教育的成本与效应分析等等，其中最广泛应用和最吸引人的评估方法，就是本章要讨论的教育的成本与收益分析。

　　教育的成本与收益分析在一般意义上是对教育投资行为所产生的成本和收益的计量。然而它在教育经济学中的一个更具体的含义，就是充当教育投资决策的手段，通过设计一套方法来计算教育的成本和收益，并通过比较来优化教育投资决策，以便保证稀缺资源的竞争性使用、教育资源在各个教育部门的有效配置和各个学校有效地利用教育资源。随着经济和社会的不断发展对年轻一代受教育水平提出的要求越来越高，特别是经济和社会活动中科学技术含量的不断增加对劳动者就业提出的挑战越来越严峻，人们接受教育的年限也越来越长，教育经费在国民生产总值中的比例也越来越大，教育成本分析对教育决策的意义也就显得越来越重要。

　　政府和个体在不同领域选择投资，在很大程度上是依据投资的成本和收益分析来决定的。由于必须发生的成本规模、可能产生的预期收益、成本与收益的形成期限、项目实施过程中的不确定性因素和风险等投资制约因素有所不同，投资选择就会有所不同。成本与收益分析是一种可用来比较这些投资制约因素的技术，其分析的目的在于评价拟定投资的获利性。

　　一项投资值得考虑，在于其预期收益高于成本，这时其资源的使用对个人或整个社会是有益的。于是，在可供投资的选择过程中，个人和政府试图通过对成本和收益的评估来找到相对成本来说会获得尽可能最高收益的投资。

　　成本与收益分析技术有了很大的发展，从而使评估变得更加系统、可靠和全面，也减少了评估对臆测和直觉的依赖。成本与收益分析只是判断的手段而不能替代判断，因为对未来的成本和收益永远不能做出肯定的预测，特别是对一项投资可获收益的衡量总是不完全清楚的，所以，在投资项目的经济评价中必须使用判断。

成本与收益分析的价值在于为评价数量巨大的成本和收益及其后续分配提供一个框架。这样一个框架使在评估投资可获得产量时必须做出的判断变得明确清晰而不是模糊不清。

例如，关于用于某一投资项目的资源的真正价值就必须进行判断，因为由工资控制和政府控制而导致的市场扭曲，使一些资源的市场价格不能充分反映它们的真正价值。这类判断可以在评价中用影子价格来体现。从一国社会和经济目标的观点上看，影子价格可用于反映资源对经济的真正价值。影子价格表示不同目标所给出的分量，例如未来增长就是与当前消费相对应的目标。

世界银行用成本与收益分析技术评价投资项目，有些地方则适合于用影子价格和影子工资率来评价投资项目。所有的成本与收益分析技术都用贴现流量方法来比较成本和收益的贴现当前价值，来决定一个投资项目所发生的收益是否大于成本，其中收益和成本都是用当前的价值来计量的。这样的信息可以用三种方法来表达：收益与成本比率，即贴现的未来收益总额对贴现的成本价值的比率；纯现值，即一个项目贴现的收益价值减去其贴现的成本价值；内部或经济的收益率，即贴现的预期收益的当前价值与成本的当前价值相等的利率。

世界银行和其他发展机构对投资项目的经济评价是基于项目纯现值的计算和收益率的计算，这些标准从来不用来孤立地评价某一项目的益处，它们只被当作判断可选择投资的基本标准之一。问题在于它们是否可用于每种投资，特别是最值得关注的教育投资。

就像前面指出的那样，教育投资是一种人力资本投资的观点是近几十年来经济学最重要的成就之一，对发展中国家制定教育计划产生了相当大的影响。与此同时，围绕能否用成本与收益分析技术来评价教育投资的问题也有争论，特别是怀疑是否引起了人们对教育投资收益的过度关注。

第一节　教育成本的含义

教育成本是一个内涵十分丰富的概念，其内涵的丰富性主要源于其衡量方法的多样性。下面我们将依据不同的衡量方法从不同的角度来揭示教育成本的含义。

一、教育的机会成本与货币成本

教育的机会成本（EOC）是在资源有限条件下探讨如何有效配置教育资源时必然要涉及的一个概念。由于资源是有限的，因此我们做出资源配置的决定时，会面临多种选择。我们把有限的资源可以用于教育，意味着也可以用于修建铁路、公路和码头，改善医疗卫生条件等等。一所大学一年耗费的教育资源也许相当于十所中学一年耗费的教育资源。我们选择把一些资源用于教育，就放弃了把该资源移作他用的机会。为选择教育而放弃其他机会的选择,就是教育的机会成本。选择生产和接受某种教育的机会成本,可用为此选择所放弃的物品和劳务的价值来计量。

教育的机会成本有显性和隐性之分。例如,一个大学生一年要花掉家庭1万元,该家庭不可能用这笔钱来购买物品。这1万元就是一种显性的教育机会成本。大学每月支付会计学教师3000元工资,这是一种显性的教育机会成本,而该教师如果在会计事务所工作,月薪可能是4000元,他为教育放弃的这1000元收入,就是一种隐性的教育机会成本。同样,一个成年人不上大学,可以就业从而获得工资、奖金和其他福利,他因上学而放弃的这笔收入,就是一种隐性的教育机会成本。由于学习对每个学生而言程度不同地存在着困难,大部分学习也是枯燥乏味的,接受教育并不总是轻松愉快的,因此,每个学生必须为自己接受教育而耗费精力,从而构成教育的心理成本,它也是一种隐性的教育机会成本。有学者把教育的机会成本仅仅理解为学生因接受教育而放弃的收入,这显然有失偏颇。

教育的货币成本(ECC)是指生产和接受某种教育所耗费的资源的货币价值。它是一种显性的教育机会成本,又被称为教育的会计成本。教育的机会成本大于教育的货币成本。我们平时所说的教育成本,一般是指教育的货币成本。

二、教育的固定成本、可变成本和总成本

教育的固定成本(EPC)是指不随教育产量变动而变动的成本。教育的可变成本(EVC)是指随着教育产量的变动而变动的成本。在我国,教育资金投入分为教育基本建设投资和教育经费,前者是教育固定成本的主要组成部分,但后者不能完全视为教育的可变成本,这要视教育经费的用途而定。例如,学校用教育经费购置一块黑板,花去了300元,这笔费用就不能计入可变成本,而应该计入固定成本。教育的总成本(ETC)就是教育的固定成本与教育的可变成本之和。

三、教育的生产成本和接受成本

教育的生产成本(EGC)是指学校生产某种教育所支付的成本费用,它不包含学生因接受某种教育而放弃的收入。教育的接受成本(ELC)是指学生接受某种教育所付出的代价,它包含学生因接受某种教育而放弃的收入和支付的心理成本。因此,教育的接受成本大于教育的生产成本。

四、教育的边际成本和平均成本

教育的边际成本(EMC)分为教育生产的边际成本和教育接受的边际成本。教育生产的边际成本可称为生产教育的边际成本,它是指学校多生产一单位教育(通常以学年为单位)所必须追加的额外成本费用。教育接受的边际成本可称为接受教育的边际成本,它是指一个学生从小学、初中、高中、大学专科或本科、硕士

研究生到博士研究生每多接受一阶段教育所必须追加的额外成本费用。由于教育资金是由政府、社会团体（包括企事业单位和个人）、受教育者家庭共同提供的，因此，我们把学校多生产一单位教育或者学生多接受一单位教育所必须由政府或社会团体追加的额外成本费用称为教育的社会边际成本，把学校多生产一单位教育或者学生多接受一单位教育所必须由受教育者家庭追加的额外成本费用称为教育的个人边际成本。

教育的平均成本（EAC）是指一定时期（通常为一年或一个教育阶段）在一定教育范围内某种教育按受教育者人均计算的教育生产成本或教育接受成本。它被分为教育的平均生产成本（EAGC）和教育的平均接受成本（EALC）。教育的平均接受成本大于教育的平均生产成本。教育的平均生产成本通常又分为校、县、市、省、国的教育平均生产成本。某年某校按受教育者人均计算的教育生产成本就是某年某校教育的平均生产成本。某年某县、市、省、国某种教育按受教育者人均计算的教育生产成本就是某年某县、市、省、国的某种教育的平均生产成本。学校的平均生产成本有以下两种计算方法：①生均教育生产成本＝学校总费用/学校在校生人数；②毕业生人均教育生产成本＝学校总费用/学校毕业生人数。

当一个学校额外接受一个转校生或复读生时，教育的边际成本就会发生，这时学校就要考虑边际成本对平均成本的影响。如果学校额外接受一个学生会导致该校生均教育生产成本的上升，该校可能不愿意额外接受一个学生。反之，如果学校额外接受一个学生会导致该校生均教育生产成本的下降，该校可能愿意额外接受一个学生。

五、教育的社会成本和个人成本

教育的社会成本（ESC）是指政府或社会团体为学生接受某种教育所必须支付的成本费用。教育的个人成本（EOC）又称教育的私人成本，它是指学生因接受某种教育而自己必须付出的代价。它主要包含学习用具费、学费、上学交通费、借住费、借读费等货币支付和学生因接受教育而放弃的收入。教育的社会成本与教育的个人成本是反比例关系。教育的社会成本越大，教育的个人成本就越小。对儿童免费提供的义务教育，教育的个人成本是很小的。教育的社会成本是政府和社会为年轻一代的成长所付出的代价。

前面已经指出，教育的社会成本取决于教育的外部性。教育的个人成本取决于教育的市场价格和受教育者个人放弃的收入（如果有这种可能性）。

第二节　教育的生产与成本

教育的生产与物品的生产有相同的地方也有不同的地方。二者的相同之处在于都必须投入人力、物力、财力，都需要有组织有计划地进行，也就是说都需要成本核算。它们的不同之处在于前者指向物化劳动的活化，即指向学生身心的发展，如知识的增加、技能的熟练、智能体能的提高、思想品德的升华、心灵的净化、个性的养成等等，而后者指向活化劳动的物化，即指向有形产品的外显，也就是说二者有不同的函数表达式。下面我们再来讨论教育的生产函数。

一、教育生产函数的含义

前面我们指出，最著名的物品生产函数之一是科布-道格拉斯生产函数，它描述物品产出与各种投入之间的一种实物关系，其公式是 $Y=KL^{\alpha}C^{1-\alpha}$。而教育的生产函数不能描述劳动产出与各种投入之间的一种非实物关系。

教育既然是一种服务，那么，这种服务是可以计量的。这使得我们可以从函数的角度来分析教育的生产和成本。所谓教育的生产函数，是指在既定的教育生产技术条件下，生产某种人才培养性服务所需要的投入量与所得到的产出量之间的关系。分析教育的生产函数，在于说明学校如何提高教育生产的技术效率和经济效率。

必须指出，教育界有些人认为教育在技术上和经济上是无效率的，其理由有两个：一是教育决策者不以追求利润最大化为目的；另一是学校不属于生产领域。[①] 问题在于教育决策者不以追求利润最大化为目的，并不意味着政府的教育行政行为、学校的办学行为和家庭的求学行为就失去了经济取向，教育部门也不允许恣意浪费资源，正如我们前面所指出的那样，学校的教育产量是可以用学生受教育年数来计量的，因而其最大化也是可以描述的，学校应该也可以在资源投入既定条件下追求最大化教育产量。另外，虽然学校不是物质生产部门，但它是服务的生产和再生产部门，教育部门作为第三产业已为越来越多的经济学家们所认同，因此，不能把教育部门排斥在生产领域之外。不讲求技术效率和经济效率的教育在资源有限条件下是不存在的。

那么，什么是教育生产函数的一般形式呢？要揭示教育生产函数的一般形式，关键在于能否解决教育产量的衡量问题。

二、教育产量的衡量

教育产量是指人才培养性服务的产出量。人才培养性服务是一种劳动形态的产品。人才在这里是指有学历、学位的毕业生，他们是由学校系统培养出来的。学校

---

① George Psacharopoulos. Economics of education [M]. Published by Pergamon Press, 38~39.

要系统培养出有学历的毕业生,教师和学生为此必须付出劳动,这种劳动又凝结着一定量的物化劳动。这种劳动的数量是用受教育的年数或学年数来计量的。接受各级各类教育的每一个学年有其特定的教育内涵,它包含着预先确定的教师和学生必须完成的人才培养计划,并有检验和考核制度。每一学年的人才培养计划,都对学生应该掌握的知识、技能以及应该提高的能力和道德素质做出了明确的规定。一个学生完成了一年的学习并通过了学业考试,他和学校便获得了一个新的被社会认可的受教育的年限。这个受教育的年限就是教育产出的计量单位。也就是说,一个受教育的年限是计量学生一学年知识的增加、能力的提高或身心的发展的计量单位。

考虑到以下三种情况,学校的教育产量适合于以毕业生人数作为基数而不适合于以在校生人数作为基数来计量。第一,学生因父母工作地点的变动或其他原因而转学,这会导致在校生人数的重复计算,而以毕业生人数为基数来计量教育产量则可以避免这种重复计算。第二,在校生人数包括留级生、复读生、重修生,但留级、复读、重修是一种不值得称道和鼓励的现象,是教育生产过程中出现的"次品",是教育资源无效配置的表现,因而不应该作为教育成果而重复计入教育产量。第三,以毕业生人数为基数来计量教育产量虽然漏掉了辍学生和肄业生,但辍学和肄业也是一个不值得称道和鼓励的不良现象,也是教育生产过程中出现的"次品",不把辍学生和肄业生作为完整的教育成果而计入教育产量,有利于激励学校尽量不出和少出这样的"次品"。

由于受教育年限不能反映各级各类学校教育质量上的差别,因此,必须设立一个能反映教育质量的指标。各级各类学校教育质量的高低,可以在教育质量客观评价的基础上有鉴别地加以区分。如果我们有了客观反映各级各类学校教育质量的评价结果,那么,我们就可以依据这种评价结果来确定各个学校的教育质量系数。如果有了各级各类学校的教育质量系数,那么一定时期(通常为一年)学校的教育总产量就可以用以下公式来计算:

$$Q_i^* = \beta_i Y_i G_i \tag{7-1}$$

在这里,Q_i^* 代表学校 i 的质量加权教育总产量。β_i 代表学校 i 的教育质量系数。同级同类教育的质量系数具有可比性,不同级不同类教育的质量系数不具有可比性。教育质量越高,教育质量系数越大。G_i 代表学校 i 的毕业生人数。Y_i 代表学校 i 的毕业生学历年限。按教育质量系数计算出来的教育产量,我们称之为加权教育产量,用 Q^* 来表示。

在教育质量评估没有规范化制度化以至于各级各类学校的教育质量系数无法确定的情况下,教育质量系数为定数1。在这种情况下,教育产量是用实际的受教育年数来计量的。于是,公式7-1就变成了如下形式:

$$Q_i = Y_i G_i \tag{7-2}$$

在这里,Q_i 代表无质量加权的教育产量。

这样，一县、一市、一地区、一省、一国各级各类学校教育的总产量，就可以分别通过各级各类学校教育产量的加总来计算，其计算公式是：

$$Q_j^* = \sum Q_i^* \quad (i = 1, 2, \cdots, n) \tag{7-3}$$

或

$$Q_j = \sum Q_i \quad (i = 1, 2, \cdots, n) \tag{7-4}$$

在这里，j 代表某个县或市或地区或省或国家。

为了说明教育的技术效率和经济效率的存在，进而说明教育的生产函数对学校办学决策的指导意义，下面我们来讨论最小适度办学规模。

三、最小适度办学规模

现代学校的教育组织形式是班级授课制。这种教育组织形式是夸美纽斯首先提出并付诸实施的。由于采用了班级授课制，学校办学决策首先要考虑的是以适度学班规模和完全年级为条件的最小适度办学规模。学班规模用学生人数来衡量。学班拥有的学生人数越多，其规模越大。生均教育生产成本是随学班规模的增大而降低的，但是，学班规模不能无限地增大，因而生均教育生产成本也就不能无限地降低。学班规模增大的约束条件是生师比和教室的面积。例如，如果小学的生师比大到不足以让教师每天批改完学生必做的作业，那么，要么减少学生必做的作业量，要么放弃部分作业的批改，而无论选择前者还是选择后者，都会对教育质量产生不利影响。同样，如果学班规模大到不足以让坐在教室后面的学生听清教师的讲课，那么这部分学生的教育质量必然会下降。另外，教室的面积一定，学班的最大规模也是一个定数。

适度学班规模可以通过对比试验研究来确定，也可以在调查和经验分析的基础上加以确定。不同级别和类型的教育所需的适度学班规模是不一样的。一般地说，小学的适度学班规模可能大于初中，初中的适度学班规模又可能大于普通高中，而普通高中的适度学班规模可能小于职业高中，大学的适度学班规模则可能小于普通高中，大学外语教育所需适度学班规模则可能小于其他专业教育所需的适度学班规模。学生人数过多所以会导致教育质量下降，主要是由学生在课堂上获得同教师直接对话的机会过少，教师在课堂上及时了解学生学习情况的难度过大，教师批改学生作业的任务过重，坐在教室后排学生的听讲效果过差等原因造成的。

理论上的适度学班规模可以用图7-1来说明。在学班任课教师人数和教育生产技术既定的条件下，学班生均教育生产成本是随学班人数的增加而不断下降的。当学班人数处在10到30的上升阶段时，学班教育质量曲线处在 M^0 点到 M^* 点之间，群体学习效应的发挥可以使教育质量缓慢提高并在学班规模为30人时达到学班教育质量曲线的最高点 M^*。当学班人数处在30到60的上升阶段时，学班教育质量

曲线处在 M^* 点到 M' 点之间，每增加一个学生会继续导致生均教育生产成本下降，但对教育质量只有少许下降的影响。当学班人数处在 60 到 90 开外的上升阶段时，学班教育质量曲线处在 M' 点到 M'' 点之间，虽然生均教育生产成本继续随学班人数的增加而下降，但是，每增加一个学生都会明显引起教育质量的下降。因此，与 M 点相对应的学班人数 50 可作为适度学班规模的下限，与 M' 点相对应的学班人数 60 可作为适度学班规模的上限。

完全年级是指同时设有一定教育阶段学制所规定年限的所有年级。如小学教育阶段学制所规定的年限为 6 年，小学拥有的完全年级是同时设有从一年级到六年级。一个新建成的小学通常只能从一年级开始招生，需要连续招生六年，才能成为一个拥有完全年级的小学，而在此之前，它只是一个不完全年级的小学。

一个学校办学的最小适度规模是指一个年级只有一个适度规模学班且有完全年级的办学规模。最小适度办学规模由于每个学科有自己的知识结构，以及学生掌握学科的知识结构必须循序渐进地、系统地学习，所以，在班级授课制和最小适度办学规模条件下所形成的授课专业化分工，即由一个教师为不同的班级讲授同一门课，有利于教师集中精力深入钻研、准确掌握和系统讲解所讲学科的知识结构，有利于教师指导学生较快较好地掌握学科的知识结构。因此，授课的专业化分工可以提高教育质量和教育效率，而达不到最小适度办学规模的学校不可能产生规模效率和规模经济。这表明，适度学班规模、完全年级和最小适度办学规模，是在教师人数既定条件下学校实现教育产出最大化所必须满足的基本条件。

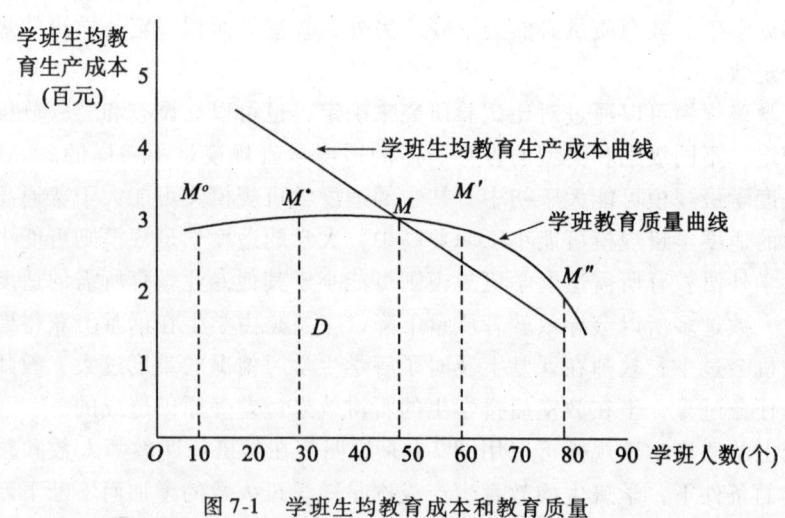

图 7-1　学班生均教育成本和教育质量

图 7-1 表明，当降低生均教育成本与学校自身的利益相联系时，学校倾向于扩

大学班规模。目前我国有些普通高中每个学班人数在 80 以上，就是因为在学费既定条件下由扩大学班规模所导致的生均教育成本的降低，能给学校带来更多自我支配资金。在这种情况下，为保证教育质量而用政策对学班规模作适当的限制，是必要的。与此相反，当降低生均教育成本与学校自身的利益无关时，学校倾向于缩小学班规模。改革开放以前，我国各级各类学校的学班规模普遍偏小，就在于降低生均教育成本与学校自身的利益之间的联系在当时是不紧密的。

四、教育质量系数与适度学班规模

前面我们指出，教育质量系数可以在教育质量评估的基础上确定，现在我们提出以适度学班规模为依据来确定教育质量系数的方法。

从图 7-1 的分析中我们已经知道，当实际学班规模过小以至于严重偏离适度学班规模的下限时，教育质量可能因群体学习效应的进一步发挥而有所提高，尽管提高的幅度较为有限。虽然学班规模过小会导致学生人均教育生产成本上升，但是降低人均教育生产成本的办学效率取向，通常不大可能使学班规模过分偏小，而保障教育质量的办学价值取向，又通常不大可能使学班规模过分偏大。因此，假定实际学班规模是围绕适度学班规模的下限和上限在 M^* 点到 M' 点之间波动的，那么，在这个波动区间内，教育质量是随学班人数的递增而少许下降的，或者说，教育质量是随学班人数的递减而少许上升的，于是，实际学班规模偏离适度学班规模的程度就可以作为衡量教育质量的一个指标。由此决定的教育质量系数，我们就称之为适度学班规模—教育质量系数，并用以下公式来计算：

$$\beta_{Lit} = (\sum \beta_{Lijt})/N \quad (j = 1, 2, \cdots, n) \tag{7-5}$$

在这里，β_{Lit} 代表学校 i 或教育 i 在 t 年的适度学班规模—教育质量系数，β_{Lijt} 代表学校 i 或教育 i 的学班 j 在 t 年的适度学班规模—教育质量系数，N 代表学班 j 的个数。其中：

$$\beta_{Lijt} = C_{it\text{适度}}/C_{ijt\text{实际}} \tag{7-6}$$

在这里，β_{Lijt} 代表学校 i 或教育 i 的学班 j 在 t 年的适度学班规模—教育质量系数，$C_{it\text{适度}}$ 代表学校 i 或教育 i 的适度学班规模区间，$C_{ijt\text{实际}}$ 代表学校 i 或教育 i 的学班 j 的实际学班规模人数。

当实际学班规模小于适度学班规模的下限时，有：

$$\beta_{Lijt} = C_{it\text{适度下线}}/C_{ijt\text{实际小}} \tag{7-7}$$

在这里，$C_{it\text{适度上线}}$ 代表学校 i 或教育 i 的适度学班规模的下限，$C_{ijt\text{实际小}}$ 代表小于适度学班规模下限的学班 j 的实际学班规模。当实际学班规模大于适度学班规模的上限时，有：

$$\beta_{Lijt} = C_{it\text{适度上线}}/C_{ijt\text{实际大}} \tag{7-8}$$

在这里，$C_{it\text{适度上线}}$ 代表学校 i 或教育 i 的适度学班规模的上限，$C_{it\text{实际}}$ 代表大于适度学班规模上限的学班 j 的实际学班规模。假定小学 A 有如下表7-1的实际学班规模和适度学班规模，那么，我们就可以计算出该校的适度学班规模—教育质量系数，即 β_{LAt} 为 0.945。

表 7-1　　　　　　　　小学 A 的适度学班规模—教育质量系数

小学 A	实际学班规模	适度学班规模	β_{LAt} ($C_{At\text{适度}}/C_{Ajt\text{实际}}$)
一年级甲班	70	50~60	6/7 = 0.86
一年级乙班	60	50~60	1
二年级甲班	75	50~60	6/7.5 = 0.8
二年级乙班	70	50~60	6/7 = 0.86
三年级甲班	65	50~60	6/6.5 = 0.92
三年级乙班	60	50~60	1
四年级甲班	60	50~60	1
四年级乙班	80	50~60	6/8 = 0.75
五年级甲班	75	50~60	6/7.5 = 0.8
五年级乙班	50	50~60	1
六年级甲班	45	50~60	5/4.5 = 1.1
六年级乙班	40	50~60	5/4 = 1.25
β_{LAt}			0.945

五、教育质量系数与教师学历

影响教育质量的另一个因素是教师学历。一个大学过多地聘用缺少研究生学历的教师，一个中学过多地聘用缺少大学本科学历的教师，一个小学过多地聘用缺少大学专科学历的教师，要把教育质量维持在一个较高的水平，是难以想象的。当然，学校聘用教师过分地攀比高学历也是不足取的。人力资源的有效配置也不需要所有的中小学教师都达到研究生学历。在中小学，学历相对偏高（如硕士研究生毕业）的教师，也许不会安心工作，因而对教育质量的提高也许毫无帮助。即使没有工作态度上的问题，高学历的教师也不一定能提供高水平的执教服务，培养出高质量的毕业生。但是，一般地说，博士研究生学历教师所占比例较高的大学，大学本科学历教师所占比例较高的中学，大学专科学历教师所占比例较高的小学，其教育质量较高。然而，各级各类学校所需要的专任教师学历，是随教育发展水平的提高而提高的，并对教育政策有较强的依赖性。各级各类学校专任教师的学历构成应该怎样合理构建，这是一个有待深入研究的问题。为了防止各级各类学校聘用专任教师盲目攀比高学历或忽视学历，可行的办法是在充分调查论证的基础上就各级各类学校专任教师的学历构成制定一个政策标准。实际上我国已为各级各类学校制定了这样的标准。我们可以依据这些标准来考察各级各类学校专任教师学历构成的达标率，确定专任教师学历构成偏离其标准量对教育质量的影响系数，这样我们就可以找出各类学校专任教师学历构成达标率—教育质量系数。其计算公式是：

$$\beta_{Dit} = \gamma_{it}(T_{it} - T_{Sit}) \tag{7-9}$$

在该公式中，β_{Dit}代表学校 i 在 t 年的专任教师学历构成达标率—教育质量系数，γ_{it}代表学校 i 在 t 年的专任教师学历构成对教育质量的影响系数，T_{it}代表学校 i 在 t 年的专任教师实际学历构成，T_{Sit}代表学校 i 在 t 年的专任教师学历构成标准。

假定 t 年小学专任教师学历构成标准是大学专科学历教师所占比例50%，而小学 A 的大学专科学历教师所占比例实际为60%，那么，小学 A 的专任教师学历构成达标率—教育质量系数就是：

$$\beta_{DAt} = \gamma_{At}(60\% - 50\%) = \gamma_{At}10\% = 0.1\gamma_{At}$$

如果 t 年小学 B 的大学本科学历教师所占比例实际为30%，那么，小学 B 的专任教师学历构成达标率—教育质量系数就是：

$$\beta_{DBt} = \gamma_{Bt}(30\% - 50\%) = -\gamma_{Bt}20\% = -0.2\gamma_{Bt}$$

六、教育质量系数与物力资源投入的达标率

在一定条件下，教育质量也会受制于学校物力资源投入的状况。例如，教育经费严重不足造成教师工资严重偏低，教育设备资料严重不足，教育质量就难以得到保障。但这并不意味着学校物力资源投入越多，教育质量就一定越高。在学校规模一定条件下，学校过多的物力资源投入不仅无助于教育质量的提高，还会造成资源的浪费。那么，什么样的物力资源投入量才是合理的呢？这是一个值得认真研究的问题，必须视各国的具体情况而定。可行的办法是在充分调查论证的基础上就一些物力资源项目分别制定出一个较为合理的政策标准。例如，在政策上要求各级各类学校在生均教育经费、生均图书资料、生均试验设备资产、生均文体资产、生均课桌课椅、生均校舍面积、生均校园面积等项目上达到某个标准。实际上我国已为中小学制定了这样的标准。我们可以依据这些标准来考察各个学校物力资源投入的达标率，然后根据项目内容对教育质量的关系，分别确定各项物力资源投入对教育质量的影响系数，从而计算出各项物力资源投入的达标率对教育质量的影响程度，这样，我们就可以对此加以综合，把这种综合影响程度作为衡量教育质量的一个指标，这里称之为物力资源投入的达标率—教育质量系数。其计算公式是：

$$\beta_{Kit} = \sum [\alpha_{ijt}(\lambda_{ijt} - 1)] \quad (j = 1, 2, \cdots, n) \tag{7-10}$$

在这里，β_{Kit} 代表学校 i 或教育 i 在 t 年的物力资源投入的达标率—教育质量系数，α_{ijt} 代表学校 i 或教育 i 在 t 年的各项物力资源投入对教育质量的影响系数，λ_{ijt} 代表学校 i 或教育 i 在 t 年的各项物力资源投入达标率，j 为学校生均物力资源投入的各个项目。其中，λ_{ijt} 的计算方法是：

$$\lambda_{ijt} = K_{ijt}/K_{sijt} \quad (j = 1, 2, \cdots, n) \tag{7-11}$$

在这里，K_{ijt} 代表学校 i 或教育 i 在 t 年的物力资源项目 j 的实际投入量，K_{sijt} 代表学校 i 或教育 i 在 t 年的物力资源项目 j 的投入标准量。

假定小学 A 各项物力资源的实际投入量、各项物力资源投入的标准量和物力资源投入对教育质量的影响系数，是表 7-2 的数据，那么，我们就可以计算出该校的物力资源投入的达标率—教育质量系数，即 β_{KAt} 为 0.013。

表 7-2   物力资源投入的达标率—教育质量系数

小学 A	K_{Ajt}	K_{SAjt}	$\lambda_{Ajt}(K_{Ajt}/K_{sAjt})$	$\lambda_{Ajt}-1$	α_{Ajt}	$\alpha_{Ajt}(\lambda_{Ajt}-1)$
生均教育经费（$K_{生均经费}$）	500 元	600 元	5/6	−1/6	0.1	−1/60
生均图书资料（$K_{生均图书}$）	140 本	120 本	7/6	+1/6	0.05	+1/120
生均试验设备资产（$K_{生均实验}$）	0.5 套	0.6 套	5/6	−1/6	0.05	−1/120
生均文体资产（$K_{生均文体}$）	100 元	120 元	5/6	−1/6	0.025	−1/240
生均课桌课椅（$K_{生均桌椅}$）	1 套	1 套	1	0	0.1	0
生均校舍面积（$K_{生均校舍}$）	20 平米	30 平米	2/3	−1/3	0.025	−1/120
生均校园面积（$K_{生均校园}$）	300 平米	200 平米	3/2	+1/2	0.01	+1/20
β_{KAt}						0.013

七、教育生产函数的表达式

综合以上分析，在教育技术和学校物力资源投入量为既定的条件下，根据公式 7-1，教育的产出函数具有以下形式：

$$Q_{it}^* = f(K_{it}, \beta_{it}) \tag{7-12}$$

或

$$Q_{it}^* = f(L_{it}, \beta_{it}) \tag{7-13}$$

其中，

$$K_{it} = \beta_{Kit} Y_{it} G_{it} \tag{7-14}$$

$$L_{it} = (\beta_{Lit} + \beta_{Dit})Y_{it}G_{it}\mu R_i \tag{7-15}$$

$$\beta_{it} = (\beta_{Lit} + \beta_{Dit} + \beta_{Kit}) = \{(\sum \beta_{Lijt})/N + \beta_{Dit} + \sum [\alpha_{ijt}(\lambda_{ijt} - 1)]\}(G_i\mu R_{it}Y_{it}) \tag{7-16}$$

在上述公式中，L_{it}代表 t 年学校 i 的教师投入人数，μR_i代表由教师投入技术系数决定的 t 年学校 i 的标准师生比。

根据公式 7-1，教育产出量可以按以下公式计算：

$$Q_{it}^* = (\beta_{Lit} + \beta_{Dit} + \beta_{Kit})Y_{it}G_{it} \tag{7-17}$$

假定小学的毕业生学历年限（Y_{it}）为 6，t 年小学 A 的毕业生人数（G_{it}）为 100，那么，由前面的分析可知，t 年小学 A 的适度学班规模—教育质量系数（β_{LAt}）为 0.945，专任教师学历构成达标率—教育质量系数（β_{DAt}）为 0.1，物力资源投入的达标率—教育质量系数（β_{KAt}）为 0.013，将这些数据代入公式 7-12，便有：

$$Q_{At}^* = (0.945 + 0.1 + 0.013) \times 6 \times 100 = 635$$

于是 t 年小学 A 的加权教育产出量是 635 受教育的年（学年）。由于 t 年小学 A 的教育质量系数 1.058 大于 1，所以，t 年小学 A 的质量加权教育产出量大于无质量加权教育产出量。

第三节 教育成本函数

一个学校的在校生规模在什么情况下是合理的，这需要用教育成本函数来加以解释。合理的在校生规模分析，必须以适度学班规模为基础。

一、学班与教育的总成本、平均成本和边际成本

假定开设一个学班，每年必须支出教室折旧费 4000 元，教师工资 30000 元，公共杂费 1000 元，每个学生课桌椅折旧费 200 元，书籍费 500 元，学生个人杂费 2300 元，总共为 38000 元。其中前三项为 35000 元，它是不随学生人数的变动而变动的，后三项为 3000 元，它是随学生人数的变动而变动的。当学班人数达到 52 时，为保证教育质量，学校必须分成两个学班，因此必须追加教室折旧费 4000 元和 15000 元的教师工资（增聘一个教师），这时前三项为 54000 元。下面我们用表 7-3 来说明学生人数的变化对教育生产的总成本、生均成本和边际成本的影响。

当学班人数从 10 增加到 30 时，教育生产的生均成本和边际成本快速下降，其中边际成本下降的速度比生均成本要快，说明增加学班人数对降低生均成本影响较大。当学班人数从 31 增加到 51 时，教育生产的生均成本和边际成本下降的速度放缓，说明增加学班人数对降低生均成本影响较小。当学班人数超过适度学班规模而不得不分成两个学班且学生人数不足以达到两个适度学班规模时，生均成本和边际

成本会快速上升，说明在新增学生人数不够多时新增学班会导致生均成本上升。

表 7-3　　　　　　　教育生产的总成本、生均成本和边际成本

学生数	教育生产的总成本	教育生产的生均成本	教育生产的边际成本
0	0	0	0
1	38000	38000	38000
2	41000	20500	17500
11	68000	6182	318
21	98000	4667	83
31	128000	4129	38
41	158000	3853	22
51	188000	3686	14
52	210000	4039	353
53	213000	4019	20
61	237000	3885	15

因此，学校在制订招生计划时必须考虑学班规模和新增学班对教育生产的生均成本的负面影响。如果适度学班规模是 50，那么可行的办法是要么招收 50 个学生，要么 100 个，即按适度学班规模成倍招收学生。

二、教育成本函数

教育成本函数是指在教育生产技术一定条件下教育产出与教育成本生产之间的关系。教育生产总成本函数可以用以下公式表示：

$$ETC = \alpha_0 + \alpha_1 S \qquad (7\text{-}18)$$

或者

$$ETC = \alpha_0 + \alpha_1 G \qquad (7\text{-}19)$$

这里的 α_0 代表教育生产的固定成本（EPC），α_1 代表教育生产的边际成本（EMC），S 代表在校生数，G 代表毕业生数，于是，$\alpha_1 S$ 就是按在校生数计算的教育生产的可变成本（EVC），$\alpha_1 G$ 代表按毕业生数计算的教育生产的可变成本。公式 7-18 可以用图 7-2 来表示。

如图 7-2 所示，当在校生数为 0 时，教育生产总成本等于教育生产的固定成本，当在校生新增 ΔS 时，教育生产总成本新增 ΔETC，于是，教育生产的边际成本就等于教育生产总成本新增量除以在校生新增量，即

第七章 教育成本与收益

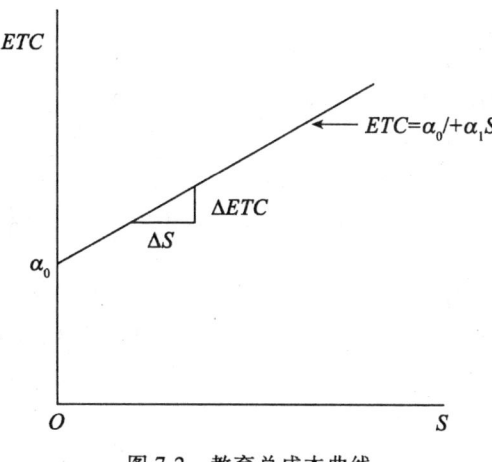

图 7-2 教育总成本曲线

$$EMC = \Delta ETC/\Delta S = \alpha_1 \qquad (7\text{-}20)$$

那么，为什么 $EMC=\alpha_1$？对此我们证明如下：

令 S 为 50，于是有 $ETC_{50}=\alpha_0+\alpha_1 50$。令 S 为 51，于是有 $ETC_{51}=\alpha_0+\alpha_1 51$。那么，新增的第 51 个学生的教育生产边际成本就是：$EMC_{51}=ETC_{51}-ETC_{50}=(\alpha_0+\alpha_1 51)-(\alpha_0+\alpha_1 50)=\alpha_1 51-\alpha_1 50=\alpha_1$。证毕。

教育生产的平均成本的一种形式，即作为总成本分摊到每个在校生身上的在校生人均教育成本，由 7-18 可推导出如下表达式：

$$EAC_{在校生}=(\alpha_0+\alpha_1 S)/S=\alpha_0/S+\alpha_1 \qquad (7\text{-}21)$$

教育生产的平均成本的一种形式，即作为总成本分摊到每个毕业生身上的毕业生人均教育成本，也就有如下表达式：

$$EAC_{毕业生}=(\alpha_0+\alpha_1 G)/G=\alpha_0/G+\alpha_1 \qquad (7\text{-}22)$$

从公式 7-21 或 7-22 来看，当在校生或毕业生无限增大时，α_0/S 或 α_0/G 的值就无限缩小，于是，平均教育成本有接近于教育的边际成本的极小值，即 $EAC\rightarrow\alpha_1$；当在校生或毕业生无限缩小时，α_0/S 或 α_0/G 的值就无限增大，于是，平均教育成本有接近于教育总成本的极大值，即 $EAC\rightarrow\alpha_0+\alpha_1$。教育生产的边际成本与教育生产的平均成本的这种关系，可用图 7-3 来表示。

正如我们从表 7-3 中所看到的那样，只有当学班规模能无限扩大和无限缩小时，才有平均教育成本等于教育的边际成本的极小值和等于教育总成本的极大值，然而，学班规模是不能无限扩大和无限缩小的。在不考虑教育质量下降的情况下，平均教育成本有等于学班规模最大时的教育边际成本的极小值，有等于学班规模最小时的教育边际成本的极大值。然而，教育是不能不讲质量的。所以，平均教育成本的极值受制于适度学班规模。

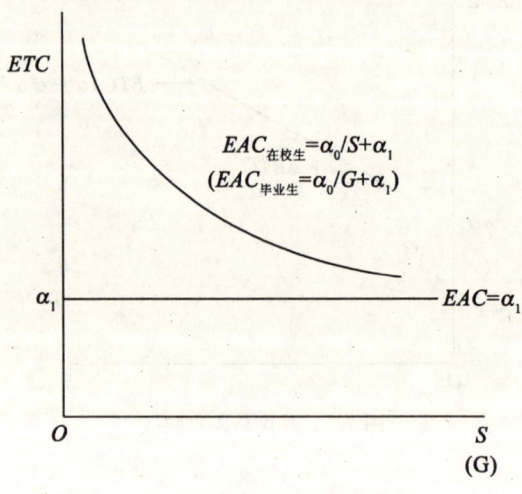

图 7-3 教育总成本曲线

现在我们把教育生产成本的讨论范围从一个学班扩大到一个学校。在坚持按适度规模学班办学的原则下，学校扩大招生规模最有效的方法是新增一个适度规模学班的人数，而只能从一年级开始招生。

假定小学 A 是新建学校，适度规模学班为 50 人，从 t_1 年开始招收一年级新生，每年招收新生 100 人，正好满足两个适度规模学班的人数要求，那么，从 t_1 到 t_6 该校各年教育生产的总成本分别是：

$$ETC_{t1} = \alpha_0 + \alpha_1 100;$$
$$ETC_{t2} = \alpha_0 + \alpha_2 200;$$
$$ETC_{t3} = \alpha_0 + \alpha_3 300;$$
$$ETC_{t4} = \alpha_0 + \alpha_4 400;$$
$$ETC_{t5} = \alpha_0 + \alpha_5 500;$$
$$ETC_{t6} = \alpha_0 + \alpha_6 600。$$

在第 t_7 年以后的 6 年内，该校办学规模处于稳定。为了满足小学适龄人口不断增长的需求，该校决定一次性扩建 12 个教室，其他固定资产不变，从 t_{13} 年开始扩大招生，每年招收新生 200 人，正好满足四个适度规模学班的人数要求，那么，从 t_{13} 到 t_{18} 该校各年教育生产的总成本分别是：

$$ETC_{t13} = \alpha_O + \Delta\alpha_O + \alpha_{13}700;$$
$$ETC_{t14} = \alpha_O + \Delta\alpha_O + \alpha_{14}800;$$
$$ETC_{t15} = \alpha_O + \Delta\alpha_O + \alpha_{15}900;$$
$$ETC_{t16} = \alpha_O + \Delta\alpha_O + \alpha_{16}1000;$$
$$ETC_{t17} = \alpha_O + \Delta\alpha_O + \alpha_{17}1100;$$
$$ETC_{t18} = \alpha_O + \Delta\alpha_O + \alpha_{18}1200。$$

上述数据可以用图 7-4 来表示。

该校教育生产的平均成本从 t_1 年的 $\alpha_O/100+\alpha_1$ 下降到 t_6 年的 $\alpha_O/600+\alpha_6$，从第 6 年开始已有规模经济，教育生产的总成本曲线开始变得平缓。到第 13 年时，一次性扩建的 12 个教室不能全部投入使用，出现了规模不经济，教育生产的总成本曲线开始变得陡峭。随着教育生产的平均成本从 t_{13} 年的 $\alpha_O/700+\alpha_{13}$ 下降到 t_{18} 年的 $\alpha_O/1200+\alpha_{18}$，从第 18 年开始又有规模经济，教育生产的总成本曲线又开始变得平缓。

如果某个大学的教育生产总成本减去其固定成本正好是学生数与学院的教育生产总成本之积，而学院的总成本减去其固定成本又正好是学生数与系的教育生产总成本之积，即：

$$ETC_{大学} - \alpha_{O\,大学} = ETC_{学院}S$$
$$ETC_{学院} - \alpha_{O\,学院} = ETC_{系}S$$

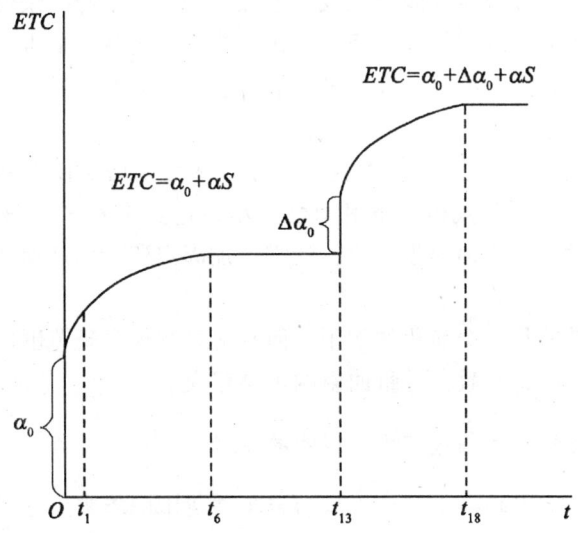

图 7-4　小学 A 各年教育生产的总成本

由于 $ETC_{系} = \alpha_{0系} + \alpha_{1系}S$，所以，该大学教育生产的总成本函数就是：

$$ETC_{大学} = \alpha_{0大学} + [\alpha_{0学院} + (\alpha_{0系} + \alpha_{1系}S)S]S$$

$$= \alpha_{0大学} + \alpha_{0学院}S + (\alpha_{0系} + \alpha_{1系}S)S^2$$

$$= \alpha_{0大学} + \alpha_{0学院}S + \alpha_{0系}S^2 + \alpha_{1系}S^3。$$

令 $\alpha_{0学院} = \alpha_1$，$\alpha_{0系} = \alpha_2$，$\alpha_{1系} = \alpha_3$，那么，我们就得到了该大学的教育生产总成本函数：

$$ETC_{大学} = \alpha_0 + \alpha_1 S + \alpha_2 S^2 + \alpha_3 S^3 \tag{7-23}$$

由公式 7-23 可推导出如下该大学的教育生产平均成本函数：

$$EAC_{大学} = ETC_{大学}/S = (\alpha_0 + \alpha_1 S + \alpha_2 S^2 + \alpha_3 S^3)/S = \alpha_0/S + \alpha_1 + \alpha_2 S + \alpha_3 S^2$$

$$\tag{7-24}$$

对公式 7-23 右边求导，便可得出如下该大学的教育生产边际成本函数：

$$EMC_{大学} = \alpha_1 + 2\alpha_2 S + 3\alpha_3 S^2 \tag{7-25}$$

令公式 7-25 中的自变量 $S = S_1$，求 $y_1 = f(S) = \alpha_1 + 2\alpha_2 S_1 + 3\alpha_3 S_1^2$ 的导数，有：

$$y_1' = \alpha_1' + (2\alpha_2 S_1)' + (3\alpha_3 S_1^2)' = 2\alpha_2 + 6\alpha_3 S_1 \tag{7-26}$$

如图 7-5 所示，在公式 7-26 中，当 $y_1' = \alpha_{01}$ 时，S_1 有最小值 $-\alpha_2/3\alpha_3$。

令公式 7-24 中的自变量 $S = S_1$，求 $y_2 = f(S) = \alpha_0/S_1 + \alpha_1 + \alpha_2 S_1 + \alpha_3 S_1^2$ 的导数，有：

$$y_2' = (\alpha_0/S_1)' + \alpha_1' + (\alpha_2 S_1)' + (\alpha_3 S_1^2)' = -\alpha_0 S_1^{-2} + \alpha_2 + 2\alpha_3 S_1 \tag{7-27}$$

这意味着，当边际成本曲线随在校生人数的增加而下降到最低点时，平均成本曲线还在随在校生人数的增加而下降，当边际成本曲线从最低点开始继续随在校生人数的增加而上升，并与继续下降的平均成本曲线相交时，其交点就是平均成本曲线的最低点。

如图 7-6 所示，教育生产的平均成本随学生人数的增加而下降，直到学生人数等于 S_2。这时，该学校的规模经济潜力已用尽，这意味着 S_2 是该大学的最佳办学规模。如果该大学继续增加学生人数，就需增加固定资产，从而使教育生产的平均成本上升。

我们这里列举的是一个简化的例子，而在适度规模学班范围内，学校可能每班多招或少招几个学生，对教育质量的影响不会很大。

三、同级同类学校生均教育生产成本的差异

上述分析表明，影响一个学校生均教育生产成本的因素主要是总成本和在校生规模或毕业生规模，前者受制于投入要素配置，后者受制于招生计划。同级同类学校即使按适度规模学班进行招生，也就是说不存在规模经济问题，那么，他们各自的生均教育生产成本也会出现很大的差异。这跟学校管理密切相关，也跟教育质量

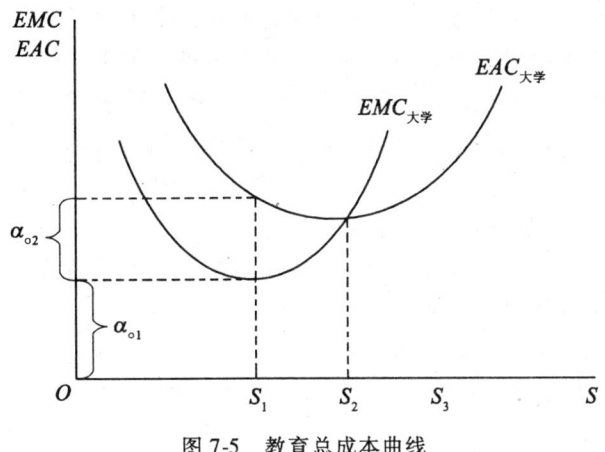

图 7-5　教育总成本曲线

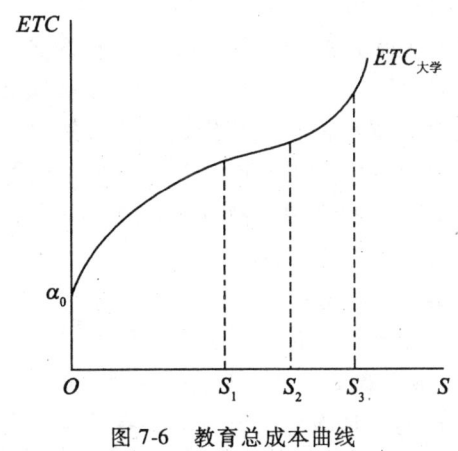

图 7-6　教育总成本曲线

有关。

从教育经费筹措上看，每个学校领导人都致力于筹措更多的教育经费，结果如何，取决于学校领导人的领导能力和水平。这意味着在学校规模相同的情况下，两个同级同类学校筹措到的教育经费可以不相等，当相对较多的教育经费被用掉时，分摊在每个学生身上的教育生产成本就相对较多。

从教育经费使用上看，学校有效的管理可以降低经费开支。这意味着在学校规模相同的情况下，两个同级同类学校可以通过改善管理来降低生均教育生产成本。

假定甲乙两校的管理效率相同，甲校的教育质量高些，其生均教育生产成本就可能高些，乙校的教育质量低些，其生均教育生产成本就可能低些。让甲校以降低教育质量为代价来降低生均教育生产成本也许是不足取的，让乙校以提高生均教育生产成本为代价来提高教育质量也许同样是不足取的。如果乙校在提高教育质量的同时，也拉动了生均教育生产成本的小幅上升，那也许不值得非议。

教育成本分析在于说明在什么情况下教育的生产成本会降到最低，从而为办学决策提供理论依据，但无法找到一个普遍适合于同级同类学校的"最小生均教育生产成本"。即便存在所谓的"最小生均教育生产成本"，它能作为政府资助教育的依据吗？它能作为确定高中和高校学费水平的依据吗？或者说它能作为政府和受教育者个人"分担教育成本"的依据吗？

假定上一年高中教育存在一个"最小生均教育生产成本"，政府以此作为下一年度资助高中教育或"分担高中教育成本"的拨款依据，那么各个高中在 t_1 年是会努力降低还是会努力提高生均教育生产成本呢？如果他们努力降低生均教育生产成本，那么，政府就会以本年趋小的生均教育生产成本作为下一年度 t_2 资助高中教育或"分担高中教育成本"的拨款依据，这显然不是各个高中期待的；如果他们努力提高生均教育生产成本，那么，政府就会以本年趋大的生均教育生产成本作为下一年度 t_2 资助高中教育或"分担高中教育成本"的拨款依据，这显然是各个高中期待的。这表明，如果政府以上一年度"最小生均教育生产成本"作为下一年度资助教育或"分担教育成本"的拨款依据，那就必然促使学校致力于推动生均教育生产成本的上升。同理可以证明，政府以"最小生均教育生产成本"作为确定高中和高校学费水平或"分担高中和高校教育成本"的依据，会促使高中和高校致力于推动生均教育生产成本的上升。

这意味着，所谓"教育成本分担"，如果是指"最小生均教育生产成本分担"，那么它的实施会在实践中导致不良后果；如果不是指"最小生均教育生产成本分担"，那么讨论它就没有多少意义，更谈不上为教育决策服务了，因为正如我们上面提到的，同级同类学校的生均教育生产成本存在着很大的差异，我们不以"最小生均教育生产成本"作为分担所考察的对象，那就只能以同级同类学校生均教育生产成本的平均数作为分担所考察的对象了。问题在于"教育成本分担"的数量是与其分担的比例和教育成本的数量相关联的。教育成本分担的比例一定，教育成本的数量越大，"教育成本分担"的数量就越大。如果一个学校有高于全国平均水平的教育质量，也有高于全国平均水平的生均教育生产成本，当政府和受教育者个人按同级同类学校生均教育生产成本的平均数为其分担教育成本时，该校会接受这样的分担吗？如果一定要他接受，其教育质量就会遭到伤害。这意味着如果"教育成本分担"是指"同级同类学校生均教育生产成本平均数的分担"，那么其实施的结果必然是教育质量的下降。如果"教育成本分担"是指"各个学校实际教育生产成本的分担"，那就更成问题了。如果一个学校因管理不善而引发生均教

育生产成本上升了 X 元,那么,政府和受教育者个人难道应该分担这 X 元的教育成本吗?

由此看来,"教育成本分担"问题只有在"分担"的决定因素和条件的探讨上才有理论和现实意义,而在"分担"的比例和数量的探讨上是得不出任何结果的。

第四节 教育投资的经济效益

教育部门是非物质生产部门,在这个意义上我国财政把教育支出视作社会消费基金支出。从实现劳动力再生产这个意义上讲,教育支出就是一种生产性投资。其生产性有以下表现:

首先,教育投资的生产性表现为教育是由可能的生产力转化为现实的生产力的过程。在现代社会,未受教育之前的儿童,只是可能的生产力。教育是把这种可能的生产力转化为现实的生产力的必要手段。其次,教育投资的生产性表现为教育是把知识形态的生产力转化为现实的生产力的过程。科学技术是知识形态的生产力,它通过专门人才,应用于生产过程,变为现实的生产力。从科学技术人才的培养这个意义上讲,教育是把知识形态的生产力转化为现实的生产力的必要手段。最后,教育投资的生产性表现为教育是把潜在的生产力转化为现实的生产力的过程。现代生产管理技术是一种潜在的生产力,教育通过管理人才的培养而把它变为现实的生产力。

这三个转化过程,在某种意义上表明教育投资经过人才的培养过程和人才与生产资料的结合过程而产生出社会经济效益。

一、教育投资的机会成本

由于资源是有限的,因此当最终做出投资决定时就必须牺牲某些机会。这些放弃的机会可以当做投资成本的构成,因此说投资包含着"机会成本"。例如,资源要是投资在教育中,就不能再用于投资健康、工业或农业。当建设一所新学校的决定要做出时,应该考虑到可供建设堤坝、道路或工厂的机会,或者可提供基本健康保障的机会就必须牺牲掉。

任何投资项目的机会成本是指所有资源在可选择的下一个最佳用途上的价值,其含义比该项目的货币成本要广。特别是有些资源,如学生的时间、当地社区直接提供的物品和服务(免费食品和为教师提供的免费住宿),或为建设一所新学校而提供的义务劳动,即使它们同货币成本无关,也必须作为教育投资的部分机会成本来加以计算。这一点表明,机会成本不是看资源有没有构成货币成本,而是看资源有没有可供选择的用途。

这样说来,学生的时间价值可以在放弃的收入或放弃的农业生产的意义上加以衡量，那就是可供选择的机会——生产性就业——学生和社会二者必须牺牲的价值，这时学生把他的主要时间用来接受教育而不是用来工作。如果失业意味着可供选择的生产性工作机会的减少，那么教育的机会成本也会随之减少。但是，即使在高失业的时候，学生时间的机会成本也不等于零。的确，在发展中国家，小学生花在教育上的时间的机会成本也许是相当高的，特别是贫困家庭的小学生，因为他们可以下地干活，担水，照看孩子，让成年人有更多时间和精力从事生产性劳动，从而为家庭收入做贡献。

评估投资项目必须考虑机会成本，因为每个投资决定都是以牺牲可选择机会为代价的。对政府和世界银行而言，任何投资的理由必定是该投资会为当前的社会目标尽可能做出最大的贡献，否则，有限资源就没有做到尽可能有效的分配。所以，投资抉择必须以资源的所有竞争性用途的"外部效率"分析为基础，从社会目标的观点上看，也就是以资源使用的"内部效率"分析为基础。如果稀缺资源是配置到最佳用途上，那么"外部效率"和"内部效率"就一定达到了最高水平。这意味着投资抉择既要以成本与收益分析为基础，它表示外部效率，又要以成本与效率分析为基础，它表示内部效率。

例如，加大基础教育投资还是加大高等教育投资的选择应该以成本和收益为基础。投资一所工科大学的机会成本也许是国家不能提供数千个潜在的小学教育供给。在工业化国家，大学教育的单位成本也许是小学教育单位成本的两倍或三倍，而在发展中国家，二者之间的差别也许高达50：1甚至100：1。高等教育的这种高机会成本必须跟这两类投资的预期收益结合起来加以评估，进而说明把大笔稀缺资源用于扩大大学招生是合理的。由于经济增长和社会公平这两个目标是相互竞争的，因此机会成本和投资收益必须在未来收入提高和收入再分配的意义上加以比较。

二、教育投资项目的评估标准

在许多情况下，教育投资决定必须依靠粗略技术，因为教育数据并非总是充足的，特别是在发展中国家。像收益率计算、人力需求预测和规模经济分析这些技术本身不像评估可选择投资机会的标准那样重要。

例如，虽然有可能用任何精确方法来计量教育投资的收益率，但是，用成本与收益分析框架来比较可选择投资项目的成本和未来收益也是极为重要的。同样，即使有可能正确地预测各类技术工人的未来需求，但是，考察影响具有不同教育水平和类型的工人未来工作机会的宏观经济条件，在工资支付水平和就业或失业比例意义上审视当前人力利用方式，也是很重要的。要对知识和技能的传授、现代化观念的革新，这些技能和观念对生产力和社会福利的影响等教育产出进行完整的计量是不现实的，因而，在成本与不同教育、课程和教导方法的影响效果之间进行比较也是很重要的。总之，质的判断与量的评估对投资决定有同等重要的意义。

教育投资项目的经济评价应该考虑以下标准：①投资的直接经济收益，是就资源的机会成本与用提高受过教育的工人的生产率来衡量的未来预期收益之间的平衡这一意义而言的。②投资的间接经济收益，它是指影响社会其他成员收入的外部收益。③财政收益，它是指由收入增长而导致的较高纳税。④有技能人力需求的满足。⑤私人的教育需求（由教育投资的私人收益率、学费水平和其他成本决定的教育需求）和社会及其他因素决定的个人教育需求。⑥教育机构的内部效率，它体现投入与产出之间的关系，用浪费率、重复率和其他成本与效用指标来衡量。⑦教育机会的区域和社会分配。⑧教育支出收益和支出负担的分配。⑨教育机会分配对收入分配的影响以及教育的贡献对减少贫困的影响。⑩教育投资与健康和农业发展等其他部门投资的联系。

所有负责制订教育投资计划的人必须处理的一些基本问题：应该怎样在教育投资与健康和物质资本等其他社会投资之间配置资源？应该怎样在各级各类教育之间、不同学校之间或不同教学方法和手段的学校之间配置资源？现在有充足的证据证明，教育既能为经济增长做贡献，也能满足基本的人类需要。除非用这样的标准来评价可选择教育投资的战略和项目，否则，教育投资就不可能为增长和公平做出最大的贡献，资源就不会尽可能有效率和有效用地得到利用。换句话说，政策制定者必须认识到，所有的投资决定都必须依据反映成本与收益、成本与效率以及公平的各种可选择机会之间的抉择来作出。

三、教育投资的收益率

在大多数教育成本与收益分析的样本中，计算一直是以内部收益率为基础的，而不是以可选择标准、收益与成本比率或纯现值为基础的。然而，在投资评价的经济学文献中，一项投资的纯现值被认为是比内部收益率更好的指导投资选择的方法。其理由是这两种方法在某些场合会给出相互矛盾的信号，这样，在两个相互孤立的项目的比较中，例如建设一座上游水坝还是建设一座下游水坝，内部收益率很可能给出错误的指示。然而，在教育中，这两种标准则几乎不会给出相互矛盾的建议，收益率则更有长处。如果成本与收益分析表明，高等教育规模扩张的收益率与中等教育扩张的收益率的12%比较是10%，那么两种投资的相对优越性就可以进行直接比较。这两种扩张不是相互孤立的项目，即使财政限制不允许政府考虑两种教育规模的同时扩张。当然，围绕对收益率的解释也有不确定的界定。

应用收益率的另一个优点是，在成本与收益分析中不必就利率和贴现建立任何假定，利率和贴现表示经济中资本的机会成本，所以必须用来评价投资的益处。除非开头就选定了贴现率，否则就不能使用收益与成本比率和纯现值，因此这两个标准的价值取决于贴现率的选择。

另外，收益率的计算就是简单找出使成本现值等于预期收益现值的利率或贴现率。

如图 7-7 所示，如果一个项目的成本每年为 C_t，该项目产生的预期收益每年为 B_t，收益期限为 n 年，那么，收益率（r）是这样的利率，即从 0 年到 n 年按该利率计算的成本现值 $C_t/(1+r)^t$ 正好等于贴现总收益的价值 $B_t/(1+r)^t$。如图 7-7 所示，贴现的成本和收益的现值的计算，意味着总成本是从投资的第一年开始贴现累积计算的所有成本，总收益是从获利的第一年开始贴现累积计算的所有收益。贴现过程说明，未来预期收入的价值低于今天等量收入的价值，因为今天的收入是按正利率贴现的投资，所以实现了增值。计算方法是：每年的成本或收益的价值乘以贴现系数 $1/(1+r)^t$，从复利表中找出 t 年中任一年的 $(1+r)^t$ 或 $1/(1+r)^t$ 的值。

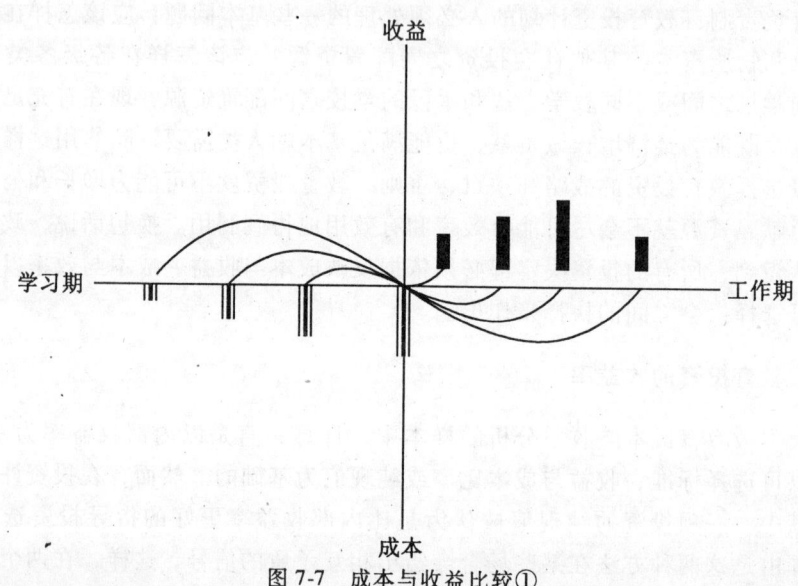

图 7-7 成本与收益比较①

这种计算形式在 50 多个国家用于计量教育投资的收益率。计算收益率有许多方法可供选择，本章集中讨论的方法应用范围最广，渴求用于计算 0 到 n 年每年的纯收益（$B_t - C_t$），可用选择到的贴现函数按利率计算纯收益的现值，可用来通过重复性计算机程序或简单不断探索而找出使纯收益现值等于 0 的利率。可选择一种方法（萨卡罗普洛斯，1981）在一些研究中曾经使用过，叫做"捷径"法，它得

---

① Psacharopulos G. Returns to education: an international comparison [M]. Jossey-Bass, San Francisco, Califomia, 1973.

出的结论不够严谨，但在关于成本和收益的数据不充分的情况下它是很有用的，因为它能提供关于收益率的近似结论。另一种方法（明瑟，1974）是以收入函数为基础，它能提供关于收益率的大致指标，但是，同"捷径"法一样，它需要建立一些简单假定。

三种方法都是为了得出一个数据——教育投资的收益利率，它既是对学生个体或家庭投资获利的衡量，也是对整个社会投资获利的衡量。私人收益率衡量个人的教育收益和成本之间的关系，而社会收益率衡量整体社会形成的教育的全部社会成本与预期有益社会的教育收益之间的关系。

私人和社会收益率都是评价投资的重要工具。私人收益率不仅是决定教育需求的因素之一，而且能够充分说明应该怎样提供教育经费，应该怎样分配教育成本和收益。

成本与收益分析是投资评价的重要工具，因为它帮助政策制定者做出这样的决策，即哪种配置有限资源的途径会产生最高收益。在做出这样一种教育投资决定中所使用的这种工具之一，就是社会收益率。它有时用于进行教育投资与物质资本投资之间的比较，更多地用于进行各级各类教育成本与收益之间的比较。另外，收益率本身首先必须跟资本的社会机会成本进行比较，所有社会投资必须用资本的社会机会成本这一标准来加以评判。任何项目，如果它的收益率低于资本的社会机会成本，那么它应该因无利可图而加以拒绝；接着是比较可供选择的各种投资的收益率，最有利的项目是具有最高收益率的项目。

四、教育收益的测量

教育给个人和社会带来直接收益和间接收益。最明显的直接收益是受过教育的工人比缺乏教育的工人获得较高的收入。于是，教育的个人直接收益是一生较高的收入，教育的社会直接收益是受过教育的工人较高的生产率和整个工作期间对国民收入做出的额外贡献。如果我们接受工人的相对收入反映他们的生产率，因而附加收入是受过教育的工人较高的产出的一个替代性测量指标，那么，受过教育的工人一生较高的收入就可以用来测量教育的直接收益。教育也产生一系列个人不能直接得到的间接收益（如我们知道的外部性），要对这种间接收益进行实证性测量是非常困难的。

就个人收益而言，没有必要建立教育与生产率之间联系的假定。如果受过教育的工人比没有受过教育的工人赚较多的钱，那么，一生较高的收入就表示个人的一种直接收益，而不管雇主为什么选择支付他们较高工资。就社会收益而言，受过教育的人力获得较高的收入反映他们较高的生产率就是一个严格的假定。例如，"筛选假设理论"假定，雇主把工人的文凭简单地看做识别工人能力、特征和态度的一种筛选器。如果这是真的，那么，受过教育的人力获得较高的收入简单反映的就是这种筛选特性而不是他们的教育。然而，长期以来，我们撇开教育与生产率之间的联系问题来思考如何用收入数据构建年龄与收入曲线，作为对受过教育的人力一生附加收入的测量。

有关构建个人一生收入模式的数据可以通过两个途径获得。一是追踪调查样本中一定时期工人的生涯，看看他们的收入是如何变化的。这就叫纵向研究。二是在大多数成本与收益分析中使用的反方法，就是获取调查样本中不同年龄工人在某一时间点上的收入数据，它提供的信息可用来评价年龄或经历对收入的影响因而可用来构建年龄与收入曲线。这一方法的另一个优点就是避免了由通货膨胀引起的货币价值随时间变化而变化的问题。

教育对收入影响的分析，首先需要获取工人收入的数据，并按年龄和教育水平分类。自1939年以来，美国就在国民经济统计中收集这样的数据，但在大多数国家，必须通过样本调查来获取有关工人收入、年龄和教育水平或文凭的数据。如图7-8所示，依据这些数据可以绘制出每个教育水平的年龄与收入曲线，它被用来计算不同教育水平的人力一生的平均收入。

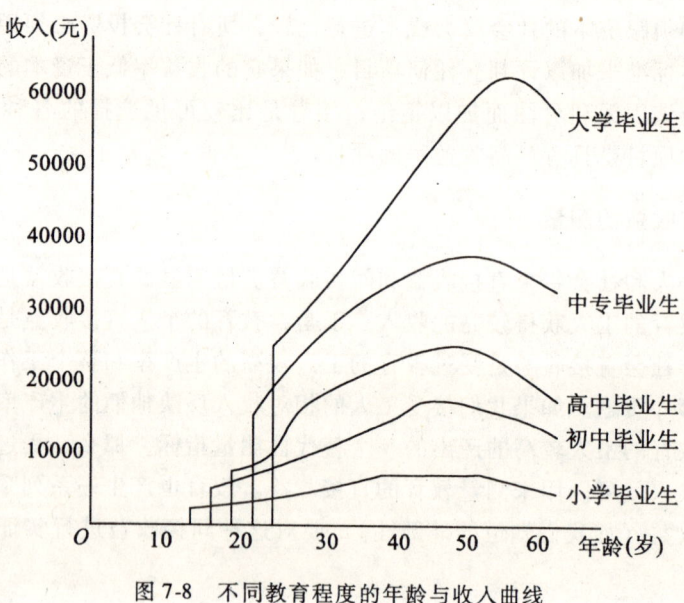

图7-8 不同教育程度的年龄与收入曲线

年龄与收入曲线符合50多个国家的情况，每条曲线都说明教育与收入之间存在很强的联系，也就是说，全世界，无论发达国家还是发展中国家，受过教育的工人一生的平均收入高于没有受过教育的工人一生的平均收入，或者说，受教育水平较高的工人一生的平均收入高于受教育水平较低的工人一生的平均收入。年龄与收

入在职业生涯中后期达到最高点,然后在退休之前缓慢下降。年龄与收入曲线有这样几个主要特点:

①收入同教育高度正相关,在每个年龄上高学历者比低学历者获得的收入高,年龄与收入曲线不交叉。②收入随年龄增大而上升到一个顶峰,然后在退休前缓慢下降。③高学历者年龄与收入曲线的起步点比低学历者高。④学历水平越高,收入达到顶峰的年龄就越晚。

年龄与收入曲线可用于分析大学毕业生收入和中学毕业生收入之间的差距,那就是大学毕业生一生比中学毕业生一生多获得的收入。如果把大学毕业生多获得的收入完全归结为他们受到更高教育,那么,就可以用大学毕业生一生多获得的收入作为大学教育经济收益的测量指标,其收益总量就可以通过累计大学毕业生一生各个年龄上高于中学毕业生一生收入的差距来计算出来。于是,在图7-9中,用加号表示的多获得的收入或收益的正号区,就一定可以与用减号表示的放弃的收入和其他教育成本的负号区之间进行比较,那么,收益率就可以作为这样一种利率计算出来,那就是使图7-9中正号区的当前价值与负号区的当前价值相等的利率。

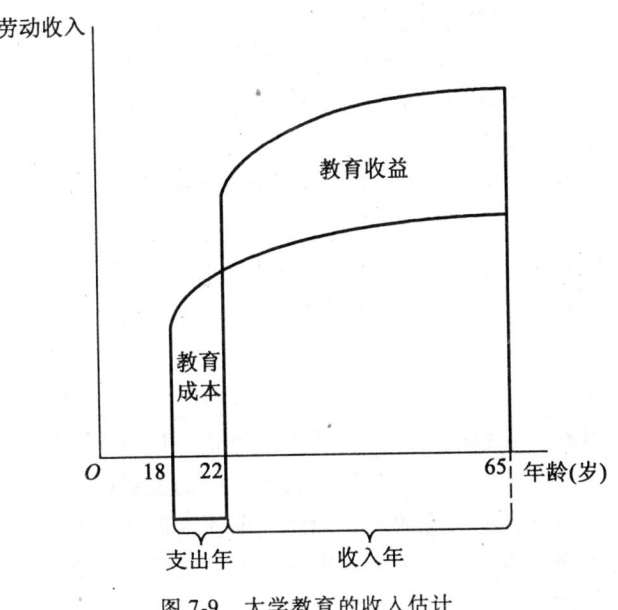

图7-9 大学教育的收入估计

但是,决定收入的因素不仅有工人的教育水平,而且有年龄。另外,收入反映人力资本投资的其他形式(如在职培训)和工人的先天能力、个性特征(如态度、动机、社会等级、家庭背景、性别、种族、工作地点,即农村或城市)以及影响收入能力的其他可变因素。

事实上，平均收入随年龄增加而增加表明工作经历提高了工人的生产率。明瑟（1974）认为，在美国，收入同工作年限的相关性比年龄更高。另一研究（Simmons, 1974）表明，在突尼斯，制鞋业中工作经历对工人收入的影响比认知能力和小学教育年限要大些。然而，除了年龄和经历之外，其他因素也会影响收入，在用收入差距衡量教育收益之前，必须考虑到这些因素的影响。

五、能力和其他因素对收入潜能的影响

除非像先天素质、家庭背景等这样的其他因素对收入的影响得以标准化，否则要辨认教育单纯对收入的影响是不可能的。回归分析是测量像先天素质（用智商来测量）这样的其他变量对收入影响的一种工具。回归分析最简单的应用，就是用表示收入差率的常数来调整观察到的收入差额，而收入差率被当作是除教育以外的其他因素影响的结果。这种常数通常叫做 α 系数，其含义简单说来，就是把受过教育的工人的附加收入的 1/3 解释为除教育以外的其他因素影响的结果，其余 2/3 解释为教育单纯影响的结果，也就是用受过教育的工人一生的附加收入乘以 0.66 的 α 系数。

另一个更加满意的调整方法就是收入函数测量，收入函数的表达式是：
$$Y = f(S, IQ, F, Age\cdots)$$
在这里，Y 表示一个人的收入，S 表示受过教育的量，IQ 表示先天素质，F 表示家庭背景，Age 表示工作经历。

运用回归分析和收入函数对美国和其他发达国家工人收入的测量表明，先天素质可以解释受过教育的工人的附加收入的近 20%，当把种族、性别、家庭背景等教育之外的其他因素包含其中时，教育仍然是决定收入的最重要的单一因素。对发展中国家的一项研究（萨卡罗普洛斯，1975）表明，α 系数的值——也就是说，受过教育的工人的附加收入的多少归功于他们所受的教育——很可能是 0.7 或 0.8 左右。

最近在发达国家和发展中国家进行的大量研究是用收入函数来解释教育、先天素质、认知能力、家庭背景、工作经历与收入之间的关系的。

完全竞争是大部分经济理论的主要理念，即使人们普遍并不认为有完全竞争的市场。例如，经济理论假定，如果劳动市场是完全竞争的，那么，工资将等于工人边际产品的价值，收入差额正好是对生产率提高的量度，所以，工人因受教育而额外得到的收入可用来衡量他们对产出额外做出的贡献。然而，无论在发达国家还是在发展中国家，由于劳动市场不是完全竞争的，制度刚性可能扭曲相对工资的形成方式。在发展中国家，这种扭曲是相当明显的，公共部门几乎是受过教育的人力的最大雇主，其工资主要是由制度决定的，而不是以市场力量为基础的。

人们一直认为，在许多发展中国家，公共服务部门支付工资的标准反映的是这些国家殖民时期的传统和管理，而不是边际生产力。例如，在马来西亚，公共部门就业人数占城市就业总人数的40%，公共部门就业的专业技术人员占城市就业总人数的90%，管理人员占42%，职员占51%。那些有中等教育和高等教育文凭的人大多数在公共部门。如果这些部门支付工资的标准反映的是文凭主义和制度刚性而不是边际生产力，那么，教育的收益率的衡量就很可能发生扭曲。

问题在于无论劳动市场是不是完全竞争的（显然它们不是完全竞争的），市场力量是否对相关工资有影响，即使在一些国家公共部门那样的垄断性就业部门，它也不是完全孤立于市场力量之外的。在教育回报的测量中存在一种可怕的日益蔓延的偏见，因为公共部门的影响本不应该夸大的。企图比较发展中国家公共部门与私人部门之间的工资标准，出现了矛盾的结论，即使在公共部门，在许多国家也有证据表明，相对工资（差额）一般反映供求的变化。例如，1980年世界发展报告显示，非洲教师和公务员的相对工资比亚洲的高得多，因为非洲受过教育的人力不足，而亚洲受过教育的人力则较充足。在几个非洲国家，大学毕业生的相对工资是怎样随着大学教育的扩张和受过教育的人力不足状况的缓和而下降。换句话说，在这里，即使政治、社会和历史因素在工资结构的决定中一直扮演着重要角色，市场力量也对公共部门的工资产生了影响。

收益率分析的基本条件不是劳动市场应该完全竞争，因为任何地方都没有这样的市场，而是应该有某种程度的竞争，以便相对工资能说明供求信号，尽管不是一种完整的说明。然而，如果有理由相信，观察到的收入差额不提供充足的信号，甚至不反映边际生产力（由于劳动市场的严重扭曲），那么，衡量教育收益就应该用影子工资率而不是实际工资率。

六、教育投资社会收益率的测量

现在已在50多个国家进行了教育投资收益率的测量，其首要目的是开展教育投资收益率的国际比较，已在32个国家进行了教育的私人和社会收益率的比较。这些计算许多是以丰富的资料为基础的，有些只进行了私人收益率的测量。不过，这种比较为分析教育成本与收益之间的关系奠定了基础，并呈现出以下一些特征：①社会收益率都低于私人收益率。②初等教育的社会和私人收益率高于中等教育和高等教育的社会和私人收益率。③发展中国家教育的社会和私人收益率高于发达国家教育的社会和私人收益率。④发展中国家教育投资的收益率高于物质资本投资的平均收益率，但发达国家未必如此。这些特征是讨论和争论的主题，但在某些情况下，它们是以20世纪50年代的收入数据为基础的，这意味着它们不足以为评价20世纪70、80年代教育投资的收益提供充足的依据。

世界银行对收益率的早期比较进行更新，以此作为1980年世界发展报告做准备的一部分。这种新的比较以54个国家的收益率评估为基础，给早期国际比较结论以强有力的支持。这表现在：①初等教育的收益率（无论私人的还是社会的）是所有教育中最高的。②私人收益率超出了社会收益率，特别是大学教育。③所有教育投资的收益率都在10%以上，而10%是发展中国家用来表示资本机会成本的共同标准。④发展中国家教育的收益率相应地高于较发达国家教育的收益率。

这些结论对于发展中国家投资决策具有重要的政策意义。首先，现在有足够的证据证明教育是一种有所收益的社会和私人投资。发展中国家初等教育的收益率高于中等教育和高等教育的事实表明，初等教育作为人力资源投资的一种形式，应该把它放在头等优先的地位。有证据显示，中等教育和高等教育也是有所收益的投资，在平衡人力资源发展的过程中应该同初等教育一样加以推进。

其次，高等教育投资的私人收益率与社会收益率之间的巨大差异同财政政策有某种关系（看第六章）。有关收益率的证据表明，把成本负担的一部分从国家转移到个人及其家庭，不大可能成为高等教育投资的障碍，假定教育投资仍然维持很高的私人边际收益。

发达国家收益率较低的事实说明，随着一国的发展和教育水平的提高，教育投资的收益率会下降。然而，收益的急剧下降也是不可能的，因为有证据表明，在一些国家，教育扩张明显地发生了，其收益率下降了，但没有发生急剧地下降。

七、提高教育投资经济效益的途径

教育投资的经济效益是指教育投资与教育的经济成果之比。它有这样几个特征：它是受教育者的知识、技能、能力、思想、情感、道德品质等心理素质在生产过程中充分发挥作用的结果，具有潜在性；它是受教育者在终身参加的社会生产过程中逐步获得的，具有长效性；它是与其他生产投资的经济效益融为一体的，在计量分析上具有描述性和非精确性。因此，提高教育投资经济效益主要应从以下几方面着手：

第一，正确编制和实施教育投资计划。做到了这一点，就可以保证各级各类教育有计划按比例地发展，使教育规模和结构与经济、社会发展的需要相适应，有利于实现受教育者与生产资料的有效结合，以便提高教育投资的经济效益。

第二，减少无效教育投资。无效教育投资是指完全不能获得经济效果的教育投资。其来自两个方面：一是学生中的伤亡事故；一是留学不归。因此，要加强教育管理和完善留学生制度，防止学生中恶性事故的发生，降低因留学不归给国家造成的经济损失。

第三，提高教育质量。教育质量较高，意味着受教育者拥有较多的知识技能，具有较高的工作能力、自学能力、适应能力和发展潜力，意味着他们进入生产过程能创造较多的财富。

第四，降低教育成本。教育成本是以货币形式表示的一定时期培养某个学生所耗费的活劳动和物化劳动的总和。教育质量不变，教育成本愈低，意味着投资效益愈高；反之，意味着投资效益愈低。教育成本与教育质量之间的关系有三种情况：一是教育成本降低了，教育质量也提高了；二是成本降低了，教育质量没受到影响；三是成本与质量同时下降。只有前两种情况才能提高投资的经济效益。这就表明，教育成本不是越低越好，它的降低不能以降低教育质量为代价。

八、成本与效益法在教育机构资源配置决策中的应用

教育经济学为教育决策提供理论依据，这已成为不争的事实。在这些理论依据中，教育经济学家提出的教育决策工具多种多样，其中有一种工具备受关注，这就是所谓的"成本与效益"。与许多规范判断概念不同，成本与效率这对概念只解释事实真相而不解释这一事实是否符合某种价值观。例如，成本与效益分析告诉我们，对于育人质量相近而且毕业生人数相等的 A、B 两所学校，A 校的资源配置组合所导致的人均教育成本低于 B 校，那么，这表明 A 校的资源配置组合比 B 校的更有效。至于 A 校这种有效的资源配置组合给师生带来的幸福感是否高于 B 校，则是成本与效益分析本身解释不了的问题。因此，成本与效益分析在事实判断意义上不会出现太大争议。

（一）成本与效益组合曲线

一种资源配置组合代表着一种技术和决策。在教育中，有许多资源配置组合可供教育部门或教育机构（譬如说一国教育部或一所高等学校）来选择。每种资源配置组合都需要付出一定的成本，同时也能提供产出即服务，这种产出能产生一定量的效益。

图 7-10 说明了可供选择的多种资源配置组合。图中的每一个点代表一种选择，其中可供选择的资源配置组合用成本与效益曲线 M 上或其左边的点表示，如点 X、A、B、C 都表示可供选择的资源配置组合。这里"可供选择"的含义是指成本与效益关系一定条件下的资源配置组合。成本与效益曲线 M 代表一种成本与效益关系。在成本与效益曲线 M 上及其左边的任意一点都代表成本与效益关系允许条件下的资源配置组合，也就是成本与效益组合，因而都是可供选择的。该曲线右边的任意一点，如点 Y，都代表成本与效益关系不允许的资源配置组合，因而都是不可供选择的。当成本与效益关系一定时，即 M 为既定时，在 M 曲线上的点被称作有效点，每个点都代表一种资源配置有效组合，即点 A、B、C 都表示可供选择的资源配置有效组合，而点 X 则表示这一成本与效益关系条件下的资源配置无效组合。

成本与效益关系受资源配置类型、方式、途径等多方面的影响而有许多。一种成本与效益曲线代表一种成本与效益关系。在图 7-10 中，M_1 和 M_2 代表不同于 M 的成本与效益关系。就 M_1 而言，点 X 就成了可选择的资源配置有效组合。而就 M_2 而言，点 Y 就成了可供选择的资源配置无效组合。

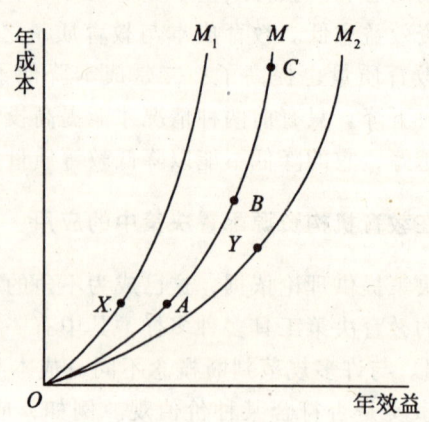

图 7-10 成本与效益组合曲线

就 M 而言,点 X 与点 A 代表成本相等而效益不相等的可供选择的两个资源配置组合。X 代表无效率的资源配置组合,A 代表有效率的资源配置组合。一个讲求效率的教育决策者不会选择资源配置组合 X 而只会选择资源配置组合 A。

假定给定一组资源配置组合在曲线 M 上,教育决策者会选择哪一种资源配置组合呢?显然,选择成本和效益为 0 的资源配置组合意味着什么也不做。如果决策者不是得过且过、无所事事的人,他会依据自己的偏好在给定的一组资源配置组合中做出选择。这样,那些向决策者提供决策依据的人就必须首先了解决策者的偏好,然后向决策者说明偏好与资源配置的成本与效益组合的关系。

(二) 成本与效益组合与决策者偏好

表 7-4 代表三种资源配置无差异组合。假设在一所高等学校的决策者看来,配置 8 单位的本科生资源和 1 单位的硕士研究生资源所得到的效益,与配置 5 单位或 2 单位的本科生资源和 1 单位或 3 单位的硕士研究生资源所分别得到的效益是相同的。

表 7-4 资源配置无差异组合

A		B		C	
本科生资源	硕士生资源	本科生资源	硕士生资源	本科生资源	硕士生资源
8	1	800	100	80000	10000
5	2	500	200	50000	20000
2	3	200	300	20000	30000

如图 7-11 所示，A 三组合的成本与效益组合都落在无差异曲线 I_2 的点 X_A 上，所以，这三种资源配置组合的成本与效益是无差异的。假设把这三种组合分别扩大为 100 的 B 组合和 10000 的 C 组合，那么，B 三组合和 C 三组合的成本与效益组合分别落在点 Y_B 和点 Z_C 上，因此它们也是成本与效益的无差异组合。这一资源配置组合 I_2 反映了该决策者的三种偏好。这样的资源配置无差异曲线可以有很多，如 I_1 和 I_3 就是资源配置无差异的另两种组合。

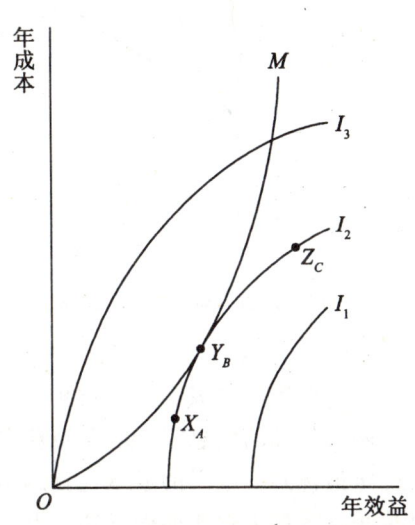

图 7-11　成本与效益组合与资源配置偏好

假设 M 是可供选择的成本与效益组合集，那么，在 I_2 中，哪一种资源配置偏好是最优成本与效益组合呢？显然，B 的三组合是最优成本与效益组合，因为点 Y_B 是资源配置无差异曲线 I_2 与成本与效益曲线 M 的切点，它代表可供选择的有效率的资源配置组合，而 B、C 的三组合则是不可供选择的资源配置组合。A 的三组合之所以是不可供选择的组合，可解释为在现有资源配置技术条件下资源规模小得不足以办好一所高等学校，而 C 的三组合之所以是不可供选择的组合，可解释为在现有资源配置技术条件下资源规模大得难以办好一所高等学校。

决策者的偏好还反映在决策技术的选择上。有的决策者习惯于先确定资源配置需要，然后寻找满足这些需要的成本最低方式。那么，满足需要的最低成本法是否导致最优选择呢？可能不是。如图 7-12 所示，假设决策者所需要的资源配置的效益水平为 P，无差异曲线为 I_2，对于成本与效益曲线 M 而言，效益水平 P 是最优的，但对于成本与效益曲线 M_0 而言，需要水平的增加将伴随着较小成本的增加，最优效益水平可能应该更高一些。

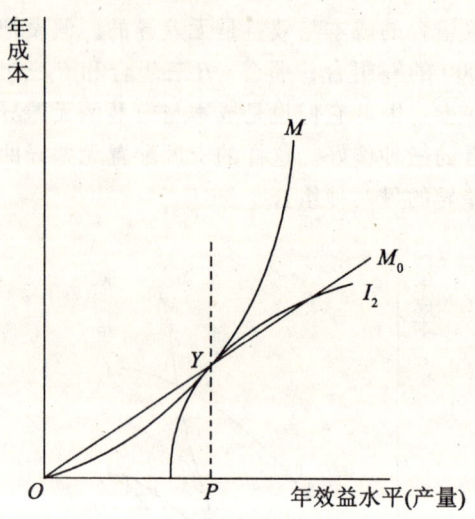

图 7-12 按需要确定最低成本法

因此,最优效益水平的确定取决于对成本与效益相互关系的估计和对成本与效益的最优组合的估计,而这两种估计的信息很少能免费获得,这意味着,对两种估计的精确程度要求越高,确定最优效益水平的成本也就越高。那么,有没有什么方法可以简化这种估计,至少净收入最大化法能做到这一点。

(三) 成本与效益组合与净收入最大化法

图 7-13 描述了一种成本与效益组合与净收入最大化的关系。净收入最大化法就是通过对不同产量水平(效益水平)的直接比较,找出其中净收入最大值,以便找出最优产量水平。净收入等于每年总收入减去每年总成本。在图 7-13 中,TC 是每年总成本曲线,TV 是每年总收入曲线,产量水平 q 所对应的 xy 是最大值。这就是说,净收入最大值出现在产量水平 q 上,因为 q 所对应的年总收入 y 减去年总成本 x 的差为最大值,即为最大净收入。图 7-13 表明,在产量水平从 0 到 q 之间,净收入会随着产量水平的提高而提高,净收入是递增的;而在产量水平从 q 到 q_0 之间,净收入会随着产量水平的提高而降低,净收入是递增的;大于 q_0 的任一产量水平,其净收入都为负数,且负收入会随着产量水平的提高而扩大,负净收入也是递增的。这表明,在产量或效益水平的不同区间,每一单位资源的增加所导致的结果是不同的,这涉及边际分析。假定高等学校的总成本 TC 与产出 q 之间的函数关系为:

$$TC = f(q)$$

那么,一单位产出水平的变化所引起的总成本的变化量,即边际成本 MC 就有如下

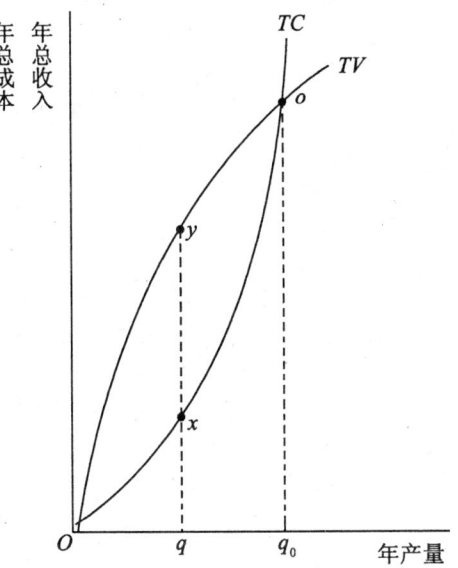

图 7-13 按需要确定最低成本法

定义：

$$MC = \Delta TC / \Delta q$$

它的导数形式是：

$$MC = dTC / dq$$

这可以表述为：总成本 TC（某变量）的边际值就是另外某一决策变量 q（控制变量）变化 1 单位时该变量 TC 的变化量。

图 7-14 说明了产量与总成本、总收入、净收入的关系。首先，该图中年产量每变化 1 单位所引起的总成本、总收入、净收入的变化量分别列入表 7-5 中，然后，在以年净收入量为竖轴、以年产量为横轴的图 7-15 中，依据表 7-5 中的数据将年净收入的变化绘成年净收入曲线 NV。

表 7-5　　　　　　年产量每变化 1 单位引起净收入的变化量

年产量	年总收入	年总成本	年净收入
0	0	0	0
1	2.2	0.4	1.8
2	4.2	1	3.2
3	5.4	1.5	3.9
4	7.1	2.1	4.8

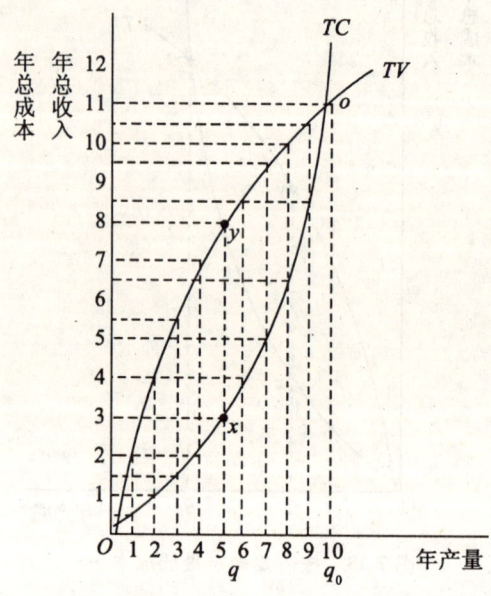

图 7-14 产量与总收入、总成本、净收入的关系

续表

年产量	年总收入	年总成本	年净收入
5	7.9	2.8	5.1
6	8.8	4	4.8
7	9.4	5.3	3.9
8	9.8	6.6	3.2
9	10.2	8.6	1.8
10	11	11	0

在图 7-15 中，总成本 TC（某变量）的边际值就是相应曲线亦即净收入曲线 NV 上所对应的点的斜率。例如，年产量为 8、年净收入量为 3.2 在曲线 NV 上所对应的点的斜率就是与该点相切的直线 a 的斜率；年产量为 5、年净收入量为 5.1 在曲线 NV 上所对应的点的斜率就是与该点相切的直线 b 的斜率；年产量为 8、年净收入量为 3.2 在曲线 NV 上所对应的点的斜率就是与该点相切的直线 c 的斜率。显而易见，当年产量为 q 时，年净收入达到最大。

这表明，净收入量最大化的必要条件是相应曲线上对应点的切线为水平，即该

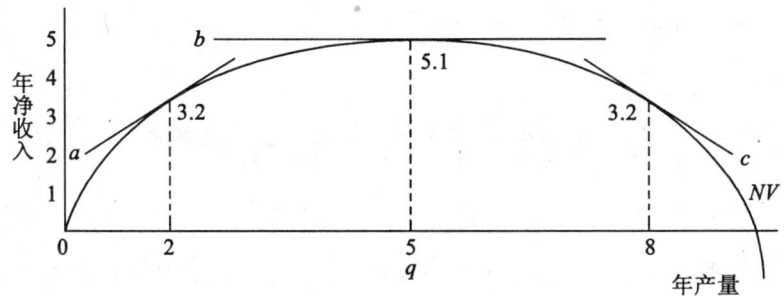

图 7-15　最大化净收入

切线的斜率为零，也就是边际净收入为零，即：

$$dNV/dq = 0$$

而产量的微小变化（dq）所导致的净收入量的变化（dNV），等于总收入变化量（dTV）减去总成本的变化量（dTC），即：

$$dNV = dTV - dTC$$

于是，

$$dNV/dq = dTV/dq - dTC/dq = 0$$

所以，净收入最大化的必要条件是边际净收入等于零。由此得出以下三条决策规则：

决策规则1：边际净收入为正值时应扩大产量。
决策规则2：边际净收入为负值时应缩减产量。
决策规则3：边际净收入为零时的产量为最优产量。

由上式可变成：

$$dTV/dq = dTC/dq$$

所以，净收入最大化的必要条件是边际收入等于边际成本。这又推理出以下三条决策规则：

决策规则1：边际收入大于边际成本时应扩大产量。
决策规则2：边际收入小于边际成本时应缩减产量。
决策规则3：边际收入等于边际成本时的产量为最优产量。

第八章 教育与经济增长

一国要发展教育，必须投入人力、物力和财力，因此，从长期来看，没有经济增长，也就不可能有教育的发展。同样，一国要发展经济，不仅必须投入人力、物力和财力，而且必须推进技术进步，而教育的发展是形成人力资本，促进技术进步的基本途径。本章讨论教育发展与经济增长短期波动和长期走势的关系，以及教育对经济增长的贡献。

第一节 经济增长对教育发展的制约

教育发展是指一国一定时期（通常为一年）教育部门所提供的人才培养性服务的增加及其结构的优化。它主要体现在教育普及程度的提高、受教育机会的增加、受教育者文化水平的提高、教育资源配置的优化、教育投资效率的提高、教育结构的优化、教育设备的改善、学校师资队伍建设的加强、开展国际教育合作和交流的扩大以及教育决策民主化的推进等方面。长期以来，学术界普遍存在着人为夸大教育发展所具有的集中指向效率与集中指向平等这两种价值取向之间的矛盾，甚至把二者看成是非此即彼的对立体。事实上，教育发展的两种价值取向是正相关的。大量事实表明，在西方市场经济体制下，改善受教育机会的分配，可以拓宽教育市场，增进受教育机会平等，加快教育发展，使教育迈向大众化、民主化；而在我国社会主义市场经济体制下，改进教育资源的配置，可以培育教育市场，拓宽教育经费筹措渠道，鼓励学校之间开展合法有序的竞争，消除无效率，加快教育发展。

一、衡量教育发展的指标

教育发展以满足各种不同的社会需要为目标，而各种不同的教育发展目标，是通过各种不同的衡量指标来反映的。教育发展的衡量主要使用以下一些统计指标。

（一）各级各类学校在校生数

这是衡量一国教育的规模和增长速度的一种指标。通过这一指标，可以说明一国教育的综合实力。各级各类学校在校生数增加了，说明教育规模扩大了；反之亦然。教育规模的变动，也就是我们通常所说的教育增长，具体表现为各级各类学校在校生数的变动。如果某年各级各类学校在校生数比上一年增加了，或者说某年教育规模比上一年扩大了，那么，该年教育的增长是正数，也就是说，该年教育实现了正增长；反之，如果某年各级各类学校在校生数比上一年减少了，或者说某年教育规模比上一年缩小了，那么，该年教育的增长就是负数，也就是说，该年教育出现了负增长。一国教育的增长速度是用各级各类学校在校生数的增长速度来表示的。

（二）在校生数分别占各级各类学校入学标龄人口的比例

当我们从提高青少年的文化水平、开发人类智慧潜能和促进青少年身心发展的意义上考察教育发展时，通常需要用在校生数分别占各级各类学校入学标龄人口的比例，作为衡量教育发展的指标。例如，我国小学法定的入学标龄为6岁，小学教育和中学教育分别为6年，以此类推，小学教育入学标龄人口为6~11岁的人口，中学教育入学标龄人口为12~17岁的人口，大学专科教育入学标龄人口为18~20岁的人口，大学本科教育入学标龄人口为18~21岁的人口。在校生数分别占各级各类学校入学标龄人口的比例这一指标，考虑到了人口规模及其变动，并且可以为考察学校人才培养效率和教育发展目标提供有关资料。同各级各类学校在校生数这一指标比较，在校生数分别占各级各类学校入学标龄人口的比例，可以更好地反映教育发展的状况。

（三）各级各类学校入学率

各级各类学校入学率可分为净入学率和毛入学率。各级各类学校净入学率是指一国一年各级各类学校入学标龄生数分别与各级各类学校入学标龄人口之比。各级各类学校毛入学率是指一国一年各级各类学校入学生数分别与各级各类学校入学标龄人口之比。它与在校生数分别占各级各类学校入学标龄人口的比例有所不同，前者反映的是一年教育规模的变动情况，后者反映的是各个教育阶段教育总体规模的变动情况。由于在各入学标龄人口阶段中各年龄层次的人口不尽相同，即使在各级各类学校入学人数不变的情况下，各级各类学校入学率也会发生变化。与在校生数分别占各级各类学校适龄人数的比重这一指标比较，各级各类学校入学率能更灵敏地反映教育的变动趋势和增长速度。

（四）25岁（含）以上每万人中有各级各类学校毕业生数和文盲数

这是从国民素质和人才存量上衡量教育发展状况的一种指标。一国可以用几年的时间，把各级各类学校入学率和在校生数分别占各级各类学校入学标龄人口的比例分别提高到一个较高的水平，但是要把25岁（含）以上每万人中有各级各类学校毕业生数提高到一个较高的水平，要根除文盲，则不是用几年时间所能办得到的。教育的短期指标通常不足以完整地反映一国教育发展的全貌。当我们从某国国民素质或国民文化水平上来衡量该国教育发展状况时，通常要用到25岁（含）以上每万人中有各级各类学校毕业生数和文盲数这一指标。

（五）教育经费总额

教育经费总额是指一国一定时期各级各类学校筹措到的办学资金的总和。它是衡量一国教育投资的规模和增长速度的主要指标。必须指出，教育经费总额不是一定时期各级各类学校实际耗费掉的资金总额，而是指一定时期各级各类学校实际筹措到的资金总额。譬如，2000年某学校筹措到500万美元的办学资金，而当年实际上只花费了450万美元，计入当年教育经费总额的，是500万美元，不是450万美元。还必须指出，高等教育经费总额还包括各级各类高等学校当年筹措到的科学研究经费。这是因为高等学校的人才培养离不开科学研究。一般说来，人才培养质量的高低，在很大程度上取决于师资队伍素质的高低，而科学研究是提高师资队伍素质最重要的途径之一。从一定意义上说，高等学校的人才培养是在科学研究过程中实现的。很难说高等学校的科学研究经费，跟它的人才培养没有直接的联系。所以，不能把高等学校的科学研究经费排除在高等教育经费总额之外。

（六）教育经费占国民生产总值的比例

教育经费虽然是衡量一国教育投资的规模和增长速度的主要指标，但没有考虑到一国的经济规模及其变动。当我们为满足人们的文化生活需要和适应经济发展要求而关心教育发展时，通常要用教育经费占国民生产总值的比例来说明教育发展状况。这一指标还可以提供有关分析教育发展与经济、社会发展是否协调的信息。

（七）各级各类学校生均经费

这是把教育投资规模与教育规模结合在一起，来衡量教育发展状况的一种指标。与教育经费总额不同的是，各级各类学校生均经费考虑到了在校生数，因而能更好地反映教育投资的状况。这一指标还可以提供有关各级各类学校办学条件和教育经费使用效率的某些信息。

（八）非义务教育阶段生均个人负担经费分别占各自生均经费的比例

这是从受教育机会平等的意义上衡量教育发展状况的一个指标。在市场经济条件下，非义务教育通常不是由国家承担全部费用的。在非义务教育阶段，上学者必须缴纳学费，在很大程度上把受非义务教育机会同求学者家庭的经济状况联系起来了，于是，在生均经费一定条件下，该阶段生均个人负担经费分别占各自生均经费的比例越大，受非义务教育机会的分配就越向富裕阶层的子女倾斜，贫困阶层的子女受非义务教育的机会就越少，从而意味着受非义务教育机会的分配就越趋向不平等；反之，生均个人负担经费分别占各自生均经费的比例越小，受非义务教育机会的分配就越趋向平等。

（九）各级各类学校对外交流与合作的收支总额

这是从对外交流与合作的意义上衡量教育发展状况的一个指标。在社会信息化、经济全球化日益加深的当今世界，各级各类学校的对外交流与合作的收支总额，已日益成为衡量各级各类学校办学水平的一个重要标志。在对外开放条件下，某国各级各类学校对外交流与合作的收支总额越大，该国教育在国际上的地位就越高；反之，某国各级各类学校对外交流与合作的收支总额越小，该国教育在国际上的地位就越低。所以，通过各级各类学校对外交流与合作收支总额的大小，在一定意义上可以说明一国教育发展水平的高低。

二、经济增长对教育发展的效应

一国物质财富的增加取决于长期的经济增长，而在教育技术和教育规模收益一定条件下，教育发展的主要障碍是教育资产和经费的形成不足，因此，在投资和消费的结构及偏好一定情况下，经济增长速度决定教育资产和经费的增长速度，从而决定教育发展的速度。这就是说，教育发展需要新增教育设施，增聘教师，增加教育经费，没有教育资产和经费的增长就难以实现。然而，在投资和消费的结构及偏好变动的情况下，经济增长速度对教育资产和经费的增长速度不具有决定性意义，因而也就是无法决定教育发展的速度。然而，投资和消费结构及偏好的变动同人口增长速度有着较密切的关系。过快的人口增长稀释了经济增长给每个人所创造的物质财富，阻碍了资本积累的进程，限制了服务业的发展，使投资和消费结构及偏好向农业和工业倾斜。在这种情况下，教育资产和经费将难以随经济增长而增长。

从表8-1可以看出，长期经济增长率对长期教育发展的效应并不明显，而长期人均GDP年平均增长对长期教育发展的效应则是明显的。在12个国家中，日本的长期经济增长率是最高的，但高等教育入学率和教育指数都低于美国和加拿大，仅相当于阿根廷；巴西的长期经济增长率仅次于日本，但高等教育入学率和教育指数都低于美国、加拿大、英国和阿根廷，仅相当于墨西哥；阿根廷的长期经济增长率比墨西哥低0.55个百分点，但两国的高等教育入学率则相当；中国的长期经济增长率仅低于美国0.05个百分点，但高等教育入学率和教育指数都大大低于美国，其中的主要原因在于人口的过快增长冲淡了经济增长对教育发展的效应。

从长期人均GDP年平均增长对长期教育发展的效应来看，除阿根廷和日本以外，长期人均GDP年平均增长与高等教育入学率和教育指数有很高的相关性。长期人均GDP年平均增长较快的国家，也是长期教育发展较快的国家。这表明，长期人均GDP增长速度决定长期教育发展速度。中国的长期人均GDP年平均增长与长期经济增长率之间形成很大的反差，其中的主要原因也在于人口的过快增长压抑着长期人均GDP的增长，教育发展明显受制于长期人均GDP年平均增长的影响。

表 8-1　　　　　　　　　　经济增长与教育发展的进程

国别	时期（年）	GDP增长率（每年%）	期初人均实际 GDP（美元）	期末人均实际 GDP（美元）	人均实际 GDP 年平均增长（美元）	高等教育入学率（1984,%）	教育指数（1999,%）
日本	1890—1990	3.00	842	16144	153	30	0.93
巴西	1900—1987	2.39	436	3417	34	11	0.83
加拿大	1870—1990	2.15	1330	17070	131	44	0.98
美国	1870—1990	1.76	2244	18258	133	57	0.98
中国	1900—1987	1.71	401	1748	15	3	0.80
墨西哥	1900—1987	1.64	649	2667	23	15	0.84
英国	1970—1990	1.36	2693	13589	91	20	0.99
阿根廷	1900—1987	1.09	1284	3302	23	29	0.92
印度尼西亚	1900—1987	1.01	499	1200	8	7	0.79
巴基斯坦	1900—1987	0.88	413	885	5	2	0.43
印度	1900—1987	0.65	378	662	3	9	0.56
孟加拉国	1900—1987	0.08	349	375	-0.3	5	0.39

资料来源：(1) 曼昆. 经济学原理 [M]. 下册. 北京：三联书店和北京出版社，2001：144. (2) 1987 年世界发展报告 [M]. 北京：中国财政经济出版社，1987：262~263. (3) 2001 年人类发展报告 [M]. 北京：中国财政经济出版社，2001：139~142. (4) 中国教育事业统计年鉴 [M]. 1994—2001 年. 北京：中国统计出版社. (5) 作者的计算.

近几年来，在经济持续快速增长、人口增长趋缓、政府对实施科教兴国战略大力推动、高等学校招生体制改革等因素的共同作用下，我国高等教育有了较快的发展，2004 年高等教育毛入学率达到 19%，接近英国 1984 年的水平，而我国 1999 年教育指数仍然低于墨西哥和巴西，与美国、加拿大、英国、日本和阿根廷比较还有较大差距。现阶段我国人口压力对人均经济增长率的冲击作用，虽呈逐年缓解的趋势，但仍然显著，[①] 人口压力对教育发展的负面效应弱化了经济增长对教育发展

[①] 杨晓猛. 人口压力与经济增长：理论与中国经验的检验 [J]. 中国人口科学，2004 (6).

的正面效应。

值得注意的是，巴西和阿根廷同为南美洲国家，巴西比阿根廷在长期经济增长率和长期人均 GDP 年平均增长上都高出许多，然而巴西比阿根廷在高等教育入学率和教育指数上却都低出许多。这表明，经济增长速度并不是简单决定教育发展速度，影响教育发展速度的还有经济增长以外的其他因素。

由此看来，在人口增长率一定情况下，经济增长可导致人均收入的增长，从而促进教育的发展。长期人均 GDP 增长与长期教育发展的高度相关性，说明长期经济增长是制约长期教育发展决定性因素。

那么如何实现经济的持续快速增长呢？教育发展对经济的持续快速增长有何贡献？经济学家和教育经济学家们对此进行了大量的研究，提出了各种理论。下面先简单介绍几个主要的经济增长理论，看看它们对教育发展有何借鉴意义。

第二节 经济增长理论

经济增长是指一国一定时期（通常为一年）生产部门所创造的物质财富的增长。它用国民生产总值（GNP）或国内生产总值（GDP）或国民收入来表示。经济增长是一国有效配置社会资源的主要标志，是提高人民生活水平、增加社会福利、改善医疗卫生条件、发展教育、控制环境污染的根本途径，是每个国家追求的经济和政治目标，因而受到经济学家们的高度重视，各种经济增长观点、模型和理论也应运而生。

古典政治经济学家们无疑是经济增长理论的重要奠基人。从英国威廉·配第对劳动价值理论的开创性研究，到亚当·斯密对国民财富性质和原因的系统分析，再到李嘉图对资本积累意义的深刻认识，从法国布阿吉尔贝尔对自由竞争的大肆宣扬，到魁奈对资本生产和流通的精细描述，再到西斯蒙第对物质福利的高度关注，都涉及经济增长问题。

马克思主义政治经济学，则从生产力决定生产关系，经济基础决定上层建筑，生产关系和经济基础又分别反作用于生产力和经济基础这一社会发展规律出发，来论述经济持续快速增长的技术和社会条件。

然而，在李嘉图逝世后的一百多年里，经济增长理论的研究长期笼罩在李嘉图收益递减的幽灵之中，其间虽有"帕累托最优边际条件"、马歇尔"均衡价格"和门格尔"边际效用"等经济学分析技术的发现，但从总体上看，这期间西方经济学家对经济增长问题的重视总体上远不如古典政治经济学家。直到 20 世纪 30 年代以后，面对世界经济大萧条后如何实现经济复苏，面对第二次世界大战后如何进行经济重建，面对发展中国家争取到民族独立后如何摆脱贫困等问题，经济增长问题才重新重视起来，经济增长理论才重新繁荣起来。

一、经济增长模型

（一）哈罗德—多马增长模型

20世纪40年代末，英国的哈罗德和美国的多马，根据凯恩斯收入决定论的经济均衡模型，几乎同时提出了人们后来称之为"哈罗德—多马模型"的经济增长理论。他们认为，在凯恩斯经济均衡条件下，某一时期的边际储蓄倾向，即新增储蓄在新增可支配收入中所占的比重，决定该期可供投资的总量，而前期投资形成的资本存量对它的产出的关系，即资本—产出比率，则决定该期实现充分就业所需的追加投资量，因此，经济增长是边际储蓄倾向和资本—产出比率的函数。设 Y 为国民收入，S 为储蓄，s 为储蓄率，K 为资本，I 为投资，K 为资本—产出比率，Δ 为从一个时期到另一个时期的变化，G 为产出的增长率，那么，哈罗德—多马模型就是：

$$G = \Delta Y/Y \tag{8-1}$$

由于 $S = s \cdot Y$ 或 $s = SY = I/Y$（同为 $\Delta K = I = S$）所以，$k = \Delta K/\Delta Y$。由此推出 $\Delta Y/Y = s/k$。

于是有：

$$G = s/k \tag{8-2}$$

即增长率＝储蓄率/资本—产出比率。

哈罗德—多马模型意味着，在资本—产出比率一定条件下，可以通过提高储蓄率来促进经济增长，或者在储蓄率一定条件下，可以通过降低资本—产出比率来促进经济增长，但如果储蓄率和资本—产出比率同时发生变动，且变动的方向无法确定，那么这个模型就失去了理论意义。为了避免发生这种情况，哈罗德和多马以既定工资下国民收入可以在一定时期提供充分就业作为其经济增长模型的前提。这意味着无论资本扩张的速度如何，都可按不变工资率来获得劳动力，资本与劳动力的比率变得相对稳定，因而资本—产出比率也就变得相对稳定了。然而，在技术进步条件下，资本—产出比率是不稳定的。所以，把技术进步排除在经济增长的内在变量之外，是哈罗德—多马模型的致命缺点。20世纪60年代以后，随着技术进步速度的加快，按资本形成率和不变的资本—产出比率计算的经济增长率与现实的经济增长率之间往往存在着较大差距，于是，越来越多的经济学家开始怀疑和批评这一模型。必须肯定的是，相对此前的李嘉图经济增长模型和凯恩斯经济增长模型而言，哈罗德—多马模型包含着长期被他们忽视的这样一个经济学观点：投资对未来生产能力、产出和收入均衡的连锁影响。这是一种进步。就像本章后面将要谈到的那样，对哈罗德—多马模型的批评，唤起了经济学者研究人力资本问题和教育经济学问题的兴趣。

(二) 新古典经济增长模型

针对哈罗德—多马模型的弱点，新古典经济学家罗伯特·索洛和米德等人，通过分析工资率和利息率变动对生产要素相互替代的影响，在研究柯布—道格拉斯生产函数的基础上，提出了新古典经济增长模型。罗伯特·索洛把柯布—道格拉斯生产函数表示为

$$Y = rK^{\alpha}L^{\beta} \tag{8-3}$$

罗伯特·索洛允许劳动力投入量和资本投入量以不同速度增长。其中 Y 表示产出量，L 表示劳动力投入量，K 表示资本投入量，r 表示不同经济之间不同数据的常数，α 和 β 分别表示资本和劳动力的产出弹性指数，并允许劳动力投入量和资本投入量以不同速度增长。这意味着产出量的增长取决于投入要素增量与各自由边际生产力决定的产出弹性指数的乘积。

罗伯特·索洛经济增长模型提出了在经济学界产生深远影响的"技术进步率"这一内生变量，经济学界称之为"索洛余数"。

索洛经济增长模型包括产量 Y、资本投入量 K、劳动力投入量 L、知识或技术变化的累积量 A 这四个变量。任何经济都必须通过资本、劳动和知识的结合来生产产品，因此，生产函数有以下形式：

$$Y_T = F(K_T, A_T L_T) \tag{8-4}$$

假定资本和劳动是规模收益不变的，那么生产函数有下面的特殊形式：

$$Y_T = A_T F(K_T, L_T) \tag{8-5}$$

等式中的 A_T 是一个时期内技术变化的累积效应。对（8-5）作关于 T 的全微分：

$$\partial Y_T/\partial T = F(K_T, L_T) \cdot \partial A_T/\partial T + A_T \cdot \partial F_K \partial K_T/\partial K_T \partial T + A_T \cdot \partial F_L \partial L_T/\partial L_T \partial T \tag{8-6}$$

等式 8-6 的两边分别除以等式 8-5 的两边，有：

$$\partial Y_T/\partial T \cdot Y_T = \partial A_T/\partial T \cdot A_T + \partial F_K \partial K_T/\partial K_T \cdot F \cdot \partial T + \partial F_L \partial L_T/\partial L_T \cdot F \cdot \partial T \tag{8-7}$$

等式（8-7）又可写成：

$$\partial Y_T/\partial T \cdot Y_T = \partial A_T/\partial T \cdot A_T + \partial F_K \cdot K_T \cdot \partial K_T/\partial K_T \cdot F \cdot K_T \cdot \partial T$$
$$+ \partial F_L \cdot L_T \cdot \partial L_T/\partial L_T \cdot F \cdot L_T \cdot \partial T \tag{8-8}$$

令 $\partial F_K K/\partial K_T F = \alpha, \partial F_L \cdot L_T/\partial L_T \cdot F = \beta$，于是有：

$$Y_T^*/Y_T = A_T^*/A_T + \alpha \cdot K_T^*/K_T + \beta \cdot L_T^*/L_T \tag{8-9}$$

在等式 8-7 中，星号"*"表示对时间的导数。由于规模收益不变，所以有 $\alpha + \beta = 1$。将等式 8-9 变成差分方程：

$$\Delta A_T/A_T = \Delta Y_T/Y_T - \alpha \cdot \Delta K_T/K_T - (1-\alpha) \cdot \Delta L_T/L_T \tag{8-10}$$

这里的 $\Delta A_T/A_T$ 就是著名的"索洛余数"。

考虑到柯布—道格拉斯生产函数同哈罗德—多马模型一样，未含有技术进步影响产出的因素，米德便把柯布—道格拉斯生产函数扩充成

$$Y = F(L, K, R, t) \tag{8-11}$$

后人称之为米德生产函数,其中,Y 表示产出量,L 表示劳动力投入量,K 表示资本投入量,R 表示土地投入量,t 表示代表技术进步趋势的时间因素,F 表示函数关系。这意味着产出量的增长取决于投入要素增量及其组合。当 R 一定,L 和 K 增长,t 随技术进步向前推进时,便有

$$\Delta Y = V \cdot \Delta K + W \cdot \Delta L + \Delta Y' \tag{8-12}$$

其中 ΔY 表示产出增量,V 表示资本的边际生产力,ΔK 表示资本投入增量,W 表示劳动力的边际生产力,ΔL 表示劳动力投入增量,$\Delta Y'$ 表示技术进步引起的产出增量。于是,产出的增长率便有

$$\Delta Y/Y = V \cdot K/K \cdot \Delta K/K + W \cdot L/Y \cdot \Delta L/L + Y'/Y \tag{8-13}$$

其中,$\Delta Y/Y$ 表示产出增长率,$\Delta K/K$ 表示资本增长率,$\Delta L/L$ 表示劳动力增长率,Y'/Y 表示因技术进步而获得的产出增长率,$V \cdot K/K$ 表示资本的产出弹性,$W \cdot L/Y$ 表示劳动力的产出弹性。

索洛经济增长模型假定技术进步是既定的,生产要素可以替代,市场是竞争性的,这些假定意味着所有国家都拥有推动技术进步的相同能力,因此,发达国家的经济增长会更快更早地受制于规模收益递减和资本/劳动的比例上升的制约,发展中国家与发达国家的经济增长会趋同。20 世纪亚洲和拉丁美洲一些国家的经济持续快速发展,"欧共体"国家劳动生产率的趋同,在一定程度上为经济增长趋同论提供了有力的证据。

新古典经济增长模型与哈罗德—多马经济增长模型的差别,在于它提出了相对要素价格和生产率的变动对投入要素组合比例的影响这一经济学观点。它暗含着教育发展对经济增长的意义,对此,我们将留在后面讨论。

(三)新剑桥经济增长模型

新剑桥经济学家罗宾逊、卡尔多和哈考特等人认为,新古典经济增长模型和哈罗德—多马经济增长模型都存在储蓄率简单化的缺陷,事实上,在国民收入一定条件下,储蓄率的高低取决于资本利润和劳动工资在国民收入中分配的比例,收入分配是影响经济增长的决定性因素。于是,他们提出了下述新剑桥经济增长模型。

设 P 为资本利润,W 为劳动工资,Y 为国民收入,sp 为资本家储蓄率,sw 为劳动者储蓄率,s 为总储蓄率,k 为资本—产出比率,K 为资本,那么,

$$W = Y - P, \tag{8-14}$$
$$S = P/Y \cdot sp + W/Y \cdot sw \tag{8-15}$$
$$k = K/Y \tag{8-16}$$

将式 8-14 代入式 8-15,简化后有

$$s = P/Y(sp - sw) + sw \tag{8-17}$$

将式 8-16 和式 8-17 代入哈罗德—多马经济增长模型 $G=s/k$,简化后有

$$G = P/K(sp - sw) + sw/k \tag{8-18}$$

这就是新剑桥经济增长模型，其中 P/K 表示资本利润率。它意味着在技术水平和资本—产出比率相对稳定条件下，经济增长率取决于：资本家储蓄率减去劳动者储蓄率之差，乘以资本利润率，再加上劳动者储蓄率与资本—产出比率之比。当资本家储蓄率大于劳动者储蓄率，且资本利润率越高时，经济增长率越高；当资本家储蓄率小于劳动者储蓄率，且资本利润率越低时，经济增长率越高；当资本家储蓄率等于劳动者储蓄率时，新剑桥经济增长模型等同于哈罗德—多马经济增长模型。

当劳动者储蓄率为零时，有

$$G = P/K \cdot sp \tag{8-19}$$

即

$$P/K = G/sp \tag{8-20}$$

公式 8-19 和 8-20 表明，资本家储蓄率越低，资本利润率越高；经济增长率越高，资本利润率越高。在这种情况下，要提高经济增长率，必须遏制资本家为提高资本利润率而采取的降低自己储蓄率的倾向。因此，收入分配比例失调所导致的社会贫富两极分化，不利于经济增长。

这表明，新剑桥经济增长模型暗含着作为调节收入分配手段的公共教育事业的发展对经济增长的意义。

（四）内生增长模型

与新剑桥增长理论不同，内生增长模型的提出者罗默和卢卡斯等人，在批评新古典经济增长理论的过程中，并不认为它把技术进步引进经济增长模型是错误的，反而认为新古典经济增长理论的缺陷只是在于把技术进步当作经济增长的一种外生变量，这使得它由此得出的各国人均产出将随时间推移而不断收敛到一个稳定水平上的结论，以及政府的经济政策对经济长期增长影响不大的结论，与观察到的经济增长现实不符。他们在此研究的基础上，提出了引起学术界高度关注的内生增长模型。

内生增长模型是相对外生增长模型而言的。根据罗默的定义，在规模经济不变条件下，内生增长是指产出的"增长应该比单独由外生要素决定的速度要快一些"。这就是说，如果产出的增长率 α 等于或小于人口增长率 λ 和技术变迁引致的外生要素增长率 μ 之和，即 $\alpha \leq \lambda + \mu$，那么这就是一种外生增长模型；如果产出的增长率大于人口增长率和技术变迁引致的外生要素增长率之和，即 $\alpha > \lambda + \mu$，那么这就是一种内生增长模型。而"任何内生增长模型要解决的问题只是使资本的边际产品不要随资本积累而下降得太快"，[①] 即克服在人均产出的增长方面的资本报

---

① [美] 罗伯特·W. 索洛. 增长理论：一种解析 [M]. 北京：中国财政经济出版社，2004：169~170.

酬率递减效应。罗默模型正是由于具有规模经济递增的特性而克服了产出增长的资本报酬率递减效应。

假定知识生产的收益是递减的，那么，企业生产满足以下生产函数：
$$Y_i = F(k_i, K, x_i) \tag{8-21}$$
即企业 i 的产出是该企业知识的投入量 k_i、经济体系总的知识量 K 和该企业资本和劳动力投入量 x_i 的函数。假定该生产函数具有以下特殊形式：
$$Y_i = F(k_i, K, x_i) = \alpha K + G(k_i, K, x_i) \tag{8-22}$$
其中，G 为一阶齐次函数，于是有以下情况：
$$F_k = \alpha + G_k \geqslant \alpha \tag{8-23}$$
当 K 为既定时，$G(k_i, K, x_i)$ 是 k_i 和 x_i 的凹函数，此时有 $\alpha = \lambda + \mu$，规模经济不变，这是一种外生增长。当 x_i 为既定时，$G(k_i, K, x_i)$ 是 k_i 的凸函数，此时有 $\alpha > \lambda + \mu$，规模经济递增。这是一种内生增长。

这就是罗默的内生增长模型。该模型把内生的技术进步视为经济增长的源泉。知识的溢出效应意味着政府应对生产知识的厂商提供补贴。由于技术进步和人力资本所具有的规模经济递增效应强化了技术进步初期的比较优势，使发展中国家的产业难以从低旧技术领域迈向高新技术领域，因此，发展中国家与发达国家的经济增长趋向发散。20 世纪非洲一些国家的经济发展水平与发达国家的差距越拉越大，也在一定程度上为经济增长发散论提供了证据。

卢卡斯认为人力资本溢出造就了整个经济范围内的外部性。人力资本既具有内部效应，又具有外部效应。劳动者所受教育的水平越高，他所获得的收入通常越高。人力资本的内部效应是指个人拥有的人力资本可以给他自己带来收益；人力资本外部效应是指个人的人力资本有助于提高所有生产要素的生产率，但个人并不因此而获益，因此人力资本的外部效应实际上是指人力资本所产生的正的外部性。由于人力资本的外部效应不能给人力资本拥有者带来收益，个人在进行人力资本积累决策和时间分配决策时不会考虑对其生产率的影响。在此基础上，他提出了如下体现人力资本外部效应的生产函数：
$$Y_t = A(K_t, \mu H_t, N_t) H^\alpha \tag{8-24}$$
在这里，Y 代表产量，t 代表时间，A 代表技术水平，K 代表物力资本量，μ 代表企业每个人在生产中所花的时间，H 代表人力资本量，N 代表人数，H^α 代表某一范围 α 内人力资本的平均水平，并用以反映人力资本的外部效应。

卢卡斯生产函数暗含着这样一个假定：每个人在生产之外的时间都是人力资本形成时间，即为 $(1-\mu)$，它是个人及其家庭决定的结果，反映个人接受教育时间的长短，受制于政府的教育决策，因此，在生产中所使用的人力资本不是从天而降的，而是个人、家庭、政府将时间分配于人力资本形成的结果，而人力资本在生产过程之外的不断形成，使新增的人力资本可以抵消资本和劳动递减的边际收益。

他提出的体现人力资本内部效应的生产函数是：
$$Y/N = A(K/N, H/N, u) \tag{8-25}$$
在该等式中，u 代表一单位消费对无偿形成一单位人力资本或一单位物力资本的干扰。

由于人力资本是经济增长的源泉，经济不必依赖外生力量（如人口增长）就能实现持续增长。在整个经济范围内存在人力资本溢出的条件下，经济的持续增长必然伴随人力资本的不断深化，而由于存在人力资本的外部性，人力资本投资的市场均衡量将小于社会最适量，不存在政府干预的教育市场均衡和经济增长均衡是一种社会次优。资本和劳动的流动将有利于发达国家。巴罗模型则认为政府是推动经济增长的决定性力量。政府提供的服务，无论它是具有非竞争性和非排他性的公共产品还是具有竞争性和非排他性的公有资源，都可以使生产呈现规模收益递增，从而成为促进经济增长的内生力量。政府可以通过调整税收政策和预算政策，把分散化经济增长纳入最优增长轨道。

然而，技术商品的非竞争性和部分排他性，说明内生技术进步的最好分析框架是垄断竞争框架。德斯高塔和斯蒂格利茨的研究证明，一种非竞争性的投入如果是部分排他的，分散化均衡将不可持续。这一结论对罗默的知识溢出模型来说是灾难性的。

在存在外部性条件下，新增长模型用技术内生假设代替技术外生假设，把技术进步与资本积累联系起来，把储蓄倾向的变化与经济的长期增长联系起来，把政府的经济政策与经济的长期增长联系起来，从而较好地解释了各国经济增长率存在的差异。这些都是对新古典增长模型的进步性突破。

总括经济增长模型，我们可以清晰地看到，人们对经济增长的研究是一个承前启后、不断深化的过程。上述几种理论模型都是在经济增长理论发展史上具有里程碑意义的重要理论。

二、平衡增长理论

（一）"大推进"理论

罗森斯坦·罗丹从社会资本（特别是基础设施）、储蓄和市场形成的不可分性，推导出小规模、局部性的投资，不可能启动那种长期停滞的或缓慢增长的经济的结论，而发展中国家人口过多、劳动力过剩、投资规模过小、储蓄缺口过大、工业基础过于薄弱，要改变这种状况关键在于工业化。发展中国家要实现工业化，只有在各个工业部门全面地、大规模地、同比率地进行大推进式投资，使各个工业部门同时成长起来，才能促成外部经济，迅速改变自己的落后面貌，不断缩小自己与发达国家的差距。这就是罗丹所说的"大推进"理论。它也是一种极端"平衡增长"理论。

(二)"贫困恶性循环"理论

纳克斯在他的《不发达国家的资本形成问题》一书中提出了"贫困恶性循环"理论和发展中国家摆脱"贫困恶性循环"的"平衡增长"战略。他认为，不发达国家在供给和需求方面都存在因贫困引起的资本形成的恶性循环。供给方面的恶性循环是：低收入——低储蓄——低投资能力——低资本形成——低生产率——低产出——低收入；需求方面的恶性循环是：低收入——低购买力——低投资引诱——低资本形成——低生产率——低产出——低收入。不发达国家要摆脱这种恶性循环，必须对国民经济各个部门同时进行大规模投资，使各个部门经济"平衡增长"。

三、非平衡增长理论

赫希曼在他所著的《经济发展战略》一书中，提出了非平衡增长理论。他认为，大规模投资对经济增长固然重要，但问题的关键在于如何使投资获得最有效的利用。这就需要从有利于经济增长的全局和战略的高度来进行投资选择。在选择投资项目时，人们会面临两种形式和两种内容的投资选择：一种形式的投资选择是替代选择，即如何在投资项目二者择一的情况下做出抉择，另一种形式的投资选择是延迟选择，即如何在排列若干投资项目先后次序的情况下做出抉择；一种内容的投资选择是社会资本投资选择，另一种内容的投资选择是直接生产资本投资选择。社会资本投资是指用于铁路、公路、通信、电力、学校等基础设施的投资，其特点是投资规模大、周期长、见效慢、收益低。直接生产资本投资是指直接用于各生产部门并能直接增加产出和收益的投资，其特点是投资相对集中、周期短、见效快、收益高。优先选择社会资本投资，称之为"过剩发展"。优先选择直接生产资本投资，称之为"短缺发展"。在"过剩发展"和"短缺发展"之间作何选择，既取决于企业家投资动机在二者之间分布的强弱，又取决于两种投资所面临的公共压力。就延迟选择来说，发展中国家应选择"短缺发展"战略。选择投资项目的标准是"关联效应"的最大化。所谓"关联效应"，是指组成国民经济的各个产业部门之间的发展存在着相互联系、相互影响、相互依存的效应。各个产业部门之间关联可分为前向关联和后向关联。前向关联是指一个产业或产业部门同购买它的产品的产业或产业部门之间的关联。后向关联则是指一个产业或产业部门同向它提供产品的产业或产业部门之间的关联。发展中国家应选择具有关联效应或关联效应最大的产业优先投资，优先发展。

第三节　经济增长理论对教育发展的启示

经济增长理论用数学模型来揭示经济增长内生变量之间的关系，使人们认清了影响经济增长的主要变量和次要变量,直接变量和间接变量,内生变量与外生变量,以及它们之间的相互作用,为制定经济增长战略和策略提供了理论依据。由于模型的构建需要给出一些严格的前提,并将那些次要变量、间接变量和外生变量忽略掉,因而,任何一种经济增长模型都不可能完整全面地解释所有复杂多变的经济增长现象,经济增长模型对实践的指导意义是有限的。正因为如此,在经济增长模型的演进过程中,又有其他不用数学模型来解释经济增长的理论的出现,从而极大地提高了经济增长理论对实践的可解释性和指导性。当然,经济增长理论也需要进一步发展和完善。在实践中照搬某一经济增长理论,是不可取的;对经济增长理论采取虚无主义的态度,也是不可取的。正确的态度应该是从经济增长理论中获取有利于指导实践的启示。这也正是教育经济学研究经济增长理论的目的和意义所在。那么,各种经济增长理论的发展和取长补短对我们发展教育究竟有何启示?我们认为这种启示主要在于我们在发展教育时必须认识和正确处理以下两个关系。

一、必须认识和正确处理教育发展与技术进步的关系

新古典经济增长理论和"内生增长"理论告诉我们,技术进步是经济增长的根本动力。经济学意义上的技术进步,是指技术发明、技术创新、技术扩散使资本和劳动的利用效率得以提高的过程。技术发明是指发现新的技术和知识及其应用前景。它是技术进步的源头活水。技术发明也就是联合国教科文组织所说的研究与开发(R&D)。研究就是发现新技术新知识,而开发就是寻找新技术新知识的应用前景。技术创新是指新技术新知识首次应用。约瑟夫·熊彼特则把技术创新理解为生产要素和条件的"新组合"。技术创新真正实现了生产函数的变动,实现了知识形态技术向物化技术的转变,实现了潜在生产力向现实生产力的转变。技术扩散是指技术创新成果的应用向深度和广度迸发。它把技术创新成果创造性地推广应用到各个产业领域,实现了技术创新成果的转移,实现了技术进步质的飞跃向量的扩张的转变,实现了技术进步向经济增长的转变。

技术进步意味着创新。约瑟夫·熊彼特把"创新"作为经济增长的一个"内在因素",并认为"创新就是生产函数的变动"[①]。从这个意义上讲,技术进步就是生产函数的变动。具体地说,技术进步可引起资本/劳动比、资本/产出比、劳动/产出比和边际产品的变动。依据这些变动,经济学家们把技术进步分为劳动节约型、资本节约型和中性型三类。首先,从资本/劳动比的变动上看,如果某项技术进步导致资本/劳动比的上升,那么,该技术进步就是劳动节约型的;如果某项

---

① [美] 约瑟夫·熊彼特. 经济发展理论 [M]. 何畏等,译. 北京:商务印书馆,2000:290.

技术进步导致资本/劳动比的下降,那么,该技术进步就是资本节约型的;如果某项技术进步维持原来的资本/劳动比不变,那么,该技术进步就是中性型的。其次,从资本/产出比的变动上看,如果某项技术进步导致资本/产出比的上升,那么,该技术进步就是劳动节约型的;如果某项技术进步导致资本/产出比的下降,那么,该技术进步就是资本节约型的;如果某项技术进步维持原来的资本/产出比不变,那么,该技术进步就是中性型的。再次,从劳动/产出比的变动上看,如果某项技术进步导致劳动/产出比的上升,那么,该技术进步就是资本节约的;如果某项技术进步导致劳动/产出比的下降,那么,该技术进步就是劳动节约型的;如果某项技术进步维持原来的劳动/产出比不变,那么,该技术进步就是中性型的。最后,从边际产品的变动上看,如果某项技术进步所导致的资本边际产品的增量大于它所导致的劳动边际产品的增量,那么,该技术进步就是劳动节约型的;如果某项技术进步所导致的资本边际产品的增量小于它所导致的劳动边际产品的增量,那么,该技术进步就是资本节约型的;如果某项技术进步所导致的资本边际产品的增量等于它所导致的劳动边际产品的增量,那么,该技术进步就是中性型的。

技术进步以科学为理论基础。科学是人类认识世界的武器,技术则是人类改造世界的手段。人类只有在正确认识世界的基础上才能有效改造世界,从而推动技术进步。科学是潜在的生产力,技术进步就是把潜在的生产力转化为现实的生产力,从而直接促进经济增长。

技术进步能导致规模收益递增。如图8-1所示,在技术既定条件下,随着资本投入量K和劳动投入量L的变动,资本的边际收益R_K和劳动的边际收益R_L分别在既定的资本的边际收益曲线$MEKC$和既定的劳动的边际收益曲线$MELC$上运动,资本和劳动的边际收益都呈递减趋势。技术进步提高了资本和劳动的边际收益,使得资本和劳动的边际收益曲线向外移动,即在图8-2(a)中,$MEKC_1$移向$MEKC_2$和$MEKC_3$,在图8-2(b)中,$MELC_1$移向$MELC_2$和$MELC_3$。

作为导致生产函数优化变动的技术进步,能创造新的需求和供给,而新的需求和供给又是推动技术进步的重要力量。这意味着作为实现潜在生产力向现实生产力转化的技术进步,能创造新的科学和教育的需求,而新的科学和教育的需求又成为推动技术进步的重要力量。

问题的关键在于,无论是科学发展还是技术进步,都是人的智力使然,人的专业化知识使然,人的创新精神使然。没有智力的提高、专业化知识的传递和掌握和创新精神的积淀,科学发展和技术进步就成了无源之水、无本之木。而智力的提高、专业化知识的传递和掌握、创新精神的积淀,都依靠教育。这意味着,科学发展和技术进步需要教育来推动。从人力资本理论上看,教育促进人力资本的形成,而人力资本既是技术进步的内生变量,又是现代经济增长的内生变量。教育是现代经济增长动力之源泉。

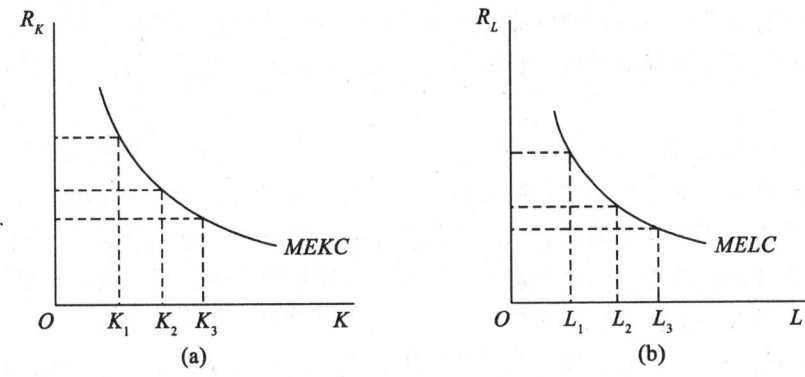

图 8-1　资本和劳动的边际收益曲线

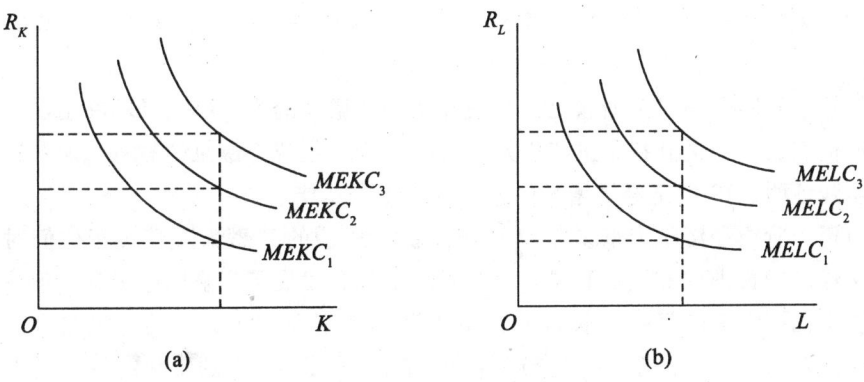

图 8-2　资本和劳动的边际收益曲线的移动

因此，要实现持续快速的经济增长，必须正确处理好教育发展与技术进步的关系。这首先需要人们认识和接受"技术进步是经济增长的动力，教育是现代经济增长动力之源泉"这一观点。人们对这一观点的认识和接受也必然要经历一个历史过程。回顾这一认识和接受的历史进程，对于我们今天正确认识和处理教育发展与技术进步的关系，仍然是不无意义的。

早期的重商主义经济学家，强调对外贸易在经济增长中的作用，认为比较优势降低了国内生产的利润率，从而刺激了国内市场的投资和就业，使国内经济得以繁荣。这实际上是把分工当作经济增长的源泉。亚当·斯密在挑战重商主义经济增长逻辑的过程中，系统地论述了资本、劳动对经济增长的意义，强调分工在经济增长中的作用，认为分工表现为工人专业化程度的加深，由于工人将越来越多的时间用于生产同一种产品,因而分工经济的增长率会随工人劳动熟练程度的提高而提高。重要的是他把专业化与经济增长联系起来了,而专业化是技术进步与教育共同作用的结果。他的预见和他对经济增长前景的乐观主义态度,受到了后来一些经济学家的怀疑。

整个19世纪,经济增长理论都笼罩在悲观主义情绪之中。这种情绪首先来自李嘉图的发现,其次来自马尔萨斯的研究。李嘉图发现了边际递减规律。这使得经济增长的前景一下子变得暗淡起来。这一规律后来便成为古典经济学家构建外生增长模型的重要理论前提。马尔萨斯从边际收益递减规律出发,预言在食物足够的条件下人口将以几何级数增长,人口的增长将高于食物生产能力的增长。马尔萨斯的这一研究加剧了人们对经济增长前景的担忧。李嘉图预言随着人口增长以及进入递减边际收入范围的工作的增加,工人被压迫到只有可维持生活的最低工资水平,而地主和资本家会获益更多。这显然影响了后来的马克思。受此影响,马克思得出了资本主义积累向两极分化的结论:一极是资产阶级财富的积累,另一极是无产阶级贫困的积累。难怪1850年托马斯·卡莱尔要把当时的经济学称为"恐怖的科学"。①

尽管李嘉图和马尔萨斯预见到可使经济持续增长的唯一办法是不断增加资本投资,但他们没有预见到技术进步以及为技术进步提供智力源泉的教育发展。迄今为止的实践证明,19世纪经济增长的悲观主义论调是错了。

对资产阶级经济学家来说,19世纪经济学所谓的"恐怖"莫过于他们对马克思主义经济增长理论的敬畏和恐惧。马克思继承和发展了李嘉图的劳动价值论,把资本主义国家创造的经济增长奇迹归结为资本积累和技术进步的有机结合。他在《共产党宣言》一书中指出:"资产阶级在它的不到一百年的阶级统治中所创造的生产力,比过去一切世代创造的全部的生产力还要多、还要大。自然力的征服,机器的采用,化学在工农业中的应用,轮船的行驶,铁路的通行、电报的使用,整个整个大陆的开垦,河川的通航,仿佛用法术从地下呼唤出来的大量人口,——过去哪一个世纪能够料想到有这样的生产力潜伏在社会劳动里呢?"② 马克思在看到了技术进步对经济增长巨大促进作用的同时,也看到了教育对技术进步的推动作用,并提出了人的全面发展学说。他认为,现代生产技术基础的革命性(现代科学技术在本质上是不断向前发展的)使"工人的职能和劳动过程的社会结合不断地随着生产的技术基础发生变革",进而"使社会内部的分工发生革命,不断地把大量

---

① [美] F. M. 谢勒. 技术创新:经济增长的原动力 [M]. 姚贤涛,王倩,译. 北京:新华出版社,2001:18.
② 马克思恩格斯选集 [M]. 第1卷. 北京:人民出版社,1972:256.

资本和大批工人从一个生产部门投入到另一个生产部门"，大工业的本性决定了劳动的变换、职能的更动和工人的全面流动性，从而要求"使每一个社会成员都能够完全自由地发展和发挥他的全部力量和才能"，因此，实现人的全面发展就成为现代工业生死攸关的问题，而教育与生产劳动相结合，发展综合技术教育，是实现人的全面发展的重要途径。然而，他对资本积累所导致的无产阶级贫困化和经济危机进行透彻分析后发现，在资本主义制度下，无产阶级分享教育发展、技术进步和经济增长的成果的可能性和现实性几乎不存在。这使得他不得不把经济增长的研究与对资本主义制度的批判结合起来，于是，他对教育、技术进步和经济增长的研究便更多地服从于这种批判。这种批判以及他关于资本主义制度必然灭亡，社会主义制度必然胜利的预言，必然令资产阶级经济学家心惊肉跳。

现在看来，正是马克思在经济增长研究方面的成就，启发后来的经济学家们去着力研究经济增长与技术进步的内在联系，从而最终把技术进步作为经济增长的内生变量融入经济增长数学模型，诞生了新经济增长理论；同时促使经济学家们去研究教育与经济增长的关系，从而诞生了人力资本理论。意味深长的是，马克思不曾预料到，当今发达资本主义国家也可以通过加强宏观经济调控和社会福利制度建设，来让工人阶层分享教育发展、技术进步和经济增长的成果。他也不曾预料到，正是他关于资本主义生产社会化与私有制之间的矛盾的深刻分析，启发后来的经济学家们去研究市场的局限性，找到了市场失灵及其纠正措施，从而诞生了制度经济学和公共产品经济学，以此作为资本主义国家构建宏观经济调控机制和社会福利制度的理论依据。

马尔萨斯式理论大厦的坍塌使古典经济学家们黯然神伤，而马克思主义政治经济学又使他们黯然失色。熊彼特的创新理论进一步确立了经济增长与技术进步之间的内在联系，同时充当了资本主义制度的"保护神"，这无疑给当时极度悲观的西方经济学家们一丝安慰。熊彼特在他的《经济发展理论》一书中，首次把"创新"作为经济发展的核心和经济增长的一个"内在因素"。这似乎暗示着新经济增长理论的必然问世。熊彼特把创新理解为"建立一种新的生产函数"，即实现生产要素和生产条件的"新组合"。这种"新组合"包括五种情况：①开发新产品；②采用新生产方法；③开辟新市场；④控制新供应源；⑤实行工业新组织。① 他的创新理论是一种语言陈述而非数学表达，对当时流行数学模型分析的西方主流经济学的影响不是很大。然而，他把企业家利润解释为企业家创新而应得的报酬，这一观点深受当时西方经济学家们的赞赏，因为自马克思剩余价值学说问世以后，这一观点首

---

① [美] 约瑟夫·熊彼特. 经济发展理论 [M]. 何畏等, 译. 北京：商务印书馆, 2000：73~74.

次充当了资本主义制度的"保护神"。罗伯特·W. 索洛曾直言不讳地说:"熊彼特在经济学界诸神圣殿里是保护神,也许只有我一个人这样认为他应该被作为一个保护神来对待:每年有固定的一天,人们来膜拜他,而其他时间他或多或少地被忽视了。"①

在20世纪初期的几十年里,经济学家们一直为经济危机所困扰,无暇顾及长远的经济增长问题。直到1939年牛津大学的罗伊·F. 哈罗德和1946年麻省理工学院的艾乌斯·多马率先提出了经济增长数学模型,如何解决经济持续增长而避免陷入周期性的衰退之类的问题,才重新引起经济学家们的重视。

哈罗德—多马模型注意到投资对未来生产能力、产出和收入均衡的连锁影响,但是,技术进步和规模收益递增对资本—产出比率变动的影响,动摇了该模型的理论基础。技术进步使资本和产出的增长速度快于就业增长的速度。持续的技术进步抵消了收益递减效应,否则经济增长进程会因收益递减而停止。规模收益递增在经济增长数学模型中具有与技术进步同样的作用。技术进步不仅由物力资本投资所推动,而且由人力资本投资所推动。在哈罗德—多马模型中,资本和投资并不包含人力资本和人力资本投资。因而,哈罗德—多马模型把技术进步和规模经济递增排除在经济增长的内生变量之外,从而忽视了人力资本投资和积累对经济增长的贡献。

这唤起经济学者研究人力资本积累对经济增长的意义的兴趣。而新古典经济增长模型强调相对要素价格和生产率的变动对投入要素组合比例的影响,使这一兴趣达到了一个空前的高度。特别是"索洛余数"的提出,引发了经济学界广泛而持久的讨论,加速了以舒尔茨和贝克尔为代表的人力资本理论的形成,从而开创了教育发展对经济增长贡献数理分析的新时代。新剑桥学派突破了古典经济学派用资本、劳动、知识三位一体来构建经济增长模型的思路,把收入分配引进经济增长模型,注重收入分配在经济增长中的作用,表明影响收入分配的劳动市场、劳动者学历和经济结构对经济增长是至关重要的。内生增长学者从知识、技术和人力资本的外部性上找到了弥补新古典经济增长模型不足的突破口,认为是知识、技术和人力资本的外部性决定了规模收益递增,并在此基础上构建了内生增长模型,从而成为新增长理论的重要特征。

内生增长模型至少在以下三个方面弥补了外生增长模型的不足:一是技术进步不是从天上掉下来的。技术进步是经济增长的外生变量,意味着经济体系受技术进步的影响而不直接对技术进步产生影响,市场需求力量为技术进步所推动而不是直接推动技术进步。事实上,企业更多的是为了通过技术创新来回应市场需求力量才

---

① [美] F. M. 谢勒. 技术创新:经济增长的原动力 [M]. 姚贤涛,王倩,译. 北京:新华出版社,2001:36.

进行研究和开发投资的。二是如果资本积累基本上是经济增长的根源,那么,对于资本积累相对不足且远没有达到严重边际收益递减阶段的发展中国家,人均产出水平将与发达国家趋同,而事实上这种趋同迹象远没有发生。三是物力资本远不是生产中所使用的唯一资本,通过教育和培训而获得的人力资本对经济增长是至关重要的。

回顾经济增长理论的演进过程,可以看到,正是由于人们对经济增长问题的不断研究,才逐步加深了对现代经济增长的动力的认识。现代经济增长需要技术进步来推动,而技术进步又需要物力和人力资本来推动。人力资本同技术进步一样,是通过教育、培训、研究、开发、创新来获得的。教育是现代经济增长动力之源泉。把教育和人力资本作为经济增长的外生变量而将它们置于经济体系之外,就如同外生增长理论把技术进步作为经济增长的外生变量而将它置于经济体系之外一样,是片面的。教育发展不仅直接影响技术进步,而且直接为技术进步所影响。正确认识教育发展与技术进步的关系,就是要把教育发展作为经济增长的内生变量来加以考察,就是要把教育发展放在经济体系之中加以分析,就是要把教育发展和技术进步同时纳入经济增长的范畴。

二、必须认识和正确处理人力资本积累与物力资本积累的关系

经济增长模型从外生增长向内生增长的演进,反映了人们对知识积累、技术进步和人力资本积累在经济增长中的作用,有了更充分更深入的认识。然而,经济增长模型的演进,并没有动摇物力资本在模型构建中的地位,而人力资本作为经济增长模型中的内生变量,与物力资本比较是处于什么地位,仍然有待解决。这说明,正确认识和处理人力资本积累与物力资本积累之间的关系,仍然是一个有待进一步讨论的问题。

人力资本积累的必要条件首先是适度人口规模。西方传统人口经济理论从充足廉价劳动力与规模经济和生产成本之间的关系,产出水平与消费需求之间的关系,来强调人口增长对经济增长的刺激作用。然而,近半个多世纪以来,世界人口的快速增长已演变成为世界经济增长的沉重负担,发展中国家人口的过快增长已经成为这些国家经济增长的重大障碍。当一些人看到这种变化时,他们开始反思传统人口经济理论,构建现代人口经济学,适度人口规模成为这种反思和构建的中心议题,从而形成了颇具代表性的三大现代人口经济理论:人口过渡理论、人口陷阱理论和生育微观经济理论。

人口过渡理论把人口史分为稳定增长、快速增长和缓慢增长三个阶段,一个阶段向另一个阶段的过渡,必须具备一定的条件。在古代,即人口演进的第一阶段,经济、科技、社会尚不发达,特别是医疗卫生条件差,出生率和死亡率都很高,人口按一个较为稳定的速率增长。进入近代以后,收入的增加,物质生活水平的提

高，医疗卫生条件的改善和社会的稳定，促使出生率逐渐上升，死亡率逐渐下降，于是人口出现了快速增长。在工业化后期，收入水平的进一步提高，社会福利的进一步增加，社会保障体系的进一步完善，生育经济机制的健全和生育观向少生晚生的方向转变，使出生率逐渐下降，死亡率也继续下降，人口进入缓慢增长的第三个阶段。发达国家人口的历史演进基本完成了向第三阶段的过渡，而大量发展中国家人口的历史进程还没有完成向第三阶段的过渡。

人口陷阱理论认为，当人均收入处在仅能维持生存所需的最低生活水平时，出生率和死亡率几乎同样高，人均收入增长率和人口增长率都几乎接近于零。当人均收入增长率从仅能维持生存的人均收入的基点上快速上升时，生活条件的改善导致先前高死亡率的迅速下降并维持先前高出生率，从而引发人口的快速增长，使得人口增长率迅速赶上人均收入增长率，此时会出现这样一个"人口陷阱"，即人均收入增长为人口增长所完全抵消，而此时死亡率的进一步下降和高出生率进一步维持，又有可能使人均收入增长率迅速下降，从而退回到先前那种仅能维持生存的人均收入水平。纳尔逊称之为"低水平均衡陷阱"。为此，利本斯坦提出了发展中国家跳出"人口陷阱"所必须做出的"临界最小努力"，即物质生产部门的投资率必须足够大，使经济增长能持续地超过人口增长，从而使人均收入水平得到明显提高。他提出的这一理论被称为经济增长的"临界最小努力"理论。另一些经济学家，如罗森斯坦·罗丹，则认为发展中国家只有通过大规模投资和引进先进技术来迅速提高人均收入水平，才能跳出"人口陷阱"，使人均收入增长不至于为人口增长所完全抵消。发展中国家人口的历史进程之所以未能完成向第三阶段的过渡，就在于难以跳出"人口陷阱"。

生育微观经济理论认为，孩子是家庭生产的"商品"，同其他在市场上购买的商品一样，可直接提供效应。家庭生育的效用函数为：

$$U = F(n, q, Z) \tag{8-26}$$

其中 U 代表生育效用，n 代表孩子的数量，q 代表孩子的质量，Z 代表其他商品的数量。如果用 p_n 表示孩子的总成本，π_z 表示其他商品的总成本，I 表示家庭的总收入，那么，一个家庭的预算约束等式为：

$$p_n n + \pi_z Z = I \tag{8-27}$$

当 p_n、π_z 和 I 一定时，n 和 Z 的适当数量由预算约束和以下边际效用条件来决定：

$$\partial U/\partial n \div \partial U/\partial Z = MU_n/MU_z = p_n/\pi_z \tag{8-28}$$

因此，家庭对孩子的需求取决于孩子的相对价格和家庭的总收入。当家庭总收入一定时，孩子的相对价格上升，则孩子的需求减少，对其他商品的需求增加。影响孩子相对价格的主要因素有食物和住房等生育投入、孩子的净成本、政府的生育补贴、父母的时间成本、孩子的数量和质量之间的替代弹性等。发达国家生育率普遍较低，是因为养育孩子的成本较高，而发展中国家生育率普遍较高，是因为养育孩子的成本较低。

公元初年，世界人口数约为2.5亿，1750年为7.28亿，1900年为16亿，1950年增长到25亿，1987年增长到50亿，2009年增长到70多亿。20世纪90年代以来，低收入国家和地区人口增长率是高收入国家和地区人口增长率的三倍。发展中国家人口的这种过快增长，直接导源于死亡率的普遍下降和出生率的居高不下。

这表明，发展中国家人力资本积累所需的人口条件，不是人口规模过小，而是人口规模过大，人力资本积累所需的适度人口规模要求现阶段发展中国家必须控制人口增长和人口规模。

发展中国家人口增长过快、人口规模过大，已成为人力资本积累的巨大障碍，这是因为：

第一，在经济增长有限的发展中国家，过快的人口增长和过大的人口规模吞食了经济增长的大部分成果，人均收入增长缓慢，人均教育支付能力难以提高，教育发展的愿望难以实现，从而不利于把人口资源转化为人力资本。

第二，在经济增长有限的发展中国家，过快的人口增长和过大的人口规模使人民的消费水平和生活质量难以提高，从而不利于提高人力资本质量。

第三，人口增长过快和人口规模过大使发展中国家改善医疗卫生条件的难度加大，健康状况普遍恶化，从而延缓了人力资本积累的进程。

第四，人口增长过快和人口规模过大使发展中国家普遍面临教育经费不足的困境，教育质量难以提高，从而不利于人力资本的积累。

因此，发展中国家必须在促进经济增长的同时，注重调整人口政策和生育政策，构建生育市场机制，运用生育成本调节生育需求，转变生育观念，遏制人口过快增长的势头，为加快人力资本的积累提供适度人口规模。

由于物力资本是市场经济条件下从事物质生产所必需的条件，因此，经济增长理论无一不重视物力资本积累在经济增长中的作用。一些经济增长理论由于把人力资本排斥在物力资本之外而受到经济学家们的批评，这种批评并不意味着否定物力资本积累对经济增长的重要性。

物力资本积累是物力资本投资的结果，而物力资本投资能力是由国内储蓄水平和国外净资本流入量决定的。大力促进储蓄和引进外资，是增强物力资本积累能力的主要途径。

由于物力资本是有限的，因此发展中国家像平衡增长理论所说的那样在各个工业部门全面地、大规模地、同比率地进行大推进式的投资，是难以办到的。非平衡增长理论主张发展中国家应选择"短缺发展"战略，特别是应选择具有关联效应或关联效应最大的产业优先投资，优先发展的建议，对经济发展处于解决"温饱"阶段的发展中国家是比较适用的。在解决"温饱"以后，发展中国家要实现经济持续快速增长，不断缩小自身与发达国家在经济发展水平上的差距，必须在控制人口过快增长的前提下加快人力资本积累，不能再一味地坚持"短缺发展"战略。其理由是：

第一，发展中国家在解决"温饱"以后，当其人口过快增长得到控制时，国内储蓄水平会随经济增长而提高，突破"贫困恶性循环"和"低水平均衡陷阱"的投资率将有条件实现。加大教育投资，加快人力资本积累的经济条件和市场条件已经成熟。

第二，发展中国家在解决"温饱"以后，对外开放市场和降低关税的压力将进一步增大，技术含量相对较低的民族产品将失去价格优势而遭到来自发达国家技术含量相对较高的产品的排挤，自主创新已成为民族产业生死存亡和经济持续快速增长的唯一出路。促进人力资本积累和自主创新，已成为发展中国家发展经济所面临的最迫切的任务。只有加快教育发展，才能推动人力资本积累和自主创新。

第三，发展中国家在解决"温饱"以后，经济持续快速增长在很大程度上取决于产业结构的调整和优化升级。从产业结构优化升级的需要出发来发展教育，加快人力资本积累，将成为发展中国家实现经济持续快速增长的必由之路。

第四，发展中国家在解决"温饱"以后，面对日益开放的市场，对外向型人才的需求将与日俱增，经济持续快速增长对人力资本积累的依赖性将明显增强，加快人力资本积累和教育发展的紧迫性将日益凸显出来，把教育放在优先发展的战略地位，就成为"后温饱型"发展中国家实现经济持续快速增长的必然的战略选择。

第四节 教育在经济增长中的作用

教育对经济增长的促进作用，是通过提高劳动者素质来实现的。劳动者素质的提高对经济增长的促进作用，可以从两个层面上考察：一是劳动者素质的提高对经济增长内生变量的优化；二是劳动者素质的提高对经济增长外生变量的优化。所谓经济增长的内生变量，是指直接引起生产函数变动和生产要素投入变动的变量，如直接影响生产函数变动的劳动生产率和技术进步，直接影响物力资本、人力资本和劳动力的形成的储蓄率和出生率，等等。所谓经济增长的外生变量，是指引起经济增长的外部条件变化的变量，如社会稳定、体制、产业结构、外贸、消费观念和自然环境，等等。由于教育对经济增长外生变量的影响对经济增长而言是一种间接作用，因而很难将教育对经济增长的作用与社会稳定、体制、产业结构、外贸、消费观念和自然环境等因素对经济增长的作用区别开来，因此，我们只能从教育对经济增长内生变量的影响方面来分析教育在经济增长中的作用机理。

一、教育通过提高劳动生产率和推动技术进步来促进经济增长

如果说教育能提高劳动者素质,那么教育发展就能推动人力资本深化。人力资本深化是与人力资本淡化相对应的概念。所谓人力资本深化,是指人均人力资本存量的增加。所谓人力资本淡化,则是指人均人力资本存量的减少。但是,劳动者素质的提高和人力资本的深化与劳动生产率的提高和技术进步之间不能简单画等号。如果劳动者的市场定位不合理,或者说劳动者与生产资料的结合不合理,那么就业是非竞争性的,工资是扭曲的,总之,如果政治、经济和社会环境不利于劳动者在生产中充分发挥和优化自身的人力资本,那么,提高劳动者素质和推动人力资本深化就不一定能提高劳动生产率,就不一定能推动技术进步。不过我们应该承认,政治、经济和社会的变革总是朝着以利于人尽其才的大方向迈进,虽然这种变革的道路是曲折的,因此,我们在分析教育通过提高劳动生产率和推动技术进步来促进经济增长时,仍然假定人尽其才不存在政治、经济和社会环境的严重约束,教育与提高劳动生产率和推动技术进步之间存在高度正相关,即较高的人均受教育水平能带来较高的劳动生产率和较快的技术进步。这在一般情况下也是成立的。由于人均产出和收入是劳动生产率和技术进步的函数,因此,我们也把人均产出和收入看成是人均受教育水平的函数,即看成是劳动者素质的函数,看成是人力资本深化的函数。

那么,教育是如何通过提高劳动生产率和推动技术进步来促进经济增长的呢?

我们知道,经济增长是依靠两种方式来实现的,一是增加生产要素投入,一是促进生产函数优化变动,即依靠教育和科技进步来提高劳动生产率和资本产出率。前者就是所谓的粗放型经济增长或外延型经济增长,后者就是所谓的集约型经济增长或内涵型经济增长。在生产函数既定条件下,如果物力资本投入的增长比劳动力投入的增长快些,物力资本深化就会发生。物力资本深化是与物力资本淡化相对应的概念。所谓物力资本深化,是指人均物力资本存量的增加。所谓物力资本淡化,则是指人均物力资本存量的减少。从中期(10~50年)和长期(50~100年)来看,经济增长伴随着资本深化。资本淡化最终会导致经济停滞。

物力资本深化对中长期经济增长的影响不同于人力资本深化的影响。如图8-3所示,在没有人力资本深化和技术进步的情况下,物力资本深化不会导致生产函数的优化变动,还会因边际收益递减而使人均产出和收入的增长缓慢下来,人均产出和收入曲线 F_1 随着物力资本深化而变得平缓起来。当物力资本深化发生在 C_1 点到 C_2 点这一阶段时,人均产出和收入沿着曲线 F_1 从 A 点移向 B 点,此阶段人均产出和收入随物力资本深化而递减。

在没有技术进步的情况下,当人力资本深化和物力资本深化同时发生时,由人均受高等教育水平提高所引起的人力资本深化,会因劳动生产率的提高而使生产函

数发生优化变动，从而使人均产出和收入曲线从 F_1 移向 F_2。当人力资本深化和物力资本深化发生在 C_1 点到 C_2 点这一阶段中时，人均产出和收入沿着曲线 AC 运动，即从 A 点移向 C 点，此阶段人均产出和收入随物力资本深化而递增，AC 曲线也就是这一阶段的人均产出和收入曲线。当由人均受教育水平提高引起的人力资本深化在 C 点不再继续发生时，人均产出和收入会随物力资本深化而继续沿着曲线 F_2 的路线发生变动。

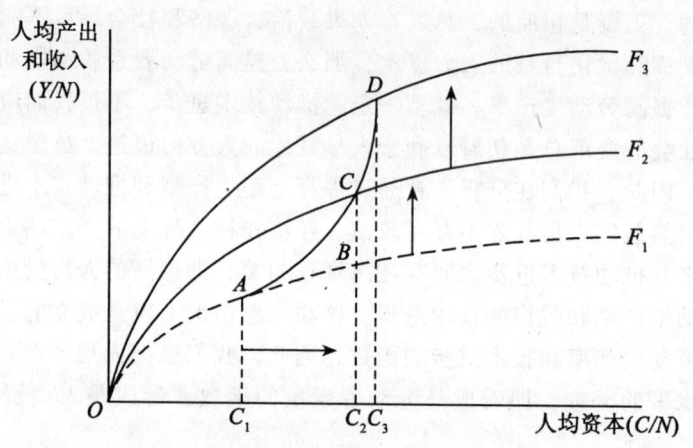

图 8-3 人均受教育水平提高与经济增长过程

技术进步因为提高了劳动生产率和资本产出率而使生产函数发生优化变动，从而使人均产出和收入曲线从 F_2 移向 F_3。当技术进步发生在 C_2 点到 C_3 点这一阶段中时，人均产出和收入沿着曲线 CD 运动，即从 C 点移向 D 点，此阶段人均产出和收入随人力资本深化和物力资本深化而递增，CD 曲线也就是这一阶段的人均产出和收入曲线。当技术进步在 D 点不再继续发生时，人均产出和收入会随物力资本深化而继续沿着曲线 F_3 的路线发生变动。如果把从 C_1 到 C_3 这一阶段的资本深化和技术进步看作是一个同时发生的过程，那么，人均产出和收入曲线可以看作是从 F_1 直接移向 F_3，AD 曲线也就是这一阶段的人均产出和收入曲线。

二、教育通过提高储蓄率来促进经济增长

在生产技术既定条件下，产出的多少取决于生产要素投入的多少，因此，物力资本存量的多少是经济增长的一个约束条件。储蓄是物力资本形成的源泉。在物力资本存量相对不足的条件下，提高储蓄率有利于加快物力资本的形成，从而促进经济增长。

所谓储蓄率，是指一定时期的储蓄占该期可支配收入的百分比。教育对储蓄的

影响至少表现在以下几方面：①教育通过转变储蓄观念来提高储蓄率。家庭储蓄率的高低既同家庭收入水平相联系，又同储蓄倾向相联系。不良的风俗习惯和宗教信仰可能成为提高储蓄倾向的巨大障碍。如印度富人阶层就追求奢侈豪华的消费，伊斯兰教视索取利息为不道德行为，我国也有大操大办婚丧嫁娶的陋习。教育在一定程度上可以改变一个人的世界观、理想、信念，从而抵制这种风俗陋习和宗教信仰。科学知识获取得越多，高尚人格塑造得越完美，对储蓄重要性的认识就会越透彻。②教育通过增强储蓄意识来提高储蓄率。一个人储蓄意识的强弱，虽然同他对自己未来收入预期的高低相联系，但在很大程度上也同个人支出账户管理的是否科学相联系。一般说来，受教育程度较高的人更善于用投资的眼光来管理自己的支出账户，更富有储蓄意识。③教育通过提高受教育者未来的收入来提高储蓄率。④教育投资扩大了传统意义上投资和储蓄的范围。在国民收入核算或均衡总收入和总产出分析中，有国内投资 I 等于国内储蓄 S，即：

$$I = S \tag{8-29}$$

但在国内投资中通常不包括人力资本投资，这是不科学的。实际上，人力资本投资是经济增长所必需的投资，而人力资本开发经费是社会为开发人力资本而放弃的储蓄，教育经费是社会为办学校而放弃的储蓄。一个明显的事实是，孩子在学校长时间上学，会用掉他父母以前的储蓄，学生获得政府提供的教育补贴，会减少政府的储蓄。因此，包括教育经费在内的人力资本开发经费，应该视为隐性储蓄，并与人们通过银行进行的显性储蓄相对应。于是，公式8-29就可写成：

$$I = I_K + I_H = S_O + S_H \tag{8-30}$$

这里的 I_K 代表物力资本投资，I_H 代表人力资本投资，S_O 代表显性储蓄，S_H 代表隐性储蓄。1995年巴罗分析了教育投资对经济增长的带动作用，他的结论是：政府的教育支出占GDP的比例提高1.5%，可带动3%的经济增长。如果说投资来源于储蓄，那么政府的教育支出作为一种投资，其来源就一定是隐性储蓄。由于教育投资在人力资本投资中占有很大比例，是最主要的人力资本投资，或者从储蓄的角度看，教育经费在隐性储蓄中占有很大比例，是最主要的隐性储蓄，因此，如果我们把教育经费作为隐性储蓄，把教育投资作为国内投资的构成部分，并将其纳入国民收入核算或均衡总收入和总产出分析，那么，含有这种隐性储蓄的储蓄率就比传统意义上的储蓄率高多了。

三、教育通过抑制过快的人口增长来促进经济增长

前面已经指出，近半个多世纪以来，世界人口的快速增长已演变成为世界经济增长的沉重负担，发展中国家人口的过快增长已经成为这些国家经济增长的重大障碍。毫无疑问，抑制过快的人口增长是摆在各国政府和人民面前的重大课题。教育

至少可以通过以下途径来抑制过快的人口增长。

（一）增进健康

人力资本深化所反映的是人力资本量的变化，而健康所反映的则是人力资本质的状况。教育不仅可以推进人力资本深化，而且可以增进健康，从而有利于抑制过快的人口增长。

教育对健康的第一个效应是降低婴儿死亡率。不管我们的教育是否为年青一代提供了有关怀孕和婴儿健康的课程，但从教育中获得的其他知识，有助于受教育者更好地寻找和理解这种知识。一个人在做父母之前接受了较多的教育，提高了收入水平，使怀孕和婴儿成长置于较富裕的家庭经济环境中，无疑有利于婴儿的健康成长。

图8-4所反映的是世界不同国家和地区接受中等教育的妇女与婴儿保健率之间的相关性。非洲环撒哈拉沙漠国家妇女接受中等教育的入学率在10%以下，是世界上最低的，婴儿的保健率也在10%以下，也是世界上最低的。拉丁美洲、东亚和欧共体妇女接受中等教育的入学率和婴儿的保健率都在向上倾斜的相关均量线F_1附近，说明妇女接受中等教育与婴儿保健率之间的正相关度的确很高。

教育对健康的第二个效应是延长预期寿命。从图8-4可以得知，妇女接受中等教育的入学率越高，婴儿死亡率就越低，而婴儿死亡率是预期寿命的一个指标。一般地说，接受较多教育的人更懂得保养身体，除非他有意跟自己的身体过不去。大部分研究表明，预期寿命跟人均生产总值高度相关。1995年巴罗和马丁对世界各国预期寿命进行了回归分析后发现，预期寿命的长短不仅跟人均生产总值的高低呈正相关，而且跟妇女是否完成了初等教育和男人是否完成了中等教育、高等教育呈正相关[1]。但教育与预期寿命的相关程度远不如人均生产总值与预期寿命的相关程度高。

（二）降低生育率

妇女生育的多少是她们自愿或非自愿选择的结果。妇女接受更多的教育就有更多的机会和意愿进入劳动力市场，从而在生活上获得了相对独立的经济来源，减少了对男性的经济依赖，增强了自我控制生育的能力，非自愿选择生育几率就会减少。妇女接受更多的教育使她们更长时间地滞留在学校，学业压力通常迫使她们推迟婚期，男性也是如此，从而推迟了结婚年龄。男女接受更多的教育使他们对计划生育的实施有更全面更深入的认识，追求一个小规模家庭的意愿会更加强烈。

---

[1] Walter W. McMahan. Education and development [M]. Published in the United States by Oxford University Press Inc, New York, 1999：86.

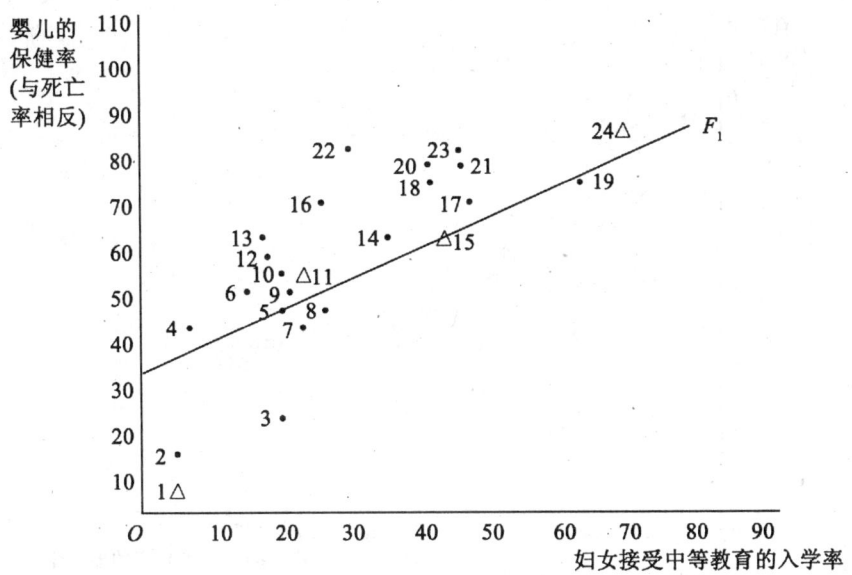

图 8-4 婴儿保健率与妇女接受中等教育的入学率

说明：图中数字所代表的国家和地区是：1——非洲环撒哈拉沙漠国家，2——海地，3——玻利维亚，4——危地马拉，5——尼加拉瓜，6——洪都拉斯，7——巴西，8——秘鲁，9——厄瓜多尔，10——萨尔瓦多，11——拉丁美洲，12——墨西哥，13——巴拉圭，14——委内瑞拉，15——东亚，16——哥伦比亚，17——阿根廷，18——巴拿马，19——乌拉圭，20——智利，21——特立尼达，22——哥斯达黎加，23——牙买加，24——欧共体。

资料来源：Walter W. McMahan. Education and development ［M］. Published in the United States by Oxford University Press Inc，New York，1999.

大量研究也证明了教育与生育率之间呈高度负相关，即接受教育越多的妇女，生育率越低，反之，接受教育越少的妇女，生育率越高。图 8-5 较充分地说明了这种负相关关系：非洲环撒哈拉沙漠国家妇女接受中等教育的入学率在 10% 以下，是世界上最低的，而生育率是世界上最高的。拉丁美洲、东亚和欧共体妇女接受中等教育的入学率依次递增，而生育率则依次递减。妇女接受中等教育的入学率与生育率的相关均线 F_2 是向下倾斜的，说明妇女接受中等教育与生育率之间的负相关度的确很高。

（三）降低人口增长率

如图 8-6 所示，非洲环撒哈拉沙漠国家的人口增长率最高，其妇女接受中等教育的入学率也最低。随着妇女接受中等教育的入学率的提高，拉丁美洲、东亚和欧共体的人口增长率呈直线下降。就妇女接受中等教育的入学率与人口增长率的相关

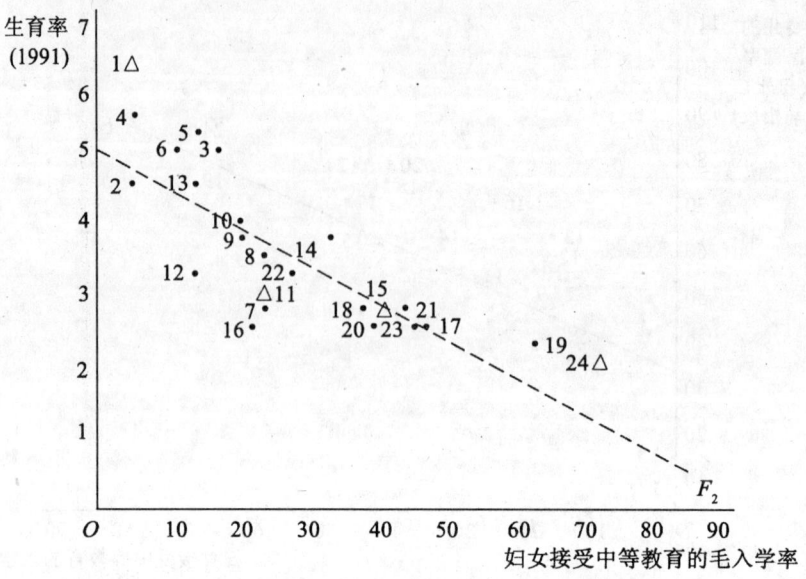

图 8-5　生育率与妇女接受中等教育的毛入学率

说明：图中数字所代表的国家和地区以及资料来源同图 8-4。

均量线 G 而言，非洲撒哈拉沙漠以南国家生育率的下降还没有达到 F_1 与 F_2 的交点，生活条件的改善增进了儿童健康，从而提高了人口增长率，然而，由婴儿保健率因教育而提高所导致的人口增长率的上升，会最终因更多农村妇女接受中等教育所导致的生育率下降而达到平衡，因此，这些国家人口增长率有望进一步缓慢上升，即妇女接受中等教育的入学率与人口增长率的相关均量线 G 在直线 F_1 与 F_2 交点的上方呈现出"高原状态"。这是因为，影响人口增长率的主要因素不仅有生育率和婴儿保健率（婴儿死亡率），而且还有预期寿命，而教育与预期寿命的相关程度远不如人均生产总值与预期寿命的相关程度高，因此，教育对人口增长率的影响与人均生产总值对人口增长率的影响在一定条件下会相互抵消。当接受中等教育的妇女达到 40% 以上时，婴儿保健率的进一步提高就不再主要依靠改善家庭生活条件来推动，而主要依靠中等教育的进一步普及，增进儿童健康也不再提高人口增长率，因此，人口增长率的下降会因中等教育的进一步普及而有所加快，如图 8-6 所示的那样，人口增长率相关均量线 G 从"高原状态"快速下降，逐渐向生育率相关均量线 F_2 靠近。

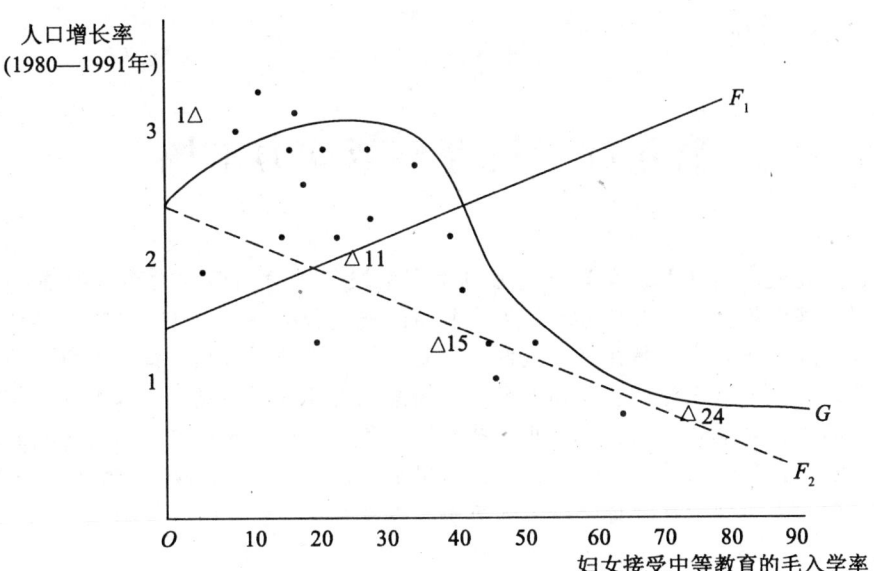

图 8-6　人口增长率与妇女接受中等教育的毛入学率

说明：图中数字所代表的地区以及资料来源同图 8-4。

第九章 教育与劳动力市场

在市场经济条件下，作为劳动力再生产手段的教育与劳动力市场有着必然联系。尽管基础教育的主要任务不是为毕业生的就业做准备，但许多基本劳动技能如读、写、算的培养，都是在基础教育阶段完成的，再说，基础教育也肩负着培养学生的劳动习惯、劳动纪律、劳动意识、市场意识的任务，这显示出基础教育与劳动力市场的内在联系。当然，中等职业技术教育和高等教育与劳动力市场之间的联系更为紧密。这种联系涉及的问题很多，这里重点讨论劳动力市场的教育资源配置功能，劳动力需要理论在教育分析中的应用，以及教育与就业的有关问题。

第一节 劳动力市场的教育资源配置功能

社会主义市场经济以资源的市场配置为基础，而市场的公平性和充分性竞争决定着资源配置的效率。完整地构建具有较公平较充分竞争的生产要素市场，是社会主义市场经济良性运行的必要条件。劳动力市场是最主要的生产要素市场之一。充分发挥好劳动力市场的教育资源配置是实现劳动力生产的重要手段。劳动力生产的第一个前提是人必须先生育出来，所以，人的生育是劳动力生产的生物学基础。不过，人的生育不同于动物的生育。人对生育有意识的保护、选择和控制，使人的生育具有社会性，而动物生育则纯粹表现为生物学过程。人的生育的社会性表明，个体劳动力生产是从人的生育开始的，然后是人的抚养、教育和培训。

劳动力市场是调节劳动力配置的场所和机制。完善的市场经济必须有完善的劳动力市场。承认市场经济的历史必然性和现实性，就必须同时承认劳动力市场的历史必然性和现实性。劳动力配置是劳动力与生产资料的结合，这种结合是以生产资料所有者或雇主获得雇员劳动，以及劳动者或雇员获得劳动报酬为条件的。对劳动者而言，实现劳动力配置就是实现就业。劳动力市场就是调节就业的市场。

正如教育经济学家卡诺依所说："教育经济学的核心存在于教育与劳动力市场的联系之中。"[①] 的确如此。教育经济学的核心问题是教育资源的有效配置问题。劳动力市场在教育资源有效配置中发挥着重要作用，它是调节家庭教育决策的主要

---

① [美]卡诺依. 教育经济学国际百科全书[M]. 第2版. 闵维方等，译. 北京：高等教育出版社，2000：9.

手段，而教育资源配置有效与否，家庭投资子女教育决定的正确与否，又是通过劳动力市场来检验的。下面我们从影响家庭做出投资子女教育决定的劳动力市场因素入手，展开对教育与劳动力市场的关系分析。

一、影响家庭做出投资子女教育决定的劳动力市场因素

满足家庭投资子女教育的两个基本条件是家庭剩余的存在和社会成员接受教育权利的平等。家庭剩余是指一定时期家庭收入用于家庭生活必需品支出以后的余额。家庭能否对子女进行教育投资，取决于是否有家庭剩余。一个在温饱线上拼命挣扎的家庭，难以为其子女进行教育投资。一个人因家庭贫困而上不起学，这不是他的错，社会应该对此负起责任、承担义务。这构成了义务教育免收学费的一个理由。所以，这里讨论影响家庭做出投资子女教育决定的劳动力市场因素，是以家庭剩余的存在为基本条件的。

社会成员接受教育权利的平等，是家庭投资子女教育的法律基础。一个在接受教育的权利上遭到歧视的家庭，其投资教育的渠道也必然存在歧视性限制。所以，这里讨论影响家庭做出投资子女教育决定的劳动力市场因素，是以社会成员享有平等接受教育的权利为基本条件的。

家庭做出投资子女教育的决定，受劳动力市场刺激的影响。劳动力市场刺激主要从就业前景、工资和工作特征三个方面影响家庭做出投资子女教育的决定。

一份工作的最低雇用标准通常包括求职者受教育程度。那些受教育程度达不到某一工作最低雇用标准的求职者，将失去竞争该工作岗位的资格。求职者受教育程度越高，满足最低雇用标准的覆盖范围就越大，就业前景就越好。就业前景通常与劳动力供求状况相联系。其他条件相同，某种劳动力供大于求的状况越严重，该种劳动力的就业前景也就越差；反之，某种劳动力供小于求的状况越严重，该种劳动力的就业前景也就越好。家庭在做出投资教育的决定时，通常是在家庭剩余可承担的范围内选择就业前景看好的教育种类来对子女进行教育投资。

工资与受教育程度有密切的联系。这是劳动力市场给予家庭投资子女教育的重要刺激。其他条件相同，受教育程度越高，工资也就越高；反之，受教育程度越低，工资也就越低。当然，工资也与劳动力供求状况相联系。某种劳动力供大于求可能导致某种劳动工资下降；反之，某种劳动力供小于求可能导致某种劳动工资上升。

工作特征是指工作的危险性、纪律性、紧张性以及工作条件的差异性等特征。外勤警察的危险性显然大于内勤警察的危险性。八小时轮班作业的机器操作比机器维修有更高的纪律性、紧张性要求。办公室主任的工作条件比办公室职员的要好得多。一个外勤警察岗位可能雇用高中毕业生，而一个内勤警察岗位可能雇用高等学校毕业生，即使两岗位的工资相同，内勤警察岗位可能对那些追求就业效用最大化

的高等学校毕业生具有吸引力。八小时轮班作业的机器操作工可能只要求他们有初中以上毕业文凭即可,而机器维修工则可能要求他们有大专以上毕业文凭。办公室主任的学历要求可能比办公室职员的更高。家庭在做出投资其子女教育的决定时,通常会把工作特征考虑进去。

家庭做出投资子女教育的决定,不仅受劳动力市场刺激的影响,而且受家庭剩余量、年龄、学习能力等因素的影响。家庭剩余量的多少直接影响着家庭做出投资子女教育的决定。少数富裕家庭有能力把自己的子女送到知名学校就读,这些学校的学费很可能比一般学校的学费高出几倍。近十几年来,中国一些富裕家庭把子女送到欧美发达国家接受教育,其费用是接受国内同类教育的几倍甚至十几倍,而大多数家庭对此是望尘莫及的。家庭投资子女教育的决定必然要考虑被投资者的年龄,因为接受某种教育时的年龄大小与对个人进行该种教育投资的收益期长短是密切相关的。中国男性劳动者一般60岁退休,女性劳动者一般55岁退休。如果接受高等教育时的年龄为20岁,完成4年学业后正常参加工作,那么,对男女进行高等教育投资的收益期分别为36年和31年。接受高等教育时的年龄每增加一岁,对个人进行高等教育投资的收益期就缩短一年。这意味着,年龄与教育投资的收益期成反比,家庭对某一成员进行教育投资的动力会随该成员年龄的增长而减弱。学习能力也是影响家庭投资子女教育的一个因素。学习能力强的个体在教育过程中不仅能顺利升级,从初级教育阶段顺利进入高级教育阶段,而且能获得奖学金,以此部分或全部替代家庭的教育投资。一般来说,家庭更愿意对自身学习能力强的成员进行教育投资。许多家庭缺乏对子女进行更多教育投资的信心,是由于他们担心子女的学习能力能否让其顺利完成学业。

无论如何,劳动力市场刺激对家庭做出投资子女教育决定产生的影响,在于把家庭剩余按劳动力市场要求转化为教育资源,从而实现教育资源的重新配置。因此,劳动力市场是实现教育资源重新配置的一个重要手段。需要进一步研究的问题是:劳动力市场能否实现教育资源的有效配置?

二、劳动力市场在教育资源有效配置中的作用

假定经济中存在瓦尔拉斯均衡,那么任一教育的个人边际成本将等于该教育的个人边际收益。如果劳动力市场把家庭剩余转化为某种新增教育资源,能促使教育的个人边际成本与该教育的个人边际收益之差变小,直至等于零,那么,劳动力市场引导下的教育资源配置就是帕累托有效。下面我们从就业前景、工资和工作特征三个方面来考察劳动力市场在教育资源有效配置中的作用。

就业前景的变化在于劳动力需求发生了变化,而劳动力需求的变化又在于产业结构、职业结构、劳动力学历结构和劳动力供求匹配状态发生了变化。产业结构变化引起劳动力需求的变化,对就业前景形成产业效应。例如,随着农业机械化水平的不断提高，农业对劳动力的吸收能力不断下降，没有经过职业或专业训练的农村新增劳动力将面临暗淡的就业前景。职业结构变化引起劳动力需求的变化，对就业前景形成职业效应。产业效应通常转化为职业效应，而某一产业内部的技术革命也可能引起该部门劳动力需求结构的变化，从而对就业前景形成职业效应。劳动力学历结构变化引起的劳动力需求的变化，对就业前景形成学历效应，这种效应既是教育的结果，又是培训和劳动者自学的结果。劳动力供求匹配状态变化引起劳动力需求的变化，对就业前景形成替代效应。当某一教育类型的劳动力出现短缺时，替代效应就会发生。在其他条件不变情况下，当某一产业领域和职业领域的劳动力需求增加了，与此相对应的教育的就业前景看好；反之，就业前景不看好。在其他条件不变情况下，当某一产业领域和职业领域的劳动力学历结构升级了，或替代效应增强了，与此相对应的教育的就业前景不看好；反之，就业前景看好。

就业前景通过劳动力供求信息传递给每个家庭和学校，引导教育资源向就业前景看好的教育类型流动。这种流动将导致什么样的结果呢？

在教育资源帕累托有效配置和其他条件不变的情况下，假定工作 W_x 的需求增加了，与此相对应的教育 E_x 没有增加，即便存在替代效应，E_x 类型教育的劳动力会出现短缺，W_x 工作的工资会上升，从而打破教育资源帕累托有效配置状态下教育 E_x 的个人边际收益等于教育 E_x 的个人边际成本的均衡，使教育资源在帕累托无效配置状态下运行；假定在工作 W_x 需求增加的同时，与此相对应的教育 E_x 也相应增加了，E_x 类型教育的劳动力不会出现短缺，工作 W_x 的工资也不会上升，使教育资源维持在教育 E_x 的个人边际收益等于教育 E_x 的个人边际成本的帕累托有效配置状态下运行。这表明，劳动力市场引导教育资源向就业前景看好的教育类型流动，促使教育资源向帕累托有效配置方向发展。

工资既承载着劳动力供求信息，又承载着教育的个人边际收益信息。大量研究表明，受教育程度较高的劳动者获得较高的工资。如果义务教育不对受教育者收取学杂费，那么，义务教育对受教育者来说只支付心理成本，而不支付货币成本。义务教育的强制性使接受义务教育的家庭决策变得简单了，因为家庭只能依法选择接受义务教育的决策，否则就违法。后义务教育一般对受教育者收取一定学费，对受教育者来说既要支付心理成本，又要支付货币成本。因此，是否接受后义务教育的家庭决策、接受何种后义务教育的家庭决策，就需要对接受后义务教育的个人边际成本与个人边际收益进行权衡。如果接受后义务教育年限较长的劳动者不能获得较高的工资，进而无法补偿接受后义务教育的个人成本，那么，后义务教育就仅仅在"纯消费"意义上存在。实际情况是：后义务教育普遍被人们当作一种人力资本投资，因而，雇主愿意向接受后义务教育年限较长的劳动者支付较高的工资，以此作为对他们接受后义务教育的个人成本的补偿。工资的一部分体现了教育的个人收益。每一阶段后义务教育的个人投资，实际上是新增接受一单位后义务教育的个人边际成本，多接受一阶段后义务教育的劳动者多获得的工资，实际上是新增接受一单位后义务教育的个人边际收益。从理论上讲，教育资源的帕累托有效配置要求教育的个人边际收益等于个人边际成本。在瓦尔拉斯劳动力市场上，如果某种教育的劳动力短缺引发该种劳动力工资上升，使该种教育的个人边际收益高于个人边际成本，就会刺激更多的人选择该种教育投资，最终会消除该种教育的劳动力短缺状况，使教育资源朝着帕累托有效配置的方向运行。因此，劳动力市场引导教育资源向工资回报高的教育类型流动，实现教育资源的帕累托有效配置。与瓦尔拉斯劳动力市场不同的是：现实劳动力市场有效配置教育资源的作用，可能由于这样那样的限制而难以充分发挥出来。

追求工作效用最大化的本科毕业生可能愿意接受那种与专科毕业生工资相同但危险性、纪律性、紧张性较低的工作。这说明，工作的优劣特征体现着教育投资的效益。迄今为止，国内外教育经济学者把工作优劣特征的教育经济学含义，几乎排斥在教育经济学研究范围之外，这是很遗憾的。在工资相同的条件下，受教育程度较高的劳动者获得特征较优的工作。毫无疑问，工作危险性、纪律性、紧张性的降低，延长了劳动者的工作寿命和生命，教育的个人边际成本可以用特征较优工作带给劳动者工作寿命和生命的相对延长来补偿，因此特征较优工作暗含着与此相匹配的劳动者获得了较高的教育的个人边际收益。只有把工作特征与工资、就业前景一并考虑，劳动力市场在教育资源有效配置中的作用才能得到较全面的解释。

在考察了劳动力市场使受教育程度较高的劳动者获得较好的就业前景、较高的工资和特征较优的工作，使教育资源向与就业前景较好、工资较高和工作特征较优相对应的教育部门流动，实现教育资源的有效配置之后，我们需要进一步考察较高程度教育何以使劳动者获得较好的就业前景、较高的工资和特征较优的工作的问题。这里我们首先介绍人力资本理论和劳动力市场信号理论在回答这一问题上的不同观点，然后加以分析。

三、作为劳动力信号投资机制的教育

人力资本理论把教育当作人力资本投资机制，认为为自己投资教育就是投资自己的人力资本。教育信号理论则不同，它把教育当作劳动力信号投资机制，认为为自己投资教育就是投资自己的劳动力信号。美国著名经济学家、诺贝尔经济学奖获得者斯本思，是教育信号理论的创立人。

斯本思认为，在完全信息条件下，假定一个经济只有一个雇主和一群最终被雇用的雇员，每个雇员都能生产出给雇主带来纯利的边际产品，但雇主并不知道他们的边际生产力，无法判断谁该被优先雇用。再假定这些雇员的边际产品的价值要么为1，要么为2，边际产品价值为1的雇员人数占总雇员人数的比例为 q_1，边际产品价值为2的雇员人数占总雇员人数的比例就为 $1-q_1$，雇主按雇员的边际产品如

实支付工资，那么，由于无劳动市场信号，雇主只能向所有雇员支付等量的工资，其等量工资可用如下公式表示，即：

$$\bar{w} = q_1 + 2(1-q_1) = 2 - q_1$$

于是，q_1组雇员将因缺乏把他们从$1-q_1$组雇员区别开来的劳动市场信号而获得额外的好处，$1-q_1$组雇员因此遭受损失，q_1组雇员获得额外的好处为$1-q_1$，$1-q_1$组雇员遭受的损失为$-q_1$。如果劳动力市场上存在更多有效的劳动力信息，雇主就不能不利用它，因为他面对一个充满竞争的劳动力市场，当其他雇主利用而他不利用更多有效的劳动力信息时，他就不可能竞聘到有才能的雇员。

假定教育暗含着有效的劳动力信号，即暗含着个体的教育程度不同、在校学习成绩不同，他的生产力也就不同这样的信号，那么，雇主就会利用这些有效的劳动力信号来竞聘雇员。

雇主一般不采用试用的反方法来挑选雇员，主要有三个原因：一是雇员实际能力的显现通常需要一个过程，甚至需要很长时间；二是个体在从事某些特殊工作之前需要接受特殊培训；三是雇主与雇员之间通常要签订雇用合同，雇主在雇用合同约定期内，既不能解雇雇员，也不能降低雇员的工资。这意味着雇主必须对雇用决定进行投资，雇用存在着雇用成本，所以，雇主不会不在意潜在的劳动力信号。

对个体而言，教育是一种筛选机制。个体对自己的教育年限和学业成绩进行投资，就是对自己的劳动力信号进行投资。获得年限长的教育和优秀学业成绩，需要支付货币成本和精神成本。由于工作和工资都同教育程度紧密相关，个体选择教育的关键在于追求个人教育投资收益补偿个人教育成本的最大化。

如果教育信号可以用一个表示教育年限和学业成绩的综合指标 y 来计量，且在劳动力信号能有效发挥作用的劳动力市场上，那么，无论劳动者从事什么工作，他获得 y 的成本同他的生产力是负相关的。结合上面的讨论，如果 q_1 组雇员 y 的成本是 C，那么，$1-q_1$ 组雇员 y 的成本就是 $C/2$。这就是说，生产力较高的人，其个人教育成本则较低。

雇主凭借自己的用人经验和劳动力市场知识，会对雇员在任意起点上的教育程度同雇员的生产力之间的关系作出评价，从而形成一个关于各种教育程度的雇员所具有的预期边际生产力的有条件预判信念，并依据这个有条件预判信念来向具有一定（y年）教育程度的雇员支付同预期边际生产力相对应的工资（W_y），也就是说，雇主心中存在一个关于为各种教育程度的雇员支付工资的序列。潜在雇员从这个序列中了解到同各种教育程度相对应的工资水平，从教育支付中了解到各种教育程度的个人教育成本序列，并依据这两个序列来计划自己的学业生涯。潜在的雇员个体总是按最大化自己未来教育收益的原则来选择自己接受何种教育，也就是说，他通过 y 年教育程度的恰当选择来最大化自己教育信号成本的纯收益。

第二节 劳动力需求视角下的教育

劳动力需求是一种生产要素需求。企事业单位要生产出有用的产品和劳务,就需要投入一定的生产要素,实现劳动力与生产资源的有效结合。劳动力需求视角下的教育研究,重点讨论劳动力需求作为工资率的一个负函数、劳动力边际产品递减和劳动力需求弹性对教育的影响。

一、劳动力需求曲线在教育分析中的运用

假定某个追求利润最大化的企业的产品需求、产品价格、资本价格和可利用的技术不发生变化,那么,工资率(单位劳动时间所获得的报酬)的提高会带来两种效应:一是生产规模缩减所引起的劳动力需求水平下降的规模效应,二是生产趋向资本替代劳动所引起的劳动力需求水平下降的替代效应。反之,工资率的降低,同样会带来两种效应:一是生产规模扩大所引起的劳动力需求水平上升的规模效应,二是生产趋向劳动替代资本所引起的劳动力需求水平上升的替代效应。如图9-1所示,以工资率为纵轴、劳动力需求量为横轴所绘制的劳动力需求曲线 D_L,是一条向右下倾斜的曲线,即是工资率的一个负斜率函数。

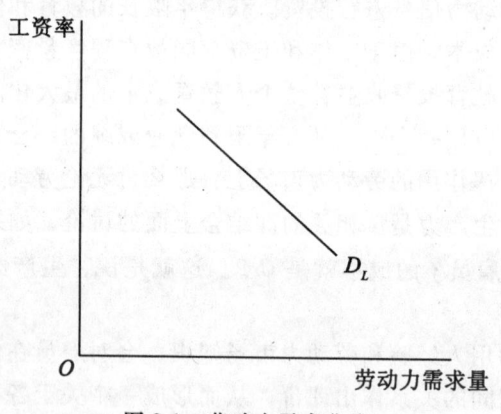

图 9-1 劳动力需求曲线

假定个人教育成本不变,那么,工资率提高,一方面会引起个人教育回报预期的提高,对个人教育投资形成一种激励;另一方面会引起个人就业预期的降低,对个人教育投资形成一种抑制。同样,工资率降低,一方面会引起个人就业预期的提高,对个人教育投资形成一种激励;另一方面会引起个人教育回报预期的降低,对个人教育投资形成一种抑制。在这种情形下,工资率提高或降低对个人教育投资的影响是一把双刃剑，影响的最终结果取决于激励作用和抑制作用何者占有优势。

无论工资率如何，某个企业的产品需求、产品价格、固定资产价格和可利用的技术的变化，都会引起劳动力需求曲线向左或向右移动。如图 9-2 所示，当某个企业的产品需求增加、产品价格上升、固定资产价格上升和可利用的新技术带来新资源或资本节约时，劳动力需求曲线会从 D_L 移到 D_L'，反之，当某个企业的产品需求减少、产品价格下降、固定资产价格下降和可利用的技术带来劳动节约时，劳动力需求曲线会从 D_L 移到 D_L''。由于科学技术的不断进步，各个行业的工资率和劳动力需求量呈现出不断上升的趋势。

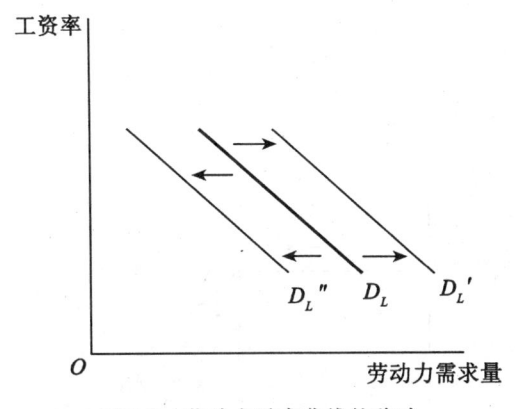

图 9-2 劳动力需求曲线的移动

劳动力需求曲线向右移动，工资率和就业量会同时上升，引导个人教育回报预期和就业预期走高，从而激励个人的教育投资。劳动力需求曲线向左移动，工资率和就业量会同时下降，引导个人教育回报预期和就业预期走低，从而压抑个人的教育投资。

二、劳动力边际产品递减规律在教育分析中的运用

固定资产存量的变动带有周期性，一个企业不可能天天建厂房、卖机器。在固定资产存量不发生变化的短期内，企业增加或减少一个雇员所带来的产出水平的变化，就是劳动力的边际产品（MP_L）。由于固定资产存量没有发生变化，企业新增加一个雇员所能使用的固定资产份额，会随着雇用量的增加而变得越来越小，因此，劳动力的边际产品在短期内呈现递减规律。与此相对应的是资产或资本的边际产品（MP_k），即在劳动力数量一定情况下，企业增加或减少一个资产所带来的产出水平的变化。

一个追求利润最大化的企业，会按劳动力的边际产品支付劳动报酬（W），于

是，劳动报酬就是劳动力的边际产品与产品价格的乘积，即：

$$W = MP_L \cdot P$$

于是：

$$MP_L = W/P$$

如图 9-3 所示，当该企业市场出清的工资水平为 $(W/P)_0$ 时，它会停止增加雇员，L_0 为该企业达到市场出清的均衡劳动力需求量，$(W/P)_0$ 为该企业达到市场出清的均衡工资水平。该企业的产品需求量的增加，会引起劳动力的边际产品曲线从 MP_L 向 MP_L' 移动，该企业会增加雇员直到该企业达到市场出清的均衡劳动力需求量 L_0' 为止。

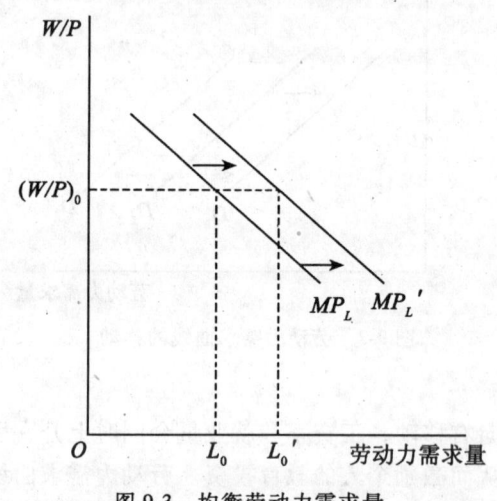

图 9-3 均衡劳动力需求量

工资体现教育的个人货币收益。在个人教育成本一定的情况下，劳动者所受教育的个人货币收益会随其工资的增加而增加。在图 9-4 中，MC_E 是以个人教育成本 C_E 为纵轴、个人教育程度为横轴的个人的教育边际货币成本曲线，MR_E 是以个人的教育货币收益 R_E 为纵轴、个人的教育程度为横轴的个人的教育边际货币收益曲线。个人的教育成本主要表现为个人购买学校单位教育服务（通常为一年）所支付的费用。假定政府和社会的单位教育支出水平和家庭的单位教育支出水平等其他条件不变，那么，个人的教育成本越低，个人就越倾向于提高自己的教育程度，反之，个人的教育成本越高，个人就越倾向于降低自己的教育程度。在这种情况下，个人的教育程度可理解为个人的教育货币成本的负斜率函数。假定企业按劳动力的边际产品向劳动者支付工资，那么，劳动者的教育程度越高，他的劳动能力越强，他在生产中提供的边际产品就越多。这意味着,在个人的教育成本不变的情况下,个人的教育货币收益越高,个人就越倾向于提高自己的教育程度,反之,个人的教育货币收益越低,个人就越倾向于降低自己的教育程度,所以,个人的教育程度又可理解为个人的教育货币收益的正斜率函数。

假设个人只面向上述一个企业就业,他最大化自己教育收益的条件,是使由该企业达到市场出清的均衡工资水平 $(W/P)_0$ 所决定的个人的教育边际货币收益 MR_E,等于个人的教育边际货币成本 MC_E,即在图 9-4 中,他会选择 E_0 的教育程度,这样,$(C_E)_0$ 和 $(R_E)_0$ 分别是与均衡工资水平相对应的个人的教育均衡货币成本和个人的教育均衡货币收益,E_0 是个人的教育均衡程度。在个人的教育程度达到的 E_0 点上,个人的教育货币收益等于个人的教育货币成本,个人的教育边际货币收益等于个人的教育边际货币成本,所以,在这里,个人的教育货币成本曲线是与个人的教育边际货币成本曲线重合的,同样,个人的教育货币收益曲线是与个人的教育边际货币收益曲线重合的。

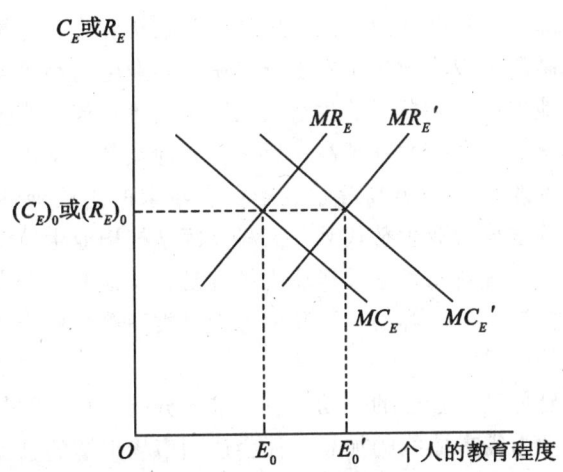

图 9-4 个人的教育边际货币成本和收益曲线

假定教育的其他条件和均衡工资水平等条件不变,政府为提高国民素质而提高其单位教育支出水平,促使个人边际教育成本曲线向右移动,即从 MC_E 移到 MC_E',从教育的货币收益角度看,也就是促使个人边际教育收益曲线向右移动,即从 MR_E 移到 MR_E',个人的教育均衡程度也从 E_0 提高到 E_0'。这会对劳动力需求量产生两种效应。一是引起生产规模扩张和劳动力需求量增加的效应。政府单位教育支出水平的提高,引起教育规模的扩大和产品需求的增加。企业为扩大生产规模,必须增加雇员,引起劳动的边际产品曲线从 MP_L 移到 MP_L',均衡劳动力需求量也从

L_0提高到L_0'。由于新生劳动力的教育边际货币成本没有随他们教育程度的提高而上升，所以，选择在原有均衡工资水平上就业，对于新生劳动力而言是合算的。二是引起高学历新生劳动力对低学历成年劳动力的替代效应。新生劳动力教育程度的提高，引起新生劳动力边际产品的提高，这给企业提高新生劳动力增加了压力。在市场出清的总工资水平不变的条件下，企业会倾向于用高学历新生劳动力替代低学历成年劳动力，在增加雇员的同时使得高学历新生劳动力的工资有所提高，生产会在一个劳动力边际产品更高水平上进行。被解雇的低学历成年劳动力，成为继续教育的新对象。政府提高其单位教育支出水平，将有利于激励被解雇的低学历成年劳动力接受新的继续教育。教育与劳动力需求的这种互动，为成年教育的发展提供了不竭动力。

这种替代可能发生在高等学校毕业生与中学毕业生之间。如果中学毕业生工资上升，用人单位将考虑用高等学校毕业生替代中学毕业生，假定高等学校毕业生的工资并不因此而上升，那么，其他条件相同，这种替代效应较大；反之，假定这种替代效应引起高等学校毕业生工资的上升，用人单位会用高等学校毕业生替代中学毕业生的积极性下降，这种替代效应引起的高等学校毕业生就业量的上升幅度会小一些。同样，如果高等学校毕业生工资上升，中学毕业生对高等学校毕业生的替代效应就会发生。其他类高等学校毕业生替代某一类高等学校毕业生越容易，这一类高等学校毕业生需求的工资弹性就越高；反之，其他类高等学校毕业生替代某一类高等学校毕业生越困难，这一类高等学校毕业生需求的工资弹性就越低。一般来说，其他工科类高等学校毕业生替代某一工科高等学校毕业生较难，其他理科类高等学校毕业生替代某一理科高等学校毕业生较容易，其他文科类高等学校毕业生替代某一文科高等学校毕业生较容易，而其他理工科类高等学校毕业生替代某一文理科高等学校毕业生较容易。

这一讨论可以延伸到对社会的劳动力总需求的分析。社会的劳动力总需求曲线是各企事业单位劳动力需求曲线的加总。社会达到市场出清的总工资水平，在理论上是各企事业单位达到市场出清的工资水平加总的平均值，由此决定的劳动力需求量是社会的均衡劳动力总需求量。根据上述分析，政府可以通过提高其单位教育支出水平来打破这种均衡，促使社会的劳动力需求曲线向右移动，推动工资率和劳动力需求量在一个更高水平上实现均衡。高学历新生劳动力对低学历成年劳动力的替代效应仍会发生，低学历成年劳动力仍然是继续教育的新对象。政府提高其单位教育支出水平，也会为他们成为继续教育的新对象创造有利条件。这表明，随着经济和社会的发展，政府和社会的单位教育支出水平的提高趋势，是教育发展的一般规律。

三、劳动力需求弹性在教育分析中的运用

劳动力需求弹性是指某种劳动力的工资变动百分之一所引起该种劳动力就业量的百分比变化，其计算公式是：

$$\eta = \%\Delta E_i / \%\Delta W_i$$

式中 η 表示弹性，i 表示劳动种类，$\%\Delta E_i$ 表示第 i 种劳动力就业量的百分比变化，$\%\Delta W_i$ 表示第 i 种劳动力工资的百分比变化。如果 A 种产品的需求弹性大于 B 种产品，那么，同一幅度价格的上涨所引起的产量下降的幅度 A 种产品大于 B 种产品，A 种劳动力的需求弹性也大于 B 种劳动力。如果 A 种劳动力比 B 种劳动力更容易被其他生产要素所替代，那么，A 种劳动力的需求弹性大于 B 种劳动力。如果雇用 A 种劳动力的工资提高百分之一，引起对雇用 B 种劳动力需要量的增加，那么，这两种劳动力存在总替代。如果雇用 A 种劳动力的工资提高，引起对雇用 B 种劳动力需要量的上升，那么，这两种劳动力存在总替代。雇用 A 种劳动力的工资提高，引起对雇用 B 种劳动力需要量的下降，那么，这两种劳动力存在总互补。某种劳动力的技术含量越高，该种劳动力的需求弹性就越低，该种劳动力与资本之间的互补程度就越高，或者说，该种劳动力被资本所替代的程度就越低。

劳动力需求弹性是衡量就业稳定程度的一个指标。某种劳动力的需求弹性越大，从事该种劳动的就业稳定程度就越低，反之，某种劳动力的需求弹性越小，从事该种劳动的就业稳定程度就越高。个人投资教育的一个重要目的，在于谋求一个工资较高、就业较稳定的工作。教育距离劳动力市场较近，对劳动力市场需求变化的反应就越灵敏，劳动力需求弹性对该教育的个人投资的影响就越大。经验证明了这一点。例如，基础教育距离劳动力市场较远，对劳动力市场需求变化的反应较迟钝，劳动力需求弹性对个人的这种教育投资的影响也较小，所以，基础教育对个人教育投资不具有市场吸引力。中等职业技术教育和高等教育距离劳动力市场较近，对劳动力市场需求变化的反应较灵敏，劳动力需求弹性对个人的这些教育投资的影响也较大，所以，中等职业技术教育和高等教育对个人教育投资具有市场吸引力。这从一个侧面可以解释为什么基础教育一般会对受教育者实行免费，为什么中等职业技术教育和高等教育一般会对受教育者实行收费。在高等教育中，那些艺术类专业所培养出来的学生具有较高的技术含量，艺术工作者自身的需求弹性较低，就业稳定程度较高，所以，艺术类专业对个人教育投资具有很强的市场吸引力，这也从一个侧面可以解释为什么艺术类专业会对受教育者实行高收费。

四、政策应用

劳动力需求与教育之间的内在联系，是制定有关政策的重要理论依据。首先，保持政府和社会的单位教育支出水平的较快提高，有利于促进教育发展和扩大就

业。其次，制定中等职业技术教育和高等教育的学费标准要考虑劳动力需求弹性，中等职业技术教育和高等教育实行差异性学费，是调节专业选择的一种手段。在中等职业技术教育和高等教育中，各个专业所面向的劳动力需求弹性的不同，在一定程度上决定了它们对个人教育投资的市场吸引力的不同。由于较多求学者倾向于选择那些面向较低的劳动力需求弹性的专业，而不倾向于选择那些面向较高的劳动力需求弹性的专业，专业选择上的市场调节就成为必要，学费就是调节中等职业技术教育和高等教育专业选择的一种市场手段。各个专业所面向的劳动力需求弹性不同，其学费也应有所不同。中等职业技术教育和高等教育的层次越高，其科技含量就越高，其培养出来的工作者的需求弹性就越小，其学费也应该越高。

第三节　教育与就业

教育让人掌握劳动技能，养成良好劳动习惯和品行，把潜在的劳动力变为现实的劳动力，因而是经济发展、社会进步和人类延续的重要机制。青少年在成长过程中接受教育，到了一定年龄，就要自谋职业，自谋生计，实现人生的价值，为自身的发展构建平台，为社会资源的配置创造条件，为社会福利的增长贡献力量。这意味着，教育是促进就业的重要途径，教育与就业的关系是教育经济学的一个主要研究课题。

就业是劳动者为获取劳动报酬而承担工作的社会现象。与此相反，失业则是劳动者为获取劳动报酬正在寻找工作的社会现象。对失业原因的一般性解释是：一个经济总是处在变化之中，劳动力市场在经济运行的每一时刻也在发生变化——一些青少年成长为就业者，一些就业者暂时或永久脱离劳动力队伍，一些失业者成为就业者或永久脱离劳动力队伍，即使某一时刻劳动力需求与劳动力供给在数量和结构上相吻合，信息的不完全也使得劳动力与生产资料的结合必须经历一个过程，从而导致摩擦性失业；劳动力生产、再生产和经济运行的变化，不断打破原有的职业结构和劳动力地区结构，使劳动力需求与劳动力供给在数量和结构上相协调，从而导致结构性失业；市场经济运行对工资刚性排斥力是有限的，劳动力市场对实际工资水平升降的调节力也是有限的，在法定最低工资一定的情况下，劳动力市场对工资水平下降的调节被控制在法定最低工资之上，当商品总需求下降时，劳动力总需求就可能因工资弹性不够大而下降，从而导致需求性失业。

问题在于劳动力市场信息不完全是一回事，劳动力市场信息生成是另一回事。劳动力市场信息不完全既与信息交换方式相关联，又与信息生成方式相关联。教育的功能仅仅只是生产劳动力而不生成劳动力市场信息吗？法定最低工资背后的原因是否与教育补偿相关联？教育规模扩张能否拉动投资和消费总需求？从教育补偿性工资与效率工资、工作搜寻与劳动力匹配、职业结构与劳动力地区结构、总需求拉动与教育规模扩张的角度来审视这些问题，对于正确理解教育与就业的关系无疑是十分重要的。

一、教育补偿性工资和效率工资

从理论上看，在市场经济条件下，假定所有的劳动力和职位（工作）都是同质的，且经济中存在瓦尔拉斯劳动力市场，当劳动力市场存在失业时，充分竞争会使失业者接受较低工资直至劳动力供求平衡。但是事实上，教育补偿性工资和效率工资，可能使这一机制失灵。

劳动力生产需要个人支付成本。个人的教育支出主要表现为劳动力生产的个人成本，因为人们接受教育主要不是为了消费，而是为了人力资本投资。从长期看，瓦尔拉斯劳动力市场中教育发展的条件是：个人的教育成本等于或高于个人的教育收益，即在工资中存在补偿个人的教育成本的部分，等于或高于个人的教育成本。我们可把工资中的这部分称为教育补偿性工资。当失业者认为接受较低的工资将难以补偿个人的教育成本时，他们可能拒绝接受较低工资而继续寻找工作。如果失业者精通经济学，知道他接受不足以补偿个人的教育成本的工资而就业的市场效应，是导致所有就业者的教育补偿性工资水平，下降到瓦尔拉斯劳动力市场出清的教育补偿性工资水平，他也可能拒绝接受较低工资而继续寻找工作。如果所有就业者都知道某个一个失业者就业所接受的较低工资不足以补偿该失业者的教育成本的市场效应，是使他们的工资水平都降到不足以补偿个人的教育成本的瓦尔拉斯劳动力市场出清的均衡工资水平，他们可能会联合起来，以某种方式与该失业者进行交易，对该失业者接受较低工资的行为加以限制。工会的诞生为这种联合提供了证据。

厂商压低工资将导致效率风险。由于厂商不能完全监督劳动者的努力程度，压低工资可能导致劳动者在工作中偷懒，甚至故意破坏生产设备。如果某个厂商支付的工资高出瓦尔拉斯劳动力市场出清的均衡工资，而能激励劳动者努力工作，那么该厂商为获得效率就愿意支付高出市场出清的工资。这被称为效率工资。维持效率工资水平，也可以看作是维持更高的教育补偿性工资水平，而更高的教育补偿性工资水平，可以激励劳动者为提高自身及其子女的劳动能力而进行人力资本投资，从而提高就业者和劳动力再生产的技术水平，最终使该厂商获得效率。如果某个厂商支付高出市场出清的教育补偿性工资，同时又能激励该厂商的就业者努力提高自身的技术水平，从而增进效率，那么该厂商将愿意支付高出市场出清的教育补偿性工资。

劳动者支付教育成本发生在就业之前，保持失业就会损失教育成本补偿。厂商雇用劳动者需要支付资本成本，而保留富余岗位不需要支付资本成本。保持失业给劳动者带来的压力，显然大于保留富余岗位给厂商带来的压力。如果厂商一时找不到技术水平和能力更高的劳动力，保留富余岗位可能会持续很长一段时间。追求利润最大化，可能使填补富余岗位的教育补偿性工资降到瓦尔拉斯劳动力市场出清的教育补偿性均衡工资水平之下，其长期效应必然是教育发展的停滞甚至倒退。

由此可见，教育补偿性工资和效率工资对教育与就业的关系具有以下含义：

第一，劳动者在就业前必须支付劳动力生产成本，教育补偿性工资可能使失业者拒绝较低工资而不得不联合起来，从而导致瓦尔拉斯劳动力市场机制失灵。失业使劳动者失去了补偿其教育成本的机会。

第二，厂商保留效率工资可能是值得的，它可以加快个人教育成本补偿的速度以便有利于教育发展，同时又使瓦尔拉斯劳动力市场不能出清，从而导致失业。

第三，厂商保留富余岗位不需要支付资本成本，填补富余岗位可能需要劳动者具有更高的技术水平和能力，失业和富余岗位可能在瓦尔拉斯劳动力市场长期并存。提高失业者的技术水平和能力，也许是厂商填补富余岗位的重要途径。

第四，瓦尔拉斯劳动力市场机制可能使教育补偿性工资水平长期处在瓦尔拉斯劳动力市场出清的教育补偿性均衡工资水平之下，这会导致教育萎缩。因此，教育的更快发展必须依靠瓦尔拉斯劳动力市场机制之外的力量来推动。

二、工作搜寻和劳动力匹配

瓦尔拉斯劳动力市场均衡，以同质的劳动力和职位为前提，而实际上劳动力和职位是异质的，且异质劳动力和职位在劳动力市场上是一对一进行匹配的。职位匹配的过程既是求职者从事工作搜寻的过程，也是厂商从事劳动力匹配的过程。由于信息不完全，工作搜寻和劳动力匹配既需要时间，也需要支付成本。即使劳动力供给总量等于劳动力需求总量，职位匹配过程中的摩擦，也会使一部分求职者处于失业状态。这里要讨论的主要问题是：如何降低工作搜寻和劳动力匹配的成本？教育对此有何作为？

伊兰伯格和史密斯工作搜寻模型假定，每一份工作都有一个包括求职者受教育程度、雇用测试成绩、工作培训和工作经验等要求在内的最低雇用标准以及与此相联系的工资，且使用相同的最低雇用标准的厂商提供一样的工资，而每一个求职者也有一个按自身受教育程度、工作培训经历和工作经验等条件所确立的求职保留工资（最低预期工资），且符合相同最低雇用标准的求职者设定一样的保留工资。[①] 如果这些假定能得到满足，那么，伊兰伯格和史密斯工作搜寻模型有以下含义。

第一，如果求职者达不到某一工作的最低雇用标准，那么，该求职者就将得不到此工作。如果厂商提供的工资低于求职保留工资，那么，求职者就会拒绝接受该

---

① ［美］伊兰伯格，史密斯. 现代劳动经济学［M］. 潘供胜，刘昕，译. 北京：中国人民大学出版社，2000：548~551.

工作。只有当求职者达到了某些工作的最低雇用标准且厂商为这些工作设定的工资等于或高于保留工资时,工作搜寻目标才能实现。

第二,由于信息不完全,求职者只能在自己受教育程度等于或高于最低雇用标准的情况下搜寻到工作。只要保留工资确定在劳动力市场出清所决定的最低工资水平之上,搜寻性失业就会出现。

第三,只要有些求职者受雇工作的工资水平确定在与此人受教育程度相当的工资水平之下,相对劳动力市场出清所决定的最低雇用标准以及与此相当的工资水平而言,他们就处于受教育程度剩余状态,厂商可以从这种剩余中获得好处。

第四,受教育程度相同的人最终可能会获得不同的工资,工作搜寻过程中的运气在一定程度上决定着受教育程度相同的人的最终工资差距,受教育程度不是解释个人之间的工资差距的唯一因素。传播求职者的有关信息,提高工作搜寻的努力程度,对于缩短工作搜寻时间,是至关重要的。

工作搜寻是求职者评价工作岗位的过程,劳动力匹配是厂商评价求职者的过程。厂商评价求职者可以运用雇用测试的方法来进行,这需要请有关专家和业内人员对求职者的技能水平进行鉴定,也要有专人组织雇用测试,所花劳动力匹配成本将是很高的。一般来说,厂商评价求职者更多的是依据求职者的学历、学位和其他培训证书等提供的市场信号,来对求职者的技能水平进行鉴定。

经验使他们相信:拥有较高层次的学历、学位和其他培训证书的求职者,具有较高的技能水平。这种评价求职者的方法,可以大大节约劳动力匹配成本,同时也说明教育的确具有筛选出不同技能水平并为劳动力匹配提供信息的功能,从而加快了劳动力匹配的进程。当然,名不副实的学历、学位和其他培训证书也是存在的,这是教育管理问题,而不是教育的筛选功能和信息功能本身的问题。

在伊兰伯格和史密斯的工作搜寻模型中,每一份工作的最低雇用标准以及与此相联系的工资都是缺乏弹性的,这在很大程度上是由于雇员保持失业就不需要支付机会教育成本,而雇主保持富余岗位不需要支付资本成本,求职者为减少工作搜寻的机会成本,急于找到工作,而厂商则不急于在最低雇用标准之下雇用求职者。这意味着在其他条件不变情况下,工作搜寻和劳动力匹配是导致受教育程度剩余的一种机制。但是,厂商保留富余岗位虽然不需要支付资本成本,却可能损失效率。在其他条件不变情况下,如果多雇用求职者能产生规模经济,那么,厂商也许会提高与某一最低雇用标准相联系的工资。

工作搜寻和劳动力匹配作为劳动力市场的一种机制,受多种因素的制约,其中工作搜寻和劳动力匹配的信息不完全,是求职者与富余岗位之间难以有效匹配的基本障碍,而求职者合理地设定预期工资,正确地利用各种途径传播自己的有关信息,积极地进行工作搜寻,有效地权衡较高的预期工资设定所带来的收益与成本等方式,是提高工作搜寻效率的重要途径;厂商合理地设定雇用标准以及与此相联系的工资，多途径地传播富余岗位的有关信息，充分利用教育所提供的信息，积极地进行劳动力匹配，有效地权衡较高雇用标准设定和较低的预期工资设定所带来收益与成本等方式，是提高劳动力匹配效率的重要途径。除工作和劳动力匹配信息不完全之外，求职者与富余岗位之间能否有效匹配，在很大程度上取决于劳动力市场中的职业结构和地区结构是否合理。

三、劳动力市场中的职业结构和地区结构

异质劳动力和职位一对一的匹配，要求求职者实际供给的技能与富余岗位所需技能之间相匹配。不同专业类型的学历、学位和其他培训证书，为厂商雇用与富余岗位所需技能相匹配的求职者提供了信息来源。不过，当求职者实际供给的技能与富余岗位所需技能之间呈现出不相匹配的状态时，厂商会保留富余岗位直至搜寻到合适的劳动力。在求职者供给总量等于富余岗位总量的情况下，求职者与富余岗位在技能上的不匹配会导致结构性失业。

各类技能之间存在不可替代性，这决定了劳动者已有技能与职位所需技能之间不匹配的结合效应必然是劳动生产率低下。但这并不意味着一个劳动者只能与一个职位相匹配，因为一个具有多种技能的劳动者可以与多个相应的职位相匹配。如果每个劳动者都能掌握两个以上的技能，并且工资率富有弹性和职业富有流动性，那么，市场机制的自发调节会将具有多种技能的劳动者转移到他能胜任的技能供给相对不足的工作岗位上，结构性失业就趋于消失。然而，技能的掌握需要支付教育成本或培训成本，掌握多种技能的个人必须支付多倍的教育成本或培训成本，资源稀缺也不允许让每个劳动者都去掌握两种以上的技能，资源的有效配置更不允许每个劳动者都去掌握两种以上的技能。竞争的有限性、信息流动的不完全性以及构建有效市场经济体制和机制的复杂性，使工资率富有弹性和职业富有流动性的条件也很难被满足。因此，结构性失业很难避免。

由于能力强的人掌握技能较快，其支付教育成本或培训成本也较低，因此，积极创造条件为他们提供掌握多种技能的机会，使掌握多种技能的劳动者在经济中保持一定的比例，就可以在一定程度上减少结构性失业。经济发展和社会进步必将不断创造出这样的条件。马克思早已预见到这一发展趋势，认为大工业技术基础的革命性，决定了职业的变更和流动性，从而必将把工人从一个生产部门转移到另一个生产部门，进而提出了人的全面发展学说。因此，我国构建有利于能力强的人掌握多种技能的教育发展体制和机制，让一部分人成为"多面手"，就可以减少结构性失业。

由于一种技能的掌握需要数月甚至数年，高级专业人才的培养周期一般也需要2~4年，因此，当求职者实际供给的技能与富余岗位所需技能之间出现不相匹配的现象时，市场机制的自发调节即使能较充分地发挥作用，也需要一定时间使这种

现象趋于消失。如果教育结构的安排能较准确地反映产业结构和职业结构未来变动对技能的需求，结构性失业也可以大大减少。这需要提高教育结构安排的科学性和预见性。

教育结构安排的科学性和预见性，受多种因素所制约，其中，为保持一个充满活力的教育机制而对教育体制进行完善，对产业结构和职业结构未来变动进行经常性的科学分析，对各级各类教育的未来需求进行经常性的科学预测，并依据预测结果对教育结构调整的短期目标和长期目标进行修正，是至关重要的。然而，经济运行的复杂性和多变性，信息传递的不完全性，人们认识和运用经济规律和教育规律的局限性等，又使这种完善、分析、预测和修正充满不确定性，教育结构的安排具有不可预见性。因此，在其他条件不变的情况下，求职者实际供给的技能与富余岗位所需技能之间出现不相匹配的现象就难以避免，结构性失业就难以消灭。

求职者实际供给与富余岗位在不同地区之间出现的不平衡，也会导致结构性失业。显然，提高工资率弹性和职业流动性，有助于减少这种结构性失业，但各地区经济发展的不平衡，使一个地区提高工资率弹性和职业流动性的市场机制，通常只能在该地区内部产生调节作用，而难以在其他地区产生调节作用，甚至加剧经济相对落后地区劳动力供求的结构性矛盾。在这种情况下，地区内部教育结构的合理安排，对于减少这种结构性失业，就具有决定性意义。也就是说，在各地区经济发展不平衡的条件下，对于求职者实际供给与富余岗位在不同地区之间出现的不平衡，既要靠提高工资率弹性和职业流动性的市场机制来进行自发调节，更要靠地区教育结构的调整和优化来进行主动调节，因而就更需要提高地区内部教育结构安排的科学性和预见性。这一分析对于缓解我国劳动力供求结构性矛盾是非常有利的，因为我国当前就存在各地区发展不平衡的问题。

四、拉动投资和消费总需求的教育规模扩张

从对工作搜寻、劳动力匹配、职业结构和地区结构的分析中，我们可以得出摩擦性失业和结构性失业及其与教育的关系的一般性结论，但失业不一定是由工作搜寻、劳动力匹配、职业结构和地区结构问题引起的。在工资刚性条件下，劳动力需求不足可能在投资和消费总需求下降情况下出现，从而导致需求不足性失业。当然，在工资和工作时间具有弹性的情况下，投资和消费总需求的下降不一定导致劳动力需求不足，因为厂商可以降低工资水平和缩短工作时间来维持原有的雇用量。但是，当投资和消费总需求下降时，减少雇用量比减少工资更容易为厂商和就业者所接受，因为工会为保护会员利益，更倾向于接受临时解雇策略，而不倾向于接受减少会员工资策略；临时解雇经验最少的员工比削减工资对厂商也更为有利，这有利于维持那些经过他们特殊培训的工人的相对稳定和工作努力程度，使特殊培训成本得到足够补偿。另外，不完善的失业保险制度也可能诱导厂商去临时解雇员工。

由此可见，减少需求不足性失业的途径，主要靠拉动投资和消费总需求上升。这里要讨论的主要问题是：教育规模扩张能否拉动投资和消费总需求的上升，从而能否为减少需求不足性失业做贡献。

1999年中国高等学校扩招（即扩大招生），是在内需不足的经济背景下启动的，这引起了学术界的争议。当时，有些学者认为，高校扩招可以扩大教育消费需求，带动教育投资的增长，缓解社会就业压力，减少因留学而导致的资金外流，提高教师工资待遇，产生乘数和加速效应，从而拉动内需。[1] 有些学者对此持不同意见，理由是根据我国1992年《中间投入产出表》118个部门间的完全消费系数表，教育投入每增加1个单位，对其他产业的拉动总和为0.73，以此得出教育投资对需求拉动效果较小的结论；另外，高校扩大招生所带来的教育消费增加是以牺牲和抑制其他消费为代价的，它从千家万户挤出的教育费用，只是把钱从一些人的口袋里转移到另一些人的口袋里，还可能给扩招对象带来高等教育高成本、低效益的不幸，增加贫困家庭的经济负担。[2] 有人从劳动力信号的视角来分析我国高校扩招的后果，认为高校扩招会弱化本科文凭所代表的高能力信号功能，刺激高能力者追加教育投资（读研），引发教育信号的过度投资，同时刺激雇主提高就业门槛，造成高一层次毕业生挤压低一层次的毕业生，层层挤压，形成恶性循环，最终导致教育过度。[3]

必须指出，1999年我国经济运行中出现的通货紧缩的苗头和征兆，并没有持续发展下去，经济得以持续快速增长，是自1999年以来有效拉动内需的必然结果，而有效拉动内需的力量是多方面的，其中，高等学校扩招所带动的投资和消费，不能说不是拉动内需的重要力量之一。高等学校扩招既可以拉动投资需求，又可以拉动消费需求，因为催发一批民办高等学校和二级学院诞生从而拉动教育基本建设投资增长的，正是高等学校扩大招生，而被喻为"跳龙门"的高考入学的经济效应，对我国家庭的高等教育支出，具有普遍的诱导力，如果没有高等学校扩招，某些家庭可能会把现在用于扩招的高等教育支出部分存入银行而不用于消费。在个人高等教育需求受制于高考录取分数线的条件下，高校扩招所导致的家庭高等教育支出的增加，不能简单当作牺牲和抑制家庭其他消费的一种代价来看待。至于1999年以来我国高等学校扩招对拉动内需做出的贡献是5%还是10%，则有待进一步研究，而高等学校扩招所引发的大学生就业难度加大、高等教育质量的下滑、部分大学生因家庭贫困而难以支付学费等问题，则是预料之中的事。至于1999年以来我国高

---

[1] 王建敏，崔友平. 高校扩招的经济学意义 [J]. 经济论坛，1999 (19).
[2] 唐贵忠. 高校扩招真是扩大内需的一剂良方吗？[J]. 社会，2000 (5).
[3] 唐可月，张凤林. 高校扩招后果的经济学分析——基于劳动市场信号发送理论的研究 [J]. 财经研究，2006 (3).

等学校扩招事实上是否导致"教育信号的过度投资"和"教育过度"的问题,仍然有待进一步研究,因为如何评价"教育信号的过度投资"和"教育过度",目前尚未找到一套科学的可量化的指标,再说一定程度的"教育信号的过度投资"和"教育过度"对经济和社会发展,既有负面影响,又有正面影响,如何评价这种影响的综合效应,也是一个悬而未决的问题。

一般说来,教育规模扩张是否伴随有教育基本建设规模扩大,关系到对投资和消费总需求拉动影响的大小。教育规模扩张对教育基本建设规模扩大的需求,既与原有教育基本建设利用程度相联系,又与教育规模扩张幅度相联系。如果原有教育基本建设利用程度不充分,教育规模的有限扩张,是通过提高原有教育基本建设利用率来实现的,教育规模扩张对教育基本建设投资没有刺激作用,那么,教育规模扩张就不能拉动投资总需求,而仅仅限于拉动教育消费需求(相对教育基本建设投资需求而言),从而仅仅对消费总需求产生一定的拉动作用,教育规模扩张所需支出的乘数和加速效应就是很小的。如果在教育基本建设利用程度很充分的条件下,教育规模的有限扩张必须通过教育基本建设规模扩大来实现,教育规模扩张对教育基本建设投资有刺激作用,那么,教育规模扩张所需支出的乘数和加速效应就会放大,教育规模扩张在拉动投资和消费总需求中的作用就会较明显。另外,教育规模扩张幅度越大,对教育基本建设投资需求的拉动就越明显,从而在拉动投资和消费总需求中的作用就越大;反之,教育规模扩张幅度越小,它在拉动投资和消费总需求中的作用就越小。

这就是说,教育规模扩张在一定条件可以通过拉动投资和消费总需求,来减少需求不足性失业。另外,教育规模扩张使一部分劳动者因接受更长时间的教育而推迟了就业时间,从而在一定程度上缓解了就业压力。教育规模扩张使国民教育水平普遍提高,而如果有理由证明受教育程度与工作岗位创造水平呈正相关,那么,教育规模的有限扩张所带来的,就不仅仅是"教育过度",而且是工作岗位的增加。

第十章 教育发展战略

市场经济体制在世界范围内的广泛建立、各国对外开放的不断扩大、技术的不断进步，使人类社会进入了更具效率、更具风险、更具全局性观念的"地球村"时代，使教育发展战略研究对于一国教育的持续、稳定、健康、协调发展，更具时代意义。

第一节 教育发展战略概述

战略一词最初是一个军事术语，用以表示一个包含若干战术行动方案在内的军事行动计划的整体，以便说明一个军事行动计划的整体与它的各个部分即战术这二者之间的区别。后来，战略作为一个行动计划的整体的代名词，被广泛应用于社会各个领域。战略的出现是社会生产和生活日益复杂化的产物。一个社会组织或活动所奉行的战略是否发生了变化，则是可以依据这样一些重要特征来识别的：它的外部环境是否发生了变化；它的中、长期目标是否发生了变化；它的整体活动方式是否发生了变化；它的资源配置方式是否发生了变化等。战略对于一个社会组织或活动的意义在于：它有利于一个社会组织或活动更从容更有效地应对不可预料的机遇和挑战，更充分地认识基本的生存环境，更及时地调整适应各种变化的能力，更合理地整合各种影响和作用以便自身发挥更大的功能，更高度地统一意志、统一思想、统一行动，更充分地获得满足全体成员自我抉择需要的信息。教育是一个国家的经济和社会发展的智力基础，是开发人力资源和促进人的发展及社会化的基本手段，是满足人的生存和发展需要的社会服务，是传承科学文化的智慧活动。随着经济和社会发展日益依赖教育发展，教育发展在一国经济和社会发展中的战略地位正在日益上升，教育事业正在成为规模宏大的参与人数最多的社会事业。另外，科学文化的不断分化和综合，又使得教育及其发展在结构上变得日益复杂。市场竞争的不断加剧，又要求教育发展在资源有效利用的前提下能最大限度地满足人的生存和发展需要。因此，一国只有从长远和全局出发来安排教育发展，才能促进经济和社会的持续稳定健康发展。于是，教育发展战略便成为各国各地区人们普遍关心的重大问题。教育发展战略对于一国或地区经济和社会发展的意义就在于：它有利于一国或地区最大限度地聚集智慧和力量，在教育运行中更合理地配置资源，更有效地应对综合国力竞争给本国或本地区教育发展带来的机遇和挑战，促进教育的持续稳定健康发展。

在当今社会，教育发展战略无论是对一个国家而言还是对一个地区而言，都是至关重要的。这是因为，教育对人的影响从来没有像现在这样广泛、持久和深刻。据世界银行《2000—2001年世界发展报告》统计：1997年全世界平均小学净入学率为90%，平均中学净入学率为68%。① 这意味着全世界有近90%的人接受长达5~6年的正规小学教育，有近68%的人接受长达9~12年的正规中学教育。除此以外，全世界还有5%~30%的人接受长达12~20年甚至20年以上的正规大学教育，有10%~30%的人接受各种职业培训和其他非正规学校教育。如此多的人接受如此长时间的教育和培训，说明教育在社会生产和社会生活中的地位和作用是非常重要的，教育对人的影响是相当广泛、持久和深刻的。而这种影响的意义，在于它将人口资源转化成为人力资源或智力资源，从而促进政治、经济、科技和文化的发展。由此看来，教育发展及其战略问题已成为一国经济和社会发展决策中的重大理论和实践问题。面对这种变化，忽视对本国教育发展及其战略问题的研究，都将放大本国宏观教育决策失误的几率，增大本国教育向无序状态和被动局面发展的可能性，从而极有可能给本国经济和社会发展造成不可弥补的损失，对此我们必须保持清醒的头脑。

一、教育发展战略的含义

教育发展战略是指一个国家或地区从经济与社会的协调发展的需要出发而制定的实现教育发展诸要素有机高效整合的方式和长期的整体的行动计划。

教育的社会职能在于为经济和社会发展而服务。任何服务都是量与质的统一体。教育为经济和社会发展而服务的量，表现为教育的社会职能所达到的力度。它可以用教育发展规模和速度的指标来衡量；教育为经济和社会发展而服务的质，表现为教育的社会职能所体现的价值。它可以从受教育机会均等、教育公平公正、教育结构优化和教育资源配置效果等方面所达到的程度来加以判断。一个国家或地区要实现自身经济与社会的协调发展，从某种意义上讲，取决于其教育发展战略允许其教育的社会职能在力度和价值的结合上发挥到一个较为理想的状态。教育发展应该以教育促进经济与社会的协调发展作为自己的理性界标。因此，从经济与社会的协调发展的需要出发，是教育的社会职能和教育发展的理性界标共同对教育发展战略所作出的规定。

---

① 世界银行.2000—2001年世界发展报告［M］.北京：中国财政经济出版社，2001：289.

实现教育发展诸要素的有效整合，是教育发展的内在规律对教育发展战略所作出的规定。从战略上看，教育发展的要素是指那些对教育规模、结构、社会职能和资源配置效果直接产生重大影响的因素，如教育发展的目标和理想、教育体制、教育部门所拥有的潜力、教育的主导性价值观、学生的学习预期和未来可利用的教育资源等。只有把这些要素有机高效地整合起来，才能使其在履行教育的社会职能和促进经济与社会的协调发展的进程中，发挥更大的协调一致的作用。教育发展战略就是保证这种整合顺利完成的方式和行动计划。

教育发展战略是由这样几个主要部分组成的：①指导思想。它是教育发展战略的总方针，统领着教育发展战略的其他方面。教育发展的战略指导思想是教育实践经验的总结和升华，是人们对教育发展规律的认识。它的变化，通常会导致教育发展战略及其重点的转移。②目标。它是用教育发展指标表示的一定时期教育发展战略的总要求。在教育发展战略中，教育发展的战略目标是教育发展战略指导思想的具体体现。没有明确目标的教育发展战略，不能给人们以清晰的方向感和评价标准，不利于激发人气、鼓舞斗志和树立信心。③阶段。它是实现一定教育发展战略目标的行动步骤，一般分为准备、执行、调整三个阶段。有些教育发展战略的阶段性不很明显，如教育发展的比较优势战略通常是随劳动力供求和工资的变化而变化的，其准备、执行、调整三个阶段往往是交替循环进行的，很难加以区分。④重点。它是教育发展战略的核心部分，是其实施过程中确定主攻方向的关键所在，对教育投资和资源在教育部门中的配置具有指导意义。⑤手段。它是实现一定教育发展战略目标的政策和措施。没有它，教育发展战略目标就无法实现。

教育发展战略同其他战略一样都必须经历两个阶段：一是战略制定阶段，一是战略实施阶段。教育发展战略的制定是指教育发展战略的形成过程。它既包括教育发展战略的制定，也包括教育发展战略管理的有关方面。教育发展战略的实施是指将某个教育发展战略变成现实的行动过程。教育发展战略管理包括教育发展战略分析、教育发展战略选择和教育发展战略实施。

二、教育发展战略的特性

（一）全局性

它属于教育发展战略的空间特性。任何教育发展战略都有空间或范围上的规定。无论其空间是大还是小，都必须是就其整体所作的安排。例如，一个发展中国家为了使本国教育发展水平尽快赶上发达国家而制定的教育发展赶超战略，是从一国教育事业的全局来考虑的，涉及一国教育事业落后面貌的整体改变，即如何在整体上使处于落后教育事业上台阶上水平的问题，而不是为了解决如何使一个地区或一个类别或一个学校的教育事业上台阶上水平的问题。在这里，教育发展战略的所辖范围是一国，所以，我们称之为国家教育发展战略。一国可以看作是若干个地区的集合，但一国教育发展战略不是各地区教育发展战略的简单组合，因为一国教育发展战略的全局性既不同于地区教育发展战略的全局性，也不是各地区教育发展战略的全局性的简单相加。虽然某个地区教育发展是一国教育发展的组成部分，但不能把地区教育发展战略看成国家教育发展战略的构成要素。地区教育发展战略所解决的虽然是国家教育发展的局部问题，但不能由此认为地区教育发展战略具有局部性，因为它们各自有不同的空间范围，也就是说，地区教育发展战略的空间特性仍然是全局性或整体性。

（二）长期性

它属于教育发展战略的时间特性。教育发展在时间序列上有短期行为决策和长期行为决策之分。例如，通货膨胀与通货紧缩交替对学校财政产生影响，政府为缓解通货膨胀对学校财政的压力，可以增加对学校的财政性补贴，这是一种短期行为决策，不能纳入教育发展战略决策的范畴。又例如，生均教育成本不断上升对学校财政的影响不是偶发的，而是必然的，具有持续性、长期性，政府为缓解生均教育成本不断上升对学校财政的压力，可以不断通过增加对学校的财政性支出来提高生均公共教育经费，这是一种长期行为决策，可以纳入教育发展战略决策的范畴。无论教育发展战略决策所辖空间是大还是小，它所解决的不是短期教育发展问题，而是长期教育发展问题。

（三）系统性

它属于教育发展战略的结构特性。教育发展战略是一个系统工程，反映教育发展同其他各种社会因素之间的联系及其变化过程。要使教育向前发展，其战略任务在于生成和完善一种保持教育系统有序状态（负熵）最大化的机制，而教育系统有序状态的最大化是教育同其他各种社会因素之间协同作用的结果，也是教育系统内部各因素之间协同作用的结果。所以，教育发展战略在赋予教育系统以保持其有序状态（负熵）最大化机制的同时，也就具有了系统性。

（四）建构性

它属于教育发展战略的认识特性。教育发展战略作为反映教育发展全局和前景的行动计划或纲领，是认识的产物，具有认知的建构性。由于人的认识具有一定的局限性，人们在建构教育发展战略过程中，有时会犯这样或那样的错误，如坚持了不正确的战略指导思想，提出了不切实际的战略目标、战略重点和战略手段，把一些非全局性、非长期性和非系统性问题当作战略问题来对待等等。当人们用教育发展规律来把握教育发展全局和前景时，他们就会建构成正确的教育发展战略；反之，当人们没有用教育发展规律来把握教育发展全局和前景时，他们就会建构成错误的教育发展战略。

（五）目的性

它属于教育发展战略的本质特性。教育发展是一个动态过程，总会朝着某个方向运行。其运行的方向取决于教育发展战略的目的性。从这个意义上看,教育发展战略是对教育发展方向的一种规定。教育发展战略的目的性主要指向教育规模的扩大,教育结构的提升,教育普及程度的提高,教育与生产劳动的结合更加紧密,教育内容的更加丰富和新颖,科学精神与人文精神的融合更加充分,教育技术现代化的向前推进,教育民主化、终身化、全球化的向前发展,教育质量的提高,教育投资效益的改善以及教育机会和竞争的更加公平。

三、教育发展战略的类型

教育发展战略的类型依分类标准不同而有所区别。教育发展战略按教育的层次可分为初等教育发展战略、中等教育发展战略和高等教育发展战略;按教育类别可分为普通教育发展战略、职业教育发展战略、成人教育发展战略和远距离教育发展战略。下面我们重点分析按教育发展的目标、指导思想、服务手段和建构方式来进行的分类。

教育发展战略依据目标可以分为人的全面发展战略、教育普及战略和人力资源开发战略。

前面已经指出,马克思关于人的全面发展学说认为:人是自然、社会和思维的统一体,人和自然、人和社会、人和思维的统一是通过实践来实现的。实践的内容和结果不同,人的发展面貌也就有所不同。生产活动是人类最基本的实践活动,对人的发展有决定性的影响。在社会分工尚未出现的史前社会,人的发展显得原始地全面。生产力发展到相当高的水平,以至于废除了私有制和社会分工,是实现人的全面发展的社会前提。体力劳动与脑力劳动相结合是实现人的全面发展的唯一手段。教育与生产劳动相结合和发展综合技术教育是实现人的全面发展的重要途径。在这一理论基础上制定的促进人的全面发展战略认为,在当代社会,尽管还存在私有制和社会分工,但是体力劳动与脑力劳动的结合正在随生产方式的技术基础的不断变革和教育的发展而向深度和广度进军,教育正在通过向受教育者传授现代科学技术知识而日益紧密地实现这种结合,因此必须把人的全面发展作为教育发展的战略目标。

教育普及战略认为,争取教育机会平等,实现教育更大范围和更高层次的普及,让人们有更多选择受教育的机会和自由,是现代社会教育发展的主要目标。许多发达国家已经把教育普及到高中,但就世界范围而言,普及教育远远没有完结。发达国家需要在普及初等教育和中等教育的基础上全面普及高等教育,发展中国家还需要在争取初、中等教育的普及和让更多的中学毕业生进入高等学校方面付出巨大的努力。这一战略强调通过普及教育来实现人的平等与自由。美国著名教育学家克拉克·克尔指出:"普及教育能减少阶级和社会地位对个人进步的障碍。它能通过教育人们离开历史上待遇低的职业(于是那里工资增加),进入历史上待遇比较高的职位（于是那里工资相对下降），有助于使所得收入平等化。它能帮助人们在他们生活的很多方面（例如保健和消费支出）成为更好的决策者，从而有助于使个人生活机会最大化地得以平等化。它能导致人们更大地参与政治过程，从而拓宽权力的分配。它能导致人们对同辈更大的忍耐和尊敬，从而更加自动地关心他们的福利。它能导致人们更加强调对所有个人的权利和得到自由选择的机会。"① 教育普及战略的实施派生出义务教育，这是 20 世纪世界教育发展的一大特点。

应该看到，1990 年 3 月 5—9 日由联合国教科文组织、儿童基金会、开发计划署和世界银行联合在泰国宗迪思举行的"世界全民教育大会"上提出来的全民教育战略，属于基础教育普及战略。该战略认为，读、写、算、口头表达和解决问题等基本学习手段和知识、技能、态度和价值观等基本学习内容的获得，是当今社会人们的基本学习需要，因为人们要在这个世界上生存下去，充分发展自己的能力，有尊严地生活和工作，充分参与发展，改善自己的生活质量，作出有见识的决策并继续学习，就需要这些基本学习手段和基本学习内容。这种需要可以使任何社会中的任何个人有能力并有责任去尊重和依赖他们共同的文化、语言和精神遗产，促进他人的教育，推动社会正义事业，保护环境，宽容与自己不同的社会、政治和宗教制度，从而确保坚持为人们所普遍接受的人道主义价值观和人权，并为这个互相依存的世界建立国际和平与团结而努力。因此，必须把满足基本学习需要作为全民教育战略的目标。该战略还提出了实施全民教育的五个战略设想和三个战略要求。这五个战略设想是：①普及入学机会并促进平等；②强调学习；③扩大基础教育的手段和范围；④改善学习环境；⑤加强伙伴关系。这三个战略要求是：①创造一种支持性的政策环境；②调动资源；③加强国际团结。在此基础上，该战略还制订了国际、国家和区域三级优先行动计划。②

还应该看到，1994 年 6 月 7—10 日由联合国教科文组织和西班牙政府联合在西班牙萨拉曼卡举行的"世界特殊需要教育大会"上提出来的特殊需要教育战略，是一种针对特殊教育需要的儿童、青年和成人而制定的教育普及战略。该战略认为，特殊教育需要是指来自残疾或学习困难儿童、青年和成人的教育需要；有特殊教育需要的人必须有机会进入普通学校，而这些学校应以一种能满足其特殊需要的儿童为中心的教育学思想来接纳他们，以确保每个人都享有受教育的权利；只有把所有普通学校都变成服务于社区内所有儿童的全纳性学校，才能充分实现教育进步和社会融合；为此必须确立有利于实施特殊需要教育的国际、国家和区域三级战略

---

① ［美］克拉克·克尔. 高等教育不能回避历史［M］. 王承绪，译. 杭州：浙江教育出版社，2001：67~68.

② 赵中建. 教育的使命—面向二十一世纪的教育宣言和行动纲领［M］. 北京：教育科学出版社，1996：47.

行动指导方针,即通过政策和组织的引导、学校的努力、教育人员的招聘和培训、外界的支持性服务、优先领域的确立、社区的配合、资源的支持和国际多层次多领域多方面的合作,来促进特殊需要教育的发展。①

人力资源开发战略是在人力资本理论的推动下形成的。该战略认为,教育使受教育者获得有用的知识和技能,这种知识和技能是一种资本形态,因为它是未来满足或未来收入的源泉,其基本特征是:①它存在于人身上;②它具有提供某种价值的未来服务的经济属性;③它通过向自身投资来获得。人力资本同物质资本一样,都是经济增长的主要源泉;不同的是,物质资本是经济增长的外生变量,人力资本则是经济增长的内生变量。教育是促进人力资本形成的重要手段,对于经济增长具有重要意义。应该从促进人力资本形成的意义上认识教育发展的极端重要性,把人力资源开发作为教育发展的战略任务。

教育发展战略依据指导思想可以分为追赶战略和比较优势战略。前者是指一国从某种经济和社会发展战略出发,运用行政手段,保护和优先发展某些由市场力量难以大规模发展的教育部门,以确保优先发展某些经济部门所需的人才;后者则是指一国依据教育成本—效益率的比较优势来选择教育结构,通过教育和劳动力市场竞争机制和相对教育要素价格来反映教育供求和人才的相对稀缺性,从而实现教育资源的有效配置,提高教育投资的整体效率。改革开放以前,我国在一个相当长的时期内所采用的就是这种教育发展追赶战略。

教育发展战略依据服务手段可以分为横向联合战略和纵向协作战略。横向联合战略是指作为办学法人的各级各类学校,同其他企事业单位和社会团体在产、学、研、教育投资等方面进行联合,使联合双方都受益,使教育与生产劳动和科技研究的结合更加紧密,使学校与劳动力市场的信息传递和交流更加通畅,使学校的服务职能更加社会化、市场化、多元化,使教育更好地依靠社会力量办学,更好为经济建设和社会发展服务,从而实现教育的更快发展。纵向协作战略是指作为办学法人的各级各类学校,同各级教育行政机关在人才培养与就业、教育管理与投资、科技研究与普及等方面进行协作,使教育的宏观调控与微观管理更加协调,使教育的运行和调节更加一致地朝着既定的目标前进。这两种战略都是以市场经济为基础的。在计划经济条件下,学校不是自主办学的法人,企业不是自主经营的法人,学校和企业各自按计划办事,对相应的上级机关负责,学校与企业之间很少发生直接的横向联系,教育行政机关与学校之间是纯粹的上下级关系,不存在市场供求意义上的所谓协作,因而不能分别派生出这两种战略。在市场经济条件下,学校成了自主办

---

① 赵中建.教育的使命—面向二十一世纪的教育宣言和行动纲领[M].北京:教育科学出版社,1996:151.

学的法人，企业也成了自主经营的法人，它们之间的关系是一种通过市场联结沟通的横向关系，因而可以分别派生出教育发展的横向联合战略；在市场经济条件下，教育行政机关与学校之间除了保持着行政上的上下级关系之外，还存在着由市场供求意义上的协作关系，因而可以分别派生出教育发展的纵向协作战略。

教育发展战略依据构建方式可以分为创新战略和模仿战略。教育发展创新战略是指围绕教育思想创新、教育体制创新、教育模式创新、教育结构创新、教育技术创新等教育创新而制定的教育发展战略。它是正确的先进的教育思想与各国教育实践有机结合的产物，是教育相对独立性使然。教育发展模仿战略是指一国或地区借鉴其他国家或地区教育发展的某些成功做法而制订的教育发展战略。一国教育模式、结构及发展水平通常是同该国经济和社会的模式、结构及发展水平相适应的，这是教育发展规律使然。如果说一国教育发展同本国经济和社会发展的内在联系是确定的，那么，当发展中国家的经济和社会的模式、结构及发展水平同发达国家历史上某个时期的状况相似时，其教育的模式、结构及发展水平也应同发达国家该时期的状况相似或相近。因此，发展中国家相应地借鉴历史上发达国家教育发展的某些成功做法，来促进本国教育发展，是可行的。由于教育创新是永恒的决策主题，国与国之间采用以取人之长、补己之短为特点的教育发展模仿战略，也必然是一种普遍现象。

第二节　教育发展战略的制定

教育发展战略的制定可按时间先后分为战略分析与战略决定两个阶段。

一、战略分析阶段

教育发展战略分析首先必须确定教育发展战略的时限。所谓教育发展战略的时限，是指实施教育发展战略所达到的结果距离教育发展战略制定或开始实施时的时间间隔。它通常有短期（5~10年）、中期（10~30年）、长期（30年以上）之分。

教育发展战略分析可以分为教育发展的宏观背景分析、教育发展的前景分析、教育部门的内部资源分析。

（一）教育发展的宏观背景分析

教育发展与经济发展和社会进步之间有着密切联系，这决定了教育发展的宏观背景分析在教育发展战略制定过程中的极端重要性。教育发展的宏观背景分析可以在国内背景和国际背景两个层面上展开。从国内背景来看，假设政治体制和经济体制对教育发展的制约是确定的，劳动力市场是竞争性的，教师供给是充足的，那么，教育发展就取决于教育投资需求的增长，这样，教育发展的国内背景分析就在于说明经济发展和社会进步对教育投资需求的影响。在政治体制和经济体制不断变革的条件下，教育发展会面临教育体制调整的压力，教育发展的国内背景分析就在于进一步说明政治、经济、社会、文化、科技对教育发展的影响，特别要搞清楚政治体制和经济体制变革对教育投资需求的影响。教育发展也可能来自教师供给不足的约束，但在竞争性劳动力市场上，教师供给不足状况会随教师工资的上升而缓解，除非教师工资是刚性的。因此，教育发展的国内背景分析有时也需要就教师工资制度与教师市场供求的工资决定之间的关系，以及一定条件下经济发展和社会进步对教师供求的影响展开分析。从国际背景来看，在和平与发展的世界主题一定的条件下，一国教育发展主要受国际政治经济秩序变化和经济全球化的影响。近年来，尽管世界多极化趋势有所发展，但不公正不合理国际政治经济旧秩序没有根本改变，因此，教育发展的国际背景分析的重点在于探讨经济全球化对一国教育投资需求和教师供求的影响。

一般说来，教育发展的宏观背景分析的主要任务在于说明教育发展有哪些外部有利条件和外部不利条件。然而，这些有利条件和不利条件会如何变化，在很大程度上取决于教育发展的前景；而如何充分利用有利条件和如何化不利条件为有利条件，则在很大程度上取决于教育部门的内部资源及其利用。

（二）教育发展的前景分析

教育发展的前景分析是在分析教育发展的宏观背景的基础上对教育发展的趋势的判断和预测。未来5～10年教育发展的趋势可称作短期趋势，未来30～50年教育发展的趋势可称作长期趋势。对教育发展趋势的判断，通常需要估计未来一定时期教育发展的如下趋势：①公共教育支出的增长；②由市场决定的教育投资需求的增长；③义务教育阶段学龄儿童的增长；④对受过教育的劳动力的需求的增长；⑤教育成本的增长；⑥教育结构的调整与升级；⑦教师供求状况；⑧对外教育交流与合作的发展态势。也可以在社会教育需求预测的基础上，结合经济社会发展目标和教育政策调控目标，对教育发展趋势作出判断。

概括地说，教育发展的前景分析的主要任务在于说明未来的教育发展存有哪些机遇和挑战。然而，这些机遇和挑战会如何变化，则在很大程度上取决于教育部门的内部资源及其利用。

（三）教育部门的内部资源分析

教育部门的内部资源是指一国或地区教育部门所拥有的可用于实现某个教育发展战略的所有人力、物力和财力。对教育部门内部资源的分析，既要注意对有形资源的分析，如对教育资产的审计或评估，又要注意对无形资源的分析，如对管理水平、教育质量、学校名望的评价；既要注意对内部资源的现状进行分析，又要注意对内部资源的利用和开发潜力进行分析；既要注意对内部资源的重新配置潜力进行分析，又要注意对内部资源与外部资源（不为教育部门所拥有的资源）的重新联合潜力进行分析。

对于任何一个有可能成为未来的教育发展战略的备选方案，都需要进行可行性论证。而要降低任何一个教育发展战略的决策风险，就必须对其各个可能性作出充分的估计和评价，防止作出过于乐观或过于悲观的估计。从教育部门内部资源的分析中，我们可以清楚地了解到教育系统运行的状态，发现其中蕴藏的潜力、优势和弱点，从而为教育发展战略备选方案的可行性论证提供审计性支持。

教育发展水平评价是教育部门内部资源分析的重要内容。这种评价可以为教育发展的横向比较研究提供资料，而教育发展战略备选方案的可行性论证通常需要从这种比较研究中找到更充分的证据。

就教育发展的一些重大问题举行听证会，广泛征求学校、企业界、教师、学生及其家长和有关专家学者等各方面的意见，有利于收集关于评价教育系统运行状态，特别是关于教育发展的优势和劣势的信息，而这样的信息是形成教育发展战略所必需的。

总体上看，教育部门的内部资源分析的根本任务，就在于准确把握教育系统运行的优势与弱点，以便结合教育发展宏观背景分析和教育发展的前景分析来找到结论。

（四）教育发展战略分析模型

教育发展的宏观背景分析、教育发展的前景分析和教育部门的内部资源分析三者之间的关系，可概括为图10-1。

如图10-2所示，教育发展的宏观背景分析和教育发展的前景分析，是教育部门内得益于内部资源分析的前提和基础，而教育发展战略分析的结论，则是在教育部门内部资源分析后得出的。这表明，教育发展的宏观背景和教育发展的前景，是通过教育部门内部资源及其利用来影响教育发展战略的，教育部门的内部资源分析是教育发展战略分析的中心环节。

二、战略决定阶段

教育发展战略的决定，依次要经历以下三个过程：

（一）形成可选教育发展战略

可选教育发展战略是教育发展战略分析结论与战略决策者创造性想象二者之间相互作用的结果。教育发展战略分析的结论，通常难以成为可选教育发展战略的唯一决定性因素。教育发展战略分析的结论，一般是由专家、学者和职能部门的管理人员作出的，它只是战略决策者作出战略决定的重要依据，并不一定代表战略决策者的意愿。战略决策者通常是把教育发展战略分析的结论纳入自己的创造性想象之中，从而形成他（她）认为理想的可选教育发展战略。由于不同的战略决策者在

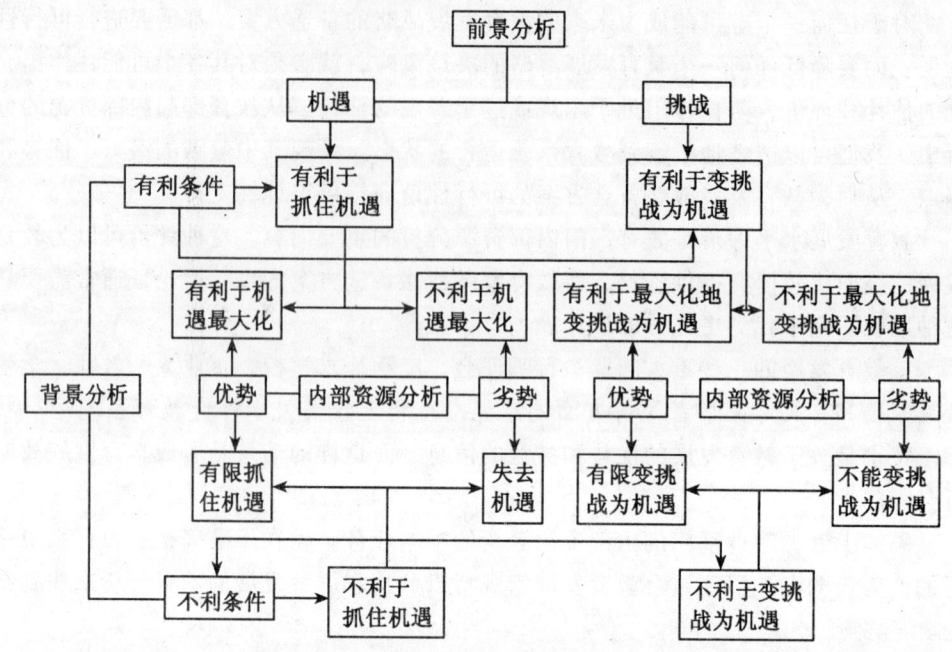

图 10-1　教育发展战略分析各要素间的关系

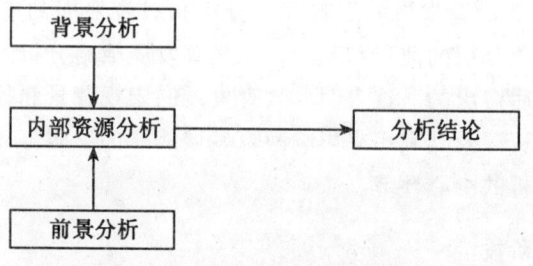

图 10-2　教育发展战略分析模型

个人经历、知识结构、认知能力等方面是不尽相同的,各个战略决策者在自己创造性想象之中形成的他(她)认为理想的可选教育发展战略也就有所不同。所以,在一个决策集体中,可选教育发展战略通常不是一个而是多个。

一个成功的教育发展战略,必然具有成功解决教育发展战略分析过程中所暴露出来的一切问题的职能。因此,当一个可选教育发展战略具备这种职能时,其他可选教育发展战略将被排除掉;当几个可选教育发展战略都部分具备这种职能时,就需要根据它们所能解决的主要问题的多少来作出判断。这意味着在形成可选教育发展战略时，首先需要对教育发展战略问题的重要性进行分类。

教育发展战略问题是指那些影响教育发展速度和质量的基本政策问题。它按其重要性可以分为两个层次。第一层次的问题主要涉及：

- 教育发展速度问题
- 教育发展水平问题
- 教育与经济和社会的相互协调发展问题
- 教育资源配置方式问题
- 教育结构的升级问题
- 教育运行问题
- 教育投资效益问题

第二层次的问题主要涉及：

- 教育管理权的分配
- 招生、升学和离校毕业生就业的政策
- 教育财政、金融政策
- 办学竞争的充分与公平
- 办学质量的监管
- 教师的管理

教育发展战略问题按其重要性作这样的区分，是教育发展战略分析过渡到教育发展战略的决定的关键环节。当两个以上可选教育发展战略形成以后，通常难以直接判断它们各自解决战略问题的重要性程度，这时就要通过可选教育发展战略的评价来从中作出选择。

（二）评价可选教育发展战略

可选教育发展战略的评价一般应从可选教育发展战略的适应性、实用性、协调性和可接受性这几方面来进行。在这里，适应性是指某一可选教育发展战略的实施更有利于促使教育发展与经济、社会发展的要求相适应，也就是说，在所处的国内外背景中它拥有更好的条件，在所面临的发展前景中它拥有更大的机遇；实用性是指某一可选教育发展战略的实施更有利于发挥教育部门内部资源的优势；协调性是指某一可选教育发展战略的实施更有利于促使教育系统内各方面行动间的相互协调、一致和衔接；可接受性指某一可选教育发展战略的实施更能为各教育投资主体所接受，也就是说，更有利于缓解某个教育投资主体过重的投资压力。

（三）选择教育发展战略

在形成和评价可选教育发展战略的基础上选择教育发展战略，通常必须正确对待和处理以下几个问题或关系：

1. 相对滞后与相对超前的问题

教育发展相对滞后与教育发展相对超前是两个相互对应的概念。制定教育发展战略通常要在这两者之间作出抉择。关于教育发展相对滞后与相对超前的含义，学术界一直没有一个明确的界定。其原因是多方面的。一国的教育发展与经济发展不具有可比性，因为衡量教育发展的主要指标是入学率、平均受教育年数、公共教育支出占国民生产总值（GNP）的比例和公共教育支出占政府总支出的比例，而衡量经济发展的主要指标是 GNP 或人均 GNP。入学率、平均受教育年数、公共教育支出占 GNP 的比例和公共教育支出占政府总支出的比例的增长，低于还是高于 GNP 或人均 GNP 的增长，并不表明一国教育发展是相对滞后还是相对超前。当一国的初、中等学校入学率达到 100%，高等学校入学率达到 50% 时，该国未来入学率或平均受教育时间的增长将是很慢的；由于公共教育支出占 GNP 的比例和公共教育支出占政府总支出的比例，将分别取决于 GNP 的量和政府总支出的量，该国 GNP 或人均 GNP 的增长通常会大大高于入学率、平均受教育时间、公共教育支出占 GNP 的比例和公共教育支出占政府总支出的比例的增长；在这种情况下，难道我们由此可以说该国教育发展是相对滞后的吗？显然不可以。一国教育发展的相对滞后或相对超前，不是以该国经济发展指标作为参照系的。所以我们认为，所谓教育发展相对超前或相对滞后，是一国教育发展水平所处的这样一种状态，即用综合入学率或教育指数等指标表示的一国教育发展水平高于或低于世界那些与该国人均国民生产总值相近国家的教育发展水平的平均值。

2. 市场最适量与社会最适量的问题

教育发展的市场最适量是指完全竞争条件下教育供给与教育需求在某个教育服务市场价格水平上达到的均衡量。如图 10-3 所示，在完全竞争条件下，教育需求量随教育服务市场价格的上升或下降而减少或增加，教育供给量则随教育服务市场价格的上升或下降而增加或减少，这种运行会使教育供给量与教育需求量在教育服务市场价格为 p 时达到均衡，即教育供给曲线与教育需求曲线相交于 M 点所对应的教育服务市场价格为 p，所对应的教育发展量为 q，这时的教育发展量就是教育发展的市场最适量。

教育发展的社会最适量在政府、社会团体和个人向学校无偿提供教育资源条件下教育供给与教育需求在某个教育服务市场价格水平上达到的均衡量。如图 10-4 所示，由于政府、社会团体和个人向学校无偿提供教育资源，在其他条件不变情况下，教育供给量增大，教育供给曲线从 S 向右移到 S'，教育供求在教育服务市场价格 p' 水平上达到的均衡，即教育供给曲线与教育需求曲线相交于 M' 点所对应的教育服务市场价格为 p'，所对应的教育发展量为 q'，教育发展的这个量就是教育发展的社会最适量。

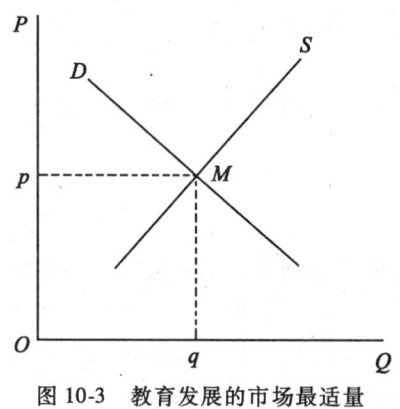

图 10-3 教育发展的市场最适量

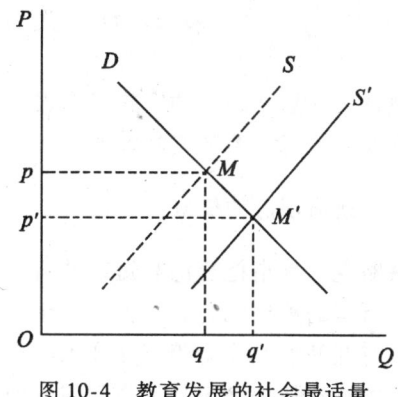

图 10-4 教育发展的社会最适量

所以，选择教育发展战略必须遵循教育发展的社会最适量大于教育发展的市场最适量的规律。

3. 稳定与发展的关系

任何社会组织或部门都必须优先满足稳定与发展的这两方面的需要。社会组织部门的种类不同，同一社会组织或部门的内部构成要素不同，其稳定与发展之间平衡的条件和状态会有所不同。由于教育过程是一个不断前进的连续的过程，所以教育部门是一个要求有较高稳定性的部门。在教育部门中，任何战略上发生的过度的政治、经济、社会波动，都会破坏教育过程的连续性和稳定性，从而引发教育和人才断档问题，给经济和社会发展带来一时无法克服的困难。20世纪60年代中期到70年代中期发生在中国的"十年动乱"对教育过程连续性和稳定性的极大破坏，就造成了严重的后果。那也是当时选择和实施在很大程度上违背了教育过程连续性和稳定性规律的所谓"以阶级斗争为纲"的教育发展战略的必然结果。但是应该看到，教育部门也需要通过自身的发展来适应加速进步的社会。选择教育发展战略不能顾此失彼。

4. 教育发展战略与经济、科技和文化发展战略的关系

教育发展与经济发展之间，与科技发展之间，与文化发展之间，是相互依存、相互制约、相互促进的。因此，选择教育发展战略既要考虑如何反映经济、科技和文化发展战略提出的要求，又要考虑如何为经济、科技和文化发展战略的充实和完善作准备。在制定教育发展战略时，如果我们忽视前者，热衷于夸大教育发展战略的基础性和相对独立性，就会割裂教育发展战略与经济、科技和文化发展战略之间的联系；如果我们忽视后者，热衷于夸大教育发展战略的适应性，就会使教育发展战略成为经济、科技和文化发展战略的附属品。

第三节　教育发展战略的实施

教育发展战略的成功实施，在很大程度上取决于战略观念的树立、组织调整、资源配置、运行调控和实施策略。

一、战略观念的树立

战略观念是指把当前和短期的所有决定和行动都纳入长远的目标之中来加以考虑，使所有的策略成为某个战略的组成部分的一种思想态度。战略观念与战略管理之间具有互补性。战略管理往往因讲求效率而必须遵循正规的管理程序和规则，从而有可能导致那种极容易无意间使当前和短期的决定和行动偏离了长远目标的思想僵化。而战略观念则是预防和纠正这种思想僵化的思想武器。所以，一个成功的战略，既需要建立正规的战略管理程序和规则，又需要每个管理者树立牢固的战略观念。

二、组织调整

教育管理人员的领导能力和领导艺术是教育发展战略成功实施的一个必要条件。要保证教育发展战略的实施，必须通过组织调整来形成符合教育发展战略实施所需要的领导能力和领导艺术。历史上围绕提高领导能力和领导艺术所进行的研究，取得了不少理论成果，形成了各具特色的领导理论，其中最具影响的领导理论主要有特质理论、行为理论和权变理论。这些理论对教育发展战略实施所必需的组织调整具有特别重要的意义。

建立在领导者与非领导者的品质特征比较研究基础上的特质理论，认为领导者具有不同于非领导者的六项特质：进取心、领导意愿、诚实与正直、自信、智慧和工作相关知识。这对组织调整具有普遍的指导意义。然而，领导者的品质属于个性心理特征，它们是先天与后天的"合金"。没有一成不变的领导者特质。它们随情境的变化而变化。领导者特质不等于领导。人也具有双重或多重身份，处在这一身份时为领导，处在另一身份时为非领导。忽视情境因素，忽视领导者与非领导者之间的同一性，是特质理论不能自圆其说的主要缺陷。因而，特质理论不能充分解释领导的实质。

行为理论致力于通过领导行为的分类研究来说明不同领导行为特征与领导绩效之间的联系。其分类依据是领导行为在人与物这两大管理要素上所持有的态度。也就是说，领导行为对人与物的态度反映了领导行为的两个维度：规定维度和关怀维度（俄亥俄州立大学的分类），生产导向和工作导向（密歇根大学的分类），关怀生产和关怀人（布来克和莫顿的分类）。两个维度不同等级上的组合，生成不同的领导类型。如俄亥俄州立大学把领导类型分为高规定—高关怀型、高规定—低关怀型、低规定—高关怀型和低规定—低关怀型；布来克和莫顿把两个维度分为9个等级81个领导类型，其中以下5种类型较有代表性：①贫乏型——领导者以最小的努力完成任务；②任务型——更多地关心工作效率而不是更多地关心下属；③乡村俱乐部型——更多地关心下属而不是更多地关心工作效率；④中庸型——保持足够完成任务的工作效率与维持令人满意的士气之间的平衡；⑤团队型——通过建构共同利益关系而同时提高了工作效率和工作士气。行为理论对于教育发展战略成功实施所需组织调整的意义，在于有利于组织调整在领导类型或领导风格与教育发展战略实施之间找到结合点。然而，从行为理论的分类依据来看，领导类型所反映的是领导风格，而领导风格只不过说明了领导者特质在人与物这两大管理要素上所持有的倾向性，或者说，领导风格只不过是两个领导行为维度在不同倾向上的组合，它仍然不是领导者特质与情境因素的结合。因而，行为理论并没有在领导风格或领导类型与领导绩效之间找到带规律性的内在联系，在克服特质理论的缺点方面并没有走多远。

权变理论把情境因素作为影响领导绩效的权变变量，尽管人们对权变变量的解释有所不同。弗莱德·菲德勒把权变变量确定为领导者——下属关系、任务结构和职位权力，并根据领导者——下属关系的好坏，任务结构的高低，职位权力的强弱，来区分不同的情境和领导类型。保罗·赫塞和肯尼思·布兰查德把下属的工作成熟度（个体对自己的直接行为负责任的知识和技能）和心理成熟度（个体对自己的直接行为负责任的意愿和动机）作为区分不同的情境和领导风格的权变变量，并由领导行为的两个维度——任务行为和关系行为而生成四种领导风格：指示（发号施令不示范）、推销（边指示边示范）、参与（共同决策）和受权（提供极少的指导）。罗伯特·豪斯则把环境变量和下属个性特点作为区分情境和选择领导风格的权变变量，环境变量表示任务、工作和权力系统，下属个性特点表示下属的经验和知觉能力以及由此决定的控制点，领导的实质在于通过领导的指导和支持而达成下属各自目标与组织目标的一致来帮助下属达成他们的目标，这被概括为路径——目标理论。维克多·弗罗姆、菲利普·耶顿和亚瑟·杰戈提出了质量要求、承诺要求、问题结构、承诺的可能性、目标一致性、下属的冲突、下属的信息、时间的限制、地域的分散、动机、时间和动机、发展这12个权变变量，每个权变变量有5个重要性或可能性等级，从而形成决策树，领导者可以根据决策树来选择领导风格。从权变理论上看，一个教育发展新战略的实施，是领导者选择领导风格的一个重要的情境变量。根据教育发展战略的要求和下属对教育发展战略的态度来选择领导风格，是权变理论给组织调整的必然由于启示。然而，影响教育发展战略实施的领导情境变量是相当复杂的，领导风格的选择可能由于情境变量过分复杂而无所适从，组织调整就可能找不到明确的目标。

组织调整在教育发展战略实施中可以从以下几方面发挥作用：①把各级领导成员的思想统一到教育发展战略的实施上来；②形成一个符合教育发展战略实施需要的具有活力的领导集体；③向广大职工展现各级领导坚定不移贯彻落实教育发展战略的决心和信心；④为实施教育发展战略提供坚实的组织保障。

三、资源配置

为实施某一教育发展战略而对资源所进行的重新配置，我们称之为教育运行中资源的战略配置。其功能在于确保教育发展战略高效率地实施。教育运行中资源的战略配置可根据人力、物力和财力而分为以下三种战略配置。

（一）教师资源的配置

一个新的教育发展的战略实施，可能要求加强教师队伍建设。这包括增加教师数量，调整教师结构，提高教师业务素质和学历水平。如中国在实施九年制义务教育普及战略过程中，把大量民办教师送到师范院校进修，并逐步将其转变为公办教师，从而满足了实施九年制义务教育普及战略对中、小学教师提出的要求。

（二）教育资产的配置

教育发展战略的成功实施，在很大程度上取决于教育资产的有效配置。前面已经指出，教育资产的有效配置包括教育资产的有效形成和教育资产的有效利用。由于教育发展战略的实施具有长期性和持续性，与教育发展战略实施相适应的教育资产配置方式就应该具有长期性、持续性和稳定性。这需要保持某些政策的连续性和稳定性。如中国在推进高等教育大众化战略过程中，需要大力发展民办高等学校，而民办高等学校的教育资产只能通过市场配置方式来完成，而教育政策只有保证教育资产市场配置的合法性，引导教育资产市场配置朝着有序竞争的方向发展，才能促进民办高等学校的发展，使其成为推进高等教育大众化战略的一支重要力量。

（三）教育资金的配置

教育资金配置包括教育资金的形成和教育资金的使用，它在教育发展战略实施中的作用，呈现出以下几个特点：①教育资金形成的信度越高，教育发展战略的实施就越顺利；反之，教育发展战略的实施就越坎坷。②教育资金形成的效度越高，教育发展战略的实施就越顺利；反之，教育发展战略的实施就越坎坷。③教育资金形成的稳定度越高，教育发展战略的实施就越顺利；反之，教育发展战略的实施就越坎坷。④教育资金使用的效率越高，教育发展战略的实施就越顺利；反之，教育发展战略的实施就越坎坷。

四、运行调控

围绕教育发展战略实施所进行的教育运行调控旨在确保教育发展战略高质量地实施。教育发展战略实施，需要对其教育运行进行连续调控，其中包括以下三个步骤。

（一）确定评价教育运行状态的指标

评价教育运行状态的指标，是在教育发展新任务分析的基础上提出来的。一个教育发展战略的制定必然导致教育发展新任务的出现。而这些任务需要加以分析，并用不同的指标表示出来。这些指标就成了评价教育发展战略实施状态的依据。图10-5 是在教育发展新任务分析基础上制订的教育发展战略规划与教育发展新任务分析模型。

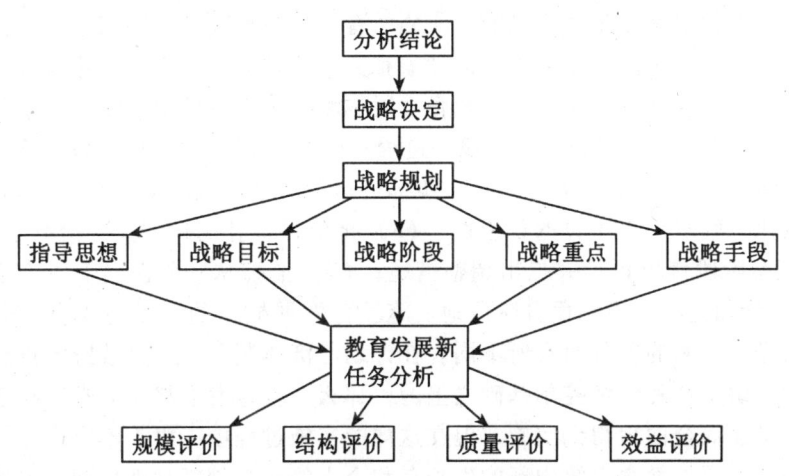

图 10-5　教育发展战略规划与教育发展新任务分析模型

（二）对照这些指标评价教育运行状态

教育运行状态通常可分为良性、中性和恶性。规模评价、结构评价、质量评价和效益评价可分为好、中、差三个等级。四项指标中没有"差"且有两个以上的"好"，则为良性状态；四项指标中没有"好"且有两个以上的"差"，则为恶性状态；其他则为中性状态。

（三）纠正偏离标准的教育运行状态

要确保教育的良性运行，需要根据教育运行状态不断调整教育的决策结构、信息结构、动力结构和相关教育政策。通过调整教育的决策结构、信息结构和动力结构，完善教育体制，使教育资源配置的导向朝着有利于实现教育发展战略规划的方向前进。通过调整相关教育政策，教育运行回到正常的轨道上。

五、实施策略——由点到面

一个教育发展战略的实施，意味着教育观念的转变，教育资源的重新配置，受教育机会的再分配,教育活动方式和行为方式的变革,国家、集体、个人三者之间和各集团之间利益关系的调整,以及教育与政治、经济、科技、文化之间关系的变化。因此,教育发展战略的实施必须考虑到现有条件下人们认识和实践经验的局限性,从而要求由点到面分阶段地进行。先在"点"上试行,取得一定的经验,然后向"面"上推进。这样有利于使教育发展战略的实施适应较大范围内出现的意外变化,有利于人们逐步适应由教育发展战略的实施带来的国家、集体、个人三者之间和各集团之间利益关系的调整,以及教育与政治、经济、科技、文化之间关系的变化。

那么,如何更有效地由点到面地实施教育发展战略呢?这要依据各国各地区的实际情况而定。不过法国著名教育活动家雅克·哈拉克就此提出的建议也许具有普遍的指导意义。他认为分阶段实施教育发展战略必须着力解决好以下七个方面的问题:"(1)精心规划和制订每一阶段的进程;(2)传播有关所订战略步骤及既定实施办法的情报资料;(3)实施中每一步都进行实验和革新;(4)使用奖金激发主动精神及执行政府重点项目的积极性;(5)把值得推荐的模式介绍给有关的部门;(6)对试验阶段作出评价并提出调整措施;(7)监控从一阶段向下一阶段过渡衔接。"① 尽管如此,由点到面分阶段地实施教育发展战略的特点与要求,也会因政治体制和经济体制的差异而有所不同。在计划经济体制下,如果政府的权威是建立在严格的组织纪律和经济控制基础之上的,那么,教育发展战略通常能在政府的直接组织下迅速而全面地得到实施,但在这样的实施过程中,由于不容许有充分的灵活性而往往会压抑教育系统中新的生长点和个人的教育创新积极性和奉献精神;如果政府的权威是建立在选票决定和民众广泛信任基础上的,那么,教育发展战略通常只有在人们广泛认同的条件下才能全面顺利地得到实施,而计划经济体制又不可能派生出具有灵活性和竞争机制和激励机制的教育体制,从而不利于在过程中维持和增强教育系统中的竞争活力和创新精神,在市场经济体制下,不论政府的权威是建立在上面哪一种基础之上,教育发展战略通常只有在它取得了法律地位或受到民众广泛认同的条件下才能全面顺利地得到实施,而在这样的实施过程中,教育系统中原有的竞争活力和创新精神,会继续在市场机制的作用下形成新的生长点,从而有利于促使人们创造性地实施教育发展战略。

第四节 教育发展战略与学校

学校是实施教育的法人和基层组织,因而是实施教育发展战略的最终实施者和

---

① 雅克·哈拉克. 投资于未来——确定发展中国家教育重点[M]. 尤莉莉,徐贵平,译. 北京:中国教育科学出版社和联合国教科文组织联合出版,1993:136.

落实者，教育发展战略的实施过程，实际上是把教育发展战略内化为学校改革和发展的实践过程。只有从学校办学的特点出发来实施教育发展战略，才有利于把教育发展战略变成学校改革和发展的实际行动。

一、学校办学的特点

学校办学不同于企业经营，它有以下几个特点：
- 产出测量困难
- 投资与需要缺乏直接联系
- 专业技术工作和管理工作大部分结合在一起
- 双重"顾客"
- "顾客"选择范围狭窄
- "顾客"对教育服务采取双重付费方式
- "顾客"对教育产品质量起决定作用
- "顾客"对教育服务抱有多元价值取向
- 专业技术人员占较大比例
- 专业技术标准不通过投资人和顾客来检验

二、学校在落实教育发展战略过程中所具有的优势

（一）目标一致

学校的目标是为学生提供高效、优质的教育。这同任何一个教育发展战略的目标都是一致的。而企业与经济发展战略之间有时不具有这种一致性。如比较优势战略的实施，要求扩大劳动密集型产品的出口，而当生产劳动密集型产品的出口价低于国内市场价或接近成本价时，企业就不愿出口，这时企业追求利润目标与扩大劳动密集型产品出口的比较优势战略目标之间就不具有一致性。所以，国家有时要对企业出口实行补贴，以此鼓励出口。学校目标与教育发展战略目标之间的一致性，有利于教育发展战略在学校的落实。

（二）专业技术人才高度密集

学校的教师都是具有较高学历的专业技术人才，他们的知识和能力使他们对成功的教育发展战略持有较高的认同感，他们也有较高的自觉性去执行成功的教育发展战略。当某一教育发展战略出现偏差时，他们可能会对这一教育发展战略的实施采取抵制的态度。

（三）广泛的参与

学校在落实教育发展战略的过程中，不仅得益于发挥教师的作用，而且得益于发挥学生及其家长的作用。学生及其家长也是教育发展战略实施的参与者。教师是教育服务的生产者，学生是教育服务的消费者，教育过程把教育服务的生产和消费统一起来,学校把教育服务的生产者和消费者聚集起来、联系起来,从而使落实教育发展战略的过程,变成教育服务的生产者和消费者共同参与的过程。

三、学校在落实教育发展战略过程中所具有的劣势

（一）垄断

学校,特别是中、小学校的服务对象,有固定的来源和范围,学生入学选择的几率极小。学生面对的是"仅此一家,别无分店"这种入学选择。在这种情况下,学校办学很容易形成垄断。而垄断办学不利于改进教育服务态度,不利于提高教育服务质量,不利于降低教育成本。这会对学校落实教育发展战略产生不利影响。

（二）教育产品质量控制的二律背反

虽然许多人认为教师在教学过程中可以发挥主导作用,然而教育产品质量的最终决定权还是在学生自己手里,学生学习的主动性是教育产品质量的决定性因素。我们知道,企业对产品质量的控制权完全掌握在生产者手中,与消费者无关,且产品的生产者与产品的消费者在时空上是分离的。与此不同的是,学校对教育产品质量的控制权部分掌握在教师手中,部分掌握在学生手中;教师是教育的中间产品——教育服务的生产者,学生是教育服务的消费者,教育产品质量的控制权与教育服务的消费者——学生密切相关,且教育服务的生产者与教育服务的消费者在时空上是不可分离的;而教师和学生同为教育的最终产品——学生德、智、体、美、劳等方面的发展——的生产者。所以,在教学过程中,当教师教学的主导作用与学生学习的主动性发生矛盾时,教育产品质量控制就表现为二律背反。这极大地增加了学校控制教育产品质量的难度,不利于学校落实教育发展战略。

第五节 教育发展目标

教育发展目标指一国对一定时期教育发展的总要求。它是确定教育规模和发展速度、调整教育结构和制定教育发展规划的依据。教育发展目标以一定时期教育发展水平提高来表示。由于人们受教育水平的提高集中表现为教育入学率即教育入学人数占学龄人数的比例的提高,所以,教育发展目标可以以一定时期教育入学率作为综合指标。应该看到,用教育入学率来表示教育发展战略目标也有不足之处:第一,教育入学率与学龄人数是按反比例关系变化的,而学龄人数的多少是与一定时期前出生率的高低相联系的。当年龄人数随出生率的较大变化而变化时,教育入学率的变化就可能是由学龄人数的变化引起的,而不一定是由教育发展引起的。因此,教育发展战略目标还要有反映一定时期在校生人数占学龄人数和毕业生人数占学龄人数的比例的指标。第二,这个指标只能在总量上而不能从结构上反映教育发展目标。教育发展战略目标还要有反映教育结构变化的各种指标。第三,这个指标

不能说明实现一定教育发展目标所付出的代价。一定时期教育投资总量和增量、在校生年人均教育费用总量和增量以及教育投资的经济效益，可以作为表示教育发展目标的补充指标。第四，这个指标也不能反映教育发展与社会经济发展是否协调。教育发展目标还应以一定时期毕业生升学率或就业率作为补充指标。

一、制定教育发展目标的依据

关于制定教育发展目标的依据，理论界是有不同看法的。英国经济学家罗宾斯认为，制定教育发展目标应该以充分满足个人的教育需求为依据。英国1961—1962年度教育发展计划，就是依据罗宾斯关于英国个人教育需求的调查报告制定的，这就是著名的罗宾斯报告。人力资本理论则认为，教育发展目标应该建构在教育投资收益率"均衡"化的基础上。经济合作与发展组织（OECD）曾经提出，教育发展目标的制定应该以人力需求为依据。那么，我国社会主义现代化建设各个时期（阶段）制定教育发展目标究竟应该以什么为依据呢？

首先，我国社会主义历史时期制定教育发展目标应该以经济发展目标为依据。

经济发展目标是指一定社会对一定时期经济发展的总要求。它一般以一定时期人均国民收入或人均生产总值来表示。由于经济发展目标决定了物质生产部门所提供的教育发展资金的数量以及所容纳的受教育程度不同的劳动力的数量，所以，教育发展目标受经济发展目标所制约。假定经济发展战略目标不确定，一定时期经济发展所必需的受教育程度不同的劳动力的数量和它所能提供的教育发展资金的数量就具有伸缩性，教育发展目标也就难以确定。经济发展目标变化了，教育发展目标也就要随之变化。把经济发展目标提高一些，实现较高经济发展目标所必需的受教育程度不同的劳动力的数量就会大一些，教育发展目标就要相应提高一些；反之，把经济发展目标降低一些，实现较低经济发展目标所必需的受教育程度不同的劳动力的数量就会小一些，教育发展目标就要相应降低一些。假定经济发展目标定得过高，以至于为保证过高经济发展目标的实现而不得不大量挤占教育发展基金，那么，教育发展目标就难以实现，从而造成经济发展所必需的专门人才严重不足，过高的经济发展目标最终还是不能实现。这说明经济发展目标与教育发展目标是相互制约的。值得注意的是，我国制定的经济发展目标一般容易偏高，这是与我国现阶段落后的经济状况以及希望尽快改变这种状况的心理状态相联系的。可以肯定，努力实现国民经济的快速持续增长，尽快解除长期压在我国人民肩上的贫穷、落后、愚昧三大重负，是党心所指，民心所向。党和人民必然会把能否实现国民经济的快速持续增长作为检验和衡量各级干部政绩大小的主要标准，这就很可能引导国民经济计划制定者去追求过高的增长速度而制定出过高的不切实际的经济发展目标；正如前面所指出的那样，过高的经济发展目标不仅不能实现，还会给教育发展目标的实现带来许多难以克服的困难。所以，我国应该特别注意防止和纠正盲目追求过高经济发展目标的不良倾向,以便为制定教育发展目标提供比较客观的经济依据。

其次,我国社会主义历史时期制定教育发展目标应该以社会发展目标为依据。

社会发展目标是指一定社会发展到一定时期所要达到的境界。它一般以一定时期人民物质文化生活水平提高的各种指标来表示。教育发展目标是社会发展目标的重要内容,与经济发展目标对教育发展目标的制约性一样,假定社会发展目标不确定,一定时期社会发展所必需的受教育程度不同的劳动力的数量就具有伸缩性,教育发展目标也就难以确定。社会发展目标发生了变化,教育发展目标也要随之变化。

再次,我国社会主义历史时期制定教育发展目标应该考虑技术创新因素。

技术创新是指生产要素在技术上的重新组合,它是经济发展的重要杠杆,是永无止境的发展过程。技术创新可分为提高知识密集程度的技术创新和不提高知识密集程度的技术创新。按照这种划分标准,经济可分为知识密集型经济和非知识密集型经济。技术创新史表明,随着近现代科学技术的迅猛发展及其在生产中的广泛应用,经济中的知识密集程度在不断提高,非知识密集型经济在逐步向知识密集型经济转化,经济发展对劳动者文化水平的要求也会随之提高。因此,从长远的总体的观点看,人均受教育的年限是不断延长的,教育发展目标应该体现人均受教育年限递增规律的要求。

最后,也是重要的一点,我国制定教育发展目标还必须以邓小平理论,特别是"教育要面向现代化,面向世界,面向未来"的思想和教育优先发展的思想以及"三个代表"重要思想为依据。

正如在前面所指出的那样,邓小平提出的教育要"三个面向"是现代教育发展的普遍规律,是我国教育事业发展的战略指导方针。教育优先发展是根据中国国情,实事求是地提出的加快社会主义现代化建设的战略决策,是在正确总结国内外社会主义实践经验和教训的基础上所作出的巩固和发展社会主义制度的科学抉择,是抢占21世纪综合国力竞争的制高点迎接知识经济挑战的客观要求。"三个代表"重要思想是我们党的立党之本、执政之基、力量之源,是开创中国特色社会主义教育事业新局面的新要求。它们都是我国教育工作和教育发展必须长期坚持的指导思想,因而都是我国制定教育发展目标必须遵循的理论依据。

二、教育发展战略目标的基本规定

我国教育发展目标有以下三个基本规定:

第一,不断满足经济和社会发展对人才的需求。

教育事业是以促进个体基本社会化和必要专业化为直接目的,以学校为基本结构和功能单位,以教育服务的生产为直接供给手段,以合格、适用人才的培养和输出为间接供给手段,以求学者为直接供给对象,以经济和社会发展部门为供给对象的。经济和社会发展对专门人才的需求透视在高等教育活动上,必然表现为个体必要专业化教育需要。个体必要专业化指人在社会生产中适应社会分工的需要而必须掌握一定的专门知识和技能并逐步形成与一定职业要求一致的专门能力。"必要"在这里意味着个体专业化在专门人才的数量、层次、结构上与社会经济发展的要求相适应。因而,个体必要专业化是有条件的、有差异的、有竞争的专业化。各种专业教育作为实现个体必要专业化最有效的一种手段,必然是通过入学资格的竞争来决定谁享有社会给予的实现人体必要专业化的优惠条件,通过学习竞争来获得象征各种能力的毕业文凭和学位证书,从而为用人单位选聘各种人才提供了解求职者能力的各种"教育信号"。这一般称之为专业教育的"筛选"功能。从这个意义上讲,个体必要专业化在受教育机会的竞争上是平等的,而在受教育的权利上则是不平等的。个体必要专业化是具有个体选择性的行为方式。教育活动总是在个体必要专业化的教育要求的驱使下完成的,因此,教育事业要以个体必要专业化为中介来满足社会经济发展对人才的需求。为此,就必须把社会经济发展对专门人才的需求有效地、按比例地转化为个体必要专业化教育需要,以便在教育供求上实现主客观的统一。劳务市场作为社会主义市场经济发展的必要条件,是实现这种"转化"和"统一"的较优越的手段之一。在劳务市场调节下,当某种专门人才供不应求时,该种人才的就业机会和工资会上升,从而诱发与此相联系的社会和个体的教育需要的增长,并促使社会和个人更多地投资该种教育,于是,接受该种教育的人数会不断增多,该种人才的增长速度不断加快,直到供求平衡;反之,当某种专门人才供过于求时,该种人才的就业机会和工资会下降,从而诱发与此相联系的社会和个体的教育需要的减少,并促使社会和个人更少地投资该种教育,接受该种教育的人数会不断减少,该种人才的增长速度不断减慢或完全不增长甚至出现负增长,直到供求平衡。教育就是不断通过满足社会经济发展对人才的需求来实现自身的发展。所以,我国教育发展必须以不断满足社会经济发展对人才的需求为目标。

第二,不断促进经济与社会协调发展。

经济与社会协调发展是社会主义社会一个基本特征。在资本主义制度下,生产目的是不断获取剩余价值,因而,国民经济的增长并不完全意味着人民物质文化生活水平的提高。对剩余价值的追求还会导致"重物轻人"现象的出现,从而会把社会引上只注重金钱而不注重人的发展、不关心人的道路。所以,在资本主义社会,经济与社会协调发展的前景并不令人乐观。在社会主义制度下,生产目的是不断满足人民日益增长的物质文化生活需要,国民经济的增长将意味着人民物质文化生活水平的提高。社会主义生产目的的实现,客观上要求社会必须在建设高度发达的物质文明的同时建设高度发达的精神文明;必须在大力发展生产的同时大力发展教育;必须在努力提高劳动生产率的同时切实关心人,关心人的发展。社会主义社会应该是经济和社会协调发展的社会。在我国各个发展阶段,凡是有利于经济与社会协调发展的东西都应该坚持，凡是不利于经济与社会协调发展的东西都应该废除，这应该成为我国改革开放所必须遵守的一条政治准则。经济与社会协调发展在很大程度上依靠教育发展，从某种意义上讲，教育为社会主义建设包括为经济与社会的协调发展服务。具体说来，教育是通过培养身心健康、德才兼备即有理想、有道德、有文化、有纪律的人才来同时促进物质文明进步和精神文明进步，进而促进经济与社会的协调发展。

第三，建成有中国特色的适应社会主义市场经济体制要求的教育体系。

我国教育发展目标在高等教育体系方面，要建成多层次、多形式、多手段的教育结构体系，门类齐全、重点突出、适应性强的学科体系，和教育、科研、生产相结合的功能体系，以适应社会主义市场经济体制的要求。

三、教育发展目标的规模分析

众所周知，专门人才的培养有一定的周期，并且受经济发展水平所制约。人才的培养总是以一定的财力、物力为物质前提的。在专门人才培养的周期性演变过程中，经济发展在时间序列上可以为先，高等教育发展可以为后。同样，物质产品的生产也有一定的周期，并且受教育改革水平所制约。物质产品的生产总是以一定数量的劳动力和专门人才为前提的。在物质产品生产的周期性演变过程中，教育发展规模在时间序列上可以为先，经济发展可以为后。教育发展与经济发展在时间序列上的这种相互制约关系，为我们运用"先导指标法"对我国高等教育发展战略目标进行量的分析提供了理论依据。

先导指标法是社会现象发展预测的一种方法。运用这种方法进行预测，首先得把某种活动从时间序列上分为三类：①先导指标（在某一活动周期后出现的指标）；②同步指标（与某一活动周期几乎同时出现的指标）；③滞后指标（在某一活动周期后出现的指标），然后根据先导指标测算出相应的同步指标和滞后指标。[①] 如我国从1981年到本世纪末工农业总产值实现翻两番的经济发展目标，就是以苏联1956—1975年和日本1957—1970年的经济发展速度为先导指标制定的。我国教育发展目标同样可以以历史上我国社会主义各阶段所预期的经济发展速度相同或相近的国家和地区的教育发展速度为先导指标来加以制定。从现在起到21世纪中期，我国经济发展的目标是赶上世界中等发达国家的经济发展水平。根据世界银行的分析，我国要在2050年达到世界中等发达国家的经济发展水平，按可比价格计算，人均国民收入必须每年递增至少5.5%~6.5%。人均国民收入持续增长能达到这样高的速度在世界经济发展史上是少见的。本世纪60年代初期80年代中期，除几

[①] 冯文权．经济预测的原理与方法[M]．武汉：武汉大学出版社，1987．

个盛产石油的小国以外，只有两个发展中国家和地区的人均国民收入每年递增率达到5%以上；一是韩国（1960—1982年每年递增6.6%）；一是希腊（1960—1982年每年递增5.2%）。而从整体来看，只有日本一个国家不容置疑地从一个经济落后地位赶上了发达国家。① 由此可见，运用先导指标法对我国高等教育发展目标进行定量分析，应该以日本、韩国、希腊三国1965—1984年教育发展速度作为可比较的先导指标，以我国2000—2049年教育发展目标作为可比较的同步指标，来测算我国从2000年起到2049年的教育发展的速度指数和教育发展规模的目标指数。根据联合国开发计划署《2001年人类发展报告》公布的统计数据，1999年初、中等教育入学率，三国都达到了100%，大学毛入学率，日本女生为36%，男生为44%，男女平均为40%；韩国女生为52%，男生为82%，男女平均为67%；希腊女生为46%，男生为47%，男女平均为46.5%；三国平均值女生为43.6%，男生为58%，男女平均为50.8%；我国女生为4%，男生为7%，男女平均为5.5%。② 根据《中国教育统计年鉴》2001年公布的统计数据，1999年我国小学、初中、高中教育毛入学率分别为104%、88.6%、35.8%，高等教育毛入学率为10.5%。如果2049年我国高中教育毛入学率在1999年基数上翻一番，达到71.6%，高等教育毛入学率在1999年基数上翻两番，达到42%，根据被称为70规则的拇指定律，如果某个变量每年按$x\%$增长，$70/x$年后，该变量翻一番。那么，我国高中教育毛入学率每年需要递增1.4%，高等教育毛入学率每年需要递增2.8%。这在我国是可望实现的。

第六节 教育预测与发展规划

教育预测是指对未来教育发展过程所作的科学预见或推测。它不是靠求神卜卦、测字占星等迷信手段来推算教育发展的未来，更不是毫无根据地凭空臆想教育发展的未来，而是根据教育发展的历史、现实和规律，在收集、整理、综合各方面教育信息的基础上，运用科学分析方法，对各种教育现象和教育过程未来发展的可能途径和结果作出合乎规律的判断。这种判断是制定教育发展规划的重要依据。

一、教育预测

教育发展是有规律的。任何规律都是可以为人们所认识的。人们在认识教育发

---

① 世界银行1984年经济考察团.中国：长期发展的问题和方案主报告［M］.北京：中国财政经济出版社，1985.

② 联合国开发计划署.2001年人类发展报告［M］.北京：中国财政经济出版社，2001.

展规律的基础上,就能对教育发展的未来作出科学的预测。具体地说,以下几个方面可以说明教育预测的可能性。

第一,教育发展的连续性。时间是教育乃至一切事物存在和发展的客观形式。在时间的长河中,教育发展呈现出自己的过去、现在和未来。时间的连续性,赋予教育发展以连续性。它表现为各种教育现象的运动作为一个连续不断的过程,在数量上呈现出某种规律性的变化。如一定社会教育发展速度时快时慢,但总是在一定范围内波动;各国教育投资占国民生产总值的比例有的大有的小,有时大有时小,但总是围绕某个数上下波动,这个数保持相对不变,这就是规律。因此,人们可以沿着教育发展的历史轨迹去揭示这种规律,并将它延伸到教育发展的未来。

第二,教育变化的因果性。任何一种教育现象的出现和变化,都有自身发生发展的原因,而教育现象的变化又必然产生相应的结果。这种结果又会成为某种教育现象产生或变化的原因。在时间的先后次序上,教育变化呈现出明显的因果性。它主要表现为教育的发展与社会和人的智力的发展相互制约,相互作用。因此,人们可以通过分析教育现象发生发展的原因及其在这个过程中所起的作用,预测教育发展的未来。

第三,教育发展进程和模式的相似性。教育发展不平衡是普遍存在的现象。由于教育发展具有连续性,不发达国家或地区的教育在从自身的发展进程中,可以找到某些与发达国家或地区教育发展历史进程相似的地方。另外,教育系统各要素的质和量是有所不同的,但教育系统的结构和发展模式则是可以相同或相似的。因此,人们可以通过教育比较,类推出教育发展的未来。

科学技术正在不断分化,许多专门人才在经济发展中的作用是不可替代的。科学技术的进步以及它能通过专门人才来转化为巨大的生产力这一事实表明,经济的发展对教育发展有一定的依赖性。在资源约束型国家,要使教育发展适应经济发展对专门人才的需要,同时又要节约资源,必须较合理地确定教育的发展规模和结构。教育预测是必要的。节约资源是经济活动中的基本法则,从这个意义上讲,任何国家有必要在教育预测的基础上进行科学的教育决策,使教育发展规模和结构与经济发展的需要相适应。

在我国,教育预测就显得更加重要。因为在我国经济发展中起主导作用的全民所有制大中型企业,生产主要是按计划进行的,生产要素的组合也是按计划进行的。如果教育发展失去计划,这些企业生产要素的计划组合就很可能难以实现。制订合理的教育事业发展计划,无疑需要教育预测。

教育预测可以根据预测对象的范围、特点、时间、预测性质和预测方法论进行分类。教育预测按预测对象的范围可分为宏观预测和微观预测,宏观预测是指对一个国家、部门、地区教育发展前景的预测。微观预测是指对某一学校、专业、家庭、个人教育发展前景的预测。教育预测按预测对象的特点可分为个体基本社会化教育需求预测和个体必要专业化教育需求预测。前者是对义务教育的年限、对象和文盲人数的预测；后者是对专门人才需求的预测。教育预测按预测对象的时间长短可分为长期、中期和短期预测。长期预测一般为十年，中期预测为五年，短期预测为一年。教育预测按预测性质可分为定性和定量预测。定性预测是对教育现象或过程的未来变化作出性质上的描述，定量预测是连续性预测、因果性预测和相似性预测。前者是通过对教育发展历史的分析来揭示规律，以此为依据来预测教育发展的前景；中者是在调查研究的基础上，通过对制约教育发展因素的分析来揭示规律，以此为依据来预测教育发展的前景；后者是通过教育的比较分析来预测教育发展的前景。

教育预测程序一般要经历以下几个步骤：①确定预测目标。要求依据教育行政决策的迫切需要和现有的预测条件来选择预测课题，并确定明确、具体的目标。②制订预测工作计划。先根据目标列出影响预测对象的各种因素，并进行分类，然后按因素种类分配预测任务，再按任务订出工作计划。③收集、整理、分析资料，运用各种调查、统计方法收集有关原始或第二手资料，对资料进行分类、综合、加工、整理，使之系统化，然后进行可靠性分析。发现资料不真实的要及时想办法补救。④选择预测技术。根据目标、资料、设备、经费、能力等来选择预测技术；对同一预测课题，一般应采用两种以上的技术，以便比较预测结果。⑤建立预测模型。要求用数学公式表示教育预测对象各个变量之间的关系，必须符合教育理论和教育运行的客观实际。⑥确定预测值。将收集整理地原始数据，代入模型，计算出预测推定值及其误差，再根据目标进行修正，得出预测初步结果，即预测值。⑦提出预测报告和决策建议。对预测值进行有效性分析，得出结论，整理出报告，提出政策性建议。⑧修正预测结果。对预测结果和实际结果进行比较，检验预测误差，修正预测模型或预测值，找出误差原因并提出改进的措施。

教育预测一般遵循以下基本原则：第一，系统性原则。教育是社会经济系统中的一个子系统，教育与经济、社会之间，教育内部各要素之间是相互联系、相互依存、相互制约、相互作用的。宏观预测要考虑经济、社会发展各个变量对教育预测变量的影响；微观预测要考虑教育系统内部各个变量之间的相互作用。第二，连续性原则。从保持教育决策和政策的连续性上看，教育预测必须具有连续性；从揭示规律的要求上看，教育预测必须坚持连续性；从提高预测水平上看，过去的预测影响（通过决策）现在教育的发展，并接受着实践的检验，从而为现在的教育预测提供经验和教训。第三，非线性原则。教育系统作为一个开放系统，它的重要特征之一便是教育系统与社会大系统要素之间、内部各要素之间，存在着非线性的相互作用。不能把预测模型的线性理解绝对化。第四，类推原则。这显然是依据预测的三大原理——连续性原理、因果性原理和相似性原理提出来的。认识教育发展中的规律，就可类推出教育发展的未来。第五，概率原则。通过大量教育事件的统计分析，找出某一区间教育事件发生的概率，从偶然中揭示出必然，用以预测教育发展的未来。

教育预测的方法很多，这里只介绍其中常用的又比较典型的几种方法。

1. 直观判断预测法

它是指依据调查资料的经验，通过对预测对象未来发展的性质、程度、可能的途径和出现的问题的直观判断、简单的数量分析来得出预测结果的方法。它包括德尔菲法、抽样调查法、综合调查法、德比克法、基本因素分析法、主观概率法、形态分析法、趋势判断法、关系树法和交叉影响矩阵法等。由于篇幅关系，这里只介绍德尔菲法。德尔菲法，又称专家调查法，是由美国兰德公司（Rand Corporation）于20世纪40年代首先使用。德尔菲本是古希腊一座城市，因阿波罗神殿而出名。传说太阳神阿波罗有很强的预测未来的能力，众神每年要到德尔菲集会以预测未来，德尔菲由此成为预测未来的神谕之地。故由此取名。此法由预测单位主持，操作程度是：第一步，挑选20人左右的专家，用信函方式与他们各自发生联系，专家之间彼此保密；第二步，将预测课题、目标和背景材料以及函询要求寄给各位专家；第三步，收集整理专家意见，将初步结论和更具体的函询要求反馈给各位专家；第四步，根据专家意见修正初步结论，将修正结论及重新修正结论，再将新修正的结论和要求专家提出最终预测结论及其依据和有关材料的函询意见再反馈给各位专家；然后，主持单位可根据专家提供的资料和基本一致的意见，作出最后预测结果。这种方法与一般的调查法不同，其特点是：第一，匿名性，受函询的专家彼此不通气，使他们不受权威、资历的影响；第二，反馈性，一般要反复函询四至五轮；第三，收敛性，经过多次函询，专家们意见趋向一致。

2. 回归分析预测法

回归分析就是通过对统计数据的处理，依据变量间的相关形式，确定回归方程的形式，再算出说明变量间相关程度的回归方程的各个系数，测定变量间的相互关系值。回归分析预测法是指将影响预测对象变化的有关数据（自变量）代入已确定的回归方程，计算出估计值（因变量），以此为依据来预测教育发展未来的定量分析方法。大家知道，变量间的关系有两种表现形式。一是函数关系，即变量间存在着完全确定的关系。如年学生人均教育事业费（C）与年教育事业费总支出（E）和年学生总人数（S）的关系是函数关系，即 $C=\dfrac{F}{S}$。二是相关关系，即现象之间的数量存在依存关系，但关系值不确定。如专门人才的需求量与经济增长速度有依存关系，但二者的关系值是不确定的。为了近似地计算相关关系值，在预测中通常用函数关系式来表明相关关系。这种表示变量之间相关关系的数学表达式，就叫回归方程。表示直线相关（相关点在坐标系中呈直线分布）的回归方程叫线性回归方程。表示曲线相关（相关点在坐标系中叶曲线分布）的回归方程叫非线性回归方程。表示单相关（一个因变量和一个自变量）的回归方程叫一元回归方程。表示复相关（一个因变量和两个以上自变量）的回归方程叫多元回归方程。

（1）一元线性回归分析。一元线性回归方程的表示式为 $\hat{y}=a+bx$。（这里 y 上面加^是为了区别于 y 的实际值，因为 y 与 x 不是函数关系。）式中 y 为因变量，x 为自变量，a、b 为回归方程的特定系统。根据最小二乘法原理，可得到 a、b 的求解方式。

$$a = \bar{y} - b\bar{x}$$

$$b = \frac{\sum_{i=1}^{n} x_i y_i - n\bar{x}\bar{y}}{\sum_{i=1}^{n} x_1^2 - n\bar{x}^2} = \frac{\sum_{i=1}^{n}(x_i - \bar{x})(y_i - \bar{y})}{\sum_{i=1}^{n}(x_1 - \bar{x})^2}$$

其中 $\bar{x}$、$\bar{y}$ 分别为 x_1 和 y_1 的平均数，n 为数据的个数。

一元线性回归方程的系数确定以后，还必须通过相关系数检验和 t 检验，来评定各系数估计值的可靠性。求相关系数的公式是

$$r = \frac{\sum_{i=1}^{n}(x - \bar{x})(y - \bar{y})}{\sqrt{\sum_{i=1}^{n}(x - \bar{x})^2} \cdot \sqrt{\sum_{i=1}^{n}(y - \bar{y})^2}}$$

$$= \sqrt{1 - \frac{\sum(y_i - \hat{y}_i)^2}{\sum(y_i - \bar{y})^2}}$$

t 检验是判断一元线性回归方程中 $b=0$ 的可能性是否小于 5%。如 t 小于 5%，那么就通过了。如果 $b=0$，那么原方程成为 $y=a$，y 与 x 毫不相关，原方程失去意义。计算 b 的公式是：$t(\hat{b}) = \frac{b}{SD(b)}$。其中 SD 表示最小二乘法估计值标准差。

值得说明的是，a、b、r 和 $t(\hat{b})$ 都可用电子计算器或电子计算机求得。故这里不必就求 SD 的公式加以说明。

（2）多元线性回归分析。多元线性回归有以下表达式：

$$\hat{y} = a + b_1 x_{1i} + b_2 x_{2i} + \cdots + b_m x_{mi} + \varepsilon_i \quad (i = 1, 2, \cdots n)$$

其中 m 为自变量的数目，n 为数据数目。

因为式中自变量数目为两个以上，所以有必要采用数字矩阵方法进行计算。上述表达式写在矩阵形式就是：$\hat{y} = bx$。式中

$$\hat{y} = \begin{Bmatrix} y_1 \\ y_2 \\ \vdots \\ y_n \end{Bmatrix} \quad x = \begin{Bmatrix} x_{11} & x_{21} & \cdots & x_{m1} \\ x_{12} & x_{22} & \cdots & x_{m2} \\ \vdots & \vdots & & \vdots \\ x_{1n} & x_{2n} & \cdots & x_{mn} \end{Bmatrix} \quad b = \begin{Bmatrix} b_1 \\ b_2 \\ \vdots \\ b_m \end{Bmatrix}$$

根据最小二乘法，求 b 可用矩阵方法解多元一次联立方程：

$$\begin{cases} an + b_1 \sum_{1i} + b_2 \sum_{2i} + \cdots + b_m \sum x_{mi} = \sum y_i \\ a \sum x_{1i} + b_{1i} \sum x_{1i}^2 + b_{21} \sum x_{1i} x_{2i} + \cdots + b_m \sum x_{1i} y_i = \sum x_{1i} y_i \\ \cdots \cdots \\ a \sum x_{mi} + b_i \sum x_{mi} x_{1i} + b_2 \sum x_{mi} x_{2i} + \cdots + b_m \sum x_{mi}^1 = \sum x m_i y_i \end{cases}$$

这个方程写成矩阵形式就是：$X'Xb = X'Y$。移项则有：$b = X'X/XY$。求常数 a 的公式是

$$a = \bar{y} - b(\bar{x_1}, \bar{x_2}, \cdots, \bar{x_m})。$$

将上述求 a、b 的公式编写程序，就可直接用计算机求出结果。

(3) 可线性化的非线性回归。以下非线回归可以转化为线性回归，再用线性回归的方法求方程的系数。

第一，幂函数的线性化。幂函数是应用最广的曲线模型，表达式是：$y = ax^b$（自变量为一个）。$y = ax_1^b x_2^b$（自变量为两个）。

两边取对数，并令 $y' = \log y$, $A = \log a$, $x_1' = \log x$, $x_a' = \log x_2$, $x' = \log x$, 则上两式分别有：$y' = A + bx'$；$y' = A + b_1 x_1' + b_2 x_2'$。

第二，两次曲线的线性化，即 $y = a + b_1 x + b_2 x^2$。

令 $x_1 = x$, $x_2 = x^2$, 则原式成为：$y = a + b_1 x_1 + b_2 x_2$。

第三，倒函数的线性化。倒函数的表达式为：$y = a + b_1 \dfrac{1}{x} + e_i$。

令 $x = \dfrac{1}{x_1}$，原式成为：$y = a + b_1 x + e$。

第四，指数函数的线性化。单变换指数函数的形式为：$y = A_e^{bx}$。两边取对数，并令 $y' = \ln y$, $a = \ln A$, 原式变成：$y' = a + bx$。

双变换指数的形式为：$y = Ae^{\frac{b}{x}}$。两边取对数，并令 $y' = \ln y$, $a = \ln A$, $x' = \dfrac{1}{x}$, 原式则变成：$y' = a + bx'$。

第五，双曲线函数的线性化。双曲线函数的形式为：$\dfrac{1}{y} = a + \dfrac{b}{x}$。令 $y' = \dfrac{1}{y}$, $x' = \dfrac{1}{x}$, 原式变成 $y' = a + bx'$。

(三) 时间序列分析预测法

时间序列是指各种社会现象和自然现象的数量指标依时间次序排列起来的统计数据。所谓时间序列分析检测法，就是依据时间序列所反映的社会和自然现象的变化发展规律来预测事物未来发展趋势和水平的一种定量分析方法。统计数据依时间的推移会出现四种情况的变化：长期趋势变化 T，季节波动 S，循环变化 C，不规则波动 I。时间序列以四种情况相互作用的方式不同具有以下两种数学模型：一是比例模型，即 $Y=T\times S\times C\times I$；一是加法模型，即 $Y=T+S+C+I$。短期教育预测中用得比较多的是长期趋势变化分析中的滑动平均法和指数平滑法。下面就这两种方法作些介绍。

(1) 滑动平均法。它的滑动公式为：$\hat{x}_{t+1}=\dfrac{x_t+x_{t1}+\cdots+x_{t\ n+1}}{N}$，$t\geq N$。

其中 x_t 为时间序列，$\hat{x}_{t+1}$ 为 $t+1$ 期序列的滑动平均预测值，N 为滑动平均的时序数。

可见，滑动平均法是依据时间序列，逐项滑动，依次计算一定项数的序时平均数，以形成一个序时平均数时间序列来进行预测的方法。为了强调新数据的影响，人们又提出了加权滑动平均法。其滑动公式为：

$$\hat{x}t_g=\dfrac{\alpha_0 x_t+\alpha_1 x_{t-1}+\cdots+\alpha_{N-1} x_{t\ N+1}}{N}$$

其中 α_0，α_1，$\cdots\alpha_{N-1}$ 为加权因子，它满足：

$$\dfrac{\sum_{t=0}^{N=1}\alpha_i}{N}=1。$$

一般对新数据加的权要大些，以突出它的影响。

(2) 指数平滑法。它是根据过去的实际数和预测数，经过加权平均来进行预测的方法。下面介绍常用一次指数和二次指数平滑。一次指数平滑主要用于受不规则变动影响而没有明显上升或下降趋势的时间序列。其平滑公式为：预测值＝原预测值＋$\alpha\cdot$（原预测误差）。写成数字表达式就是：

$\hat{x}_t=\hat{x}_{,1}+\alpha\ (x_{i1}-\hat{x}_{t-1})$。

其中 α 为加权因子（$0\leq\alpha\leq 1$）。

二次指数平滑是指对一次指数平滑后的序列数据再作一次指数的平滑。主要用于有明显上升或下降趋势的时间序列。其公式是：

$$S_t^2(\hat{x})=\alpha S_t^1(\hat{x})+(1-\alpha)S_t^{2-1}(\hat{x})。$$

其中 $S_t^1(\hat{x})=\hat{x}_t$，为一次指数平滑值；$S_t^2(\hat{x})$ 为二次指数平滑值。用这一切公式求出值后，再用下面公式进行预测值的计算：

$$\hat{x}_{t+k}=(2+\dfrac{\alpha k}{1-\alpha})S_t^2(\hat{x})-(1+\dfrac{\alpha k}{1-\alpha})S_1^2(\hat{x})。$$

其中 $\hat{x}_{t+k}$ 为第 $t+k$ 的预测值，k 为基期到预测期的时期数。

二、教育发展规划

教育发展规划，又称教育事业发展规划，指国家或地方根据社会发展的需要和满足这种需要的可能而制定的未来一定时期教育事业发展的指导文件。它是国家或地方组织、调节和管理教育事业有计划按比例发展的基本形式和手段，是国民经济和社会发展规划的组成部分。

教育发展规划是社会发展到一定历史阶段的产物。在原始社会，生产力发展水平极低，教育还处在一种原始状态，既没有专门机构，也没有专职教师，教育是在社会生产和生活中进行的，因而没有必要制定教育发展规划。在奴隶社会和封建社会，学校和专职教师出现了。但由于社会生产仍然以手工操作和自给自足为主，劳动者不接受专门的教育也能从事生产，教育发展如何适应社会发展的需要还没有引起人们足够的重视，还没有产生出制定教育发展规划的迫切需要。到资本主义社会，随着商品经济的不断发展、社会分工的日趋复杂和生产的日益社会化，经济发展需要更多训练有素的熟练劳动力和专门人才。教育在社会发展中的地位和作用日益充分地显示出来。经济发展对教育发展依赖性的日益增强，意味着教育发展的预见性和计划性对经济发展的意义日益显得重要。于是，教育发展规划便随着社会化大生产的发展而产生了，并成为现代教育管理的主要内容之一。

我国制定教育发展规划不仅是社会化大生产的客观要求，而且是国民经济和社会发展计划管理的客观要求。我国经济和社会发展主要是按计划进行的。教育事业属于社会发展范畴这一事实说明教育也必然是按计划发展的。因此，制定教育发展规划是教育管理的重要任务。

教育发展规划可以根据规划对象的时间、范围、内容进行分类。

按规划对象的时间，教育发展规划可分为长期规划、中期计划和短期计划。长期规划又称长远战略规划，一般为十年，是关于教育事业发展战略部署的纲领性文件。中期计划一般为五年，是把长远战略规划加以具体化，用以指导近期发展的条目性计划，是联系长期规划与短期计划的纽带。短期计划一般为一年，是中期计划的具体化，是指导当前教育事业发展的行动计划。

按规划对象的范围，教育发展规划可分为国家规划和地区规划。国家教育发展规划是根据国民经济和社会发展目标所制定的全国教育事业发展的总体的蓝图。地方教育发展规划是依据国家总体蓝图和本地区的特点所制定的地区性教育发展的具体规划。

按规划对象的内容，教育发展规划可分为普通中小学教育事业规划、专门人才培养规划、职业技术教育事业规划和成人教育事业规划。我国制定教育发展规划是按这种形式分类的。

关于编制教育发展规划的依据，理论界有不同的看法。其中西方国家提出的三种教育发展规划理论，即按个人的教育需求编制教育发展规划的理论、按教育投资收益率编制教育发展规划的理论和按人力需求编制教育发展规划的理论，是颇有代表性的。下面先就这三种理论作些介绍，然后谈谈我们对规划依据的看法。

按个人的教育需求编制教育发展规划的理论是英国经济学家罗宾斯提出来的。第二次世界大战以后，随着现代科学技术在生产中日益广泛的应用，西方各主要资本主义国家经济增长速度加快了，经济发展对专门人才的需求增加了，教育发展与经济发展不相适应的矛盾突出了。如何科学地编制教育发展规划，以便使教育发展与经济发展相适应，就成为西方教育行政管理中一个亟待解决的问题。应英国政府的邀请，罗宾斯对此进行了研究。他认为，每个人都享有受教育，特别是受高等教育的平等权利，教育发展规划应该充分保障和实现这种权利，因此，编制教育发展规划以个人的教育需求为依据，教育事业的发展应以充分满足个人的教育需求为目标。为此，他在预测英国个人的高等教育需求的基础上，为英国政府制定了1961—1962年度高等教育事业发展规划，即著名的"罗宾斯报告"。

从保障个人享有受教育的平等权利这个意义上讲，这种观点是积极和正确的。但从教育制度上讲，这种观点就有很大的缺陷；从规划实现的后果和可能性上讲，这种观点是有害的和陷入空想的。

众所周知，在存在脑力劳动和体力劳动分工和差别的条件下，个人受教育的程度是与个人未来的社会地位相联系的。个人的教育需求量总是大于经济发展所能容纳的教育需求量。因此，按个人的教育需求量编制的教育发展规划，实现的后果必然是专门人才相对过剩，从而造成社会性浪费。而在经济欠发达国家，教育事业发展因资源约束而无法充分满足个人的教育需求，编出这样的教育发展规划是不能变为现实的。再说资本主义教育制度的阶级性证明，资本主义国家不可能充分保障和实现人人受教育的平等权利。

按教育投资收益率编制教育发展规划的理论，是人力资本论者提出来的。他们认为，教育投资的收益率，是直接影响教育发展的经济因素。在市场经济下，某种教育的收益率较高，就能刺激人们去受这种教育，加快这种教育的发展；反之，某种教育的收益率较低，就能引导人们不去受这样的教育，减慢这种教育的发展速度。因此，各种教育投资的收益率，实际上成为教育发展的调节器。编制教育发展规划就应该依据教育投资各种收益率的高低来决定各级各类教育发展的快慢。

在承认教育投资收益率的科学性和可操作性的前提下，这种观点是有道理的。问题在于科学地计算这种收益率的理论和实践尚待完成，按投资收益率编制教育发展规划还为时还早。

按人力需求编制教育发展规划的理论是20世纪60年代经济合作与发展组织（OECD）提出来的。该组织认为，在经济基础差，教育资源缺乏，熟练劳动力和专门人才处于严重不足的状况下，只有根据经济发展对人力的需求来制定教育发展规划，才能实现资源节约，同时保证专门人才的供求的基本平衡。

这种观点提倡用现实和实在的态度对待教育发展规划的编制，这是值得赞赏的。问题在于教育发展不仅要满足经济发展对人力的需求，还要满足人的身心发展的基本教育需要。把后者完全排斥在教育发展规划之外，是片面的。

我们认为，编制教育发展规划应该以社会的教育需要和满足这种需要的可能为依据。

社会的教育需要是指一定经济和社会发展过程中客观表现出来的教育需要。它主要是由经济和社会发展目标决定的。一般说来，经济和社会发展目标一定，社会的教育需要也为一定。满足这种需要的培养能力也随经济和社会发展目标的实现而具备。

社会的教育需要有两种表现形式：一是个体基本社会化的教育需要；一是个体必要专业化的教育需要。前者决定人们适应社会生产和生活所必需的文化科学知识，因而决定着普及教育的年限；后者决定于实现经济和社会发展目标所必需的专门人才，因而决定着专门人才培养的规模和结构。

社会的教育需要包括质和量的两个方面。质的方面主要依据教育方针和各级各类教育具体的培养规格来确定。量的方面则是依据教育预测和国家发展教育事业的总方针、基本政策和法规来确定。教育预测虽然揭示出了未来教育事业发展的客观可能性，但毕竟是可能性，而不是现实性。因此，预测值不能看成就是社会的教育需要。国家发展教育事业的总方针、基本政策和法规则反映了人们改变未来教育事业发展面貌的主观能动性。可以说，社会的教育需要就是这种客观可能性和主观能动性的体现。从这个意义上讲，编制教育发展规划就是依据教育预测值和国家发展教育事业的总方针、基本政策和法规，去寻找反映社会的教育需要的各个具体指标。

编制教育发展规划除要以社会的教育需要为依据外，还要考虑满足这种需要的可能，即未来可能具有的培养能力，使规划具有可行性。当需要与可能发生矛盾时，如何处理二者之间的关系？这就是下面要讨论的综合平衡问题。

教育发展规划中的综合平衡，主要是指教育事业与经济、社会发展之间的平衡，各类教育事业发展之间的平衡，招生数与学生来源之间的平衡，教育事业发展与师资来源之间的平衡，教育事业发展与教育经费来源之间的平衡。下面分别加以说明。

搞好教育事业发展与经济社会发展之间的平衡，要求处理好社会的教育需要量与可能的招生能力的关系。在我国，需要量与可能的招生能力之间的两种状况：一是需要量与可能的招生量大体相符。这时就可以需要量或可能的招生量作为计划招生量。二是需要量大于可能的招生量。这时既不能以需要量作为计划招生量，因而客观可能条件决定了在不降低教育质量的前提下不能完成这样的教育任务，也不能以现有的条件来确定计划招生量，而应该采取积极有效的措施在现有基础上尽量扩大招生数量，增加计划外招生名额。

我国各类教育事业发展之间的平衡，主要是指普通中等教育事业发展与中等职业技术教育事业发展之间，普通高等教育事业发展与成人高等教育事业发展之间的平衡。根据先培训后就业的原则，普通高中计划招生与中等技术职业技术学校计划招生数之和，应与普通初中毕业生人数大体相符。根据我国大学毕业生占全国总人口的比例比较低这一实际情况，在发展普通高等教育的同时，要加快成人高等教育的发展。成人高等教育计划内招生数应控制在大专院校教师所能完成的工作量以内，因为成人高等教育的教学任务主要是高校教师担任着，否则会影响普通高等教育的质量。高等教育自学考试招生数，不应限制。但要加强自学考试的管理，把好质量关。

搞好招生数与学生来源之间的平衡，主要是安排好招生数与相衔接年级毕业生的比例，处理好就业与升学的关系，当前较突出的问题是普通教育、中等专业技术学校和大专院校的生源很足，而职业中学，特别是农村职业中学的生源严重不足。改革就业制度，改变就业观念，缩小城乡户口之间的经济差别，是解决这一问题的契机。

我国教育事业发展与师资来源之间的平衡所面临的主要问题是农村中小学教师来源不足。解决这一问题的关键是提高农村中小学教师的社会地位，安排好中小学教育事业发展与师范院校发展的比例。我国教育事业发展与教育经费来源之间平衡上存在的主要问题有两个：一是普通高等教育经费国家负担相对过重，学生负担相对过轻；二是普通中小学，特别是义务教育的经费，国家负担相对过轻，集体和学生负担相对过重。从长远的观点看，必须逐步稳妥地解决教育经费负担不合理的状况。

第十一章 教育财政

教育的生产、分配和消费在现代经济中具有重要地位,在现代社会中对人的生存和发展也具有重要意义。教育的生产、分配和消费的过程是教育资源配置的过程。教育财政是教育资源配置的重要手段,对教育的生产、分配和消费具有重要的调节作用。

第一节 教育财政的本质

教育财政是社会公共权力机构为满足公共教育需要而进行的公共理财活动。社会公共权力机构要进行公共理财活动,就要同物和人发生关系。这些关系构成了教育财政的多级本质。人们对事物多级本质的认识是一个不断深化的过程。正如列宁所说:"人对事物、现象、过程等等的认识是从现象到本质、从不甚深刻的本质到更深刻的本质的深化的无限运动……由所谓初级的本质到二级的本质,这样不断地加深下去以至于无穷。"[①] 教育财政的多级本质由浅入深可分为第一级、第二级和第三级。深入认识教育财政的三级本质,有助于揭示和把握教育财政分配的基本规律。

一、教育财政的第一级本质:教育财政分配所产生的人与物的关系

教育财政分配是社会公共权力机构对公共教育经费及其税负所进行的分配。作为货币化社会总产品或剩余产品一部分的公共教育经费是教育财政的对象物。作为教育财政主体的社会公共权力机构要进行教育财政分配,就要同公共教育经费发生关系。于是,教育财政分配所产生的人与物的关系就集中表现为教育财政主体与公共教育经费的关系。这种关系发生在教育财政初次分配的过程中,构成了教育财政的第一级本质。

教育财政能力体现教育财政分配所产生的人与物的关系。教育财政主体运用一定手段筹集和分配公共教育经费的能力,就是教育财政能力。教育财政主体、公共

---

① 列宁全集[M].第38卷.北京:人民出版社,1986:239~278.

教育经费和公共教育经费筹集手段是教育财政能力的三个要素。教育财政主体是教育财政能力中最活跃的要素。教育财政能力的发展以教育财政主体为主导力量。公共教育经费是教育财政能力中的物质要素。教育财政能力的发展以公共教育经费为标志。公共教育经费筹集手段是教育财政主体筹集公共教育经费的方式和方法。教育财政能力的发展以公共教育经费筹集手段为技术支撑。

教育财政能力与生产力、生产关系和上层建筑有密切联系。生产力决定社会总产品的产出量,进而决定社会总产品可用于教育的总量,决定公共教育经费的社会承受力,并在物的因素上最终决定教育财政主体筹集公共教育经费的能力。生产力越发展,社会总产品用于教育的就会越多,公共教育经费的社会承受力就会越大,教育财政主体运用一定手段所筹集到的公共教育经费就会越充足。教育财政能力在公共教育经费筹集手段不变条件下会随着公共教育经费的增加而提高。生产力是人类社会发展中最终起决定作用的力量,适应生产力发展要求的教育财政能力就是社会所必需的教育财政能力,适应生产力发展要求的公共教育经费就是社会所必需的公共教育经费量。按社会所必需的公共教育经费量进行筹集就是公共教育经费的适量筹集。生产关系从生产资料所有制形式、分配形式和人与人的关系层面影响教育财政主体行为和公共教育经费筹集手段。上层建筑从政治、法律制度和社会意识形态层面影响教育财政主体行为和公共教育经费筹集手段。适应生产力发展要求的生产关系和上层建筑应该形成适应公共教育经费适量筹集的教育财政主体行为和公共教育经费筹集手段。因此,公共教育经费的适量筹集体现教育财政能力发展的必然要求,成为教育财政分配的第一永恒主题和基本规律。

公共教育经费的适量筹集是以对公共教育经费适量的科学判断为前提的。在生产力一定的条件下,公共教育经费筹集多少才是适量?这是学术界长期争论的问题。美国学者 C. 本森不满意用教育财政支出占财政总支出的 20% 的比例作为判断公共教育经费适量的判断标准,并提出公共教育经费适量判断的三个依据,即确保实现"(a)近乎普及的初等教育注册率;(b)充分的初等教育巩固率以及保证中等教育学生数的相应规模和性别平衡;(c)对全体人口高质量的教育以维持人们有文化的一生"[①]。用这三个判断依据取代过去的单一判断标准,使得对该问题的认识更趋全面和深化。然而,这三个判断依据因为没有在生产力发展水平或经济社会发展水平上做出区分而缺乏科学性。判断公共教育经费是否适量的依据必须在生产力发展对教育所提出的要求上寻找。这种要求规定义务教育的年限和非义务教育的适度规模。生产力发展对教育提出的要求决定社会所必需的公共教育经费量,

---

① [美] 马丁·卡诺依. 教育经济学国际百科全书 [M]. 第2版. 闵维方等, 译. 北京: 高等教育出版社, 2000: 526.

就是义务教育年限所具有的义务教育阶段适龄人口接受义务教育所必需的公共教育经费量,再加上非义务教育适度规模所必需的公共教育经费量。

义务教育年限通常以法律形式加以规定,所以,义务教育所必需的公共教育经费量是义务教育阶段适龄人口与义务教育生产要素生均价格的乘积。非义务教育适度规模可理解为非义务教育适度在校生人数。所以,非义务教育适度规模所必需的支出量是非义务教育适度在校生人数与非义务教育生产要素生均价格的乘积。非义务教育适度规模在理论上是充分满足人们接受非义务教育需要的非义务教育规模。这种需要反映生产力发展水平,并通过非义务教育的居民购买力和财政承受力分别转化为非义务教育的市场需求和政府需求。因此,非义务教育适度规模在现实性上是充分满足非义务教育的市场需求和政府需求的非义务教育规模。非义务教育适度规模所必需的居民支出量是非义务教育市场需求量与非义务教育生产要素生均价格的乘积。非义务教育适度规模所必需的财政支出量或公共教育经费量是非义务教育政府需求量与非义务教育生产要素生均价格的乘积。非义务教育适度规模所必需的财政支出量与经济、社会发展之间相互联系。马斯格雷夫公共支出宏观模型表明,经济和社会迈向中等发达阶段政府对包括教育在内的基础设施的公共支出在财政支出中占有相当高比例。罗斯托公共支出宏观模型表明,"经济一旦达到成熟阶段公共支出结构就会从对基础设施的支出转向对教育、医疗和福利服务的支出"①。公共支出微观模型表明,教育生产要素价格随经济增长和物价上涨而呈不断上涨趋势。这三个理论模型反映了公共教育经费必需量与经济、社会发展之间的内在联系。我国教育财政支出所遵循的保证"三个增长"(保证教育财政拨款增长明显高于财政经常性收入增长,保证按在校学生人数平均的教育费用逐步增长,保证教师工资和学生人均公用经费逐步增长)的法律要求体现了这种内在联系。琼斯、莫菲特和亚历山大通过对美国 1950 年至 1980 年有关数据的分析所得出的"教育需求的居民收入弹性在经济繁荣期会较大而在经济滞胀期会较小"的结论表明,市场经济国家要避免非义务教育规模出现大起大落,教育财政就必须肩负起保证非义务教育总支出平稳增长的重任,即在经济繁荣期适当降低非义务教育财政支出占非义务教育总支出的比例,在经济滞胀期适当提高非义务教育财政支出占非义务教育总支出的比例。② 我国是市场经济国家,保障非义务教育总支出平稳增长,应该成为我国教育财政的法律要求。

以社会资源为物质基础的教育财政能力因为受制于社会资源的稀缺性而使得教

---

① [英] C. V. 布朗,P. M. 杰克逊. 公共部门经济学 [M]. 张馨,译. 北京:中国人民大学出版社,2000:102.
② R. L. Johns, E. L. Morphet and K. Alexander. The economics and financing of education [M]. Printed in the USA, 1983: 75~76.

育财政能力发展在现实性上依赖于社会资源的有效配置。面对稀缺的社会资源，教育财政主体要从生产力发展要求出发来配置公共教育资源，不仅要实现公共教育经费的适量筹集，而且要实现公共教育经费的有效分配。因此，公共教育经费的有效分配体现教育财政能力发展的必然要求，成为教育财政分配的第二永恒主题和基本规律。

  实现公共教育经费的有效分配是与克服教育资源配置的政府失灵和市场失灵相联系的。教育资源配置的政府失灵和市场失灵是教育的产品特性使然。教育是一种既具有私益性又具有公益性，并具有外部性和社会制约性的产品。马克思在《资本论》中指出："有一些服务是训练、保持劳动能力，使劳动能力改变状态等等的，总之，是使劳动能力具有专门性，或者仅仅使劳动能力保持下去的，例如学校教师的服务（只要他是'产业上必要的'或有用的）、医生的服务（只要他能保护健康，保持一切价值的源泉即劳动能力本身）——购买这些服务，也就是购买提供'可以出卖的商品等等'，即提供劳动能力本身来代替自己的服务，这些服务应加入劳动能力的生产费用或再生产费用。"① 作为训练、保持劳动能力并使劳动能力改变状态的教育，是实现劳动力的生产和再生产。因此，作为一种产品的教育是教育者或教育机构为实现劳动力的生产和再生产所提供的一种服务。无论是教育者还是教育机构提供的教育，都可以作量、质、类的区分，它在消费上具有可分性。同类的教育是由不同的教育者或教育机构所提供的，其质量多少存在差异。这使得教育在消费上具有一定的竞争性和排他性。各个受教育者购买和消费教育产品总是以他对教育的私益性需要为出发点的。正如马克思所说："在任何情况下，个人总是'从自己出发的'。"② 教育的公益性是教育给社会带来的好处。受教育者消费教育主要不是为了享受教育过程给他带来的愉悦，而是在获取知识、提高能力、增进健康等的教育过程中自觉或不自觉地实践社会要求。这对受教育者个人和社会都是有益的。教育的外部性是指受教育者生活所在的社区和邻居、他工作或未来工作所在的单位都会从他在消费教育产品过程中所获得的知识、能力、健康以及文明行为习惯中获益，且不必通过市场支付任何成本。教育的社会制约性是说教育总要反映一定生产力、生产关系和上层建筑对人的发展提出的要求。市场配置教育资源的出发点是教育的私益性需要，因此，教育资源配置在满足教育的公益性、外部性和社会制约性需要方面会发生市场失灵。纠正教育资源配置的市场失灵是实现公共教育经费有效分配的必然要求。政府配置教育资源的出发点是教育的公益性、外部性和社会制约性需要，因此，教育资源配置在满足教育的私益性需要方面会发生政府

---

① 马克思恩格斯全集 [M]．第 26 卷 Ⅰ．北京：人民出版社，1972：159．
② 马克思恩格斯全集 [M]．第 3 卷．北京：人民出版社，1960：514．

失灵。克服教育资源配置的政府失灵也是实现公共教育经费有效分配的必然要求。

二、教育财政的第二级本质：教育财政分配所产生的人与人的关系

教育财政主体要进行公共教育经费及其税负的分配，就要同受教育者、教育者或教育机构和纳税人发生关系。于是，教育财政分配所产生的人与人的关系就表现为教育财政主体与受教育、教育者和纳税人的关系。这种关系发生在教育财政初次分配和再次分配的过程中，构成了教育财政的第二级本质。

教育财政方式体现教育财政分配所产生的人与人的关系。教育财政主体对公共教育经费及其税负进行分配的制度安排和行为规范，就是教育财政方式。它主要包括教育财政体制、教育财政机制和教育财政政策与法规等。教育财政体制、教育财政政策与法规是教育财政分配的制度基础。它们决定了人们在教育财政分配中的地位、利益关系和行为方式，从而决定了教育财政分配所产生的人与人关系的性质。教育财政机制是教育财政体制、教育财政政策与法规的实践方式。它具有对教育发展的推动作用、对人们利益关系的调节与整合作用、对经济和社会发展的促进作用。教育财政分配所产生的人与人的关系归根结底是人们之间的利益关系。人们之间利益关系的平等交换就是社会公平。作为社会公平的重要内容、道德要求和社会进步标志的教育财政分配公平是教育财政方式应有的价值取向。因此，教育财政分配公平是教育财政分配的第三永恒主题和基本规律。

教育财政分配公平是教育财政分配所体现的各受教育者之间、各教育者之间和各纳税人之间利益关系的平等交换，其实质是体现利益均衡化。马克思指出："人们奋斗所争取的一切，都同他们的利益有关。"[①] 教育财政分配所体现的利益均衡化是教育财政分配的利益主体与利益客体的对立统一关系所表现出来的社会化需要，具体说来，就是体现发展成果由各阶层、各群体的人们共同分享以及人们之间收入、财产差距的不断缩小。教育财政分配是国民收入再次分配的重要手段。教育财政方式要追求教育财政分配公平，就要体现利益均衡化。

教育财政分配所体现的各受教育者之间利益关系的平等交换，就是教育财政分配在调节各受教育者之间利益关系上所体现的以完全平等或比例平等为原则的利益均衡化。人们接受义务教育的权利是人权的组成部分。正如马克思所说："人权之作为人权是和公民权不同的。和公民不同的这个人究竟是什么人呢？不是别人，就是市民社会的成员。为什么市民社会的成员称做'人'，只是称做'人'，为什么他的权利称为人权呢？这个事实应该用什么来解释呢？只有用政治国家和市民社会的关系，政治解放的本质来解释。首先我们肯定这样一个事实，就是不同于公民权

---

① 马克思恩格斯全集［M］．第1卷．北京：人民出版社，1956：82.

的所谓人权无非是市民社会的成员的权利,即脱离了人的本质和共同体的利己主义的人的权利。"① 人权是每个人参与社会缔结所赋予的基本权利。每个人参与社会缔结所做的贡献是完全一样的,所以每个人在人权上应该完全平等。社会应该保证每个人完全平等地享有他参与社会缔结所赋予的基本权利。王海明先生把这种基本权利视为人们"至少应该得到生存和发展的必要的、起码的、最低的权利"②。人们接受义务教育的权利是人们至少应该得到生存和发展的必要的、起码的、最低的权利,因而是人权的组成部分。人们接受义务教育的权利应该完全平等。各受教育者之间利益关系在接受义务教育权利上的平等交换应该体现完全平等原则。教育财政分配应该保障每个适龄儿童和青少年完全平等地享有接受义务教育的权利,保障每个适龄儿童和青少年完全平等地接受等质等量的义务教育。这种保障体现利益均衡化。我国致力于促进义务教育均衡发展,无疑是促进利益均衡化所必需的。

  人们接受非义务教育的权利是马克思所说的"公民权"的组成部分。公民权分配所体现的人们之间利益关系的平等交换,就是人们在社会上所得到公民权的多少与他们为社会所做贡献的大小成比例。这种平等交换是一种比例平等交换。人们在接受教育过程中为社会所做的贡献是用人们的学习表现来衡量的。人们在接受非义务教育的权利上得到的多少与他们在接受教育过程中表现的好坏成比例,就是人们之间利益关系在接受非义务教育权利上的比例平等交换。因此,各受教育者之间利益关系在接受非义务教育权利上的平等交换应该体现比例平等原则。教育财政分配应该保障人们按比例平等原则享有接受非义务教育的权利。比例平等是有差异的平等。按比例平等原则分配接受非义务教育的权利本身不体现利益均衡化。再说,学习表现的好坏既与学习者是否努力相联系,又与学习前他的学习基础是否牢固相联系,还与他的家庭支持他学习的经济条件是否具备相联系。而学习基础的不同又与各地、各阶层、各民族、各群体义务教育发展的不平衡相联系,家庭经济条件的差异又与各地、各阶层、各民族、各群体分配收入的不均衡相联系。因此,接受非义务教育权利的比例平等分配只有适度向教育弱势地区、教育弱势阶层、教育弱势民族、教育弱势群体倾斜,才有助于体现利益均衡化。同样,教育财政对非义务教育阶段学生的直接资助只有适度向经济弱势地区、经济弱势阶层、经济弱势民族、经济弱势群体倾斜,才有助于体现利益均衡化。

  教育财政分配所体现的各教育者之间利益关系的平等交换,就是教育财政分配在调节各教育者之间利益关系上所体现的以比例平等为原则的利益均衡化。各教育者为社会所做的贡献越大,他们所得到的利益就越多。这就是各教育者之间利益关

---

① 马克思恩格斯全集[M].第1卷.北京:人民出版社,1956:437.
② 王海明.新伦理学[M].北京:商务印书馆,2001:350.

系的比例平等交换。教育财政分配在调节各教育者之间利益关系上应该遵循比例平等原则。然而，各教育者之间利益关系的比例平等交换本身不体现利益均衡化。教育财政在调节各教育者之间利益关系的比例平等分配时只有适度向经济弱势地区、经济弱势阶层、经济弱势民族、经济弱势群体倾斜才有助于体现利益均衡化。

教育财政分配所体现的各纳税人之间利益关系的平等交换，就是教育财政分配在调节各纳税人之间利益关系上所体现的以比例平等为原则的利益均衡化。纳税人从教育的公益性和外部性中所获得的好处与他在公共教育经费上所承担的税负成比例，就是体现公共教育经费税负承担上的比例平等。教育的公益性和外部性在国民收入中主要表现为科学技术和劳动素质对经济增长所做的贡献。纳税人的收入作为国民收入的一部分，不管它来自劳动所得还是来自投资所得，都包含着教育的公益性和外部性对经济增长所做贡献在其中的体现。每个劳动者，无论他的家庭是否有人接受教育，能否从公共教育支出中得到好处，都有义务来承担公共教育经费税负。公共教育经费税负分配应该遵循比例平等原则。这意味着，个人所得越多，他所承担的公共教育经费税负就应该越多。然而，公共教育经费税负的比例平等分配本身不体现利益均衡化。教育财政分配在调节各纳税人之间利益关系时只有适度向高收入者倾斜才有助于体现利益均衡化。

三、教育财政的第三级本质：教育财政分配所产生的教育财政能力与教育财政方式的关系

既然教育财政有第一级本质和第二级本质，那么第一级本质与第二级本质之间有什么内在联系？前面的分析表明，教育财政分配所产生的教育财政能力与教育财政方式的关系体现这种内在联系。这种关系发生在教育财政分配更广、更深的层面，构成了教育财政的第三级本质。

教育财政分配以教育财政能力为物质内容，以教育财政方式为社会形式。在现实生活中，既没有脱离教育财政能力的教育财政分配，也没有脱离教育财政方式的教育财政分配。教育财政能力反映生产力，教育财政方式反映生产关系。生产力与生产关系的对立统一关系和矛盾运动在教育财政分配中表现为教育财政能力与教育财政方式的对立统一关系和矛盾运动。在教育财政能力与教育财政方式的矛盾运动中，教育财政能力是矛盾的主要方面，它起着决定作用。一定的教育财政方式是适应一定的教育财政能力发展要求而产生的，并对教育财政能力具有反作用。教育财政能力总会随着生产力发展而发展，生产关系也总要随着适应生产力发展新要求而变革，教育财政方式如果不能随着生产关系的变革而变革，就会阻碍教育财政能力的发展。于是，适应教育财政能力发展的新要求而变革教育财政方式，就成为教育财政分配的第四永恒主题和基本规律。

教育财政能力与教育财政方式的对立统一构成教育财政形态。正是生产力与生

产关系、教育财政能力与教育财政方式的矛盾运动，推动了教育财政形态由低级向高级发展。人类社会发展虽然经历了五种不同社会形态，却只经历了四种相对独立的不同教育财政形态，即奴隶教育财政、封建教育财政、资本主义教育财政和社会主义教育财政。

教育财政是财政发展和分化的结果，而财政则是生产力发展到一定历史阶段的产物。原始社会前期因为没有剩余产品而自然不会有财产和理财活动。正如摩尔根所说："人们以财产代表积累的生活资料而对它产生占有的欲望，这在蒙昧社会是完全没有的事。"① 原始社会后期随着剩余产品的出现而出现了以满足公共需要为目的的公共理财活动即财政。希腊氏族法典中关于"具有公共财产、一位执政官和一位司库"的记载，② 我国《史记·五帝纪》和《路史》分别关于神农之时"以征不享"、和"二十二税一"的记载，都是财政产生于原始社会末期的文字证据。原始社会的氏族公共活动，如"青年之家"举办的活动，既是教育活动，又是政治活动、宗教活动和军事活动。这意味着，满足"青年之家"活动需要的公共理财还没有从财政中分离出来，氏族财政中就不可能分离出教育财政。到了奴隶社会，学校的出现使得教育脱离了直接的生产劳动。奴隶制国家为满足学校开展公共教育活动需要而进行的公共理财活动，就逐渐成为一种独立的公共理财活动，教育财政也就从奴隶社会开始取得了相对独立的地位。

奴隶社会那种以失去人身自由的奴隶为劳动者和以刀耕火种式的奴隶被动消耗体力为主的生产力只能提供极为有限的剩余产品，从而决定了奴隶教育财政能力具有迟滞增加的物质内容，使得教育财政主体对社会所必需的公共教育经费量的财政分配完全局限在奴隶主阶级实现统治者再生产所必需的公共教育经费量上，对教育资源有效配置的评价完全局限在满足统治者再生产需要的认识上。奴隶生产方式所决定的教育财政方式具有奴隶主阶级对教育垄断的完全性，从而使得教育财政分配表现为奴隶主阶级与奴隶阶级之间利益关系完全不平等的交换。这有利于教育财政能力随着以刀耕火种式的奴隶被动消耗体力为主的生产力的发展而发展。随着生产力朝着农民主动体脑结合的手工操作的方向发展、剩余产品的增加、地主阶级和农民阶级的出现和他们分别占有剩余产品，这种教育财政方式逐渐成为农民主动体脑结合的手工操作时代教育财政能力发展的障碍，最终随着封建生产方式的制度性胜利而为封建教育财政方式所取代。

在封建社会，以具有依附性人身自由的农民和手工业者为劳动者和以手工操作

---

① [美] 路易斯·亨利·摩尔根. 古代社会 [M]. 上册. 北京：商务印书馆，1997：ii.
② [美] 路易斯·亨利·摩尔根. 古代社会 [M]. 上册. 北京：商务印书馆，1997：223.

式的农民主动体脑结合为主的生产力能提供相当有限但比奴隶社会丰富得多的剩余产品，从而决定了封建教育财政能力具有缓慢增加的物质内容，使得教育财政主体对社会所必需的公共教育经费量的财政分配能在保障统治者再生产需要的前提下兼顾劳动力再生产的需要，对满足劳动力再生产需要的评价能纳入教育资源有效配置的评价之中。封建生产方式所决定的教育财政方式具有地主阶级对教育垄断的不完全性，从而使得教育财政分配表现为地主阶级与农民阶级之间利益关系不完全平等的交换。这有利于教育财政能力随着以主动体脑结合的手工操作为主的生产力的发展而发展。随着生产力朝着机器操作的方向发展、剩余产品的快速增加、资产阶级和工人阶级的出现，以及两阶级分别以资本积累和出卖劳动力的方式占有剩余产品，这种教育财政方式日益难以适应机器操作时代教育财政能力发展的要求，最终随着资本主义生产方式的制度性胜利而为资本主义教育财政方式所取代。

资本主义社会那种以享有人身自由并掌握现代科学技术的工人为劳动者和以机器操作为主的生产力能提供数倍于封建社会的剩余产品，从而决定了资本主义教育财政能力具有快速增长的物质内容，使得教育财政主体在社会所必需的公共教育经费量的财政分配上和教育资源有效配置的评价上一同指向政府和市场的教育需求的充分满足。资本主义生产方式所决定的教育财政方式通过法制化在一定程度上具有公益性、普惠性和公平性，从而在财政分配上表现为各阶层之间利益关系不充分平等的交换。这有利于教育财政能力随着以机器操作为主的生产力的发展而发展。现在，资本主义国家普遍推行了法制化公共教育财政，政府每年依据有关法律条款和议会所通过的年度公共教育财政支出方案对各级各类公立学校实施财政拨款，对实施免费义务教育实行财政保障，对发展继续教育的财政保障达到足以让每个家庭能承担得起其子女的继续教育学费的程度。尽管如此，法制所固有的阶级性使得资本主义法制化教育财政方式总是更有利于保障资产阶级的教育权益，从而使得它在教育财政分配公平上的体现总是具有狭隘性，在教育财政能力发展新要求的适应上总是具有局限性。生产力在资本主义社会的进一步发展，必然提出人的全面发展的要求，必然创造出有利于实现人的全面发展的物质条件，从而必然使得资本主义教育财政方式日益难以适应人的全面发展时代教育财政能力发展的要求。随着资本主义的必然灭亡和社会主义的必然胜利，资本主义教育财政方式最终必然被社会主义教育财政方式所取代。

在社会主义社会，劳动者以社会主人的身份从事实践活动，并在一定范围内实现了生产资料的所有者与结合者的统一，使得生产力具有持续增强的活力和动力，具有提供比资本主义社会丰富得多的剩余产品的发展前景，从而决定了社会主义教育财政能力具有持续快速丰富的物质内容，使得教育财政主体从人的全面发展与经济社会发展相协调出发，在社会所必需的公共教育经费量的财政分配上和教育资源有效配置的评价上一同指向政府与市场教育需求的充分满足。社会主义生产方式所决定的社会主义教育财政方式具有比资本主义社会更高程度的公益性、普惠性和公平性，并通过法制化来体现人们之间利益关系在教育财政分配上充分平等的交换。随着生产力在社会主义社会的进一步发展，人的全面发展的需要会不断增长，推进人的全面发展的物质条件也会不断成熟，社会主义教育财政方式会随着社会主义制度的自我完善而完善，并逐步过渡到共产主义教育财政方式。

新中国成立以来，教育财政能力与教育财政方式的矛盾运动贯穿整个教育财政分配过程。在百废待兴的战后三年治理整顿、恢复重建时期，工业基础薄弱、农业经营分散和其他产业发育不全，生产力处于相当落后的发展水平。教育财政能力表现出相当贫乏的物质内容。当时，教育经费实行政府"统收统支"并保证"一个萝卜一个坑"式地发展社会所必需的教育。这种"集中化"教育财政方式是与当时相当贫乏的教育财政能力相适应的。进入第一个五年计划以后，随着生产力发展对教育财政能力发展提出的新要求，"集中化"教育财政方式不利于充分发挥中央和地方两个积极性，后来终于为"条块化"教育财政方式所取代。改革开放以后，随着生产力的快速发展对教育财政能力发展的推动，"条块化"教育财政方式变得越来越不适应社会主义计划经济向社会主义市场经济转型所提出的教育财政能力发展的要求。于是，它开始向"法制化、公共化、公平化"教育财政方式转型。这种转型主要表现在：构建以政府投入为主、引导社会投入的教育财政体制，构建义务教育经费实行财政全面保障、非义务教育经费实现财政保障为主和社会保障为辅的教育财政机制，构建以保证"三个增长"为目标的教育财政法律体系（就像前面所指出的那样，这个法律体系中还应该增加"保证非义务教育总支出平稳增长"的法律要求），构建以国家资助经济困难家庭子女上学、鼓励和引导社会力量捐资出资办学、完善教育收费、教育资助和教育经费管理制度为主要内容的教育财政政策体系。社会主义市场经济是以法制、公共保障和公平竞争为依托的经济。这种依托构成生产力与生产关系、教育财政能力与教育财政方式的矛盾运动的社会基础。在这一基础上推进教育财政方式的"法制化、公共化、公平化"改革，有助于教育财政方式更好地适应教育财政能力随着社会主义市场经济的发展而发展的要求。所以，当前我国教育财政方式所推进的"法制化、公共化、公平化"改革，符合教育财政三级本质的要求，必须坚持下去。

第二节 教育财政的目标与手段

教育财政运行目标是指教育财政部门对一定教育财政运行过程中预期产生的效果所作的规定。它体现教育财政主体对教育发展提出的不同层次的要求，是教育发展规律的反映。教育财政运行目标作为认识的产物具有历史的局限性和认识的局限性，因此，教育财政主体与教育财政受体各自所追求的目标有可能不一致。当这种情况伴随教育财政的运行而日益严重时，教育财政主体有必要在教育财政运行目标的价值判断和社会心理承受能力上进行反思，并对脱离实际的教育财政运行目标作相应的调整。更复杂的问题还在于国家教育财政运行目标的建构是一个系统工程，它需要科学的理论和方法。只有在实践、认识、再实践的过程中不断丰富和完善教育财政运行目标理论，才能推动制定教育财政运行目标的科学化进程。

一、教育财政的价值取向

前面已经指出，教育财政的本质决定了教育财政具有促进教育资源有效配置、推动教育优先发展和促进教育公平的基本功能。教育财政的三大基本功能表明了教育财政的三个价值取向，那就是教育资源有效配置、教育优先发展和教育公平。教育资源有效配置与教育公平的关系，正如前面所指出的那样，二者之间不是此消彼长的对立关系，而是相互依存、相互促进的统一关系。学术界很少把教育优先发展作为教育财政的价值取向，倒是政治界似乎有把教育优先发展作为教育财政价值取向的强烈愿望。在我国，教育优先发展自邓小平提出以来，便一直被作为我国教育改革与发展的重要指导思想加以强调和坚持，教育财政保障教育优先发展就将成为一种必然。正因为如此，我国《国家中长期教育改革和发展规划纲要（2010—2020年）》明确规定："各级政府要优化财政支出结构，统筹各项收入，把教育作为财政支出重点领域予以优先保障。"财政支出优先保障教育，实际上就是要求把教育优先发展作为教育财政的基本目标。教育优先发展与教育资源有效配置是相互联系的，教育优先发展是教育资源有效配置的重要前提，教育资源有效配置则是教育优先发展的基础。教育优先发展与教育公平是相互促进的，教育优先发展为人们提供更充足的受教育机会，从而有利于在发展的基础上解决教育公平问题；教育公平则为教育优先发展提供道德动力。

（一）教育财政以教育资源有效配置为价值取向

教育财政通过教育财政支出来配置公共教育资源，并引导私人教育资源有序进入教育部门，使教育供给能满足日益增长的教育公益性、外部性和私益性需求，促使教育资源达到有效配置的价值取向。当然，教育资源有效配置价值取向的实现是与公共教育资源和私人教育资源的有效利用相联系的。教育资源的利用效率是教育资源配置效率的基础。如果各个学校不存在教育产品生产成本的约束机制，没有提高教育资源利用效率的动力和压力，不计成本地办学，那么，教育产品生产成本的普遍上升就会形成对教育供给的"挤压"效应，宏观教育资源的增加就很可能为教育产品生产成本的普遍上升而抵消，教育总供给就很可能难以随着宏观教育资源的增加而增加，教育资源配置效率的目标就很可能难以实现，即使实现了教育总供给与教育总需求的均衡，那也是以教育资源利用的低效率为代价所换来的均衡，这种均衡不是帕累托最优状态的均衡，当然就不是教育资源有效配置的均衡。这就是说，教育财政以教育资源有效利用为目标是教育财政以教育资源有效配置为目标的应有之义。教育财政通过以教育产品生产成本与效率评价为基础所进行的对学校的教育财政拨款,来构建学校教育产品生产成本约束机制,并通过对学校财务核算的审计和检查,来促进学校有效利用教育资源。

(二) 教育财政以教育优先发展为价值取向

前面指出,教育财政本质规定的教育财政主体与教育资源的关系,从根本上讲,是教育财政主体与生产力之间关系的反映。教育财政作为生产关系范畴,是通过促进教育资源有效配置和推动教育优先发展来促进生产力发展。教育财政以教育优先发展为价值取向是由教育财政的本质所决定的。在我国,邓小平提出优先发展教育的思想更是具有重要的现实意义,可以说,它是符合中国国情加快社会主义现代化建设的战略决策,是巩固和发展社会主义制度的科学抉择,是抢占21世纪综合国力竞争的制高点,是迎接知识经济挑战的客观要求,是建设人力资源强国的充分必要条件,是全面建设小康社会、构建和谐社会、实现国家现代化的长期战略选择。以胡锦涛同志为总书记的党中央,把优先发展教育作为科学发展观的重要内容,在中央全会文件中多次提出优先发展教育的要求。胡锦涛总书记在2006年8月29日中共中央政治局第三十四次集体学习和2007年8月31日全国优秀教师代表座谈会上指出:"必须坚定不移地实施科教兴国战略和人才强国战略,切实把教育摆在优先发展的战略地位,推动我国教育事业全面协调可持续发展,努力把我国建设成为人力资源强国,为全面建设小康社会、实现中华民族的伟大复兴提供强有力的人才和人力资源保证。"要求各级党委政府"以更大的决心、更多的财力支持教育事业,经济社会发展规划要优先安排教育发展,财政资金要优先保障教育投入,公共资源要优先满足教育和人力资源开发需要"。我国教育财政必然要贯彻落实中央提出的教育优先发展的要求,因此也就必然要以教育优先发展为价值取向。

我国教育财政是通过教育财政拨款保证"三个增长"来实现教育优先发展价值取向的,也就是《国家中长期教育改革和发展规划纲要(2010—2020年)》的如下规定:"严格按照教育法律法规规定,年初预算和预算执行中的超收收入分配都要体现法定增长要求,保证教育财政拨款增长明显高于财政经常性收入增长,并使按在校学生人数平均的教育费用逐步增长,保证教师工资和学生人均公用经费逐步增长。"

(三) 教育财政以教育公平为价值取向

教育财政是通过公平分配受教育权利和资助受教育者来实现教育公平的价值取向。教育公平的实质是利益的均衡化。马克思曾经指出:"人们奋斗所争取的一切,都同他们的利益有关。"[①] 利益就是给人带来的"好处",就是"利害"关系,从本质上讲,就是利益主体与利益客体对立统一关系所表现出来的社会化需要。利

---

① 马克思恩格斯全集 [M]. 第1卷. 北京:人民出版社,1979:82.

益的均衡化是指发展成果由各阶层各群体人们共同分享，人们之间收入和财产差距的缩小。在市场经济条件下，市场行为是以利己为出发点，利益的均衡化难以通过市场机制自发地实现。市场机制只是在完全竞争条件下才能实现个人收入的有效分配，而现实经济运行中存在各种各样不完全竞争和不公平竞争，使得市场机制一般不是促进利益的均衡化，而是促进利益的非均衡化，从而导致利益失衡。

利益失衡不仅会导致包括个人求学需求、投资需求等在内的中间需求和各种消费品的最终需求的失衡，从而削弱经济可持续发展的动力，而且会产生包括教育公平问题在内的社会公平问题，从而削弱社会和谐和稳定的道德基础。因此，以教育公平为价值取向的教育财政，通过政府的教育支出来实现社会总产品的再分配，使受非义务教育权利的分配和对受教育者的资助向弱势群体倾斜，从而促进利益的均衡化。

二、教育财政的高、低层次目标

我国教育财政运行目标可分为高低两个层次。高层次教育财政运行目标一般指国民素质的提高、人的全面发展、综合国力的提升和社会稳定。在这些高层次国家教育财政运行目标中，有的与教育发展的关系是直接的，理解起来比较容易，如国民素质的提高、教育公平和人的全面发展；有的与教育发展的关系是间接的，理解起来比较困难，如综合国力的提升和社会稳定。但在高层次教育财政运行目标体系中，像综合国力的提升和社会稳定这类目标是不能忽视的。这是因为它们既是政治性、经济性的，又是教育性的。如综合国力的提升既依靠经济实力、科技实力和国防实力的增强，又依靠国民素质的提高，特别依靠科技队伍的壮大。又如社会稳定既在一定程度上取决于经济增长、就业充分、分配公平、物价稳定等经济发展目标的实现，又在一定程度上取决于造就符合社会要求的德、智、体、美等方面全面发展的大批各级各类人才的教育发展目标的实现。各高层次教育财政运行目标之间的是相互补充、相互促进的关系。如国民素质的提高这一教育财政运行目标的实现，既能弥补教育公平不能直接促进效率所带来的不足，又有利于人的全面发展。

低层次教育财政运行目标通常是指教育的健康发展、教育资源的优化配置、义务教育的普及、非义务教育收费水平的稳定、区域间教育发展不平衡状况的改善和对外教育交流的健康发展等。

教育的健康发展这一教育财政运行目标的确立，是因为教育发展通常面临着解决由技术进步引起的就业问题和教育深化问题。所谓教育的深化，是指受教育程度较高的人逐渐去从事过去由受教育程度较低的人承担的工作的现象。技术进步直接导致劳动生产率的提高、产业结构的变化和生产过程的技术含量的提高，同时促使技术不断替代劳动，新产品不断替代旧产品，新技术不断替代旧技术，从而要求劳动力不断从传统产业转向高新技术产业，引发结构性就业问题。劳动者顺利适应这种变化的条件是不断掌握新知识、新技术。随着技术更新和教育的不断深化，适时适度地发展教育，以便让更多的人接受更多年限的教育，既有利于缓解结构性就业压力，又有利于引导教育深化朝着产业结构升级的方向发展，还有利于通过延长青年受教育年限来达到拖后就业起始年龄、缓解就业压力之目的，以便增强经济持续快速健康发展的后劲。问题在于发展教育需要增加教育投入，而教育投入的有效增长实质上取决于人们在多大程度上愿意放弃眼前利益而服从长远利益，从而把更多的资源用于扩大招生，以便让下一代过得更好。这一意愿的强弱程度既取决于剩余产品的数量，又取决于文化传统和价值判断，还取决于教育财政的引导。

　　教育资源的优化配置这一教育财政运行目标的确立，是因为社会资源的稀缺性决定了任何部门的资源配置都必须遵循效率原则。义务教育的普及这一教育财政运行目标的确立，至少有这样几个理由：第一，义务教育的普及体现人人平等享有受教育的基本权利，它有助于增进社会公平；第二，义务教育的普及可以满足每个人基本学习的需要，而在当今知识经济时代，这种满足是年青一代每个人谋生存、谋工作、谋发展、谋交际、谋贡献、谋人格尊严、谋社会参与等等所必需的；第三，义务教育的普及有利于形成共同的世界观、共同的理想、共同的道德观、共同的审美观等，从而有利于促进人的社会化；第四，义务教育的普及还有利于加快学习型社会的建设。一个文盲充斥的国家，不可能建成现代文明强国。没有义务教育的普及，也不可能最终扫除文盲。因此，各国政府都高度重视义务教育普及这一教育财政运行目标。

　　非义务教育收费水平的稳定这一教育财政运行目标的确立，至少有这样三个理由：第一，非义务教育收费水平的上升会加重低收入家庭的经济负担，甚至迫使低收入家庭子女不得不放弃接受非义务教育的机会，从而加剧社会弱势群体的边缘化；第二，非义务教育收费水平的上升可以推动物价水平的上涨，从而导致通货膨胀，而通货膨胀导致的收入和财富的再分配，通常会损害社会公平和效率；第三，各个非义务教育办学实体之间在学费上存在的过大差距，会滋生攀比心理，从而诱发非义务教育收费水平的进一步上升。

　　区域间教育发展不平衡状况的改善这一教育财政运行目标的确立，是因为区域间教育发展的不平衡通常是一个导致社会不稳定的潜在因素，是国家长治久安的心腹之患。一般说来，区域间教育发展不平衡状况的改善是难以通过市场来实现的，它在很大程度上依赖于政府对不发达地区教育的财政转移支付。

　　对外教育交流的健康发展这一教育财政运行目标的确立，主要有这样几个理由：一是改革开放作为我国的一项基本国策，要求通过扩大对外教育交流来借鉴外国先进的办学经验和教材教法，吸收外国优质教育资源，开拓对外教育服务市场，提高教师的对外交流水平，使教育成为我国深化改革的智力摇篮和扩大开放的重要窗口。二是面临引进外国教育服务而给国内教育服务市场带来的巨大冲击，需要运用教育财政来调控教育服务贸易，以便缩小教育服务进出口贸易逆差，保护国内教育服务业。三是需要运用教育财政来提高对外教育交流的经济效益和社会效益，防止人才大量外流。

上述各个低层次教育财政运行目标之间存在着以下几种关系：①相互独立的关系。如义务教育的普及与非义务教育收费水平的稳定之间就是相互独立的关系，即为实现义务教育普及所采取的政策一般不会对非义务教育收费水平的稳定产生影响。或者说，为实现非义务教育收费水平稳定所采取的政策一般不会对义务教育的普及产生影响。②相互促进或部分相互促进的关系。如教育资源的优化配置与区域间教育发展不平衡状况的改善之间就是相互促进的关系，即为实现教育资源优化配置所采取的政策有利于改善区域间教育发展不平衡状况。或者说，为改善区域间教育发展不平衡状况所采取的政策有利于教育资源的优化配置。③相互对立或部分相互对立的关系。如为实现非义务教育收费水平的稳定所采取的学费管制政策，会不同程度地影响非义务教育发展速度。或者说，为加快非义务教育发展速度所采取的放松学费管制政策，会不同程度地引起非义务教育收费水平的不稳定。

高层次教育财政运行目标与低层次教育财政运行目标既相互区别又相互联系。它们的区别在于，高层次教育财政运行目标比较抽象，低层次教育财政运行目标比较具体。它们的联系在于，高层次教育财政运行目标的多个甚至全部与低层次教育财政运行目标的某个有直接或间隔的相关性。低层次教育财政运行目标是高层次教育财政运行目标的具体化。因此，在低层次教育财政运行目标的选择过程中一般可以忽略它是否会对高层次教育财政运行目标产生负面影响的问题。

三、教育财政手段

教育财政目标是通过一定的行为或方式、方法、措施、途径等手段来实现的。为实现教育财政目标所采取的手段，称为教育财政手段。我国教育的财政手段主要有三类：政府年度教育支出预算、政府对教育的财政转移支付和义务教育税。

政府年度教育支出预算是指中央或地方政府按年度做出的用于教育的财政支出计划。它是最重要的也是最常用的教育财政手段，具有调控教育发展的规模、速度和结构的作用。一般说来，政府年度教育支出预算的增加或减少，会导致教育发展规模的扩大或缩小，或者说会加快或减慢教育发展速度。政府年度教育支出预算向某类教育的倾斜，可以促使教育结构向政府期望的方向发展。

我国政府年度教育支出预算分中央、省或自治区或直辖市、地县或地县市和乡镇四级，各级政府年度教育支出预算由各级财政主管部门负责编制，经各级人民代表大会批准，由各级财政主管部门和教育主管部门负责执行。中央、省级政府共同负责年度高等教育支出预算的编制。县、乡政府共同负责年度初、中等教育支出预算的编制。各级政府年度教育支出预算的着力点不同，其调控力度的分布也就不同。例如，中央、省级政府年度教育支出预算以高等教育为着力点，它对高等教育的规模、速度和结构的调控力度就比较强，而对初、中等教育发展的调控力度就比较弱。县、乡政府年度教育支出预算以初、中等教育为着力点，它对初、中等教育发展的调控力度就比较强，而对高等教育的规模、速度和结构的调控力度就比较弱。

财政转移支付是指一种不谋求经济性补偿的支出。政府对教育的财政转移支付一般包括：①中央政府对不发达地区教育所给予的特别援助，如中央政府对边、穷、老、少地区教育的财政转移支付；②中央政府对因突发事件引起的办学困难的地区所给予的财政转移支付，如中央政府对地震灾区教育的财政转移支付；③中央政府为奖励学校、教师和学生所进行的财政转移支付。

义务教育税费是为筹措义务教育经费而开征的一种税费。它是政府向适龄儿童免费提供义务教育的重要政策手段。我国乡镇开征的教育附加费，就是一种义务教育税费。

四、教育财政目标与教育财政手段之间的关系

我国教育财政目标与教育财政手段之间的关系可以给出如下定义：

第一，任何一个教育财政手段都不会满足所有教育财政目标的要求。在现代社会，教育财政手段的采用是民主决策的过程，受制于社会选择规律。根据诺贝尔奖获得者肯尼思·约瑟夫·阿罗创立的社会选择理论，任何民主决策都不可能满足完全理性理论所确立的如下条件：①个人或集体决策者必须明确与一个利益相关者达成一致的政策问题。②个人或集体决策者必须明确，所有目的、目标并对所有目的、目标的排列达成一致，这些目的、目标的取得意味着问题的解决。③个人或集体决策者必须明确，有助于达成每个目的、目标的所有决策选择方案是依据其对目的、目标实现所起作用的大小来比较选择方案的。④个人或集体决策者必须选择能最大限度地实现目标的方案。

该理论还认为对于三个方案中选出一个符合社会福利函数的条件是：①选择的非限制性。即选择时应把所有的个人偏好的组合考虑进去。②选择的非反常性。即选择应在选择者中达成一致。③不相关方案的独立性。即所选择的方案应独立于其他方案。④非强制性。即选择是参与者按自己的价值观来自由决定的。⑤公民至上性。即选择不是由独裁者来决定的。[1]

从满足民主决策和社会福利函数的这些条件可以得知，任何一个教育财政手段

---

[1] [美] 肯尼思·约瑟夫·阿罗. 社会选择：个性与多准则 [M]. 钱晓敏，孟岳良，译. 北京：首都经济贸易大学出版社，2000：39~47；[美] 威廉·N. 邓恩. 公共政策分析导论 [M]. 谢明，杜子芳，伏燕，付涛，伍业峰，译. 北京：中国人民大学出版社，2002：300~303.

对于所有教育财政目标的要求而言，都不是最优的。所以，我国选择教育财政手段的有限理性的最大化，取决于多种教育财政手段的有效组合。

第二，某一教育财政目标的实现是一个或多个教育财政手段作用的结果。教育财政目标是与一个教育财政手段还是与多个教育财政手段发生联系，取决于教育财政目标的综合性程度。教育财政目标的综合性程度愈高，它与多个教育财政手段发生联系的可能性就愈大；反之亦然。例如，为实现教育的健康发展这一教育财政目标，可采用的教育财政手段有：通过增加政府的教育支出来带动家庭和社会团体的教育支出的财政政策；鼓励家庭和企业增加教育支出的税收政策；维持较低的教育贷款贴现率的金融政策；鼓励发展私立学校的办学政策等。又例如，为实现教育资源的优化配置这一教育财政目标，可采用的教育财政手段有：通过发放和使用义务教育券来增强义务教育办学活力的财政政策；促进非义务教育阶段办学公平竞争的行政政策；加强学校财务审计和监督的财政政策等。再例如，为改善区域间教育发展不平衡状况这一教育财政目标，可采用的教育财政手段有：加大中央政府对不发达地区教育的财政转移支付；鼓励优秀教师到不发达地区去执教的财政政策；促进城乡之间、发达地区与不发达地区之间的教育交流的行政政策等。

第三，某一教育财政手段会对一个或多个教育财政目标产生效果，但在两个以上教育财政目标上产生的效果，既可能是积极的，又可能是消极的。这是由不同教育财政目标的指向性差异所决定的。教育财政目标指向性的差异是人们的需要在发展层次和程度上有所不同的必然结果。对某一教育财政目标有较强推动作用的教育财政手段，对另一教育财政目标一定存在着较弱的推动作用，甚至是制约作用。例如，在教育经费一定条件下，为实现非义务教育收费水平的稳定所采取的政策手段，会妨碍教育经费向优质学校流动，从而不利于教育资源的优化配置。又例如，为维护高等学校办学公平竞争所采取的教育财政手段，虽然有利于促进高等教育发展和高等教育资源的优化配置，但在一定程度上却会加剧区域间高等教育发展的不平衡，从而不利于社会稳定。再例如，由政府统一组织义务教育供给的教育政策，有利于实现义务教育的普及，但同时会淡化义务教育办学竞争，从而不利于义务教育资源的优化配置。

第三节 教育财政管理

教育财政管理主要涉及教育财政的运行过程管理和项目管理。对于前者，这里重点讨论教育经费的筹集和分配管理；对于后者，这里重点讨论教育资产管理。

一、教育经费的筹集管理

教育经费主要来源于国民收入，是通过国民收入分配和再分配而形成的。从表面上看，教育经费直接来自财政收入、企业或集体自留资金和劳动者个人收入，实际上是国民收入再分配的结果。因此，教育经费的来源不仅受国民收入的影响，而且受教育事业参与国民收入再分配形式的影响。拓宽教育经费的来源，除大力发展生产，增产节约，降低产品成本，提高劳动生产率和经济效益，即努力增加国民收入以外，还要借助国民收入再分配的有效方式，合理安排教育经费在国家、集体和劳动者个人三者之间的负担比例。教育经费还来源于国外资助的捐赠，但这不是教育经费来源的主渠道。

教育经费筹措过程，是教育部门参与国民收入再分配的过程，涉及国家、企业和集体、劳动者个人的物质利益，具有较强的政策性。为了正确处理有关方面物质利益的分配关系，筹措教育经费必须遵循以下两条基本原则。

第一，兼顾国家、企业和集体、劳动者个人三者利益的原则。国家预算每年按一定的比例安排教育支出，这反映出教育经费筹措与国家利益之间的关系。国家规定对企业、集体征收教育费附加，这在很大程度上反映出教育经费筹措与企业、集体利益之间的关系。同样，国家规定学校对受教育者收缴学杂费，这又反映出教育经费筹措与个人利益之间的关系。正确处理教育经费的比例，然后根据这个比例和教育投资在国民收入中所占比例，确定教育支出在财政收入中所占的比例、教育费附加率和学杂费的收缴标准。

第二，注重教育发展与经济、社会发展相协调的原则。国家教育支出，对其他社会消费支出和积累都会产生影响。因此，筹措教育经费，不能只考虑教育自身发展的需要，还必须考虑其他方面的需要，要注重教育发展与经济、社会发展的总体平衡。由于我国公共教育支出在教育总支出中所占的比例很大，因而合理安排公共教育支出在财政支出中的比例，是保证教育发展与经济社会发展相协调的关键。

筹措教育经费的形式主要有教育支出预算拨款、社会集资、银行贷款和个人捐资。教育支出预算拨款是筹措教育经费的主要形式，它是国家在一定时期内（通常为一年）用于发展教育事业的财政拨款计划。与我国财政体制相适应，教育支出预算有中央、省（包括自治区、直辖市和计划单列市）、市县和乡镇四级。各级支出预算由各级财政主管部门负责编制，经各级人民代表大会批准，由各级教育主管部门负责执行。根据我国现行的教育管理体制，基础教育由地方负责管理，高等教育由中央、各部委和地方共同管理，以中央为主，义务教育经费应由国家政府负责拨款，高等教育经费应依据有关统一规定分级负责拨款。为保证义务教育的实施，我国义务教育法还明确规定：用于义务教育的财政拨款的增长，高于财政经常性收入的增长；地方机动财力应有一定比例用于义务教育事业；乡财政收入应主要用于义务教育事业；中央拨给的支援经济不发达地区资金、边境建设事业补助费、少数民族补助费等，地方都应从中划出一部分用于这类地区的义务教育事业；在城镇，凡国家举办的中小学和各类师范学校新建、扩建、改建校舍所需投资，按学校隶属关系，列入主管部门基本建设投资计划，并予以照顾；在农村，中小学校舍建设投资，以乡、村自筹为主，有困难的，纳入各级部门财政支出的预算计划。

社会集资是筹措教育经费的辅助形式。社会集资办学，不仅有利于动员社会各界、各部门和各行业都来关心教育、支援教育事业、弥补教育支出预算拨款之不足，而且有利于教育事业为社会服务。众所周知，各地经济的发展是不平衡的，对人才的需求也不一样，同时也会造成企业和人民群众之间承受教育支出能力的不均等。社会集资办学在一定程度上能挖掘各地承受教育支出的潜力，并按集资与服务相结合的原则，使教育事业更好地为各地经济和社会发展服务。应该看到，社会主义有计划的商品经济包含多种经济成分，其中有个体经济和中外合资企业。他们对专门人才的需求不可能通过计划分配得到满足。社会集资办学为他们投资教育，定向培养自己所需要的专门人才开辟了一条途径。

银行贷款是筹措教育经费的一种特殊形式，具有偿还性。它包括外国银行和中国人民银行提供的教育贷款。在我国，银行对高校学生发放贷款，不仅是必要的，而且是可行的。我国高等学校一方面要提高学生负担培养费用的比例，另一方面要考虑到部分学生，特别是农村学生家庭的支付能力。建立贷款可以解决因家庭支付能力不足给部分学生上学带来的暂时困难。学生所借贷款，毕业参加工作后，一般只需二三年便可还清。贷款制还有利于增强学生学习的积极性、主动性和责任感，促进教育质量的提高。

个人捐资是筹措教学经费的补充形式。它有利于充分发挥海外侨胞、港澳同胞和国内个体户、专业户的办学积极性，有助于缓解我国教育经费的紧张状况。

二、教育经费的分配管理

教育经费的分配管理主要有分配预算管理和支出管理。教育经费分配预算，是指国家教育主管部门根据教育支出预算拨款总额对各级各类学校分配教育经费的财务计划。它的管理主要包括预算的编制、执行、调整和决算四个环节。

教育经费分配预算的编制是管理的首要环节。编制预算是一项政策性强、涉及面广的工作，必须在国家教育主管部门的统一领导下，在预算拨款总额的范围内，按各级各类学校在校人数和人均必要教育经费，统一下达分配指标，并以此作为学校编制综合财务计划的主要依据。

教育经费分配预算的执行是这一管理的关键环节。为了正确执行教育经费分配预算，有效地监督教育经费的使用，教育经费分配预算编制部门，应该对学校一定时期的拨款规定限额，按期分目拨款。各学校在规定期限内向银行支用教育经费不得突破这个规定的限额。银行必须根据国家一定时期下达给学校的拨款限额，来组织教育资金的供应。

教育经费分配预算的调整是预算管理的重要环节。在预算执行过程中，由于某种原因，如调整工资、修改教育计划等，需要追加教育经费，要求对教育经费分配预算作适当的调整。一般说来，教育经费分配预算的调整应由预算编制部门统一部署，各学校必须按有关上级颁布的文件办理，不得各行其是。

教育经费分配决算是反映教育经费分配预算执行结果的综合文件，是预算管理的最后环节。由于各学校编制的综合财务计划不必经上级教育主管部门批准后再执行，所以，学校财务决算也不必报上级审批，只需报上级备案。但学校要将预算内资金的分配和使用情况，报上级主管部门批准。各级教育主管部门要对学校年度预算内资金分配预算的执行情况进行认真审查，搞好决算的填报。要通过决算，总结经验，找出问题，提出改进办法，不断提高预算管理水平。

教育经费按具体用途可分为教育事业费和教育基本建设投资。教育事业费主要用于学校各项教育工作所必需的经常性开支，又称教育经常费。它又可分为人员经费和公用经费。人员经费主要用于教职工工资、奖金、学生助学金、奖学金和学校福利事业。公用经费主要用于各种公务活动、购置设备和修缮校舍。教育基本建设投资主要用于学校固定资产的新建、改建、扩建和恢复，一般分为建筑安装工程费、设备费和其他基本建设费。

教育经费按类型可分为普通教育经费、职业技术教育经费和成人教育经费。普通教育经费用于幼儿教育、普通中小学教育、中等师范教育和普通高等教育。职业技术教育经费用于中等专业技术学校和职业中学。成人教育经费用于对广大社会成年人进行业余、脱产和半脱产的教育。教育经费按层次还可以分为学前教育经费，初等教育经费，中等教育经费和高等教育经费。从教育事业费的上述构成可以看出，教育经费的分配必须正确处理以下几种主要比例关系。

第一，教育事业费和教育基本建设投资的比例关系。教育事业费和教育基本建设投资都是学校教育活动不可缺少的支出，二者在教育过程中都会被耗费掉，只是耗费的特点和发挥的作用有所不同罢了。教育事业费一般是当年支出当年被耗费掉，要全部计入教育成本。教育基本建设投资则每年只以固定资产折旧费的形式被耗费掉，只部分计入教育成本。可以说，前者是为了满足学校消费支出的需要，体现着教育事业发展的眼前需要；后者是为了满足学校固定资产积累的需要，体现着教育事业发展的长远需要。正确处理二者之间的关系，就是既要考虑到教育事业发展的当前需要，又要考虑到它的长远需要，妥善安排好二者之间的比例，使二者协调增长。

第二，正确处理各级各类教育经费支出的比例关系。安排各级各类教育经费的比例，要与现有的教育结构相适应。但从教育发展过程来看，正确处理这种比例关系，又可以推动教育结构的合理化。某级某类教育的拨款多，发展就快，反之，发展就慢。从各级教育经费的比例关系来看，在安排教育经费时，应该首先把义务教育安排好，因为它是国家、社会、家庭必须依法予以保证的国民教育。普通高中和中等职业技术教育担负着为高等学校输送合格新生和为社会培养熟练劳动力以及初级专门人才的双重任务,因此,对高中和中等职业技术学校的拨款必须有适当的比例。高等教育担负着培养高级专门人才和发展科学技术的重大任务。担负着为中等以上教育培养师资的任务,对经济、科技和教育自身的发展有直接影响,因此,在安排教育经费时,不能忽视高等教育的发展。就毕业生的社会经济地位而言,公共教育经费的分配,应以初、中、高的次序来安排;教育经费的学生家庭负担,应以高、中、初为次序来安排。也就是说,教育等级愈低,国家负担教育经费的比例应该愈大,学生家庭负担教育经费的比例应该愈小。从各类教育经费的比例关系来看,应该按普通教育、职业技术教育、成人教育的次序来安排公共教育经费。这是因为,普通教育是教育事业的主体部分,在教育系统中居主导地位。在安排教育经费时,应该首先把普通教育的经费安排好。职业技术教育是联系普通中等教育与社会生产的桥梁,它的经费也应有一定的比例。成人教育是普通教育和职业技术教育的必要补充,具有教育成本低、教学形式灵活多样、招生范围广、教育质量可控制性差等特点,适合于在人口多、经济基础薄弱、教育发展水平较低的我国大力发展,但这并不意味着要大力增加成人教育经费在公共教育经费支出中的比例。它的费用主要应由受教育者及其所在单位负担。

　　第三,正确处理教育事业费支出内部的比例关系。教育事业费的内部配置,主要是处理好人员经费支出和公用经费支出的比例关系,应该使二者保持适当的比例,以便提高教育事业费支出的经济效果。由于人员经费支出直接关系到广大教职员工的切身利益,因此,在安排教育事业费时,应首先安排好人员经费。在人员经费支出中,教职工工资支出占有相当的比重,并且是硬性的。教职工工资支出的多少,对人员经费支出所占教育事业费的比例有决定性的影响。教职工的工资额与教职工人数和人均工资水平相联系,而教职工人数又通常是根据在校生数和师生比来确定的。师生比和教职工人均工资水平一定,教职工工资支出随在校生人数的变化而变化,在校人数一定,教职工工资支出随师生比和教职工人均工资水平的变化而变化。由于目前教育事业费是大体按在校生人数分配的,所以,在校生人数的变化不是引发人员经费支出与公用经费支出的比例失调的主要原因,不合理的师生比和教职工人均工资水平才是引发这种比例失调的主要原因。因此,当教育事业费一定时,缩小师生比,提高教职工人均工资水平,就得增加人员经费支出,并相应地要减少公用经费支出;反之,就可增加公用经费支出。在我国,由于教职工工资对人员经费的支出存在硬性约束,现有学校人事制度所形成的师生比对教职工的人数的软性约束,使学校容易产生机构臃肿、人浮于事和师生比例不合理等弊端。从根本上看,我国学校人员经费支出与公用经费支出的比例合理化,有待于改变上述一硬一软的约束机制。

三、教育资产管理

　　教育资产和教育经费是教育发展的必要条件,是推动教育发展的重要杠杆。教育资产是指各级各类学校的建筑、交通工具、仪器设备和存货的总称。它是长期存在于教育过程中的物质形式,是教育投资的物质积淀。教育经费是指用于各级各类学校办学的教育事业费和教育基本建设(以下简称教育基建)投资。教育资产是由各种不同的产品组成的,教育经费可以转化为各种不同的产品。在市场经济条件下,任何产品的价格通常都是正数,因此,教育资产和教育经费都是一种"稀缺"资源。它的"稀缺性"使它的作用、形成、管理和使用效率,成为人们关心的教育发展问题。

教育资产是学校生产、提供或实施教育所必需的物质要素,它本身是占有和消耗劳动时间和社会资源的生产过程的结果。一定时期教育资产的多少,在很大程度上代表着该时期教育的生产能力和教育的实施能力。在教育发展过程中,活劳动也是教育所必需的生产要素,而教育资产与活劳动这两种生产要素的区别在于:前者既是一种社会经济投入,又是一种社会经济产出;后者仅仅是一种投入。由此可知,在一个高效运行的教育组织中,教育资产的形成率愈高,未来教育的生产能力也就愈高。当教育资产与其他互补的教育要素有效结合时,就代表着未来教育的生产水平。

教育资产作为教育部门所拥有的存货,同物质生产部门所拥有的商品没有本质的区别。那么,这是否意味着教育部门所拥有的建筑、交通工具、仪器设备和存货,同用于物质生产部门的建筑、交通工具、仪器设备和存货一样,在充当着资本的职能呢?或者说是否应该称其为教育的物质资本或教育资本呢?

要回答这个问题,首先需要弄清楚什么是资本。马克思主义政治经济学认为,资本是能带来剩余价值的价值,它是一个历史范畴,反映资本主义生产关系的本质,而作为人力、物力、财力形态的生产资料,是资本的表现形式,其本身并不是资本。西方经济学一般不从资本主义生产关系的本质上界定资本,他们要么把资本理解为一种把生产要素转用于新的生产方向的支付手段,要么把资本理解为一种特别的生产要素。例如,约瑟夫·熊彼特就把"资本定义为可以在任何时候转交给企业家的一宗支付手段的数额"。他说:"资本,无非是一种杠杆,凭借着它,企业家可以使他所需要的具体商品受他的控制,无非是把生产要素转用于新用途,或引向新的生产方向的一种手段。"① 他实际上是把资本解释为可转交给企业家实现经济创新的货币。又如,保罗·萨缪尔森(Paul A. Samuelson)认为资本是"通常被用来表示一般的资本品"的"一种生产要素"。②西方经济学不使用剩余价值这个概念,它用边际分析代替剩余价值分析,把资本的剩余价值解释为资本的边际产

---

① [美]约瑟夫·熊彼特. 经济发展理论[M]. 何畏等,译. 北京:商务印书馆,2000:129~136.

② [美]保罗·萨缪尔森. 经济学[M]. 上册. 梁小民,译. 北京:商务印书馆,1982:73.

品价值。尽管马克思主义政治经济学和西方经济学对资本的营利性的解释有所不同,但它们都承认营利性和生产性是资本的两大特性。

与此不同的是,教育部门所拥有的建筑、交通工具、仪器设备和存货,从现实意义上看,只具有生产性而不具有营利性。教育作为培养人的活动,对受教育者而言,是学校为他们生产和提供特有服务的过程;对社会而言,是学校为其培养和输送人才的过程。无论是从学校为受教育者生产和提供特有服务的意义上看,还是从学校为社会培养和输送人才的意义上看,学校办学活动的生产性都是毋庸置疑的。然而,学校在培养人才过程中,尽管需要通过计划或市场来实现教育服务的等价交换,以维持自身的生存和发展,并因学校内部管理上的差异而可能在这种等价交换中形成顺差或逆差,使教育服务的生产成本低于或高于教育服务的交换价格。在这种情况下,有的学校会出现盈余,有的学校会出现亏损。但是,这种盈余并不等于学校办学活动的营利性。我们知道,教育的消费具有正外部性。因为受教育者接受教育,不仅有利于他(她)自己,而且有利于他人、集体、民族、国家乃至整个社会。这种正外部性,暗含着这样一种经济原理,即教育的社会价值大于教育的私人价值,教育的社会价值决定的教育的社会最适量,大于教育的私人价值决定的教育的市场需求量,教育的价格只有在私人市场之外的经济力量的推动下得到补贴,才能使教育的私人市场均衡接近教育的社会最适量。在这种情况下,假定教育的私人市场需求量决定的教育价格,高于教育的社会最适量决定的教育价格,许多人就会因教育价格过高而不愿意上学,使教育本来就在社会最适量之下的私人市场需求量进一步下降,这时教育的私人市场均衡就会进一步远离教育的社会最适量,教育规模过小就会成为制约经济和社会发展的重大障碍,这是政府一般不愿意看到的。当今世界,各国政府一般都会对教育进行补贴或兴办非营利性的公立学校,以鼓励更多的人上学。在这种情况下,私立学校要把教育的平均价格维持在市场均衡价格之上,以便实现营利,几乎是不可能的。这就是说,在有大量不以营利为目的的由政府资助的公立学校存在的条件下,教育的私人成本一般会降到教育的市场均衡价格以下,这使得私立学校不可能把教育的平均价格,长期维持在教育的市场均衡价格之上,从而使私立学校的营利目的难以实现。这表明,在有大量政府资助办学的条件下,由于政府对教育的财政支持使教育的市场实际价格总是在教育的市场均衡之下运行,办学的营利性在事实上失去可供实现的那种充分竞争性的市场基础,因而,教育部门所拥有的建筑、交通工具、仪器设备和存货也就不具有资本的重要特性——营利性。而在现代社会,政府资助办学已经成为各国办学的主体,因此,从现实意义上看,教育部门所拥有的建筑、交通工具、仪器设备和存货,即教育资产,不具有营利性,它使教育资产及其作用,有别于物质资本及其作用。

教育资产,除了它的非营利性作用之外,它对于教育发展的作用,同物质资本对于经济发展的作用一样,是非常重要的。对于物质资本在经济发展中的作用,经济学家们大都极为重视，有的甚至把它推向极端。如20世纪50年代在西方流行的"唯资本论"经济发展思潮，就是把这种作用推向极端的代表。与此形成鲜明对照的是，对于教育资产在教育发展中的作用问题，教育学家们似乎不屑一顾，他们很少对此进行深入的研究。无论是在古代教育思想典籍中，还是在作为一门独立学科的教育学的所有经典著作中，我们都很少见到这方面的系统阐述。在文明进步的历程中，教育规模是不断扩大的，教育资产在国民生产总值中所占的百分比是不断提高的。物质资源是稀缺资源，在物质资源总量一定条件下，社会把一大笔物质资源从经济运行的原有位置转移到教育部门，人们自然要关心它的作用和使用效率问题，教育学者不能忽视这个问题。

教育资产是实现人力资本积累的杠杆，是把金融资本引向人力资本投资方向的手段。借助它，人们可以控制他们所需要的人力资本投资。

充足优良的教育资产，可以为教师的执教和学生的学习创造良好的外部环境。正因为如此，一个教育资产充足优良的学校，通常能吸引一些优秀的教师来校执教，能吸引一些优秀的学生来校学习。一国人力资本积累主要是通过增加教育产出量来实现的。教育产出量的大小，取决于教育质量和教育规模。而要在不影响教育质量的前提下扩大教育规模，或在教育规模一定条件下提高教育质量，通常需要寻求新的教育资产。一个学校计划扩招一个班，它必须有供这个班学习的教室，它不可能让学生每天在露天下听课。教师不足，可以临时聘用，或适当增加现有教师的工作量，没有足够的教室和其他教育设备，要扩大招生是不可能的。因此，教育资产在增加教育产出，实现人力资本积累过程中，实际上充当着杠杆作用。

教育资产是由物质资本转化而来的，这种转化的成败，取决于它能否引来人力资本投资。换句话讲，教育资产在进入人才培养过程之前，仍然是物质资本的存在形式。一个教育家要办一所学校，必须先购置教育资产，然后再招生。他购置教育资产的资金也许是政府无偿提供的，也许是企业或他人资助的，也许是从银行贷款的。当他购置好教育资产以后，他需要有一笔教育经费来组织招生和教学，这笔教育经费来自人力资本投资，而无论这笔投资是来自政府财政支出还是来自学生家庭，它总是跟招生人数相联系的。在教育价格一定情况下，他招到的学生有多少，他获得的教育经费就有多少。教育经费作为一种人力资本投资，在进入学校之前，它是以金融资本的形态存在着，而借助教育资产最终能改变它金融资本的形态。这表明，教育资产是把金融资本引向人力资本投资方向的手段。

不同数量和类型人才的培养过程表现为不同数量和类型的人力资本投资过程，从而提出了置办不同数量和类型教育资产的要求。换句话说，置办不同数量和类型的教育资产，是对不同数量和类型人力资本投资的一种制约。如果一个大学计划增设电子计算机专业，它必须购置更多的电脑及其相关教学设备；如果它计划增设医学院，它就必须购置医学设备。这表明，人们可以借助教育资产的数量和类型，来控制他们所需要的人力资本投资。

一个教育组织的运行方式,如果它提供新的教育服务所必需的物资,是通过家庭或个人的教育服务购买力的干预,从它在经济运行的原有位置中转移出来的,那么,这就属于教育投资市场机制。同样的道理,另一个教育组织的运行方式,如果它提供新的教育服务所必需的物资,是通过政府的行政命令和经济、社会发展计划的干预,从它在经济运行的原来位置中转移出来的,那么,这就属于教育投资计划机制。教育投资的市场机制和计划机制是市场经济条件下基本的教育投资机制,它们在教育资产形成过程中发挥着主要作用,或者说是推动教育资产形成的两股力量,即市场力量和政府力量。除此以外,在市场经济条件下,教育投资还有两种辅助机制:集体机制和捐赠机制。前者指一个教育组织的运行所必需的物资,是由一个法人单位或几个法人单位提供;后者是指某个单位或个人不定期地向某个教育组织提供无偿的资助。由于后两种机制在教育资产形成中的作用是偶发性的和非连续性的,因此我们在这里不展开讨论。

那么,什么是教育投资的市场力量和政府力量?它们在教育资产形成过程中又是如何发挥作用的呢?

我们先来分析教育投资的市场力量。在施教过程中我们随时随地都会遇到教育投资的市场力量,它在教育资产形成过程中以这样或那样的方式发挥作用。不论你同哪个学生的家长谈话,你都会感受到他们是多么强烈地希望他们的子女能上好点的学校,能在不久的将来考上名牌大学,能掌握一门令人羡慕的技术。几乎没有哪个家长不希望他们的子女多受点教育,受好点教育,将来能成才。只要他们的经济条件允许,一旦有机会,他们会毫不犹豫地把自己的子女送到最好的学校读书。家庭可以把剩余的钱存入银行,以获取利息,家庭也可以把剩余的钱投向其子女的教育,以实现其子女的人力资本积累,为家庭将来获取更大的收入做准备。为了生存、娱乐、享受,家庭需要消费。为了获取利息,家庭需要储蓄。为了实现自己或其他家庭成员人力资本积累,家庭需要教育投资、保健投资、迁移投资等人力资本投资。因此,在居民家庭收支平衡的体系中,

$$Yh = C + S + Ih \ (Ie + Io)$$

这里 Yh 表示居民家庭可支配收入,C 表示居民家庭消费支出,S 表示居民家庭储蓄,Ih 表示居民家庭的人力资本投资,Ie 表示居民家庭的教育投资,Io 表示居民家庭的非教育类人力资本投资。

居民家庭可支配收入的增加,不仅会刺激居民家庭的消费和储蓄,还会刺激居民家庭的教育投资。从个别居民家庭支出及其短期变动上看,居民家庭的消费倾向、储蓄倾向和教育投资倾向之间,可能会发生强度上的变化,但从所有居民家庭的整体支出及其长期变动上看,这三种倾向之间在强度上的变化是相当微弱的。这就是说,从长期看,居民家庭的教育投资倾向通常是一个定值。因此,教育投资的

市场力量，就是居民家庭购买教育服务总的支付能力，它随国民生产总值或人均国民生产总值的变动而变动。

家庭的教育投资，是通过教育服务的购买来实现的。因此，家庭的教育投资需求，是一种有购买力的市场需求，它是推动教育资产形成的市场力量。这种力量，通过教育服务供求双方的有价交换，进入教育部门，使学校有能力购置自身提供新的教育服务所必需的物资，增添或更新教育基础设施和教育仪器设备，或支付用于置办教育资产而欠下的贷款及其利息。没有教育服务供求双方的有价交换，教育投资的市场力量就不能进入教育部门，也就不能对教育资产的形成发挥作用。必须指出，在这里我们之所以使用"有价交换"一词，而不使用"等价交换"一词，是考虑到这样一个事实，即在教育服务的市场成本中，通常要减掉学校无偿使用国家提供的资金和物质条件，来生产和提供教育服务的那一部分成本。所以，在存在教育投资政府力量进入教育部门，并为教育服务的生产提供无偿资助的条件下，教育服务供求双方的市场交换，通常不是等价的，而是折价的。

我们再来分析教育投资的政府力量。组织教育供给是政府的一项职能。这种职能对于义务教育的实施和其他教育的发展是必不可少和非常重要的。我们已经进入基础教育的普及时代。在现代社会，无论是社会生产还是社会生活，都要求每个人掌握一定的科学技术知识，具备一定的自学能力，普及基础教育已经成为各国政府重要的工作议程。为了实现基础教育的普及，许多国家把一定年限的基础教育作为强制性的义务教育来加以实施，由政府出面为适龄儿童免费提供义务教育。也就是说，政府购买下所有的义务教育服务，然后免费提供给所有的适龄儿童。在普及义务教育的基础上，为了鼓励更多青少年接受更高层次的教育，带动教育投资的市场力量积极走进教育部门，政府对中等职业教育、高等教育等后义务教育给予一定力度的财政支持和一些优惠条件。这就是说，政府只购买部分后义务教育服务，以作为对受教育者及其家庭的一种奖励。所以，教育投资的政府力量，就是政府购买所有义务教育服务和部分后义务教育服务的支付能力。在政府的财政收支平衡中

$$T = Ig + Iug + Pgc$$

这里 T 表示政府的纯税收，Ig 表示政府的教育投资，Iug 表示政府的非教育投资或生产性投资，Pgc 表示政府的消费性购买或消费性支出。所以，教育投资的政府力量，既跟税收的数量相联系，又跟政府各种财政支出的比例相联系。

教育投资的政府力量，是通过政府的财政预算和行政命令进入教育部门的，它使学校无偿获得教育资金，从而加快了教育资产的形成。假定义务教育是免费的，其教育资产的形成完全取决于教育投资的政府力量，而后义务教育是完全自费的，其教育资产的形成完全取决于教育投资的市场力量，那么，那些有一定教育服务支付能力但又不足以支付全额学费的家庭，有的会不让其子女继续上学，这个家庭所具有的教育服务购买力就会变成潜在的购买力，教育投资的市场力量就会部分滞留

在教育部门之外,这会在一定程度上妨碍教育资产的形成。假定教育投资的政府力量进入教育部门,后义务教育实行不完全自费,学校向学生提供低于成本的后义务教育服务,那么,上述那些有一定教育服务支付能力但又不足以支付全额学费的家庭,一般会让其子女继续上学,这些家庭所具有的教育服务购买力就会变成现实的购买力,教育投资的市场力量就会更多地进入教育部门。因此,教育投资的政府力量具有激活教育投资市场力量的功能,可以引导和带动更多教育投资市场力量进入教育部门,加快教育资产的形成。

尽管教育资产的形成是教育发展的必要条件,但是教育资产毕竟是稀缺资源,它的配置是每个国家面临的战略问题之一。对国家而言,教育资产配置的指导思想与物质资本配置的指导思想虽然不尽相同,前者主要受社会利益的驱动,后者主要受经济利益的驱动,但有一点是相同的,那就是追求最大产出量,因此,确立教育资产配置或教育基本建设投资的标准,就是至关重要的。

教育资产—产出比率是教育基本建设投资的重要标准之一。所谓教育资产—产出比率,是指教育资产存量对它的教育产出量的关系。其数学表达式是:

$$ke = K/P。$$

这里的 ke 表示教育资产—产出比率,K 表示教育资产存量,P 表示教育产出量。

教育产出是指一国一定时期(通常为一年)各级各类学校各年级升级、升学或毕业的学生数总和。它按级别可分为初等教育产出、中等教育产出和高等教育产出;按类别可分为正规教育产出和非正规教育产出。中等教育产出按级别可分为初中教育产出和高中教育产出;按类别可分为普通中等教育产出和职业技术中等教育产出。高等教育产出还可以按不同类型的大学分为综合大学教育产出、理工科大学教育产出、农科大学教育产出、医科大学教育产出和师范大学教育产出等等。因此,一国一定时期教育资产—产出比率,实际上是该国一定时期各级各类学校教育资产—产出比率的加权平均数,又称为平均教育资产—产出比率。

考虑到第一期追加的教育资产所创造的教育生产能力,在第二期是可以使用和继续发挥作用的,所以,在建校的初始阶段,增量教育资产—产出比率标准,一般优于平均教育资产—产出比率标准。令 ΔK 为增量教育资产,ΔP 为增量教育产出,那么,增量教育资产—产出比率 $\Delta ke = \Delta K/\Delta P$。由于增量教育资产—产出比率反映的是增量单位教育产出所需要的增量教育资产量,从经济意义看,人们应该对那些增量单位教育产出所需要较少增量教育资产量的人才培养活动进行教育基本建设投资。

在其他教育生产要素不变情况下,增量教育资产与教育产出之间存在着两种关系:一是教育产出随教育资产递增而递增;一是教育产出随教育资产递增而递减。图 11-1 说明了这两种关系。当增量教育资产与教育产出之间关系曲线在 OT 之上运行时,该曲线的斜率为正数,教育产出是随教育资产递增而递增的。这是由于挖掘了其他教育生产要素的潜力所致。

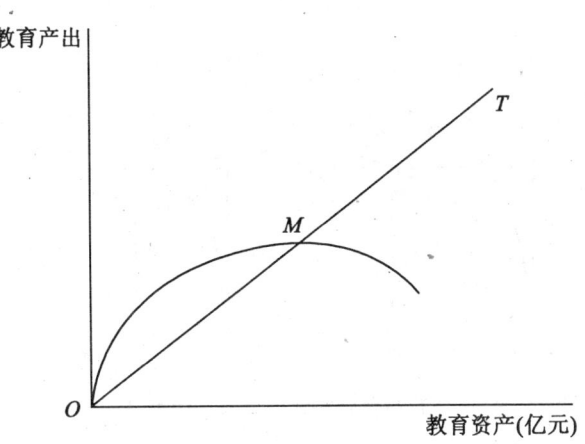

图 11-1 增量教育资产与教育产出之间的两种关系

例如,一所中学,新增建造了四间教室,它既没有增加教师又没有增加其他设备,就扩招了两个初中班和两个高中班的学生,并顺利地使两个班的学生升级,这样,该中学教育产出便实现了随教育资产递增而递减,其增量教育资产与教育产出之间的关系曲线是处在图 11-1 中直线 OT 上运行。当增量教育资产与教育产出之间关系曲线在 OT 之下运行时,该曲线的斜率为负数,教育产出是随教育资产递增而递减的。在这两种情况下,我们应该选择那种教育产出随教育资产递增而递增的学校,优先对其进行教育基本建设投资。

由于各个学校管理效果的不同,不同学校增量教育资产与教育产出之间的两种关系曲线会有所不同。如图 11-2 所示,a 校的增量教育资产与教育产出之间的关系曲线在 b 校的之上,当两校的增量教育资产与教育产出之间的关系曲线都在 OT 之上或都在 OT 之下运行时,我们应该如何选择教育基本建设投资呢?

假定我们有 80 亿元的教育基本建设资金,要对增量教育资产与教育产出之间关系曲线都在 OT 之上运行的 a、b 两校进行投资,从图 11-2 可以看出,当 20 亿元教育基本建设资金用于 a 校,30 亿元教育基本建设资金用于 b 校时,两校增量教育资产所获得的教育产出量正好相等,80 亿元教育基本建设投资的教育产出量最大;假定我们有 80 亿元的教育基本建设资金,就要对增量教育资产与教育产出之间关系曲线都在 OT 之下运行的 a、b 两校进行投资,从图 11-2 同样可以看出,当 50 亿元教育基本建设资金用于 b 校,60 亿元教育基本建设资金用于 a 校时,两校增量教育资产所获得的教育产出量正好相等,80 亿元教育基本建设投资的教育产

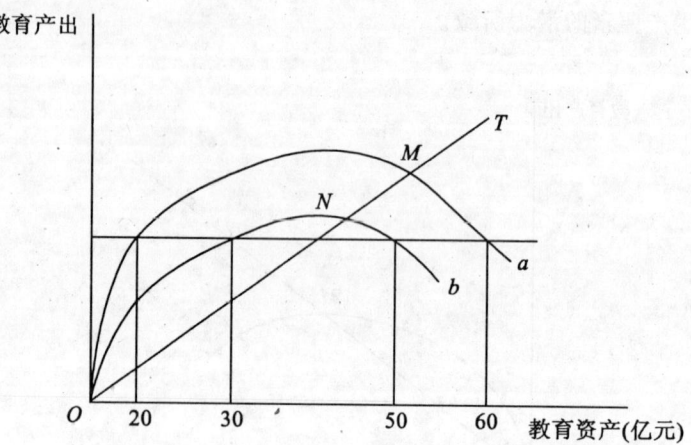

图 11-2 a、b 两校增量教育资产与教育产出之间的两种关系

出量最大。

在考虑对某校追加教育基本建设投资时，我们会想到不同的教育技术和不同的投资方式，而当这投资成为教育资产以后，它的形式就固定下来，它与教师和学生的最优组合也就固定下来，也就是说，教育资产增量在形成之前是具有弹性的，而教育资产增量在形成之后是不具有弹性的。因此，国家在制定教育基本建设投资决策时，必须要有长远的战略眼光。

必须指出，增量或平均教育资产—产出比率，不同于增量或平均资产—产出比率，前者的产出是以升级、升学和毕业的学生为计量单位，它只是教育意义上的产出，而不是经济意义上的产出，因为学业的价值是通过其完成者就业或创业的收入来体现的，而这种收入是一种预期收入，它无法真实地为学业价格所反映；后者的产出则是纯经济意义上的产出，是按产品价格计量的国民收入。因此，二者之间不具有可比性。

应该承认，增量教育资产—产出比率作为国家进行教育基本建设投资的一个标准，也有它自身的缺点。第一，教育资产是一个抽象化的概念，它反映教育资产物品的一般性质，而从其来源和用途上看，教育资产物品是多种多样的，这给汇总带来了困难，因为教育资产物品的价格，原则上不是它在市场上的现价，而是它体现在受教育者未来收入中的一系列收益的贴现值总和。在受教育者未来收入的市场化程度不够高的情况下，教育资产物品难以市场化，从而使不同的教育资产物品与不同的价格相联系。在这种情况下，教育资产物品价值的汇总是无法进行的。第二，增量教育资产的价值，既然是它体现在受教育者未来收入中的一系列收益的贴现值总和，那么，它就必然取决于这种贴现率的选择，由于受教育者未来收入具有很大的不确定性,这种贴现率的选择也就是不确定的。第三,不同增量教育资产物品所使用的年限不同,直接影响折旧费的计量,即使各级各类教育资产的结构是相当稳定的,也就是说,即使增量教育资产一旦形成,它就失去了弹性,增量教育资产折旧费不会在各级各类学校之间流动,然而我们也很难找到计量增量教育资产折旧费的科学依据,从而给计量增量教育资产的价值带来了困难。

尽管如此,在没有找到更好的教育基本建设投资标准之前,增量教育资产—产出比率,对国家教育基本建设投资决策,仍然具有重要的参考价值。

后　记

　　本书是笔者从事 20 多年教育经济学的教学与研究的结果，其中包含课堂讨论和硕士、博士研究生指导过程中所得到的启发。书中吸收了笔者在《教育发展》一书中的有关章节。第六章第四节《教育资源配置效率的数据包络分析评价》的内容由熊伯坚同志提供，在此表示衷心感谢。特别要感谢武汉大学出版社编辑易瑛和胡国民同志，他们为本书的出版付出了巨大努力。

肖昊

2010 年 12 月于珞珈山